TU FINIRAS
SUR L'ÉCHAFAUD

ŒUVRES DU PÈRE BRUCKBERGER

REJOINDRE DIEU (1940), Gallimard.
LIGNE DE FAÎTE (1942), Gallimard.
LA VALEUR HUMAINE DU SAINT (1943), Cahiers du Rhône.
LES COSAQUES ET LE SAINT-ESPRIT (1950), Amyot-Dumont.
L'AMÉRIQUE DES PYRAMIDES (1951).
MARIE-MADELEINE (1952), La Jeune Parque (1975), Albin Michel.
LA RÉPUBLIQUE AMÉRICAINE (1958), Gallimard.
L'HISTOIRE DE JÉSUS-CHRIST (1965), Grasset et Livre de Poche.
SORTILÈGES MEXICAINS (1966).
SI GRANDE PEINE (Chronique de 1940 à 1948), Grasset.
LE MONDE RENVERSÉ (1971), Le Cerf.
SAINT FRANÇOIS ET LE LOUP (1972), Conte de Noël, Rouge et Or.
DIEU ET LA POLITIQUE (1972), Plon (Prix Malherbe).
LE CHAT BOTTÉ ET LE MANTEAU DE L'ÉVÊQUE (1973), Plon.
LETTRE OUVERTE À JÉSUS-CHRIST (1973), Albin Michel et Livre de Poche.
L'ÂNE ET LE BŒUF (1976), Plon (Chroniques).
L'EVANGILE (1976), Albin Michel (Prix Chateaubriand).
Traduction de R.-L. Bruckberger et Simonne Fabien.
Commentaires de R.-L. Bruckberger.
TOUTE L'EGLISE EN CLAMEURS (1977), Flammarion.

Au Théâtre.

Coauteur, avec Gertrud von Lefort et Ph. Agostini, du texte de Georges Bernanos DIALOGUES DES CARMÉLITES.

Au cinéma.

LES ANGES DU PÉCHÉ (1943), avec Robert Bresson et Jean Giraudoux.
LE DIALOGUE DES CARMÉLITES (1960), un film de R.-L. Bruckberger et de Ph. Agostini.
TU MOISSONNERAS LA TEMPÊTE (1967), un film de R.-L. Bruckberger.

A la Radio.

DEUX RADIOSCOPIES, avec Jacques Chancel.

R.-L. BRUCKBERGER

TU FINIRAS SUR L'ÉCHAFAUD

MÉMOIRES

FLAMMARION

Il a été tiré de cet ouvrage
VINGT EXEMPLAIRES SUR PUR FIL
DES PAPETERIES D'ARCHES
DONT QUINZE EXEMPLAIRES NUMÉROTÉS DE 1 À 15
ET CINQ EXEMPLAIRES, HORS COMMERCE, NUMÉROTÉS DE I À V

Printed in France
ISBN 2-08-064124-7

A la mémoire de mon père,
Franck BRUCKBERGER
Vienne, Autriche, 1871-1928.

« Le cœur de l'homme est grand, les petites choses flottent dans sa capacité; il n'y a que les grandes qui s'y arrêtent et qui y demeurent. »

Pascal

1

Le petit garçon, à peine plus haut que le rebord de la fenêtre, avait son visage collé au carreau, que sa respiration embuait. De sa main, il effaçait cette buée pour mieux voir. De tous ses yeux, il regardait la place qui s'étendait devant la maison et qui lui paraissait immense et déserte comme une Sibérie. Un groupe de cinq personnages tournait le dos à la maison et s'éloignait lentement. La neige qui tombait brouillait de plus en plus leurs silhouettes sombres. Le petit garçon regardait avec une étonnante concentration. Il distinguait encore l'homme grand, très grand, qui marchait en tête, entre deux gendarmes. A quelques pas derrière, il voyait aussi très bien deux femmes empêtrées dans les jupes longues de l'époque, avec de grands chapeaux sur la tête. Elles avaient peine à suivre dans la neige l'allure des trois hommes.

L'homme entre les gendarmes était mon père. Des deux femmes, l'une était ma mère, l'autre ma tante, la sœur de ma mère.

Je ne pleurais pas. J'étais bien trop absorbé à retenir autant que possible ce que je voyais et qui s'éloignait, malgré moi, inexorablement, mon enfance. Je n'aurais pas trop de toute ma longue vie pour soigner, sans la guérir jamais, la déchirure de cette absence.

J'avais sept ans.

Ce n'est pourtant pas là mon premier souvenir.

Aussi loin que je plonge dans ma mémoire, j'y trouve le bonheur d'exister; le sentiment d'être au monde et que le monde était à moi m'a traversé le cœur au point que je me souviens de cet instant comme si j'étais devenu tout entier cri d'émerveillement. Pourtant je me suis tu, mais tout mon être exultait. Dans la simplicité absolue du regard intérieur, j'ai vu que le monde existait, qu'il était beau, que j'étais de ce monde, que c'était lui-et-moi tout ensemble, indissolubles à jamais. Sensation sans rivages.

Je m'étais échappé, comme il m'arriverait souvent dans ma vie. J'avais traversé la rue qui descendait, droite et pentue vers la gare. La merveille m'attendait de l'autre côté. Car c'est de l'autre côté, là seulement, que je me revois, mes deux petites mains agrippées à une barre de fer plus haute que moi; et au-delà, en contrebas, dans ce qui me parut un gouffre, une immense étendue de vergers en fleurs.

Il n'y eut que ce lac odorant en dessous de moi. Et, dans mes oreilles, un bourdonnement joyeux dont je ne savais s'il montait vers moi ou s'il était la rumeur que faisait la lumière d'une matinée ensoleillée dans ce cercle de montagnes. J'étais seul, seul avec ivresse. J'existais. Je ne me souviens de rien auparavant.

Dans l'allégresse que j'éprouvai, il y avait une gratitude élémentaire et un vif sentiment de surabondance. J'étais seul, c'est vrai, mais j'ai su que tout m'était donné, que ma propre existence m'était donnée, et qu'il n'existait rien au monde qui ne fût donné. Je ne puis expliquer autrement cette subite incandescence de bonheur qui coïncida avec cette première prise de conscience. Elle est si intimement identifiée à mon être même que je ne conçois pas qu'elle eût pu être différente. Certes ce printemps, ces vergers en fleurs ont existé : leur réalité objective n'ont aucune importance : un jour entre les jours, ils ont déclenché l'édification instantanée d'un paysage intérieur d'une beauté, d'un parfum, d'une sonorité incomparables. C'est dans ce seul espace que tous les événements de ma vie trouvent leur véritable écho. Il est possible que ce soit dans un tel décor que je mourrai un jour, très loin des circonstances concrètes qui entoureront ma mort. C'est trop peu de parler décor pour désigner un tel ensemble de sensations, de certitudes, d'évidences. Ce paysage intérieur ne serait même pas ébranlé par la fin du monde : il constitue la vivante épure et la matrice de toutes mes transfigurations possibles.

Je suis né le 10 avril 1907, d'un père Autrichien, d'une mère Auvergnate, quatrième de cinq enfants, tous nés en moins de sept ans. Mon père et ma mère formaient un couple saisissant. Lui, très blond, très grand, avec ces yeux bleus que je n'ai vus qu'à Vienne, semés de paillettes d'or. Elle, chevelure de jais, ramenée en bandeaux, peau laiteuse, yeux noirs. Je ne sus jamais avec évidence à quel clan j'appartenais, à quelle famille et peut-être à quelle patrie.

Murat, toute petite ville, ses maisons accrochées au flanc du rocher de Bonnevie, ses toits revêtus de lauzes en basalte, couvertes de mousse, ressemblait à un troupeau de chèvres sur une pente escarpée. Au milieu du rocher de Bonnevie, des roches prismatiques forment une colonnade serrée comme des tuyaux d'orgue. A son sommet, vue de partout, une Vierge monumentale qui porte l'Enfant. Cette statue a une histoire de batailles gagnées et de canons fondus. J'aimais cette haute présence maternelle.

La ville s'étend en étages de la base de ce rocher jusqu'au creux de la vallée, où coule une rivière, l'Alagnon, et où serpentent une route et une voie ferrée. Nous avions donc une gare. On n'imagine plus aujourd'hui ce que, dans un tout petit pays isolé, « la gare » possédait d'attirance magique. La vallée de l'Alagnon est la seule trouée dans un environnement de montagnes, ou plutôt de « rochers », rocher de Chastel, rocher de Bredons, surmontés de ravissantes églises romanes. En amont de la vallée, du côté du Lioran, il y a une montagne escarpée couronnée de carrières et d'un bois, « le bois du Roi », derrière lequel le soleil se couchait dans une flambée. En aval, il y a la côte de Pignou, avec une route en lacets qui va vers la Planèze et Saint-Flour.

C'est là une terre essentiellement volcanique. Il m'arrive de dire que je suis né dans le cratère d'un volcan éteint : enfant de la terre, je suis donc le fils du feu. Enfant du ciel, je ne le suis pas moins, puisque je suis né sous le signe du Bélier.

C'est dans ce pays que je suis né, où j'ai passé toute mon enfance, ma prime jeunesse, sans en sortir jamais. J'en connais tous les coins et recoins. Je ne l'aime pas. J'ai fait quelques tentatives de retrouvailles : je n'y ai jamais rencontré que l'angoisse. Au cours d'une longue vie qui s'est déroulée loin de ces lieux, je ne me souviens pas d'avoir éprouvé quelque nostalgie pour eux, pas plus que je n'ai jamais désiré retourner à la chaleur du sein maternel. De même que, dès le départ, j'étais l'homme du monde entier, je suis resté l'homme du monde à venir.

L'Auvergne était là, il n'y avait même qu'elle qui fût là, avec son paysage soumis aux rudes saisons, avec ses hommes, ses femmes, ses enfants qui n'étaient pas moi, son patois et son climat si semblable au tempérament de ses femmes. Alors que la plupart des enfants, à l'âge où j'étais, ont deux familles, celle du père et celle de la mère, moi, je n'avais qu'un clan, celui de ma mère, d'une présence multiple et inévitable. Pour moi, l'univers s'est longtemps résumé à ce coin perdu où je suis né, presque aussi isolé qu'un coin du Tibet ou d'Amazonie. J'y étais comme pris au piège.

Ma grand-mère auvergnate était veuve. Elle avait eu sept enfants, dont cinq, tous ses fils, moururent de son vivant, les deux derniers Joachim et Eugène après ma naissance.

Le personnage de ma famille auvergnate que j'ai le plus aimé fut ma grand-mère Vazelle. Elle m'a toujours beaucoup amusé, moins par ce qu'elle faisait ou disait que par ce qu'elle était. Je ne me lassais pas de regarder vivre ce petit bout de femme.

La Haute-Auvergne possède deux types raciaux qui sont restés distincts jusqu'aujourd'hui, et cette distinction était éclatante autour de moi. Mon grand-père, Alain-Guillaume Vazelle, que je n'ai pas connu, grand, blond aux yeux clairs, avait d'énormes bacchantes, comme Vercingétorix. Autour de moi, on a toujours bâti beaucoup de châteaux en Espagne avec la fragilité qui caractérise ce genre d'architecture. Race essentiellement rieuse, insouciante, batailleuse, tête près du bonnet, oublieuse et prompte : chasseurs, soldats, amoureux, braves jusqu'à la témérité, attirant la foudre.

Mon grand-père était né à Malbo, tout près du Plomb du Cantal, le plus haut village du Massif Central : c'est le berceau de la famille Vazelle. Les fermes y sont enterrées, toits de grosses tuiles grises au ras du sol, pour ne donner que la moindre prise au vent glacé qui balaie la Planèze jusqu'à Saint-Flour. C'est un pays âpre, dont l'isolement favorise l'instinct puissant de la liberté. La famille une fois enfermée dans la maison pour les longs mois d'hiver, serrée autour de l'âtre, gens et bestiaux dans le même espace, la tempête pouvait bien hurler au-dehors, on était chez soi. En ces temps où il n'y avait ni radio ni télévision, les anciens étaient les dépositaires des traditions, de la mémoire et de la légende.

Malbo était certainement le village de France le plus à l'écart du pouvoir central. Ces gens-là n'allaient jamais devant les tribunaux : ils réglaient leurs litiges entre hommes, à l'heure de midi. Les deux antagonistes sortaient de chez eux, torse nu, le fléau sur l'épaule, se rendaient sur la place du village et là, sous l'œil connaisseur des anciens qui jouaient les arbitres, ils vidaient leur querelle à coups de fléau pour battre le blé : interdiction de toucher à la tête ou aux jambes. L'un ou l'autre sortait de ce duel avec un bras ou quelques côtes cassées, mais l'affaire était close.

On m'a dit que les gendarmes n'avaient pu mettre les pieds à Malbo avant 1920. Ces paysans farouches étaient le contraire de courtisans, ils n'attendaient rien du pouvoir, ils n'en recevaient rien, ils ne lui donnaient rien sauf leurs jeunes hommes pour les guerres. Dans l'église paroissiale, minuscule et pauvre, buron parmi les autres, près des fonts baptismaux, il y a, gravés sur des plaques de bois, les noms des fils du village tués en

14-18. Pour un si petit village, c'est un nombre effrayant, et le nom qui revient le plus souvent est celui de Vazelle.

La paysannerie a fait l'histoire de France, y compris ses révolutions les plus profondes, les plus significatives. L'ouvrier français n'est pas un révolutionnaire, c'est un matamore : « Il est comme le canon, il tonne et il recule! » disait de lui Buffet, l'assassin de Clairvaux. Actuellement où toute la vie de la nation dépend de son économie, l'ouvrier détient un instrument de pression négative mais infaillible : la grève générale. C'est efficace et, même si cela terrorise les gouvernements, cela ne dépasse pas le jeu des forces politiques.

Les jacqueries de notre histoire sont autrement généreuses et profondes. Le paysan est l'homme de toutes les patiences mais, quand la coupe est pleine, alors il risque tout dans l'aventure. La révolte des Camisards, celle des Chouans et des Vendéens, qui ont ébranlé le pouvoir de Paris, étaient révoltes de paysans. La grande héroïne de notre histoire est Jeanne d'Arc, une bergère sortie de la plus antique paysannerie. Son destin de grandeur, son refus de la honte et de la servitude se sont lentement élaborés au cours des longs soirs d'hiver et ils ont pris naturellement l'éclat d'un printemps, quand la nature emprisonnée sous les glaces rompt tout à coup les sommeils et les paralysies. C'est au cours des longs hivers souterrains, dans la campagne française, que s'amoncelle la vertu d'espérance.

Mon grand-père s'était cru une vocation sacerdotale, mais il avait quitté le grand séminaire avant de recevoir les ordres majeurs.

Doué d'une voix superbe de mezzo-soprano, avec des intonations plus graves de baryton, il fut chantre soliste dans la chorale des séminaristes, qui chaque dimanche assurait la grand-messe à la cathédrale, cette cathédrale de Saint-Flour surbaissée à cause du grand vent, posée sur le rocher de basalte noir. En septembre 1870, alors que Napoléon III venait de capituler et d'abdiquer à Sedan, alors que l'impératrice Eugénie s'apprêtait à quitter Paris avec le prince impérial, au moment où la chorale invoquait traditionnellement la protection de Dieu sur le Souverain, le chantre Vazelle, de sa propre initiative, entonna d'une voix pure qui emplissait la voûte : « *Domine, salvam fac Rempublicam!* » — « Seigneur, sauvez la République! »

Les familles sont secrètes, même à l'intérieur d'elles-mêmes et d'une génération à l'autre. Il y avait eu dans la famille un personnage qui m'intéressait. C'était un cousin, fils unique d'une mère veuve, qui avait une belle maison près de Laguiole. Le garçon était marié, il avait deux ou trois enfants, et n'avait apparemment qu'à se laisser vivre. Un jour, il partit, sans rien emporter, et s'en alla vagabonder sur les routes. Il mendiait sa subsistance, comme à la même époque le poète Germain Nouveau, comme un siècle plus tôt, Benoît Labre.

On ne revoyait le garçon au pays qu'une fois l'an, pour le dimanche des Rameaux, encore n'y venait-il qu'en cachette. Avant la grand-messe, il se dissimulait derrière une haie, et regardait passer sa mère qui allait à l'église; elle ne l'aperçut jamais. Quand sa mère était passée, il reprenait la route à l'aventure. Quand elle fut morte, il ne revint plus.

Mon grand-père, dans l'administration des Eaux et Forêts, était en outre officier de louveterie, c'est lui qui fut à la tête de la dernière battue contre les loups qui eut lieu dans la forêt du Lioran. Quand j'étais enfant, le loup n'était pas encore l'animal mythique qu'il est devenu : nombreux autour de moi ceux qui en avaient vu et qui m'en parlaient.

Bien plus tard, moi aussi, j'en ai vu un, qui m'a barré la route, près des sources du Mississippi, dans un paysage qu'on eût dit finlandais. Le couvent de dominicains était distant de la petite ville de Winona d'une dizaine de kilomètres. C'était en hiver, il y avait beaucoup de neige et je descendais en voiture vers la ville. Je n'eus que le temps de freiner et de m'arrêter. Sur ma gauche, un loup déboula le talus, traversa lentement la route, prit le temps de me dévisager sans la moindre bienveillance et disparut à droite dans le taillis. Je lui ai fait visiblement l'effet d'un intrus et d'un monsieur très mal élevé. Il était haut comme un veau de six mois, l'arrière-train un peu plus élevé que le train avant. Sa fourrure était fauve clair, ses yeux jaunes avaient un regard diffus. Je fus saisi d'effroi par cette apparition. Seul, en pleine campagne, je n'eusse pas fait honneur à mon grand-père louvetier.

Quelque temps régisseur d'un grand domaine dans la Nièvre, mon grand-père avait dû en rapporter quelque argent car, quand il vint s'installer à Murat, il y fit bâtir deux grandes maisons, jouxtant l'hôtel de ville, sur la place dite du Balat. Une des maisons était en location et nous y habitions, mon père, ma mère et leurs cinq enfants. Dans l'autre, mon grand-père avait installé un grand café, enfin grand pour cette petite ville, et qui devint tout de suite « le Café Vazelle ». Il y est mort, subitement.

Dans ce café ou autour de lui, se situent presque tous mes souvenirs de cette époque. J'y entendais parler d'hypothèques, d'intérêts à payer, d'échéances et m'attendais toujours à voir surgir, parmi les clients du café, une vieille femme avec un seul chicot jauni, aux yeux chafouins, aux doigts crochus, vêtue de noir et surmontée d'un chapeau grotesque, et qui serait une Hypothèque. Un jour de foire, je crus que l'Hypothèque était entrée. Je l'épiais de loin, qui buvait à petites gorgées sa tasse de café au lait, et je m'étonnais grandement de la voir repartir sans qu'elle eût mis le feu à la maison, jeté un sort sur le chat, ou même qu'elle eût fait pipi sous la table. Mais non, rien de tout cela! Elle payait sa consommation, ramassait sa monnaie, enfouissait son porte-monnaie dans des jupes superposées et malodorantes et repassait le seuil sans plus.

Grand-mère Vazelle était non moins typique de l'autre coulée de la race auvergnate, la coulée sarrasine, celle qui a fait dire à Michelet : c'est une race méridionale, égarée sous un ciel inclément. On sait que, dans le haut Moyen Age, les

Sarrasins ont fait des incursions jusque-là. Georges Pompidou, lui aussi pur « Cantalou », avec ses sourcils épais, ses yeux noirs, ses traits fins, était de pur type sarrasin.

Beaucoup plus tard, quand j'ai vécu dans les hautes vallées de l'Atlas marocain, ma plus grande découverte, dans ce pays où j'étais étranger autant par la langue, les mœurs que par la religion, fut de retrouver, chez les Berbères de la montagne, un type féminin qui me rappelait mon enfance : peau laiteuse, dents petites et régulières, éclatantes, yeux et chevelure très noirs, finesse des traits et des attaches, agilité, solidité, résistance de la membrure.

Grand-mère, vive, infatigable, m'a fait comprendre l'inusable patience des pauvres : « *patientia pauperum non peribit in finem* ». Active, inlassable, c'est elle qui, sans en avoir l'air, porta sans fléchir tout le fardeau d'une famille sinistrée.

Sous le lumignon à pétrole, penchée sur son livre de comptes, elle inscrivait toutes les dépenses de la journée, au centime près. Son livre était criblé de fautes d'orthographe, mais il n'y avait pas une faute de calcul. Je la regardais, alignant ses chiffres, faisant ses additions, le bout de la langue entre les lèvres, comme une petite fille, sa vieille main menue et ridée sur le cahier et, dans l'étroit cercle de lumière de l'abat-jour, son visage doux et concentré, à peine éclairé par le reflet sur la page blanche. Je la regardais, elle si menue, d'apparence si fragile, mais inébranlable, et je me sentais en paix, presque en sécurité.

Comment faisait-elle? Elle ne déployait aucune autorité, elle ne prenait jamais le ton du commandement, elle donnait constamment le sentiment de douter de tout l'univers sublunaire qui dépassait les frontières rétrécies de son domaine. On pouvait lui faire part de n'importe quelle nouvelle surprenante, elle écoutait attentivement et concluait invariablement par un « J'sais pas! » absolument définitif. On avait beau le lui affirmer, le lui répéter, le lui assurer, jurer ses grands dieux, son âme et sa vie éternelle, engager sa parole d'honneur, elle restait inébranlablement sceptique. Elle avait sans doute vu s'écrouler autour d'elle trop d'architectures mirobolantes. Le plus curieux est qu'elle n'avait aucune agressivité dans son scepticisme : elle laissait simplement les autres à leurs enthousiasmes, à leurs désespoirs, à leurs fantasmagories. Pour sa part, elle maintenait sa maison soumise aux humbles nécessités quotidiennes. Les personnages de sa mythologie étaient des plus réels, elle les rencontrait chaque soir dans son livre de comptes : le boulanger, le charcutier, la marchande de quatre-saisons, le livreur des caisses de bière ou des sacs de café qui venaient de la gare. Elle faisait elle-même griller son café, dans la petite cour, en contrebas, derrière la maison, et son souvenir est à jamais associé en moi à la délicieuse et surprenante odeur du café qui grille.

Elle maintenait des habitudes qui prenaient la signification de rites : aller à l'école à l'heure, en revenir sans retard, aller servir la messe et partir à la dernière sonnerie des cloches, le dimanche s'endimancher. Elle maintenait la liturgie de la vie quotidienne. Elle gardait maison ouverte et vivante dans un pays âpre, je pourrais dire impitoyale. Je ne crois pas qu'elle s'intéressât beaucoup au journal quotidien, qu'elle lisait pourtant avec application de la première à la dernière ligne, et même la publicité. Elle n'en parlait pas. Les affaires du vaste monde étaient sa distraction, non son souci.

Au cours des hivers cruels et interminables, quand je rentrais de l'école, il y avait toujours pour moi, sur le coin du feu, une marmite de soupe mitonnée avec du pain. J'en mangeais une pleine écuelle fumante à laquelle ma grand-mère ajoutait un peu de lait. Je parlais peu avec elle, elle parlait peu. Il lui suffisait qu'au moment voulu les choses nécessaires fussent à leur place de service. Tel était son langage.

Mes autres grands-parents, ceux d'Autriche, je ne les ai connus qu'en photos. J'en sais infiniment peu de chose. Grand, bel homme, mon grand-père Viennois, fils unique, n'avait eu qu'un fils unique, mon père. Veuf de la mère de mon père, il s'était remarié. Il me semble avoir entendu dire qu'il avait été un haut fonctionnaire de l'Empire. Sur les photos, sa prestance, ses favoris le font ressembler à François-Joseph, dont il était le contemporain. Mon ascendance autrichienne est en moi la part du rêve : photos de femmes jeunes, chevelures blondes et abondantes, yeux superbes, crinolines, uniforme à brandebourgs de mon père. Mais, dans ma famille auvergnate, mon père restait l'Etranger.

Il est mort à Vienne, où il est enterré près du bosquet qui abrite les tombes des grands compositeurs autour du Mémorial de Mozart. Après 1936, je suis allé bénir sa tombe. J'ai beaucoup pleuré. Comment le dire? C'était la solitude.

Sartre parle de ceux qui, tel Enée portant Anchise sur ses épaules, portent toute leur vie le poids de leur père. Mon père est cette part de moi qui échappe, ma part d'évasion, la porte dérobée connue de moi seul, qui fait que je ne me sens jamais enfermé là où je suis.

Les seules manifestations concrètes de mon grand-père viennois, et qui vivait à Vienne, était pour Noël ses cadeaux.

Ainsi prenait-il et conserve-t-il toujours pour moi l'image fabuleuse d'un roi mage : *munera offerens.* Il y avait donc un roi mage dans la famille, et le fait que je ne pouvais jamais le rejoindre ne pouvait être qu'un mauvais coup de cet autre roi, Hérode, dont chacun sait qu'il n'aimait pas les enfants. Cette affabulation reçut de l'histoire toutes les confirmations possibles.

Ainsi de mes quatre grands-parents, je n'ai connu qu'une grand-mère proche et présente, abîme de tendresse, et un grand-père fabuleux, mais lointain. J'estime que je fus comblé. Tout ce qui eût été en plus ne pouvait être que médiocre. Ce fut là et dès mon premier âge ma manière à moi de laisser les morts ensevelir leurs morts. C'est aussi pourquoi ma vie est vide de revenants.

Mon père est né à Vienne en 1871. Vienne était encore la capitale de la douceur de vivre, Johan Strauss, le compositeur des valses, y était au faîte de sa gloire, il ne mourrait qu'en 1889, l'année même de la tragédie de Meyerling : mon père avait alors dix-huit ans.

Comment imaginer sa jeunesse dorée, dans une grande capitale frivole, animée par une cour brillante. En 1901, à l'âge de trente ans, il quitta l'Autriche et Vienne pour la France; non pas pour Paris mais pour ce coin perdu de la Haute-Auvergne, Murat, dans le Cantal, pour prendre la direction d'une usine montée en vue de l'exploitation d'une carrière de roches siliceuses, matière première de produits réfractaires, en particulier de briques pour la construction de hauts fourneaux. Carrière et usine appartenaient à une société suisse. Mon père avait emporté un contrat qui lui donnait, au bout de vingt ans, la propriété de toute l'affaire. La prudence élémentaire eût exigé qu'il se fît naturaliser français : il n'en fit rien. Outre qu'il était très attaché à sa patrie d'origine et à la maison de Habsbourg, les nationalismes n'avaient pas encore cette fureur sauvage qu'ils ont acquise depuis. Mon père a circulé dans toute l'Europe sans passeport, avec des cartes de visite.

En ce temps-là, l'avenir de l'humanité paraissait sans nuages. La science vaincrait la misère, elle expliquerait tout, elle assurerait la paix universelle. Le mot « démocratie » n'était guère employé. Mais le mot « République », rayonnait encore de toute la magie que lui avaient donnée les souvenirs de l'An II et les poèmes de Victor Hugo. Il était synonyme de liberté. On pensait que les monarchies étaient sur leur déclin, condamnées par le mouvement de l'histoire.

Qui eût alors prédit que, trente ans plus tard, la quasi-totalité de l'Europe tomberait aux mains de dictateurs auprès desquels les rois les plus absolus feraient figure de bergers débonnaires, celui-là eût été traité de fou et on eût ri aux éclats de ses affirmations. François-Joseph, qui régnait alors depuis un demi-siècle, était un anachronisme. Dix-huit ans après la mort du vieil empereur, un petit Autrichien, plus jeune que mon père d'une vingtaine d'années, empoignerait le destin de l'Europe et entraînerait vingt peuples dans le crépuscule des dieux. C'était Hitler qui était l'avenir prochain de l'Europe.

Aucun de ces hommes cultivés, passionnés de politique et qui en parlaient à longueur de soirée, en fumant leurs cigares au Café Vazelle, aucun d'eux n'en avait le moindre soupçon. Au milieu de ces vains bavardages, mon père était tenu à la discrétion de par sa qualité d'étranger, ce qui lui évita de dire bien des bêtises. D'ailleurs monarchiste il était, monarchiste il restait : c'était lui le plus libéral de tous ces messieurs.

A l'époque, toute femme française qui épousait un étranger perdait sa nationalité pour prendre celle de son mari. Les enfants issus d'un tel mariage avaient naturellement la nationalité du père. Je suis donc né sujet de l'empereur François-Joseph et de l'Aigle à deux têtes. Du moins je garde la fierté de cette antique appartenance que nous allions payer si cher. L'Autriche me relie à Byzance, dont elle se voulait l'héritière. Et par ma famille maternelle, je suis relié à une République à la Péguy et à la Victor Hugo, qui avait encore un caractère épique et romain.

Aujourd'hui, on parle d' « aliénation » comme synonyme de malheur et de malédiction. Dès ma plus lointaine prise de conscience, je me suis senti, de tous les côtés et sur tous les plans, d'ailleurs, j'étais d'ailleurs. Sur le plan plus personnel de ma destinée, cette « aliénation » multiple fut sur moi une immense bénédiction. Je lui dois ce que je suis. En un temps où les pires tyrannies, pour réaliser leurs obscurs desseins, ont besoin de mettre d'abord les peuples en troupeaux, il est salutaire d'avoir, comme je l'ai, une horreur instinctive de me perdre dans la masse.

J'adorais mon père. Au petit matin, avant même que je fusse réveillé, il partait pour l'usine dans une voiture attelée à une jument qu'il appelait, je ne sais pourquoi, « Jubile ». J'aimais beaucoup Jubile, ses bons yeux, ses oreilles qu'elle remuait à la voix de mon père. Jubile travaillait beaucoup. Toute la journée, elle tirait, de la carrière à l'usine les trains de wagonnets qui charriaient les roches de silice. Le soir elle ramenait mon père à la maison.

Par-dessus tout, j'aimais aller à l'usine, mais ces escapades ne durèrent pas. J'étais un petit garçon qui échappait magiquement à toute surveillance, je ne me trouvais jamais à l'endroit où on croyait que j'étais. Quand mon père avait le dos tourné, je courais à la carrière et suppliais les ouvriers de me hisser sur Jubile qui était un animal fort calme. Mais la carrière était dangereuse : des blocs se détachaient parfois et tombaient n'importe où. En plus, il y avait, rempli d'eau, un immense trou, genre « trou des Halles ». Fin de mes visites à l'usine.

A la maison, tout pliait devant ma mère, tout, sauf moi. J'étais un enfant difficile et d'un entêtement rare. Mon premier exploit dont je me souvienne se déroula à l'école maternelle, je n'avais pas cinq ans. C'était une classe en gradins, annexe à l'école des filles dirigée par des religieuses. C'était en effet une religieuse patiente et douce qui s'occupait d'une soixantaine de petits garçons et de petites filles. Je finis par l'exaspérer. Elle me fit descendre des gradins, me coiffa solennellement du bonnet d'âne, énorme, en carton, pourvu de très longues oreilles. Puis on m'exposa au pilori : je dus grimper jusqu'au sommet des gradins où je fus désigné à l'indignation de toute la classe. Je saisis le bonnet d'âne, le déchirai, il n'en resta que détritus. La bonne sœur gravit les gradins, me prit par le bras et se mit en devoir de m'expulser de la classe. Je devins comme un chat enragé, me précipitai sur elle, lui cognai les tibias à grands coups de galoches, tant et si bien qu'elle fut presque instantanément K.O. On alla chercher dans les autres classes deux grandes jeunes filles qui m'amadouèrent et, avec mille prévenances, me conduisirent à la maison.

Ma mère ne se laissait absolument pas intimider par moi, par personne d'ailleurs. Et même elle garda sur moi un pouvoir magnétique. Il était rare qu'elle eût recours à l'autorité de mon père. Cela arriva pourtant une fois, où ma mère, ayant tout essayé, les commandements, les menaces, la fessée, n'était pas plus avancée après qu'avant. Mon père essaya à son tour et n'obtint rien de plus. La situation était bloquée, j'étais à tuer sur place. Alors, avec une sorte de désespoir, mon père murmura entre ses dents — et je m'en souviens si bien! — « Hongrois! » Je n'ai jamais vu mon père plus en colère que ce jour-là, même quand il eut des raisons autrement graves de l'être.

Une des punitions que ma mère m'infligeait, particulièrement devant des étrangers, était de me mettre au coin, le visage contre le mur. Immobile, j'avais tout le temps de cuire et recuire mon ressentiment, sans nuances et sans ambiguïté : « Quand je serai grand, JE LES TUERAI! » Je rêvai de Saint-Barthélemys où Dieu seul reconnaîtrait les siens. Dans le patois auvergnat, ma mère me désignait d'une expression intraduisible et qui claquait comme un fouet : « *Testa petàda!* »

A l'occasion d'un fait divers, on découvre parfois que tous les enfants ne sont pas des agneaux. D'ailleurs les agneaux, quand ils grandissent, font les moutons, et il n'est pas tellement souhaitable, dans la vie, d'être un mouton. En réalité, les enfants sont souvent des êtres barbares et cruels. Par la force et la menace on n'obtenait rien de moi. Je crois que j'étais capable de tout supporter par orgueil. Quelquefois, pensant me faire peur, ma mère me disait : « Je te louerai à un berger pour garder les vaches! » J'étais aussitôt saisi d'une fièvre d'exultation : être ailleurs, voir d'autres visages, faire autre chose, affronter l'inconnu, fût-ce avec des vaches...

En vérité, je piaffais d'impatience. La petite rivière — qui n'est à Murat qu'un ruisseau — provoquait de ma part question sur qucstion :

— Où va-t-elle?

— Elle se jette dans une rivière plus grosse qu'elle, et qui s'appelle l'Allier!

— Et l'Allier, où va-t-elle?

— Elle se jette dans une rivière encore plus grosse, la Loire.

— Et la Loire, où va-t-elle?

— Elle se jette dans l'océan.

L'apprentissage de l'orthographe dépouille beaucoup de noms de leur poésie. Je ne savais pas encore lire, et tous ces noms de rivières commençaient par « la », comme les noms des grandes cantatrices, dont ma tante me parlait avec feu, quand elle disait « la Malibran ». Toutes ces rivières étaient pour moi des divas : la Lagnon, la Liée, la Loire. Et toutes ces jeunes filles, aux noms mystérieux, aux voix enchanteresses, étaient aussi belles que malheureuses, vouées au suicide : elles se jetaient, elles se jetaient...

— Et l'océan, qu'est-ce que c'est?

— C'est une immense quantité d'eau, qui recouvre les deux tiers de la terre, et cette eau est salée comme les larmes.

— Et après l'océan?

— Après l'océan, il y a l'Amérique, où les hommes ont la peau rouge et des chapeaux à grandes plumes, et où il y a des maisons hautes comme la tour de Babel.

Ma mère me disait encore — tant elle était exaspérée par mon obstination à faire ce qui m'était interdit, et mon obstination plus grande encore à ne manifester aucune ombre de regret pour mon inconduite — : « Tu finiras sur l'échafaud! »

« Echafaud » était pour moi un mot terrible et fascinant. Bien entendu, la première fois que je l'entendis, je ne le compris pas, et je me gardai bien d'en demander la définition à ma mère. C'est vers la tante Angèle que j'allai, celle qui me parlait de la Malibran. L'échafaud, vous pensez si elle connaissait, ma tante Angèle, elle ne connaissait que ça :

— Mais, mon garçon, moi qui te parle, j'y suis montée sur l'échafaud. Parfaitement! et en chantant encore! Quand j'ai joué au théâtre le rôle de Jeanne d'Arc. En face de moi, il y avait l'évêque Cauchon, et je lui disais : « Bougre d'évêque, c'est par toi que je meurs! » J'ai embrassé la croix, j'ai gravi l'escalier de l'échafaud. On a allumé tout autour des feux de Bengale. C'était magnifique. J'ai chanté : « Jésus! Marie! Mes voix ne m'ont pas trompée! » D'ailleurs tu sais, mon petit, dans la famille, il y en a un qui est mort sur l'échafaud, sous la Terreur. Il a été guillotiné pour avoir caché chez lui des prêtres réfractaires!

— Et qu'est-ce que ça veut dire « un réfractaire »?

— Cela veut dire qu'on n'obéit pas aux lois.

— Alors il y a des prêtres qui n'obéissent pas aux lois?

— Ils n'obéissaient pas, parce qu'il ne fallait pas obéir. C'était des lois scélérates. D'ailleurs ce cousin dont je te parle, il était notaire. Eh bien! tout notaire qu'il était, lui aussi il a préféré monter sur l'échafaud et avoir la tête coupée que d'obéir à ces lois scélérates. Marie Stuart, elle, était reine, et elle est montée sur l'échafaud et on lui a coupé la tête, et c'est sa cousine la reine Elisabeth qui lui a fait couper la tête parce que Marie Stuart était catholique et qu'elle était plus belle qu'elle! Et Marie-Antoinette aussi était reine, elle était jeune, elle était belle, et elle est montée sur l'échafaud. Et le roi Louis XVI...

Bref, l'échafaud, ce n'était pas si mal que ça. L'échafaud avait consommé dans toute la gloire des feux de Bengale la beauté éclatante de ma tante Angèle. L'échafaud, c'était fait pour les rois, les reines, pour les saintes jeunes et belles qui entendaient des Voix et gagnaient des batailles. Aussi bien fallait-il être doué d'un courage héroïque pour le gravir sans peur. La prédiction de ma mère ne faisait que me gonfler le cœur d'ambition et d'espoir. Grâce à ma tante, cette prédiction me mettait au rang de Louis XVI, dont l'exécution me fascinait : « Un roulement de tambour couvrit alors sa voix! » L'exécution sur l'échafaud me paraissait inséparable d'un certain faste militaire auquel, tout petit, j'étais déjà sensible.

Une grande partie du dimanche se passait à l'église. La grand-messe était très belle, l'église pleine de monde, les dames jolies; les officiants avaient des ornements somptueux; ma mère m'affirmait que le petit Jésus était là, dans ce disque blanc que le prêtre élevait au-dessus des têtes. Je le croyais de tout mon cœur. Dès ma plus tendre enfance, cette présence pudique et formidable me fascinait et m'abîmait dans l'adoration. Comme je comprenais la reine Esther qui, « ayant passé par ordre tous les seuils », défaille soudain en présence du roi. La liturgie était, avec la grande nature, le seul endroit où je trouvais une poésie dont j'avais faim et soif.

Le dimanche, ce que je redoutais par-dessus tout, c'était

la visite au cimetière, où ma mère nous traînait et s'attardait indéfiniment. Un jour, ma culotte s'emplit. Je m'enveloppai solennellement d'un nuage malodorant; ça me dégoulinait sur les jambes. C'est curieux comme le déshonneur arrive à l'improviste. Ma mère me prit par la main et m'entraîna vers la rivière voisine, où elle me déculotta et me nettoya vigoureusement dans l'eau glacée. Puis elle rétablit vaille que vaille mon accoutrement et je repris ma place dans le giron familial. Je ravalai ma honte, renfilai mon élégant petit paletot, sortis de la poche mes gants restés très blancs et les mis soigneusement aux mains. Le fou rire fut général.

Nous étions bons marcheurs. Ce jour-là, toute la famille avait gravi la côte de Pignou et atteint les bords de la Planèze. Je ne sais ce qui arriva. Ma mère dut me corriger pour quelque bêtise. Elle me prit à l'écart et exigea que je lui demandasse pardon. Plutôt crever sur place! Alors, sans élever la voix, avec une sobre solennité dont elle avait le secret, elle se redressa, me fixa dans les yeux : « Je ne t'aime plus, dit-elle d'une voix sourde. Tu entends! Je ne t'aime plus! » Elle se retourna et, sans un regard en arrière, rejoignit « les autres ». Je finis par les rejoindre aussi. Ma mère ne me jeta pas le moindre regard de tout le reste de la journée. Avec une déconcertante facilité, j'en pris mon parti. Ma mère avait donc décidé qu'une fois pour toutes elle ne m'aimait plus. J'en fis autant de mon côté et je crois que je me tins à cette affreuse résolution. Je l'ai tenue en tous les cas beaucoup mieux qu'elle n'a tenu la sienne.

Je me suis toujours interrogé et je m'interroge encore sur la nature du lien qui m'unissait à ma mère. Depuis toujours elle était prise au piège d'une contradiction fondamentale : elle était assoiffée de tendresse et elle ne savait établir et entretenir, avec les êtres qui lui étaient les plus proches, que des rapports de force. Elle ne savait que dominer. Elle semblait avoir des comptes à régler avec chacun, des revanches à prendre sur tout.

Pendant la dernière guerre, j'allais la voir régulièrement avec l'arrière-pensée que chaque visite pouvait être un adieu. Après deux jours, j'étais excédé. Quand, en 1942, je fus arrêté et livré à la Gestapo, il fut impossible de lui cacher longtemps la nouvelle. Elle ne dit rien, son visage ne changea pas, mais d'un instant à l'autre elle perdit la vue. Dès que je fus libéré, elle la recouvrit : elle se remit à lire le journal et son livre de prières.

Dix ans plus tard, j'étais en Amérique. Elle mourut assez brusquement, sur la table d'opération. Cependant ma sœur aînée qui vivait avec elle avait deviné, des semaines auparavant, qu'elle était près de sa fin. Quand je lui ai demandé comment elle avait pu deviner ce que rien de précis ne semblait présager, ma sœur me répondit : « Oh si! Il y avait un sûr présage : elle était subitement devenue gentille! »

On imagine mal aujourd'hui ce qu'était au début du siècle l'importance du café; depuis cette époque, les centres d'attraction sociale ont éclaté et se sont dispersés. Mais en ce temps-là, dans une petite ville, il n'y avait que deux centres de coagulation sociale : l'église et le café.

A Murat, comme dans toutes les villes de province, il y avait une jeunesse nombreuse, active, follement gaie, une bourgeoisie relativement riche. Mais il n'y avait ni radio ni télévision. Les hommes étaient très séparés des femmes, ils ne vivaient pas ensemble, leurs tâches étaient absolument distinctes : les femmes à la maison s'occupaient des enfants; elles ne fumaient pas, on ne les voyait jamais dans les cafés, elles passaient dans la rue mais ne s'y arrêtaient pas. Les hommes avaient leurs métiers qui les appelaient au-dehors et ils dépensaient leur temps libre au café. Les enfants vivaient dans les jupes des femmes. Grâce au Café Vazelle, j'ai échappé au sort commun de mon âge, j'ai vécu dans les jambes des hommes.

Les hommes, tout petit, j'ai su que ça existait, et pas seulement mon père. J'ai entendu leurs voix graves, observé leurs gestes lourds, respiré leurs haleines chargées d'alcool, j'ai mesuré leur assurance à détruire le monde et à le reconstruire en paroles vaines. Je ne comprenais évidemment rien à tout cela. Leurs silhouettes mêmes flottaient dans la tabagie mais, aussi petit que je fusse à l'époque, je savais que j'étais des leurs. Il m'est arrivé de boire en cachette le fond de leurs verres, abandonnés sur les tables. On me retrouvait dormant dans un coin : j'étais saoul.

Les cafés étaient les centres vivants de Murat, ils représentaient la diversité des classes sociales et des clans politiques. Il se trouvait que le Café Vazelle était le café de la bourgeoisie murataise et, naturellement, en politique, de la réaction. Le café, c'était l'agora, le forum et, surtout dans ce pays qui hibernait six mois de l'année sous la neige, c'était au café que les hommes se rencontraient, lisaient les journaux, jouaient aux cartes, buvaient, discutaient.

Comme il se devait pour sa clientèle, le Café Vazelle était aussi beau qu'on pouvait l'imaginer pour l'époque et pour une aussi petite ville. Avec des moyens modestes, on l'avait visiblement décoré sur le modèle du Café de la Paix à Paris. D'immenses miroirs couvraient les murs et, comme les miroirs se faisaient face, ce fut un des étonnements majeurs de mon enfance, quand on me hissait sur le billard, que de voir mon image répercutée à l'infini sans que je puisse jamais arriver à compter le nombre de moi-même que j'apercevais dans une seule glace. Ce café avait grand air avec ses tables en marbre, ses guéridons cerclés de cuivre, ses lampes de cuivre à acétylène, car la ville n'avait pas encore l'électricité, ses chaises cannées où les hommes s'asseyaient assez souvent à califourchon, pour discuter ou pour suivre, sans mot dire, les péripéties d'une partie de cartes.

Cinq ou six fois par an, pour les foires, le café changeait totalement de clientèle. La place du Balat se couvrait de bétail, de vaches que les paysans venaient vendre et acheter. Beaucoup de ces paysans descendaient de la montagne et connaissaient ma grand-mère. En sabots, avec leurs chapeaux noirs à larges bords, leurs blouses bleu foncé, empesées, plissées soigneusement comme des surplis, c'étaient de fiers gaillards qui discutaient longuement le prix d'une bête après l'avoir observée dans le détail. A la fin, ils se topaient dans la main et le marché était définitivement conclu. Je suis né dans un pays où la parole donnée avait plus de valeur et de poids que n'importe quel contrat. Ils venaient au café « arroser » l'affaire. J'aimais le remugle de sueur et d'écurie de ces rudes hommes. Voilà ce qu'était mon univers social; je n'en imaginais aucun autre. Et cet univers me paraissait d'une solidité inébranlable.

Il y avait ma tante Angèle : elle m'enchantait. Elle n'avait pas encore la trentaine. Elle était belle et gaie, plutôt grande. Elle avait une voix d'une pureté et d'une étendue tout à fait extraordinaires. Elle chantait tout le temps. C'était de beaucoup l'être le plus fantasque de toute la famille. Elle avait une espèce de vaillance et de promptitude dans le regard, une fierté admirable dans le port de la tête et dans la démarche, comme si elle était toujours en représentation de quelque rôle héroïque.

Elle était mon théâtre. Je la regardais. Je n'y croyais pas tout à fait mais elle m'amusait follement tant elle était imprévisible. Nourrissait-elle quelque amour déçu et désespéré? C'est bien possible car elle était très courtisée et refusait systématiquement tous les partis. Elle parlait des hommes avec insolence et ironie, soulignant leurs défauts d'un trait de drôlerie. Celui-ci était petit et gros comme un cruchon, tel autre avait les ongles perpétuellement en deuil et des pellicules sur le col de sa veste, celui-là était velu comme un ours; un autre, imberbe, ressemblait à un poupon mal entretenu et qui sentait mauvais. Bref, elle attendait le Prince Charmant dans un carrosse enchanté : il ne vint jamais. Elle mourut vieille fille, moins gaie mais tout aussi fantasque avec toujours la même fierté de ne jamais se plaindre de son sort.

Parfois, quand j'étais seul avec elle, elle me soulevait de terre, m'embrassait avec emportement, me couvrait de baisers passionnés, tournait avec moi dans une valse frénétique qu'elle fredonnait. Puis, harassée de fatigue, elle me déposait à terre, éclatait de rire et se moquait gentiment de moi. Cela m'amusait prodigieusement. Mais elle était passée à autre chose, me plantait là et s'éloignait en chantant de sa voix de cristal : « O Richard! ô mon roi! L'univers t'abandonne! » Maintenant je me rends bien compte que je ne jouais que la figuration dans son rêve intérieur, comme les moulins à vent dans la fougue chevaleresque de Don Quichotte. Si jeune que je fusse alors, je me faisais volontiers le complice d'une fantaisie si aimable, et qui ne faisait certes aucun mal à personne, sinon à celle qui en était à la fois l'actrice et la dupe.

Ainsi était ma tante, Ariel dans cette grande maison. Ma grand-mère avait une sagesse plus près de celle de Sancho Pança; inspiratrice d'économie, de prévoyance et de continuité, elle regardait sa fille avec surprise et compassion, parfois avec une brève colère qui s'exprimait en interjections inattendues : « Folasse! » disait-elle entre les dents; plus rarement — il fallait qu'elle fût véritablement en colère — : « Sorcière! » De tels reproches glissaient sur ma tante comme la pluie sur l'aile d'un canard. Rien n'atteignait ma tante Angèle qui, du matin au soir, emplissait la maison de ses chants, de son rire qui tombait en cascade et aussi — et de plus en plus avec l'âge — de soliloques où elle tenait tous les rôles de son roman intérieur, faisant toutes les répliques, poursuivant seule son divertissement perpétuel.

A une époque où le phonographe était un instrument nasillard, et d'ailleurs hors de prix, je dois à ma tante que mon enfance se soit déroulée dans l'univers du chant, du rire et d'une « commedia dell'arte » perpétuellement renouvelée. En ce domaine, nul fils de roi ne fut mieux pourvu que moi.

La voix de ma tante était splendide. Depuis, j'ai entendu bien des cantatrices et des plus célèbres. Sa voix égalait les plus belles en chaleur, en richesse de timbre, en étendue (elle se jouait des tons les plus élevés jusqu'à des tons étrangement graves), en aisance dans les déliés, en plénitude et en générosité, sans rien de cette timidité et de cette avarice d'elles-mêmes que révèlent tant de voix de femmes qui veulent chanter. C'était certes une voix très différente de celle d'Edith Piaf mais qui lui était comparable par la fougue et la maîtrise de l'émotion, devinée plutôt qu'exprimée. D'ailleurs, dans le pays, les gens de ma génération se souviennent encore et parlent de la voix d'Angèle Vazelle, qu'aucune vedette n'a fait oublier.

Elle chantait à l'église paroissiale, qui était pleine les jours où l'on savait qu'elle ferait un solo. J'entends encore, sous l'immense voûte, retentir sa voix avec des attaques d'une netteté incroyable, tantôt douces et insinuantes, tantôt impérieuses et triomphales : *O Cor, amoris victima...* — ou bien : *Tollite hostias et adorate Dominum Deum...* — « Débarrassez donc l'autel de tous ces sacrifices et prosternez-vous dans l'adoration du Seigneur votre Dieu... » A la maison, elle me traduisait ces hymnes admirables qui mobilisaient toute ma sensibilité, j'allais écrire toute ma sensualité.

Car enfin quand, à un tout petit garçon, une jeune femme, avec une voix d'argent, parle d'un « cœur victime d'amour », blessé d'amour, immolé à l'amour, quels remous provoque-t-on dans les profondeurs de son être et de sa sentimentalité? La religion catholique prenait définitivement en moi ses dimensions passionnelles de tendresse et de conquête sauvages. Rien ne s'est jamais insinué au plus profond de moi que par la médiation de la beauté, dont le filtre décantait tout ce que je recevais. Je n'ai jamais aimé la laideur, je me crois incapable de l'aimer : quelle que soit l'admiration que je ressente pour le travail que représente le style de L.-F. Céline, l'aspect noir et caricatural de son œuvre m'en éloignera toujours.

Aujourd'hui on a décidé d'ignorer la fonction d'éducation sentimentale et d'élévation de l'âme que jouaient les fastes et l'imagerie du culte catholique. Les moments d'enthousiasme de mon enfance, c'est dans l'église de ma paroisse que je les ai vécus. Aujourd'hui, on condamne tout cela sans appel et d'un mot : « folklore ». Or la frontière est indécise, perméable, entre le folklore et le sacré : toucher au premier est souvent tarir les sources du second. Le grand art lui-même s'est toujours alimenté au folklore : que serait Stravinski sans le folklore russe, Picasso sans les couleurs de l'Espagne?

Nos églises, des plus splendides aux plus pauvres, des cathédrales aux petits sanctuaires des campagnes, avec le cycle liturgique qui changeait de couleur selon les saisons, avec leurs théories de statues de saints, avec leurs ornements, l'éclat des fleurs et du luminaire, avec le parfum de l'encens et la belle ordonnance d'une grand-messe, étaient les usines à rêves des enfants. Chacun de nous prenait la substance de ce qu'il versait dans son propre alambic. Et finalement cela formait la sensibilité de tout un peuple. Ce n'est que plus tard, dans les terribles chapelles des écoles catholiques, que j'ai pris le dégoût de la prière collective dont on avait réussi à faire une péripétie de la vie du bagne.

J'ai visité récemment en Pays basque une église espagnole tout près de la frontière française. Dans une chapelle latérale, il y a la statue d'un saint que je n'ai pu identifier. Il s'agit d'un jeune homme, aussi beau qu'un dieu grec, avec la fine moustache et la barbe finement taillée d'un chevalier du Greco. L'épée au côté, il porte à bout de bras la tête tranchée d'une femme également jeune et belle. Il s'agit d'une reine car cette tête morte est couronnée. Certes, rien n'est plus espagnol qu'une telle représentation, dans un tout petit village de pêcheurs. Quel effet peut avoir, sur un petit garçon de ce village, une telle statue? C'est pour lui une invitation à devenir grand, beau et fort, pour être capable de couper, d'un coup d'épée, une tête de femme, même jeune et belle, même royale. Quand notre jeune clergé s'imagine avoir introduit dans l'Eglise la violence et la contestation, il fait seulement une fois de plus la preuve de son inculture.

Certes l'église de mon baptême ne m'offrait pas de tels spectacles. Elle est française, auvergnate, ornée avec un sens très sûr d'un luxe modéré et de la cérémonie. Conjointement elle est dédiée aux saints apôtres Pierre et Paul, et à la Sainte Vierge sous le vocable étrange en ces lieux de « Notre-Dame des Oliviers ». La statue de Notre-Dame des Oliviers, noire à force d'être patinée, a été, me disait-on, rapportée d'Orient par les Croisés, et elle est en bois d'olivier. Mais on ne la voyait jamais telle qu'elle était : elle avait une couronne d'or et elle était revêtue d'un manteau de cour à la mode espagnole, raide et brodé d'or, comme en ont les statues qu'on véhicule dans Séville au moment de la Semaine Sainte.

Mais on voyait le visage noir et brillant. Je savais pourtant que la mère de Jésus était de race blanche. Cela ne me gênait absolument pas de la voir représentée comme une reine noire. J'imaginais ces hommes qui l'avaient tenue dans leurs mains gantées de fer, qui l'avaient regardée avec amour à travers la visière de leur heaume, qui l'avaient portée jadis, depuis Jérusalem. Je savais que les oliviers symbolisaient la paix et j'aimais pourtant que cette statue nous ait été donnée par des hommes de guerre.

Saint Pierre et saint Paul étaient deux immenses statues de part et d'autre du maître-autel. Saint Pierre portait les énormes clefs du Paradis : je me disais que ce devait être tout un tintouin pour y entrer seulement. Saint Pierre d'ailleurs me paraissait si vieux que j'avais peur que ses énormes clefs ne lui tombent des mains et qu'on ne puisse plus entrer dans le Royaume. Je ne suis pas sûr que cette crainte enfantine ne soit pas enracinée en moi quand il m'arrive de penser au pape.

Saint Paul avait un air beaucoup plus décidé. Il s'appuyait des deux mains sur la garde de son épée fichée en terre, et cette garde était une croix. C'était un gaillard qui avait l'air de n'avoir pas froid aux yeux, auquel il ne ferait pas bon se frotter et qui semblait tout à fait capable de se servir de son épée. Quand je demandais s'il avait tué beaucoup de monde avec son épée, on m'expliquait que le glaive représentait la Parole de Dieu. Ce qui est aiguisé, ce qui coupe, ce qui tranche, ce qui transperce, ce qui fait très mal pour faire du bien, c'est ainsi que je me suis représenté la Parole, qu'elle soit proférée ou qu'elle soit écrite. C'est à l'image du saint Paul de l'église de mon baptême que j'ai tenté de me conformer toute ma vie.

Ma mère étant très pieuse, ma tante vedette de la chorale paroissiale, je passais une grande partie de mon temps à l'église. Je me souviens de ce que l'on appelait, pendant la Semaine Sainte, « l'Office des Ténèbres » : ces simples mots me faisaient tressaillir de peur. Cet office était très long, la psalmodie en latin me berçait mais je luttais contre le sommeil. J'observais de loin, dans le chœur, l'immense chandelier à sept branches que la liturgie catholique a gardé de son ascendance hébraïque et où le sacristain de temps en temps allait éteindre un cierge. Au fur et à mesure que progressait la commémoration de la Passion de Jésus-Christ, la nef immense était peu à peu envahie par la nuit.

Quand il n'y avait plus que trois cierges allumés, mon regard ne quittait plus le terrible chandelier. Je savais que, lorsque le dernier cierge s'éteindrait, c'est que Jésus serait mort dans un grand cri. J'attendais avec angoisse ce cri qui retentissait enfin sous les voûtes, sans qu'on sût d'où il provenait. La nuit alors était reine. Je rentrais à la maison, serrant la main de ma tante, silencieux, gelé jusqu'au cœur, au bord des larmes, envahi par l'événement majestueux de la mort, de cette mort, où j'étais bien pour quelque chose puisqu'on m'affirmait qu'Il était mort pour moi. Et aujourd'hui je sais bien que cette mort est au cœur de l'histoire et de ma propre vie.

« O cœur, victime de l'amour... » Combien l'amour me paraissait grave, implacable, cruel, d'avoir immolé ce cœur dont ma tante me disait encore qu'il était celui du plus beau des enfants des hommes. Lui, un enfant? Mais moi aussi, un enfant. Ma tante et les amies de ma tante, qui m'embrassaient avidement — et j'enfouissais mon visage dans leurs chevelures — me le disaient assez que j'étais un bel enfant.

Mon cœur aussi était-il destiné à être la victime de l'amour? J'étais à la fois fasciné et terrorisé.

Comme on le voit, la piété de ma tante était aussi fantasque que son caractère. Elle ne chantait si bien à l'église et avec cette audace dans la proclamation du chant, que parce qu'elle y retrouvait son Prince Charmant; elle lui faisait, comme à un roi et devant le peuple assemblé, ses déclarations d'amour. Jamais je n'oublierai le frisson de respect qui parcourait l'assistance quand, après la communion, la voix magique prenait son vol du haut de la tribune et déployait ses ailes sur le recueillement du peuple chrétien :

Le Ciel a visité la terre,
Mon bien-aimé repose en moi!
Du saint amour, c'est le mystère.
O mon âme, adore et tais-toi!

Il y avait bien d'autres moments extraordinaires et contrastés de la liturgie. La fête de Pâques, après l'angoisse croissante de la Semaine Sainte, était une explosion de joie libératrice. En ce temps-là d'ailleurs, le printemps était l'occasion de liturgies champêtres si prophétiques de l'enthousiasme écologique moderne, que rien ne montre, mieux que leur suppression, la stupidité d'un certain clergé qui se croit moderne. C'étaient les Rogations, puis la Fête-Dieu, la fête du Sacré-Cœur, celle de saint Pierre puis, au cœur de l'été, celle de Notre-Dame des Oliviers. On était vite dans les champs. La procession se déroulait parmi les aubépines et les lilas, s'arrêtant à l'aller comme au retour dans divers quartiers de la ville où se dressaient des reposoirs.

Parfois les façades des maisons étaient tendues de draps blancs et brodés, parsemés de bouquets épinglés. Les reposoirs étaient des échafaudages plus ou moins hauts, parfois un peu branlants, où l'ostensoir était déposé pour quelques minutes, le temps de chanter une hymne à la Sainte Vierge et le *Tantum Ergo,* cet extraordinaire cadence militaire venue des légions romaines. Bien avant de connaître le latin, j'aimais à la folie ces larges strophes impérieuses qui courbaient les têtes devant le disque blanc cerclé de flammes d'or.

Il est impossible aujourd'hui d'imaginer la familiarité et la complicité de ces populations villageoises avec leur religion. Bien entendu, tout le monde n'allait pas à la messe, il y avait même des esprits forts qui marquaient avec ostentation leur éloignement de la religion. Le dimanche, certains hommes accompagnaient femme et enfants jusque sous le porche de l'église, s'arrêtaient là et allaient au bistrot de la place attendre avec les copains que la grand-messe fût finie. Ce n'était pas le cas dans la famille. Mon père, mes oncles n'eussent pas manqué la messe pour un boulet de canon. Mais les anti-cléricaux eux-mêmes étaient baptisés, ils avaient fait leur première communion, ils recevraient les derniers sacrements et auraient leurs obsèques à l'église.

Ma tante me racontait avec une vive répulsion deux ou trois « enterrements civils » qui avaient eu lieu à Murat dans les vingt dernières années. Pour elle, un tel enterrement était sinistre : ni croix, ni procession, ni prêtre, ni chants, ni prières, mais parfois le drapeau rouge ou, pis encore, le drapeau noir de l'anarchie. Ce drapeau noir me faisait froid dans le dos : j'y voyais le symbole de l'enfer. Mais pour tous, pratiquants ou non-pratiquants, croyants ou incroyants, amis ou même ennemis, quand on disait « la religion », il ne pouvait s'agir que de la religion catholique. Je fus très longtemps à soupçonner qu'il y avait au monde d'autres religions et d'autres chrétiens que catholiques.

C'est dire si cette religion catholique était pleinement chez elle dans ce recoin perdu de l'Auvergne, elle y était chez elle avec toute l'assurance de la bonhomie. Quand elle sortait jusque dans les champs pour les bénir, elle était encore chez elle, elle rencontrait une croix ou un oratoire à presque tous les carrefours. Dans ce pays, tout en montées et descentes raides, on s'essoufflait parfois à chanter. Le vieux curé de

Murat, qui avait une belle voix et un accent fouchtra exemplaire, au moment d'aborder une côte, se tournait vers son premier vicaire et lui disait : « Chantez un peu, l'abbé : chès bougrèches de litanies me crèvent! » La Saint-Pierre était la fête de Murat, fête profane autant que religieuse. Quand sous un soleil éclatant la procession traversait la place du Balat, du plus loin qu'elle apparaissait les manèges s'arrêtaient, toutes les musiques se taisaient, le silence tombait sur la place, les hommes se découvraient. Si l'un ou l'autre, un étranger, n'enlevait pas son chapeau, il y avait toujours quelqu'un pour le lui faire sauter d'un léger coup de canne.

Cette procession de la Saint-Pierre se déroulait annuellement, en réparation d'un sacrilège commis plus d'un siècle auparavant. Des voleurs avaient cambriolé l'église paroissiale, forcé le tabernacle, volé les vases sacrés, dispersé et profané les hosties. A plus d'un siècle de distance, je frémissais d'indignation à cet outrage fait au corps du Christ masqué sous l'apparence de l'hostie. Franchement, j'en souffrais comme de la flagellation du fils de Marie, celui des supplices de la Passion qui provoquait le plus mon horreur.

Durant toute cette procession, dans une ville où tous les chemins n'étaient pas également bons, le prêtre qui portait l'ostensoir et les deux prêtres assistants avaient les pieds nus en signe de pénitence et de réparation envers Jésus-Christ présent par son sacrement sur la terre des hommes, en signe aussi que le péché de l'un doit être assumé et réparé par tous. J'ai vu parfois les pieds de ces prêtres saigner, bien que les paroissiens aient répandu des fleurs et parfois étendu des tapis sur le parcours. J'étais ému par ce protocole d'amour et d'humilité autour de cette Présence invisible. Avec quelle spontanéité ardente et passionnée je m'agenouillais et m'inclinais profondément devant l'ostensoir. A cette époque, voilà quelle était la foi en l'Eucharistie. Je pense à Boni de Castellane qui, près de mourir, alors que le prêtre de sa paroisse à Paris allait lui porter les derniers sacrements, fit préparer sa maison du haut en bas, ordonna à ses laquais de revêtir leurs plus belles livrées à la française et fit de cet acte de foi et d'adoration la plus belle réception de toute sa vie. Je ne puis croire que la désinvolture envers ce sacrement ne procède pas d'un manque de respect et d'amour, et finalement d'une défaillance de la foi envers le mystère qui définit si essentiellement le catholicisme et la destination première de l'Eglise, car le corps du Christ est le bien commun de l'Eglise.

Les différents reposoirs dressés dans la ville croulaient sous les fleurs. Il y avait aussi des petits garçons et des petites filles déguisés en anges, avec des ailes en carton doré. Cela me déplaisait et j'ai obstinément refusé d'en faire partie. Je ne voulais pas être un ange. Je savais trop bien que les enfants qui jouaient ce jeu n'étaient pas des anges, eux non plus. Je voulais rester ce que j'étais.

L'époque était patriote. Jeanne d'Arc venait d'être béatifiée, portée sur les autels. Il y eut dans notre église une statue de Jeanne d'Arc, en très bonne place, qui sortait des ateliers de Saint-Sulpice, dont le style triomphait dans l'Eglise de France. J'étais fasciné par cette belle fille portant cuirasse et une mini-jupe sur les cuissards, l'épée au côté, son étendard dans les bras. A l'époque, avant 1914, toutes les femmes portaient des robes longues, parfois traînantes. La chose est maintenant incroyable.

C'est vrai que la guerre de 14-18, en mêlant davantage les femmes à la vie sociale, en leur imposant des travaux masculins aussi bien aux champs qu'à la ville, a déterminé un bouleversement dans l'accoutrement féminin, bouleversement qui fut, beaucoup plus qu'une nouvelle mode, une nouvelle manière d'être. Nul n'a observé à quel point la diffusion de l'image de Jeanne d'Arc, à la suite de sa béatification, puis sa popularité et le culte dont elle fut entourée ont contribué à ce bouleversement et ont pu en particulier favoriser pour les femmes l'usage du pantalon, vêtement jusque-là exclusivement masculin en Occident. Cette mode aujourd'hui est passée dans les mœurs au point que tous les efforts des couturiers sont impuissants à la faire disparaître.

Jeanne d'Arc avait d'autant plus d'importance pour moi que j'en retrouvais à la maison une image familière. Je ne sais qui avait, sur des airs de mirliton, composé un opéra sur Jeanne d'Arc. A cause de sa voix, de sa prestance, de sa beauté, ma tante avait évidemment joué le rôle, et sa photographie, cuirassée de carton, l'épée au côté et l'étendard au poing, trônait en bonne place sur une cheminée. J'aimais cette vierge militaire que ma tante était en effet. Quelle que fût la médiocrité de l'opéra en question, la fougue de ma tante et sa voix superbe avaient dû le sauver de la platitude. Parfois dans les étages j'entendais entonner le seul air qui ait surnagé dans ma mémoire de cet opéra justement naufragé :

Seigneur, je vais à la bataille!
Tout mon espoir monte vers toi!

Dieu était pour moi le Dieu des armées. Rien ne me paraissait plus naturel que la bataille. La vie allait me combler.

Pour donner une idée de la beauté de ma tante, je dirai qu'avec une peau plus blanche elle avait les traits d'Indira Ghandi : elle avait ce regard altier, ce port, cette tenue. Par quel hasard génétique ce type féminin, qui se retrouve aussi dans les Corés de l'Acropole d'Athènes, s'était-il réalisé chez cette fille purement auvergnate et de souche paysanne? Avec cette allure et ses dons, ma tante avait tout pour être une actrice et particulièrement une diva. Elle en avait aussi la santé et le caractère, et elle avait ces dons, cette santé, ce caractère à un degré d'excellence. Elle eût su s'imposer, faire marcher les hommes, éclipser les rivales, elle se fût passionnée pour les rôles qu'elle eût dû interpréter; elle avait cette puissance obsessionnelle de l'imagination qui eût réduit au néant pour elle tout ce qui n'eût pas été sa carrière, son théâtre peuplé d'héroïnes à qui elle eût donné vie, feu et flamme. Elle le savait très bien d'ailleurs, et en cela son histoire ressemble assez aux commencements de la vie de Jeanne d'Arc.

On sait que le père de Jeanne d'Arc, à l'idée que sa fille pourrait quitter son village, revêtir l'habit d'homme, s'en aller avec les soldats, déclara qu'il préférerait la noyer de ses mains. Jeanne d'Arc dut échapper à sa surveillance pour suivre sa vocation. Or il y eut le même rapport entre ma tante et son père, ce grand Gaulois qui ne plaisantait pas. Il avait déclaré tout net que, si sa fille se mettait dans l'idée de devenir une théâtreuse, elle aurait affaire avec lui. Cette seule perspective épouvanta ma tante, qui n'avait que trop tendance à rêver sa vie.

Elle préféra en effet la rêver que la vivre, et je suis sûr qu'elle la rêva bien. Dans son rêve, elle eut tout, son théâtre, ses planches, ses feux de la rampe, ses coulisses; elle eut son public délirant, ses admirateurs, ses gerbes immenses de fleurs les soirs de générales, et le bouquet champêtre lancé du haut du poulailler par l'amoureux transi et secrètement préféré. A cinq ans, je connaissais tout du théâtre à travers l'inoffensif délire de ma tante. La première fois que je mis les pieds dans le monde du théâtre, ce fut pendant la dernière guerre à la suite de Marie Bell. J'eus ainsi la confirmation que la magie dont vivait ma tante existait bel et bien et qu'elle exerçait sur ceux qui en approchaient le même pouvoir de fascination.

Il n'y a pas de meilleur public qu'un enfant de cinq ans, imaginatif, prompt à prendre flamme. J'étais pour ma tante ce public naïf et enthousiaste. Je voyais qu'elle me faisait, en face d'elle, jouer les rôles de tous les partenaires nécessaires à sa mise en scène imaginaire. Je m'y enchantais moi-même d'autant plus que tout, entre nous, était dans le secret. Je vivais à l'intérieur de ce qu'on appellerait aujourd'hui « une famille nombreuse » : cinq enfants. Je m'aperçois à quel point mon enfance fut isolée, et de ma part très délibérément. Un enfant a mille ressources pour vivre en marge de l'univers où on croit le rencontrer. Cela devait durer longtemps, cela a peut-être duré toujours. Ma tante Angèle a été pour moi le premier truchement du rêve et de l'Ailleurs.

Dans la suite, j'ai rencontré beaucoup de personnages qui ont joué pour moi ce rôle de tapis volant. Mais je crois bien que c'est ma tante Angèle qui a déclenché définitivement chez moi cette facilité à être toujours prêt à poser le pied et à m'embarquer sur ce carré multicolore, dont je devine qu'il va à l'instant se soulever et me transporter à travers les nuages, pardessus douanes et frontières.

2

J'avais sept ans depuis le mois d'avril, et c'était maintenant le plein été. Le ciel était pur, il faisait très chaud. Pourquoi ce jour n'eût-il pas été aussi heureux que tant d'autres pour le petit garçon que j'étais, émerveillé d'être au monde? Justement la campagne d'Auvergne était à ce moment où la terre jouit et s'alanguit sous l'étreinte du soleil. Depuis Virgile, les travaux et les jours n'avaient pas changé : après les semailles, les moissons; le soin du bétail, ce que les paysans suisses appellent « gouverner » du latin *gubernare,* et la fabrication du fromage. Rien n'était plus paisible, au point de paraître immuable.

Soudain un coin du ciel s'ébranla. Puis d'un clocher à l'autre, en ce pays où les villages sont tellement proches les uns des autres, toutes les cloches se mirent à sonner (« joli cœur de rose », comme dit la chanson), le bourdonnement d'abeilles d'airain emplissait maintenant tout le ciel. Rien ne me parut plus joyeux. C'était le tocsin.

La carriole tirée par Jubile, conduite par mon père, avançait sur la route à travers champs. Partout à la fois, je voyais ce mouvement des corps penchés sur la glèbe qui se redressaient et ce premier moment de stupeur où les visages deviennent attentifs, juste le temps de localiser et d'identifier le son : c'est Virargues, voilà Chastel, et là-bas ce sont les cloches de Murat, plus loin encore celles de Bredons; peut-être celles d'Albepierre et de Laveyssière. Pour un incendie, un seul clocher eût sonné. Cette fois, ce sont tous les clochers de France, tous les clochers d'Europe et jusqu'à ceux de la profonde Russie qui, tous en même temps, jettent leur signal de détresse. Et tous, hommes et femmes, abandonnent sur place les outils, quittent la batteuse et la gerbe qui va être liée, courent vers les maisons. C'est la guerre. Jamais une patrie n'aura été défendue avec un tel élan unanime. Puis ce sont deux autres mots qui éclatent pour la première fois à mes oreilles, dont la fuite du temps n'a jamais désamorcé pour moi la charge explosive : mobilisation générale.

La mémoire ne retient de ces faits qu'un film déjà monté et sans fondus, avec beaucoup de coupures et de chutes. Sans transition, je me retrouve au Café Vazelle à Murat. De là, il n'y avait que quelques pas à faire jusqu'à la porte de la mairie où venait d'être placardée l'affiche fatale, barrée des trois couleurs et signée du président de la République, commandant suprême des forces armées françaises de terre et de mer (on ne parlait pas encore de l'air). Ce chef suprême s'appelait Poincaré, il est toujours bon de savoir le nom de celui qui détient tant de commandements à la fois. J'entendais « Poing Carré » : la guerre m'apparut comme un combat singulier entre Guillaume II et Poincaré, un match de boxe, et il me sembla inéluctable que Guillaume II allait se retrouver promptement étendu, sa couronne roulant sur le sol avec tintamarre.

Le pays se vida d'hommes instantanément. De toute la population masculine, ne restèrent que les vieillards et les enfants... et mon père. C'est là que je sus vraiment qu'il n'était pas comme les autres, qu'il était étranger, qu'il était Autrichien, qu'il était celui qui serait toujours l'exception, celui dont le destin ne serait jamais pareil à celui des autres. Qui le savait? Il était peut-être la cause du malheur de tous. Comment lui seul était-il épargné dans cette immense rafle qui emportait comme fétus tous les autres hommes de sa génération? Il était l'ennemi. Comme Œdipe, au dernier acte, il avançait, aveugle, au milieu d'un cercle maudit dont il était le centre, perdu hors de tous les bercails, au moment où l'Europe entière se rassemblait en gigantesques troupeaux.

La maison était sens dessus dessous. Mon oncle et parrain, Joachim Vazelle, allait rejoindre son dépôt du 339ᵉ régiment d'infanterie à Aurillac. Il partait, chargé de bouteilles et de victuailles. Notre presque voisin, le cordonnier Louis Pautard, ami de mon père, amoureux de ma tante, vint dire au revoir. Lui partait avec une musette pleine de boîtes d'allumettes. Dans le délire général, où tous pensaient que la guerre ne durerait pas un mois, il était le seul à dire qu'elle serait longue et qu'elle se passerait sous terre. Il ne voulait pas être pris au dépourvu, il voulait avoir toujours la possibilité de faire du feu et de la lumière : du feu, il y en aurait; de la lumière beaucoup moins.

Le plus jeune de mes oncles, Eugène Vazelle, faisait son service actif au 92ᵉ d'infanterie à Clermont-Ferrand. Avec ce qui nous paraîtrait aujourd'hui de l'inconscience, mon père se chargea pour lui de victuailles et de bouteilles, prit le train et alla faire les adieux de toute la famille à son jeune beau-frère. Quand il arriva à la caserne, non seulement on ne lui demanda aucune justification de sa présence, mais la sentinelle lui présenta les armes, le prenant pour un officier qui rejoignait son corps. Ni mes deux oncles ni mon père ne furent tués à la guerre. Ils ne se reverraient pourtant jamais plus.

C'est alors, dans notre petite ville, que la gare prit pour moi une importance mythique, qu'elle n'a jamais tout à fait perdue : elle était la porte qu'il fallait franchir pour être à la guerre. Ce n'était qu'une toute petite gare où les trains, dévalant la vallée, venaient de l'ouest, s'arrêtaient et disparaissaient entre route et rivière. L'allégresse de ces premiers départs de guerre est aujourd'hui une chose incroyable. Le peuple français et le peuple allemand se sont rués l'un sur l'autre dans une frénésie de joie. Je descendais avec ma tante regarder ces convois, tirés par des petites locomotives vaillantes et poussives qui crachaient une épaisse fumée et dont le sifflet aigu déchirait le silence de cette campagne paisible. Je regardais cet alignement de wagons (Chevaux 8 — Hommes 40) pleins de soldats qui ripaillaient et criaient « A Berlin! », comme, de l'autre côté de la frontière d'autres soldats criaient « Nach Paris »! Les wagons étaient décorés de branchages et de fleurs. Tous ces hommes que j'avais vus jusqu'alors dans les champs, dans leurs ateliers, au café, à l'église, étaient tous maintenant déguisés de même : pantalons garance et veste bleue.

Les femmes étaient là sur le quai. Elles étaient venues de tous les environs, dans l'espoir d'embrasser leurs fils, leurs maris, leurs frères, leur promis. Les hommes descendaient du train pour pisser et pour se dégourdir les jambes. On leur donnait des paquets, des bouteilles, ils embrassaient les filles. Ils sentaient la vinasse. Puis il sautaient dans le train en riant fort, et le train s'ébranlait lentement, disparaissait au bout des deux lignes parallèles et brillantes. Le soir tombait. Les femmes se retrouvaient seules avec la marmaille. Elles remontaient lentement de la gare, graves, le regard têtu, silencieuses. Tous ces hommes me faisaient l'effet d'être fous et j'en avais vaguement horreur. Je ne les reconnaissais pas. J'éprouvais quelque dégoût de les voir tous ensemble, leur joie me faisait peur. Seuls, les visages des femmes me paraissaient vrais.

Alors il se passa une chose extraordinaire. Les hommes dans la maturité de l'âge étaient tous partis et la vie continua. Après ce grand départ, les femmes remirent de l'ordre dans les maisons, rangèrent les habits masculins dans les armoires avec des boules de naphtaline, engrangèrent les moissons, soignèrent le bétail, « gouvernèrent », firent le pain et le fromage, élevèrent et nourrirent les enfants. En somme, pour vivre, on pouvait se passer des hommes. Cette guerre, qui sonna le glas de l'Europe, enterra le mythe de la supériorité masculine. Les hommes n'étaient plus vraiment utiles que pour faire la guerre et l'amour. Mais l'amour, ces femmes rudes pouvaient s'en passer autant qu'il le faudrait; la guerre était une absurde fatalité qu'on abandonnait volontiers aux hommes. Restaient le solide et le sérieux : la maison, le bétail, les champs, les enfants. On s'arrangerait pour que tout cela continue et prospère.

Un matin, on vit arriver de Paris en catastrophe une cousine germaine de ma mère, ma marraine, que, dans la famille, on appelait « la tante Jeanne ». Son point de départ dans la vie et son cheminement m'ont toujours paru des plus obscurs et, en fait, ne m'ont jamais intéressé; je ne sais même pas de quel côté elle était cousine de ma mère. Mais son point d'arrivée était éclatant, le moindre de ses bagages témoignait le grand luxe. Elle avait épousé Abel Henry, un homme petit, vif et intelligent, qui dirigeait la rédaction du *Petit Journal,* qu'on appelait « le journal des concierges », quotidien d'une qualité technique indiscutable et d'une puissance sur l'opinion incontestée. Abel Henry était très estimé dans sa profession et président de la presse parlementaire, bref c'était une personnalité du régime. Il connaissait tout le personnel politique, était à tu et à toi avec Poincaré, Viviani, Caillaux, Jaurès, Clemenceau, Briand, tous ceux qui peuplaient alors la scène politique française. Donc on vit arriver la tante Jeanne avec une montagne de bagages. J'aimais assez ma marraine : elle me gâtait modérément, à la mode auvergnate. Elle se montrait fière de son filleul, mais c'était son mari qui s'intéressait le plus à moi.

En ce temps — je le répète parce que le lecteur ne peut que l'oublier —, il n'y avait ni radio ni télévision, seulement la télégraphie et les communiqués de guerre : les nouvelles arrivaient lentement et filtrées. C'est par la tante Jeanne que nous apprîmes que les Allemands avaient défoncé le front, culbuté nos armées, qu'ils étaient aux portes de Paris et que le gouvernement de la République s'était enfui à Bordeaux. Abel Henry l'avait suivi mais il avait expédié sa femme chez sa tante d'Auvergne, ma grand-mère, en attendant les événements. Les événements, ce fut la bataille de la Marne, gagnée à un cheveu près, puis la stabilisation du front des Vosges à la Mer du Nord, le retour du gouvernement à Paris, l'installation de l'Europe dans la guerre.

Quand beaucoup plus tard je me mis à faire des recoupements dans l'histoire que j'avais vécue, une circonstance m'intrigua : lorsque ma marraine arriva à Murat en août 1914, mon père y était encore pour un temps. Sa situation dans la France en guerre était d'une fragilité extrême, pratiquement intenable. Je sais suffisamment ce qu'est la politique en France, ce qu'elle y sera toujours : quand il s'agit de trouver une solution à une situation personnelle, aussi difficile qu'elle soit, et dès lors qu'il s'agissait d'un homme aussi inoffensif que l'était mon père, quand on est près du pouvoir on obtient ce qu'on veut. Si ma marraine et son mari n'ont pu protéger mon père, trouver pour lui une situation moins atroce que celle qui lui fut faite, c'est qu'ils ne l'ont pas voulu. La conscience que je pris peu à peu de ce péché d'omission contribua grandement à m'éloigner de ma marraine. A la fin de sa vie, je ne la voyais plus, je n'y pensais jamais, elle était pour moi comme si elle n'avait jamais existé. Peut-être y avait-il entre elle et ma mère une rivalité de femmes. Ma mère n'aimait pas ma marraine, et ma mère ne déposait jamais les armes.

Dans cette petite ville, si loin du front, la guerre n'en imposait pas moins son rituel. Tous les matins, le secrétaire de la mairie affichait à la porte de l'édifice le communiqué de guerre. Ma tante Angèle me faisait guetter ce moment et nous allions lire ensemble cette prose incolore. Pour moi, elle était indéchiffrable; le texte se terminait toujours par ces mots : « Rien à signaler sur le reste du front. »

L'autre pôle d'attraction était la gare. Après l'école, avec un copain, vers les six heures du soir, nous y courions. On s'enfonçait dans l'hiver, il faisait nuit. Les trains remontaient la vallée vers le Lioran et vers Aurillac, mais Dieu! quelle différence avec les trains joyeux du début de la guerre. C'étaient des trains funèbres, éclairés dans la nuit. Nous courions au bord du ballast pour voir les habitants de ces trains, c'étaient des fantômes : soldats blessés, têtes et membres bandés. Je regardais ces mannequins aux yeux ardents, bouches ouvertes, gémissants, séparés de moi par des vitres embuées : c'était donc cela aussi, la guerre. J'en voyais l'envers du décor. Ces mannequins étaient-ils encore des hommes? Etaient-ce les mêmes que j'avais vus partir quelques semaines plus tôt, buvant, chantant, couverts de fleurs, allant comme à une fête là où ils ne savaient pas? Oui, la guerre était une fête dont on revenait à l'état de fantômes.

La guerre était un gouffre insatiable, qui engloutissait non seulement les hommes, mais les bêtes. Un matin, la place du Balat fut couverte de chevaux. J'aimais les chevaux avec passion et je me perdis parmi eux. Ils étaient accompagnés de femmes qui tentaient d'arracher aux griffes de la réquisition un animal souvent indispensable à la ferme. Au milieu de ces centaines de canassons, eux aussi destinés au front, tout à coup je reconnus Jubile. J'eus un coup au cœur de la retrouver dans ce marché d'esclaves. Jubile n'était pas un cheval comme les autres, Jubile n'était pas une esclave, c'était notre amie. Tout allait donc se défaire jusqu'au bout? Je m'approchai doucement. Jubile se mit à hennir et me tendit son museau en soufflant. Me hissant sur la pointe des pieds, je mis ma tête contre son cou, l'embrassai. Mes larmes se mirent à couler sur mon visage et sur la soie de sa peau.

Au printemps 1944, un officier supérieur de la Gestapo fut tué sur la même place du Balat. Un tireur de la Résistance, embusqué sur le rocher de Bonnevie, l'avait visé et abattu quand il descendait de voiture pour entrer à la mairie. Bien entendu, on ne retrouva pas le tireur. Deux jours plus tard, les Allemands vinrent, firent passer le tambour de ville pour convoquer à la mairie tous les hommes de dix-huit à cinquante ans. Presque tous accoururent et se rassemblèrent sur cette même place où, en 1914, on avait rassemblé les chevaux. Pourquoi se rassemblèrent-ils ainsi? Nul ne les menait par la bride. Ils furent réquisitionnés comme l'avaient été les chevaux, déportés en Allemagne dans les camps, où la plupart moururent sans comprendre ce qui leur arrivait, pas plus que Jubile n'avait compris. A notre époque, la première qualité d'un homme est de se méfier du tambour de ville et d'échapper d'instinct aux tropismes grégaires.

Le régiment de mon oncle Eugène s'était battu dès le 20 août 14 à Sarrebourg, aux confins de la Lorraine et de l'Alsace. La bataille fut perdue. Mon oncle, grièvement blessé à la tête, fut laissé pour mort sur le champ de bataille, et c'était miracle qu'il ne le fût pas. Il fut relevé par les Allemands, soigné par eux, fait prisonnier de guerre. Nous reçûmes un jour une carte de la Croix-Rouge, et nous apprîmes à la fois et qu'il était blessé et qu'il était prisonnier. Dans cette petite ville, livrée aux femmes et au patriotisme, les langues commencèrent par dire n'importe quoi : s'il était en Allemagne, c'est que mon oncle Eugène avait déserté et rejoint le camp de mon père.

Mon parrain, Joachim, lui, n'était ni tué, ni blessé, ni prisonnier. Il ferait toute la guerre, le plus souvent en première ligne, trimballé d'un front à l'autre, de l'Yser à Verdun, de la Somme à la Côte 304 et au Chemin des Dames, transporté jusqu'à Salonique et en Italie. Il reviendrait de la guerre avec un galon de première classe et la croix de guerre, un homme parmi tant d'autres, perdu dans cette infanterie française qui soutint finalement le poids de toute la bataille.

Jean-Paul Sartre et Simone de Beauvoir ont, à quelques mois près, mon âge. Dans leurs Mémoires, ni l'une ni l'autre ne fait la moindre allusion à la guerre de 14-18 : on dirait qu'ils ont vécu cette époque sur une autre planète que celle qui fut la mienne. Ce n'est pas la première fois que je constate que ceux qui ont eu une enfance dorlotée, préservée des malheurs du vaste monde, deviennent dans la suite des intellectuels révolutionnaires, ce genre d'intellectuels dont parlait un jour Malraux et qui, ayant décidé de faire la révolution en Argentine ou au Chili, ne partent ni pour l'Argentine ni pour le Chili, mais vont droit au Café de Flore pour s'y répandre en propos incendiaires. Ils n'ont jamais été en situation de dire adieu à Jubile et de voir s'écrouler leur univers familier, c'est pourquoi ils peuvent d'un cœur léger parler de casser la baraque. Moi, j'avais sept ans quand le ciel s'est écroulé sur ma tête. Le sol a trop souvent tremblé sous moi pour que je n'éprouve pas un certain respect pour la solidité des murailles qui soutiennent les toits du pauvre monde.

J'ai souvent pensé depuis à ce que furent, pour mon père, les quatre mois qui s'écoulèrent entre la déclaration de guerre et son arrestation. Puisque Jubile n'était plus là, il montait à pied à l'usine. Qu'y faisait-il? Je pense qu'il voulait échapper à l'ambiance de la maison. La masse des ouvriers était partie, mobilisée. Je sais qu'il avait proposé d'être lui-même réquisitionné et de continuer à faire tourner une usine au premier chef utile à la défense nationale : cette proposition fut rejetée. L'usine, son usine, son rêve et sa subsistance, sa sécurité et celle de sa famille, tout son travail, étaient en sursis, condamnés à brève échéance.

En ce temps-là, comme aujourd'hui encore en Suisse, il y avait une feuille locale dans chaque petite ville de province. Celle de Murat s'appelait *Le Nouvelliste*. Un article y fut publié contre mon père, et qui l'accusait d'être un espion. Je me souviens d'une phrase qui, lue en situation comme on dit au théâtre, était chargée de venin : « Qu'allait-il faire dans nos arsenaux? » C'est vrai que, par la production particulière de son industrie, mon père avait accès dans les plus grandes usines, dans les aciéries, dans les entreprises à hauts fourneaux. C'était sa clientèle. Bien sûr, il n'était pas un espion mais, puisqu'on l'avait écrit, le mal était fait. L'atmosphère devint pour lui irrespirable.

La guerre continuait et le patriotisme de l'arrière s'exaspérait. Je me souviens de ces affiches collées partout : « Taisez-vous! Méfiez-vous! Les oreilles ennemies vous écoutent! » Je regardais les oreilles de mon père, elles ne me paraissaient pas ennemies. Le Café Vazelle était désert. Il ne retrouverait jamais sa prospérité d'antan.

A l'école, ma situation devenait celle d'une place assiégée. En apparence, mes frères s'en tiraient mieux que moi, par la douceur de leurs caractères. Mais, quand un gamin de mon âge me traitait d'espion, de Boche, d'Autrichien évidemment, et même de Turc, sans aucune considération s'il était le plus fort je fonçais sur l'insulteur, à coups de tête, à coups de pieds, à coups de poings. Nous roulions à terre. Je rentrais régulièrement à la maison couvert de bleus et les vêtements déchirés. Les bleus, ça n'était pas grave. Les déchirures aux vêtements prenaient l'allure de catastrophes parce qu'il y avait de moins en moins d'argent à la maison et que les vêtements coûtaient cher.

Au petit matin du 16 décembre 1914, ma mère nous réveilla tous plus tôt que d'habitude. Tous les cinq au complet, nous étions débarbouillés, habillés comme les jours de fête. Il faisait encore nuit, très froid dans la maison où les poêles n'étaient pas encore allumés. Dehors il neigeait à gros flocons. Mon père et ma mère étaient debout, habillés pour sortir. Dans un coin il y avait des valises qui s'étaient remplies pendant que je dormais.

Ma mère nous dit à tous : « A genoux! », et tous ensemble nous fîmes une courte prière. C'est sans doute là que je compris que la situation était grave. Le rite de la prière en famille était réservé au soir, avant d'aller nous coucher.

Le jour se levait maintenant et il éclairait faiblement les fenêtres. Je n'ai pas le souvenir que les gendarmes soient entrés dans la maison, ils devaient attendre au dehors. Après la prière, nous nous relevâmes. Ma mère était parfaite d'aisance, de dignité, de précision dans l'élégance des gestes et de la tenue, avec un visage concentré mais sans aucune contraction, telle que je l'ai toujours vue dans les grandes circonstances. Mon père était infiniment triste, peut-être soulagé que les choses soient enfin claires. Il nous embrassa l'un après l'autre, en commençant par les plus grands; arrivé près de moi, il me souleva de terre pour me mettre à sa hauteur, me regarda longuement dans les yeux sans rien dire, me serra fortement dans ses bras, et comme à regret me déposa à terre. Nous étions ahuris mais nul d'entre nous ne pleurait. Je grandissais. Personne jamais ne me soulèverait plus de terre pour m'embrasser. Mon père et ma mère sortirent. Les valises restèrent dans leur coin, ce qui ne me rassura nullement. Cette sortie-là est celle qui a le plus compté dans toute ma vie.

Je m'approchai de la fenêtre et, à travers le carreau que je dégivrais avec mon haleine et avec la main, je regardai mon père s'éloigner définitivement entre deux assistants du destin qui ne savaient pas ce qu'ils faisaient. Et puis derrière lui, ces deux femmes qui m'étaient si proches, Antigones de cet Œdipe frappé par le sort. Depuis, je n'ai jamais rencontré un homme entre deux gendarmes, que mon cœur n'ait un élan vers lui, que je ne lui donne raison contre les gendarmes.

J'ai su depuis que toute la journée s'était dépensée en allées et venues, de la sous-préfecture au tribunal, du tribunal à la gendarmerie; quand le tour était fini, on le recommençait. Et tout se déroulait dans le même ordre : mon père devant entre les deux gendarmes, ma mère et ma tante à trois pas derrière. Il fallait que toute la ville voie le spectacle et soit rassurée. Eh bien, qu'ils le voient! qu'ils s'en repaissent les yeux! qu'ils n'en finissent pas de contempler le malheur d'autrui et l'écrasement de l'innocent, la chute d'un homme qui n'avait fait que du bien mais qui les dépassait tous de la tête! Toujours flanqué de ses deux sbires, mon père prit le train du soir. Au dernier moment, les valises l'avaient rejoint.

Le soir, des voix de gamins se mirent à hurler des insultes sous les fenêtres. Il y eut tout à coup un grand fracas de vitres brisées. Une volée de boules de neige traversa les carreaux. Les Muratais allaient me les payer mille fois leur prix, ces carreaux!

Le lendemain, ma mère nous tint à tous les cinq, qui n'étions que des enfants, un petit discours dont je ne saurais rapporter les termes mais dont le sens me fit une impression ineffaçable. Tout y était clair :

Notre père était autrichien.

Et nous autres aussi nous étions autrichiens, c'était comme ça!

Notre père était en prison, parce qu'il était autrichien, mais il était innocent. Nous devions rester fiers de lui.

Tout cela était d'ailleurs la faute, non pas de la France, mais des Français.

Cependant nous étions de trop partout, cela était vrai!

Nous sortirions pour aller à l'église et pour faire les commissions.

Plus de camarade : il ne fallait jamais mettre les pieds chez un petit camarade, n'en amener jamais un seul à la maison!

Nous n'avions plus d'argent : il ne fallait jamais rien accepter puisque désormais nous étions incapables de rendre.

Nous n'avions qu'une seule ressource, il est vrai inépuisable : cette ressource était la prière. Dieu a promis le pain quotidien à ceux qui le lui demandent chaque jour.

Nous le lui demanderions chaque jour.

Cette allocution, faite sur un ton familier mais catégorique, emporta mon assentiment. Aujourd'hui encore j'en admire le ton militaire. C'était une énumération de consignes pratiques, à la manière de celles qu'on trouve dans l'Evangile quand notre Seigneur envoie en mission les soixante-dix disciples : « Pas d'argent dans vos ceintures, une seule tunique, une seule paire de sandales. Vous mangerez ce qu'on mettra sur la table devant vous. Si on vous chasse d'une ville, partez en secouant la poussière de vos pieds! »

Je sais que mon père n'avait pas laissé d'argent, sept francs, m'a dit ma mère dans la suite. Mais comme le disait Thérèse d'Avila, Thérèse et trois ducats, c'est rien; Thérèse, trois ducats et Dieu, c'est tout. Ma mère avait cette foi à soulever les montagnes. Il y faut d'abord du courage. Oui, il y avait Dieu; immédiatement, il y avait ma grand-mère, dont le café ne marchait plus, dont les deux maison très hypothéquées ne rapportaient que de maigres loyers. C'était la misère, qui du moins fut regardée en toute lucidité et affrontée en face.

Pour le moment, pour nous, les enfants, c'étaient des vacances entre nous; les familles nombreuses se tiennent chaud. Nous, les cinq enfants, nous nous sommes souvent querellés ensemble, nous ne nous sommes jamais ennuyés. Nous étions gais, nous vivions la misère sans lui donner un nom, ce qui aide à la vivre. Ce n'est que bien plus tard que j'ai réalisé tout ce que cela comportait d'angoisse et de courage pour ma mère et pour ma grand-mère. Ce n'est que plus tard que j'ai voulu savoir et que j'ai posé des questions, auxquelles il ne fut d'ailleurs répondu qu'avec la plus extrême avarice. Telle était la pudeur ombrageuse de cette famille auvergnate.

C'est Léon Daudet qui avait proposé au parlement une loi selon laquelle tous les ressortissants de nationalité ennemie seraient arrêtés et mis dans des camps de concentration. Pendant la même guerre, jamais le gouvernement autrichien n'a arrêté de Français sous le seul motif de leur nationalité ennemie. Mais la France était prise de fureur patriotique : tout citoyen de nationalité ennemie était non seulement suspect, mais assurément coupable. Une telle fureur sans nuances provoque la terreur, à laquelle la France est particulièrement encline. Pendant la Révolution, il n'y avait pas d'innocents parmi les aristocrates et les prêtres réfractaires; sous le régime de Vichy, il n'y avait pas d'innocents parmi ceux qui n'acceptaient pas l'armistice; après la libération du territoire, il n'y eut pas d'innocents parmi ceux qui avaient acclamé le vieux Maréchal. Et que nous réserve l'avenir? Aujourd'hui même, dans l'Eglise de France, il n'y a pas d'innocents parmi ceux qui expriment la moindre réserve au sujet de Vatican II. J'ai horreur de ces excès et de ces généralisations. Je crois que cette rage, la bêtise au front de taureau dont parle Baudelaire, naît d'une volonté de se justifier soi-même : en même temps que cruelle, elle a l'air cafard. En 1914, c'est l'arrière qui était fanatique; c'est ceux qu'on appelait « les embusqués » qui ne faisaient aucun quartier à de pauvres gens malheureux et sans défense.

D'après la loi, non seulement mon père, mais nous tous, mère et enfants aussi bien, devions être mis en camp de concentration, puisque nous étions tous « autrichiens ». Je pense que les autorités durent céder aux instances de mon père pour que nous soyons laissés à la garde de ma grand-mère. C'est ce qui se fit, mais ne résolut en rien le problème de notre subsistance. Ma mère n'avait droit à aucune allocation familiale : le chef de famille n'était pas mobilisé pour la France. Le temps passant, je me souviens que la Croix-Rouge internationale envoya de loin en loin un maigre subside. Peut-être étions-nous inscrits aux indigents de la commune, nous l'étions sûrement aux pauvres de la paroisse.

Ce qui est certain, c'est que tous les biens de mon père, y compris la dot de ma mère, furent mis sous séquestre, tout, même le mobilier. Heureusement ma grand-mère était la propriétaire de l'appartement dont mes parents n'étaient que locataires. Pour ce qui concerne le mobilier, elle fit opposition au séquestre, pour retenir une provision fictive à la créance du propriétaire. Ainsi ce mobilier ne fut pas mis à l'encan. Ceux de ces meubles qui avaient quelque valeur furent vendus un peu plus tard par ma mère à un « chiffonnier » du nom de Gouvernel, qui les paya un bon prix. Je mentionne le nom de cet homme de cœur car il ne revendit jamais ces meubles et, dix ans plus tard, mes sœurs purent les racheter au même prix, sans indexation et sans intérêt.

Le mot « séquestre » m'était totalement inconnu et, par quelque sentier oblique, alla rejoindre dans mon vocabulaire mythologique le mot « hypothèque » : il m'était évident que c'était là un personnage maléfique. Je pouvais d'ailleurs mettre un nom sur ce personnage fabuleux. Le séquestre de tous nos biens était dévolu à un notaire qui possédait et habitait la maison la plus voisine de celle de ma grand-mère. Cet homme était petit, bedonnant, avait une barbichette. Ma tante en parlait avec un dégoût extrême parce que les cols de sa veste et de son manteau étaient toujours couverts de pellicules.

Les sentiments que j'éprouvais à son égard étaient mitigés : il avait un fils de mon âge qui était un de mes camarades que j'aimais bien et qui, comme moi, devint prêtre dans la suite. Mais le père me laissait perplexe : je me demandais comment un homme qui avait l'air d'un brave homme, qui allait à la messe, pouvait bien être séquestre? Cela me paraissait un horrible dédoublement. Mais quoi? Je savais aussi que le diable peut prendre des aspects rassurants : une certaine apparence débonnaire m'inquiétait jusqu'à la panique, et moi, fils d'un homme que les gendarmes avaient arrêté, j'en venais à plaindre mon ami dont le père était « séquestre ».

D'ailleurs cet homme, qui nous voyait vivre puisqu'il était notre voisin, exerça sans fléchissement sa mission de séquestre. Jamais il n'eût fermé les yeux sur un usage, aussi minuscule soit-il, et en notre faveur, de ces biens qui étaient les biens de mes parents. Sa femme était grande dévote mais également sans entrailles. Nous pouvions tous crever de faim, la bouche ouverte, elle n'eût pas mis dans cette bouche une miette de pain : rien!

L'usine de mon père était située à quatre ou cinq kilomètres de Murat dans un lieu appelé Auxillac. Avant d'y parvenir, nous nous arrêtions toujours à un petit oratoire voué à une sainte dont je n'ai retrouvé le nom nulle part ailleurs : sainte Reine. Une source coulait à laquelle nous aimions attribuer des vertus miraculeuses. Je m'y abreuvais à genoux, faisant un bol de mes mains. Presque tout de suite après, il y avait le territoire de l'usine : on traversait la carrière de terre siliceuse, une argile blanche et luisante, extrêmement lourde et compacte. Puis il y avait les entrepôts et l'usine proprement dite, puis un grand jardin avec une maison, qui était la maison du gardien, où il habitait avec sa femme. Il avait été contremaître à l'usine; mon père l'avait mis là pour ses fidèles services et parce qu'il lui paraissait d'un dévouement absolu. Dans le jardin, il y avait un grand poulailler et un élevage de lapins.

Mon père était donc parti, nous laissant sans argent. Nous étions cinq enfants, qu'il fallait nourrir. Un matin, ma mère me commanda d'accompagner Franzi, mon frère aîné qui avait douze ans, et d'aller tous les deux à Auxillac pour demander au gardien deux poulets, quelques œufs et des légumes. Nous voilà partis avec nos paniers, heureux de cette escapade. Nous faisons la station traditionnelle à Sainte-Reine et une prière. A l'entrée de la carrière, nous longeons la grande excavation remplie d'eau. Sur le bord, une source frémit sous une magnifique cressonnière. Il est un peu dangereux de se pencher mais mon frère m'affirme que, sans quitter le bord, il peut arracher quelques touffes de cresson : « pour maman » ajouta-t-il, car nous savons qu'elle raffole de cette salade. Après avoir tassé le cresson au fond d'un panier, nous longeons les entrepôts et l'usine : le silence et l'immobilité de ce que nous avons connu si animé nous paraissent sinistres. Nous arrivons enfin chez le gardien.

Il nous a sans doute aperçus de loin car il est là et nous attend à la porte du jardin. Nous l'aimons bien et nous savons que notre père l'aime bien. De loin, nous lui disons bonjour joyeusement en agitant nos paniers. Au fur et à mesure que nous approchons, nous lui découvrons un visage étrange et d'abord il n'a pas répondu à notre salut. Il est là, les mains dans les poches, et nous barre le passage. Et nous, très décontractés, car nous sommes chez nous : « Maman vous demande deux poulets, des œufs et des légumes! » Son visage se durcit, sa voix est coupante : « Vous n'avez plus le droit de prendre quoi que ce soit ici! Vous n'avez droit à rien ici! Vous n'êtes plus chez vous ici! Ne revenez jamais! » Il ferma la grille à clef, nous tourna le dos et rentra dans la maison.

Mon frère resta un moment bouche bée, le visage tout blanc, j'ai cru qu'il défaillait. Puis ce fut comme s'il revenait à lui. « On s'en va! » me dit-il. Les deux petits garçons, avec leurs paniers, refirent en sens inverse le chemin parcouru. Ils longèrent l'usine déserte, les hangars, ils longèrent la carrière et le trou rempli d'eau, une eau calme et limpide, ils dépassèrent la cressonnière frissonnante. Tout à coup Franzi s'arrête : « Si on leur laissait aussi le cresson...? » dit-il. Nous rebroussons chemin et jetons le cresson dans la source, tout le cresson.

Je crois que c'est de ce jour-là que je conçus pour mon frère aîné une admiration dont il ne se douta jamais. Plus tard, quand je découvris Victor Hugo, *La Tristesse d'Olympio* me tirait toujours des larmes des yeux :

Ma maison me regarde et ne me connaît pas.

Quelles sont les blessures de l'enfance qui accordent définitivement un homme à certains poèmes?

La vie prit définitivement pour nous les couleurs de la misère. Nos sociétés industrielles s'enorgueillissent d'avoir éliminé la misère, et sans doute y sont-elles en grande partie parvenues : pour celui qui veut s'aider lui-même et qui peut travailler, les miettes de cette civilisation suffisent à le faire vivre. Notre misère était tout autre. Nous étions dans une société gagne-petit, laborieuse, mais aussi avare et, que nous voulions ou non nous aider nous-mêmes, nous ne le pouvions pas. Mon père?

En prison! Avec mon grand-père d'Autriche, aucune communication possible! Il était en pays ennemi, et bientôt lui-même, au moment de la défaite de son pays et de son effondrement financier, il mourra de faim. Restait ma grand-mère Vazelle qui avait sur le dos ces fameuses hypothèques dont il fallait payer les intérêts sous peine de tout perdre. Le commerce du café était ruiné, par le départ des hommes et aussi par la suspicion publique. Seule la clientèle paysanne resta fidèle à ma grand-mère, mais elle n'était là que les jours de foire et de marché. Contre la misère, ma grand-mère mena une lutte quotidienne, acharnée, qui consistait à ne pas se laisser grignoter, en tenant le coup d'un jour sur l'autre, en ayant toujours quelque chose, si peu que ce soit, de côté, en réserve. J'ai si mal profité d'un tel exemple!

Le caractère de ma mère ne rendait pas les choses faciles. Nous étions là, nous, les enfants, tous les cinq, et je le répète, en 1914, mon frère aîné avait douze ans, mon jeune frère en avait cinq. Il fallait bien que nous mangions, qu'on nous habillât, qu'on nous chaussât. Ma mère avait horreur de mendier, et je crois bien qu'elle ne le fit jamais. D'où un certain style qui se créa autour de nous, une certaine ambiance de ruse et de secret. Les quelques amis fidèles qui nous restaient devaient prendre, pour nous aider, autant de précaution d'anonymat et de mystère que peut en prendre une bande de maraudeurs pour commettre ici ou là ses larcins.

Notre charbon se trouvait dans une cave au sous-sol, avec un soupirail au ras de la place du Balat, soupirail par lequel on livrait le charbon. Bien entendu, ma mère était dans l'impossibilité de renouveler sa provision. Pendant toute la guerre, et même longtemps après, la quantité usuelle de charbon fut livrée, et les garçons livreurs arrivaient toujours, et comme par hasard, à un moment où ma mère était retenue à l'église pour un temps qu'on pouvait déterminer exactement à l'avance. Nous n'avons jamais su qui payait ce charbon.

Un soir d'hiver, ma sœur Angeloune était partie pour l'épicerie, aux commissions. En courant dans la neige, elle glissa, tomba et perdit la pièce de monnaie qu'elle tenait dans la main.

Elle se mit à la chercher en pleurant, n'osant pas rentrer à la maison pour avouer une telle catastrophe. La nuit tombait et elle désespérait. Un monsieur passa, qui nous connaissait un peu. Il demanda à cette petite fille ce qu'elle avait perdu de si précieux; elle le lui dit en sanglotant. Le monsieur fit mine de s'associer à cette minutieuse investigation de la neige. Tout à coup, triomphalement, il se redressa et cria : « Je l'ai trouvée! » Et il « rendit » la pièce de monnaie à Angeloune.

Ma mère était heureusement très habile de ses mains. Elle travaillait beaucoup et veillait tard dans la nuit, sous la lampe à pétrole, pour confectionner nos habits, raccommoder les chaussettes, tricoter un gilet de laine. Et quel malheur quand, au petit matin, un essayage révélait qu'une faute de taille irréparable rendait une veste inutilisable.

Décidément de telles conditions d'existence sont aujourd'hui aussi difficiles à imaginer que les mœurs des Esquimaux ou des Indiens d'Amazonie. Bien sûr, nous avons nos clochards, mais les clochards ne travaillent pas; s'ils travaillaient, ils se sortiraient vite de la misère. Ma mère travaillait et son travail semblait s'engloutir dans le tonneau des Danaïdes. Plus encore que l'Auvergne, mon pays d'origine, le pays d'où je viens, c'est la misère. Il est capital pour un homme de ne pas renier ses origines. Il me semble que j'ai toujours reconnu ceux qui venaient d'une telle patrie, et que c'est cela même qui me lia du premier coup avec Albert Camus.

Parfois j'ai vu ma mère prise de colère et d'une rage froide. Je ne l'ai jamais vue s'humilier devant qui que ce soit, ou avoir honte de quoi que ce soit. Elle était devenue très pauvre mais elle n'avait rien renoncé de son rang. Elle ne pliait jamais.

Il y avait pourtant dans la journée un moment où cette femme forte déposait les armes. Elle reconnaissait alors son impuissance et appelait au secours : c'était le moment de la prière du soir. Le rite était immuable, impressionnant, et nous a tous marqués de manière indélébile. Nous nous mettions tous à genoux autour de ma mère et nous récitions la prière du soir. Certes, comme à n'importe quel enfant, il m'arrivait de trouver fastidieuse cette obligation quotidienne à laquelle nous ne manquions jamais et que ma mère allongeait de dévotions particulières, plutôt qu'elle ne l'allégeait. Cependant je lui suis infiniment reconnaissant de nous l'avoir imposée. Maintenant que je suis entré dans la vieillesse, je m'aperçois que mon interlocuteur le plus constant, celui auquel j'ai le plus parlé pendant toute ma vie, c'est Dieu. C'est aussi l'être qui m'est le plus familier, à la fois témoin, juge, recours souverain de toute ma vie et de ma mort prochaine. Par-delà même mes études de théologie, ce sont les formules de mon enfance qui sont restées, intactes au fond de ma mémoire :

— Mettons-nous en présence de Dieu...
— Vous qui ne pouvez ni vous tromper ni nous tromper...
— Vous qui êtes souverainement fidèle à vos promesses...
— Vous que j'aime par-dessus toutes choses...

Et cet aveu, infiniment mystérieux pour un cœur d'enfant mais auquel une vie d'homme peut donner tout son sens : « J'ai un très grand regret de vous avoir offensé, parce que vous êtes infiniment bon et que le péché vous déplaît... » Dans le langage de ma mère, jamais, au grand jamais, à personne d'autre il n'était question de plaire ou de déplaire.

Ma mère ajoutait toujours une prière qu'elle annonçait invariablement ainsi : « pour le secours nécessaire ». Avec ma manière de me fabriquer constamment une mythologie verbale, ce secours-nécessaire pour lequel on priait, comme on avait prié pour les parents, les amis et les ennemis — et eux, je pouvais les identifier —, était pour moi un personnage subtil et espiègle, qui veillait sur nous, qu'on ne pouvait jamais surprendre la main dans le sac, une sorte de facteur insaisissable qui, de temps en temps, déposait une enveloppe close, blanche et fermée, dans notre boîte aux lettres. L'enveloppe contenait un ou deux gros billets de banque. Ces enveloppes arrivaient toujours au moment où ma mère était presque au bord du désespoir. Comment ne croirais-je pas à la réalité des Anges?

La prière du soir se terminait par l'invocation, composée par l'abbé Pereyve, le disciple de Lacordaire : « Souvenez-vous, ô très pieuse Vierge Marie, qu'on n'a jamais entendu dire qu'aucun de ceux qui ont réclamé votre assistance ait été abandonné... » La fin était ainsi : « Ayez pitié de ceux qui s'aiment et qui ont été séparés! Ayez pitié de ceux qui prient, de ceux qui pleurent, de ceux qui tremblent! Donnez à tous l'espérance et la paix! » Nous étions des naufragés sur un rocher au milieu de l'océan : la prière était le mouchoir blanc que nous agitions au bout d'un bâton. J'imaginais mon père faisant la même prière de son côté. A ce moment-là, ma mère et lui devaient avoir encore l'espoir d'être réunis. Le jour viendrait où ils ne le voudraient plus.

Je me demande si les enfants de France prient encore comme on m'a appris à le faire : avec le sentiment d'être pris à la gorge par une nécessité impérieuse, et avec cette insistance à harceler Dieu même. Ce n'est qu'à la guerre que j'ai connu pareilles situations d'extrême nécessité. La prière désassiégeait mon jeune cœur, elle le libérait. La prière ouvrait devant moi l'univers : il y avait un en-haut profond, d'où tous bienfaits pouvaient provenir; et un en-bas terrible, avec les démons, où je pouvais tomber. Il y avait des amis, des ennemis qu'il me fallait, les uns et les autres aimer (là, retour sur moi-même et les batailles de la journée...). Il y avait une volonté qui se faisait dans le ciel et que j'étais chargé d'accomplir sur la terre. Il y avait « maintenant » et « l'heure de notre mort », et cette heure me paraissait si loin. Bientôt elle va sonner pour moi. Puissé-je l'accueillir comme je glissais dans le sommeil : sans révolte et sans résistance, tout entier abandonné à Celui qui va venir.

Le jour où mon père fut embarqué par les gendarmes, ma mère prit une résolution conforme à son caractère. Puisque nous étions des ressortissants ennemis, il ne fut plus question que nous allions à l'école. Nous voilà donc tous les cinq, en plein hiver de neige, retenus à la maison. Cela dura près d'une semaine. De notre poste d'observation, au premier étage de la maison Vazelle, nous vîmes déboucher de la rue Neuve le chanoine de Montarnal, curé de Murat. Elégant dans sa soutane et avec un chapeau à larges bords, il traversait la place. Il venait voir ma mère.

Catholiques comme nous l'étions, mes frères, mes sœurs et moi, il n'avait jamais été question que nous fréquentions d'autres écoles que les « écoles libres ». Tous les enfants Bruckberger, absents des écoles depuis l'arrestation du père, cela avait fait des remous. Le curé venait aux nouvelles. Ma mère le reçut avec son sang-froid, sa dignité un peu distante, sa déférence souriante qui donnaient à tous ceux qui l'abordaient le sentiment de recevoir une grâce. La conclusion de cette conversation fut que nous reprendrions le chemin de l'école. Je ne crois pas que les écoles laïques nous auraient reçus.

J'étais un fort mauvais élève et occupais sans vergogne la queue de la classe, bien décidé d'ailleurs à ne pas céder ce dernier bastion qui ne m'était disputé que par un autre garnement de mon espèce, qui allait devenir mon seul ami, André Teilhard de Nozerolles. Ni lui ni moi n'avions peur de rien.

Nous faisions nos coups en douce et savions les préparer pendant des semaines. Il y avait, près de la gare, ce qu'on appelait un « château », une grande demeure entourée d'un parc clos par un mur assez élevé. Dans ce parc, le long de ce mur qui longeait la route, une vaste serre qui faisait l'orgueil du châtelain. Les travaux d'approche durèrent plus d'un mois. Chaque soir, à la sortie de l'école, nous courions ramasser des cailloux dans nos tabliers et nous en faisions un tas, tout près du mur, sur le trottoir. Dans la journée, les passants durent croire que ce tas était là par les soins des cantonniers municipaux.

Le jour et l'heure H arrivèrent. Il faisait encore nuit à la sortie des classes. Nous partîmes à fond de train. L'un de nous deux se mit à califourchon sur le mur, l'autre lui passait les cailloux : en moins de deux minutes, toutes les vitres de la serre volèrent en éclats. Nous nous séparâmes sans échanger un mot. Je crois bien que, ce soir-là, à la surprise de nos mères, nous fûmes à la maison un peu plus tôt que de coutume. C'est avec un air d'inaltérable innocence sur le front que, le lendemain, nous sûmes par la rumeur publique que Murat possédait une bande organisée d'insaisissables vandales, dont les coups se multiplièrent d'ailleurs avec autant de succès pendant deux ans.

J'étais excédé de tout, de cette ville, de ma famille, de l'école. Par une de ces incohérences fréquentes dans la vie de tout homme qui a vraiment vécu sa vie, deux êtres échappaient miraculeusement à cette universelle exécration : ma grand-mère et l'église paroissiale. A quoi servirait-il de me démontrer que j'étais sûrement injuste? Je me souviens de l'explosion de satisfaction quand, dix ans plus tard, je découvris cette maxime surréaliste : « Où est-on mieux que dans sa famille? — Partout ailleurs! », et cette autre : « L'ingratitude est le principe de tout développement! » Quand je n'avais pas dix ans, j'en étais déjà là.

La gare! C'est de là qu'on partait pour les Ailleurs dont on ne revient pas. Ce matin-là, au lieu d'aller à l'école, je me dirigeai vers la gare de marchandises, j'avisai un wagon ouvert, j'y grimpai et m'y blottis dans un coin, attendant qu'il partît, comme j'en avais vu partir tant d'autres. J'ignorais que tous les wagons ne sont pas de partance tous les jours. Le temps s'écoulait. Coudes aux genoux, bien calé dans mon encoignure, j'attendais l'ébranlement libérateur qui ne vint pas.

Entre-temps, tout le système d'alarme pour un enfant perdu avait fonctionné. Pourquoi n'étais-je pas à l'école? On le demanda à mon frère aîné qui ne sut que répondre. Quand il fut à la maison, pour le midi, je n'y étais pas non plus. Ma mère lui donna l'ordre de me retrouver. Il eut une idée, lui aussi : la gare! Il rameuta quelques copains qui partirent en battue avec lui. Le gibier à capturer, c'était moi, rôle qu'il m'est arrivé de jouer plusieurs fois dans ma vie.

De huit heures à midi, j'enrageais de penser que j'aurais pu être loin, même à pied, et que j'étais toujours dans cette gare d'où tant d'hommes étaient partis qui seraient volontiers demeurés, eux. Et où moi, qui voulais partir, je n'y parvenais pas. Dans cette ville, tout m'était donc maléfique. J'étais un damné de ce coin de terre, rivé à lui comme un galérien à son banc : c'était là mon supplice, et je pensais à l'enfer. Cependant j'avais faim, et mon wagon ne bougeait toujours pas. Je sortis pour voir : c'est alors que mon frère et sa bande m'aperçurent et me cernèrent.

— Reviens à la maison!

— Non!

— Maman t'attend!

— Non!

— Suis-moi, ou nous t'y forcerons!

— Non!

Alors on tenta de mettre les mains sur moi. Ce fut une telle bataille, si enragée, à dix contre un, je déployai une telle force de résistance qu'il fut impossible de me ramener. Franzi eut une idée. Il s'en fut chercher une brouette et une corde. On me ramènerait à la maison ficelé à la brouette comme un saucisson. Quand je le vis revenir avec la brouette, je compris ce qui m'attendait. Eh bien, ils allaient voir... Je me laissai lier sans grande difficulté : on me lia en effet à la brouette par la ceinture et le haut du corps. Quand mon frère souleva les brancards de la brouette, il reçut un formidable coup de galoche sous le menton et il s'effondra à la renverse. Sans un mot, on me délia aussitôt et on s'empressa de me laisser aller. C'est mon frère que ses camarades relevèrent et soutinrent pour le ramener à la maison. Maintenant, maintenant seulement, j'étais libre...

Cela ne résolvait pas mon problème immédiat de la faim qui me tenaillait les entrailles. A la faim, s'ajoutait le remords. J'avais fait beaucoup de mal à Franzi qui ne le méritait pas : je me sentais le Caïn de cet Abel. Cette histoire des deux premiers frères de la famille humaine, et qui la veille me paraissait incroyable, était devenue mon histoire. Comment devient-on Caïn? Je le savais maintenant. Mon frère était-il mort? On l'avait amené, emporté plutôt, en le soulevant sous les bras, en le traînant. Je me sentis submergé par la malédiction. Lentement, sans vouloir encore revenir, je sortis de la gare. Je m'approchai jusqu'au bas de l'avenue : la distance me parut immense qui me séparait de la maison (dont j'apercevais le coin en haut de la côte) et de la réconciliation.

Soudain, au sommet de l'avenue déserte, je vis une silhouette noire, droite comme la Justice, et que je reconnus immédiatement : ma mère! Elle me vit. Cette distance, qui me paraissait tout à l'heure infinie, instantanément fut abolie. Le regard impérieux de cette femme me traversa, j'en fus fasciné. Aujourd'hui encore, je la revois au sommet de la pente, comme une tragédienne, au sommet du praticable, élégante et simple malgré son chapeau et sa voilette sans lesquels elle ne sortait jamais. Ai-je vu vraiment ce regard ou me le suis-je imaginé? Elle était immobile : il n'y avait au monde qu'elle et moi. Ce moment me parut éternel. Elle leva le bras droit, le tendit en direction de la maison, tourna sur elle-même et rentra chez elle sans m'attendre. Figé de stupeur, je la vis disparaître au coin de la place. Elle n'avait ni ralenti ni hâté le pas, elle n'avait pas esquissé le moindre mouvement de se retourner vers moi. C'était comme si je n'existais plus.

Je fus terrassé. C'est en vaincu qu'à mon tour je rentrai à la maison. C'est là, au-dedans des murs, que je reçus une volée de coups de pieds et de gifles, telle que je n'en ai jamais vu administrer à personne dans ma vie. Ce fut l'authentique passage à tabac. Je restai sur le carreau. Ma mère s'enferma dans sa chambre. La suite se perd dans le brouillard. Chacun de nous deux était allé, vis-à-vis de l'autre, jusqu'à sa limite. Certes ma mère était restée maîtresse du terrain mais elle avait la victoire lugubre. Je sais ce qui a dû se passer : elle a eu honte d'elle-même et elle est allée se confesser. Seuls les prêtres, et parce qu'ils étaient pour elle plus que des hommes, pouvaient recevoir la confidence de ses humiliations.

Quant à moi, je gardai de cette histoire la saveur amère de la défaite, le sentiment de mon impuissance à quitter l'endroit où j'étais né, l'expérience qu'il est plus facile qu'on croit de devenir le meurtrier de son frère, un ressentiment contre moi parce que mon entreprise avait sombré dans le ridicule, ressentiment aussi contre ce pays qui me retenait prisonnier.

Mon frère, Franzi, lui, ne m'en a jamais voulu. C'était lui, le vainqueur de cette journée.

Les saisons succédaient aux saisons, et la guerre continuait. Mon père était ce qu'on appelait un « interné civil » par opposition aux prisonniers de guerre. L'administration française avait réquisitionné une grande maison à Saint-Affrique, dans l'Aveyron, et y avait entreposé pêle-mêle tous les ressortissants allemands et autrichiens de la région. Ils y étaient soumis à une surveillance assez débonnaire. Et puis l'Aveyron n'est pas la Sibérie. Je suis passé à Saint-Affrique, c'est une petite ville charmante.

Mon père profita de sa relative liberté et s'évada en direction des Pyrénées, et il échoua. Enfin on avait quelque chose à reprocher à cet homme. On n'y alla pas de main-morte. Il fut envoyé en représailles dans la forteresse de Saint-Tropez. Il y resta un peu moins d'un an. Pour tout le monde aujourd'hui, Saint-Tropez est synonyme de « dolce vita »; pour mon père, ce séjour fut atroce.

Au début de la guerre, mon père pesait un peu plus de cent kilos. Quand il sortit de la forteresse de Saint-Tropez, à l'âge de quarante-cinq ans, tous ses cheveux étaient devenus blancs, et il ne pesait plus que cinquante-deux kilos. Il ne recevait ni lettre ni colis. Et d'ailleurs ma mère n'avait pas l'argent pour faire le moindre colis. Quand j'eus vingt ans, je fis exprès le voyage de Saint-Tropez pour tenter de me rendre compte de ce qui s'était passé. Je visitai la forteresse avec ses petites salles voûtées et basses, trop basses pour mon père, glaciales l'hiver, torrides l'été, et sa cour intérieure d'où il était impossible de voir à l'extérieur. Dans un des plus beaux paysages du monde, les prisonniers ne voyaient que des murailles. J'eus la chance de trouver dans le village un homme qui, mobilisé dans la territoriale, avait été l'un des gardiens de la forteresse pendant la guerre. Il se souvenait de cet homme très grand, très doux, et qui ne se plaignait jamais.

La Croix-Rouge suisse avait envoyé des cageots d'oranges pour le Noël des prisonniers. Mais le règlement interdisait les colis. Alors le commandant organisa une corvée à l'extérieur de la prison, fit creuser des tranchées par des prisonniers, et on ensevelit les oranges. « J'en aurais volontiers pris quelques-unes pour mes enfants! » me disait l'ex-gardien. Le règlement était sauf, la conscience du chef de la prison était en paix pour ce jour de fête où la paix est en effet promise aux hommes de bonne volonté.

Au début de l'année 1916, mon père fut transféré dans une ancienne chartreuse, près du Puy-en-Velay, au règlement moins rigoureux. Je crois que ma mère alla le voir une fois. Elle en revint plus lugubre que jamais. A l'intérieur de ce camp, il y avait des femmes. Ma mère était d'une jalousie féroce et sans doute justifiée. C'est peut-être de ce moment que date pour moi un souvenir sinistre. Mon père avait eu la manie des photos. En ce temps-là on en faisait à la Nadar, sur cartons épais et glacé. Mon père et ma mère étaient un couple d'une remarquable beauté. Des photos en témoignaient.

Un jour, je tombai sur quelques-unes de ces photos. Ma mère n'y figurait plus, sa silhouette exactement en creux dans le vide. Avec une minutie extrême, elle avait exactement découpé et détruit sa propre image pour la séparer à tout jamais de celle de mon père. Avidement, je recherchais toutes photos où mes parents étaient ensemble et, sur toutes, il n'y avait plus que lui. Et ma mère, elle toujours présente, je ne la devinai qu'en creux. Un sentiment de sorcellerie et de meurtre par envoûtement me saisit. Un incident absurde renforça mon affolement.

Une nuit, un fracas épouvantable nous réveilla tous en sursaut. Il fut suivi d'un silence terrifiant. Je me levai, la gorge sèche et le cœur indécis, marchant à tâtons dans une maison où toutes les lampes étaient éteintes. Quand ma mère eut éclairé, nous vîmes que le grand miroir, au-dessus de la desserte de la salle à manger, était tombé, brisé en mille morceaux. Superstitieuse, ma mère nous annonça que cet événement assourdissant était le présage de sept ans de malheurs. Il eût été plus vrai de dire : deux fois sept ans.

Le champ d'honneur, quel pouvait-il bien être? A l'oreille, tel qu'on le nommait, il me semblait impossible qu'il ne fût pas un champ couvert de fleurs. Pourtant j'en avais un sentiment bien différent quand, périodiquement, mon parrain, Joachim Vazelle, venait en permission pour dix jours. Il débarquait du train, et en quel misérable état : couvert de boue, avec une barbe de quatre jours, fourbu, puant, avec l'air d'un chien crotté qui rentre de la chasse par temps pluvieux. On sortait les deux plus grandes lessiveuses. On faisait chauffer de l'eau. L'une des lessiveuses était pour laver tous les vêtements, y compris la capote bleu horizon. L'autre était pour mon oncle, qui se lavait des pieds à la tête et se débarrassait de ses poux. Pendant deux jours, la maison sentait la lessive. Pendant deux jours, l'évadé du champ d'honneur dormait. Ensuite il allait et venait comme une âme en peine, allant voir les familles des copains, traînant dans les bistrots. J'ai eu cette grâce qu'il ne racontait jamais sa vie sur le front et qu'il n'a jamais parlé de Verdun où il est allé au moins deux fois. D'ailleurs il parlait peu et mal. Il ne supportait pas qu'on lui posât une seule question sur ce qu'il avait vécu là-bas.

Dès le cinquième jour, c'était l'obsession qui prenait le dessus : il lui faudrait retourner là-bas. Il n'en parlait pas davantage mais on sentait qu'il ne pensait qu'à ça. Le dernier jour était effroyable. Mon parrain ne disait plus rien, pas un mot. Tous les quarts d'heure, il allait à la fenêtre pour regarder l'heure au clocher de l'église. Il revenait s'asseoir, toujours muet, roulait une cigarette, avec un coup de main que j'ai toujours beaucoup admiré, et la fumait pensivement.

Ma grand-mère lui parlait d'une voix amortie. Il était comme sourd et, quand il nous regardait, je ne suis pas sûr qu'il nous vît. Ma grand-mère insistait humblement : « Joachim, tu n'écris jamais! Je suis toujours en souci à cause de toi. Je t'en supplie, une carte seulement de temps en temps, pour dire que tu vas bien. Promets-moi, Joachim! » Et lui : « Ecrire? Impossible! Je préfère monter à l'assaut! »

Mon parrain est revenu de la guerre sans la moindre blessure apparente, sans avoir eu le moindre rhume : il avait une fois respiré les gaz à l'hypérite. Pendant quatre ans, presque toujours en première ligne, il a tenu son créneau à peu près sur tous les fronts de cette immense bataille qui s'est déroulée du Bosphore à la Mer du Nord. Après la guerre, il est allé à Paris pour travailler dans une usine. Il a vécu misérablement, sans jamais écrire un mot à sa mère ou à qui que ce soit. Il ne s'est jamais marié.

Puis, un jour, il est revenu à Murat, toujours par le train. Il a monté l'avenue de la gare, il est entré à la maison. Il venait mourir chez sa mère comme une bête au gîte. Son agonie dura plusieurs semaines. Il avait les poumons pourris. Chaque nuit, il délirait et faisait le même cauchemar : il était en première ligne et il montait à l'assaut. Et chaque nuit, pour lui, c'était le renouvellement de ce qu'il avait vécu dix ans plus tôt.

Je faillis mourir d'une broncho-pneumonie. Pour la première fois, j'étais aux portes de la mort. Le médecin venait tous les jours, de son propre gré sans doute, nous n'avions pas le sou pour lui payer des honoraires.

Une scène brève et sèche se déroula à mon chevet, entre ma mère et lui. Il m'examina, prit mon pouls, m'ausculta, son air devenait de plus en plus sombre. Il se tourna vers ma mère avec sévérité, presque avec colère. A sa manière, ma mère le regardait sans ciller :

— Cet enfant va très mal!

— Oui, docteur!

— Lui avez-vous donné sa potion, celle dont je vous ai fait l'ordonnance hier?

— Non, docteur!

Il explosa de rage :

— Comment osez-vous? Je vous ai dit que c'était très grave, qu'il faut administrer cette potion de deux heures en deux heures. L'ai-je dit, oui ou non?

— Vous l'avez dit, docteur.

— Alors pourquoi ne l'avez-vous pas fait?

Ma mère le regardait sans dévier le regard. Il y eut un silence. Le visage de ma mère était de marbre. Le médecin ouvrit la bouche, ne dit rien, puis il prit son chapeau, ses gants, sa canne : « Je reviens! » dit-il. Il s'enfuit en courant et revint en effet quelques instants après. Il était allé lui-même acheter la potion chez le pharmacien.

Je guéris mais je ne fus plus le même. Aujourd'hui encore, je ne m'explique pas ce qui s'est passé. J'étais comme un homme qui a perdu son ombre, qui en est affreusement malheureux et qui, après un long sommeil, la retrouve au matin en se levant. Mon comportement changea. A l'école, tout commença de m'intéresser et, en peu de temps, je devins le premier de la classe. Je crois que c'est de là que date ma vocation, qui est vocation missionnaire.

L'Evangile me paraissait la plus admirable histoire qui ait été vécue sur cette terre, vécue par les hommes et pour les hommes. La liturgie et les lectures, tant à l'église qu'à l'école, me rendaient cette histoire familière. Chaque épisode bouleversait ma sensibilité au point que je me demandais pourquoi tous les enfants du monde ne connaissaient pas cette histoire. Quand on me disait que les petits Chinois ne la connaissaient pas, je ne pouvais imaginer d'autre but à ma vie que d'aller de l'autre côté de la terre pour la leur raconter. Il me semblait que je perdais mon temps, tant que ne serait pas réalisé ce vaste et ambitieux projet.

C'est vrai que cette famille qui fut la mienne a passé ces années sous une averse de malheurs, comme un long orage où les éclairs se succèdent sans interruption. Mais jamais, d'aucun côté, ni de personne, je n'ai entendu dire : « C'est injuste! » Jamais!

Mon père, tellement mieux fait pour la douceur de vivre que tous ceux que j'ai connus, quand il fut recru de malheurs, ne se plaignit pas. Comme ma grand-mère, comme mon oncle et parrain Joachim, la vie a révélé qu'encore plus qu'à la douceur de vivre ils étaient tous accordés aux béatitudes évangéliques. Tout leur paraissait donné par la main de Dieu et l'idée ne leur serait pas venue de ne pas baiser cette main qui donnait, et qui donne aussi bien la pluie que le soleil. Ma tante était ailleurs, elle rêvait sa vie.

Ma mère, elle, était bien trop fière pour que l'idée l'effleurât même que tout cela était injuste. Sa première et sa dernière réaction était celle du défi. Ce que je vais dire va faire sourire mais je ne le dis pas à la légère. Ma mère et le général de Gaulle sont sans aucun doute les deux êtres, les deux seuls êtres que j'aie connus, qui avaient l'âme totalement cornélienne :

Et comme il vit en nous des âmes peu communes,
Hors du destin commun, il nous fit des fortunes.

Ma mère fût morte plutôt que de dire que le sort exceptionnellement cruel qui était le sien était injuste. Tout ce qui était chrétien en elle, mais aussi tout ce qui restait païen, toute l'antique fierté des Sarrasins qui coulait dans ses veines, tout l'animait pour la tenir debout. Tout ce qui lui arrivait ne pouvait être qu'au-dessous d'elle. Joies aussi bien que malheurs, elle n'a jamais rien accueilli qu'avec condescendance.

Une attirance compensait quelque peu dans ma vie celle du rêve, c'était la lecture. Mais elle était bien plus contrariée encore que le rêve. D'abord je n'avais pas de livres. Nous n'avons aucune idée aujourd'hui du désert culturel que pouvait être à l'époque une petite ville où toute la vie était aménagée par des femmes, pratiques et laborieuses comme des fourmis, et par des prêtres pour qui la curiosité de l'esprit était le commencement de l'apostasie. Pour ma grand-mère, c'était très simple : la lecture était le refuge de la paresse, vice le moins pardonnable au monde. Quand elle me voyait lire dans un coin, je l'entendais marmonner : « Toujours le nez fourré dans un livre... »

Mon père avait une bibliothèque dans son bureau et ce

bureau était fermé à clef. Ma mère était tout entière livrée à la dictature des prêtres. A cette époque, régnait dans l'Eglise de France un ravageur qui avait pour pseudonyme « l'abbé Bethléem ». Il publiait des livres et un bulletin qui pénétraient dans tous les presbytères. Y étaient analysés pour leur condamnation définitive tous les livres susceptibles d'intéresser le public. Vrai fléau de Dieu, la vie ne refleurissait pas sur la trace de ses ciseaux : il a définitivement châtré des générations de clercs.

De l'un de ses confesseurs, ma mère reçut l'ordre de détruire tous les livres qui pouvaient mettre en danger la foi ou la pureté des mœurs de ses enfants. Nous assistâmes alors à une entreprise singulière. Dans cette grande maison, glacée l'hiver faute d'un chauffage suffisant et où le charbon ne nous était fourni que par aumône et quasi clandestinement, ma mère se mit en devoir, et sans faire de détail, de brûler toute la bibliothèque. Parmi tous les livres que j'ai vus disparaître dans le fourneau de la cuisine, et qui d'ailleurs mettaient un temps infini à brûler je suis sûr au moins d'un titre : *Le Comte de Monte-Cristo.*

Je revois ma mère, le visage farouche, debout au-dessus de la flamme, enfonçant les livres dans le feu avec un tisonnier. Moi, je reniflai mes larmes : il me semblait que c'étaient des êtres vivants, des êtres de chair et de sang, qui disparaissaient ainsi dans ce trou d'enfer.

Il y a un mot, un seul, pour décrire ce que j'étais à l'époque : la faim. Mon ventre criait famine. Mon esprit criait famine. Mon cœur criait famine.

Restait *Le Petit Journal,* dont ma marraine faisait le service gratuit à ma grand-mère. J'en fis ma pâture quotidienne. Même à des centaines de kilomètres du front, la guerre était là, et il n'y avait qu'elle. L'école complétait le journal : je connaissais maintenant assez d'histoire et de géographie pour reconnaître sur une carte les piétinements et les progrès de cette guerre qui n'en finissait pas.

3

Les hommes revinrent. Ils ne retrouvèrent rien de pareil. Eux-mêmes n'étaient plus pareils : on eût dit qu'ils faisaient leurs gestes sans avoir l'air d'y croire. Pendant quatre ans, on avait vécu sans eux, on s'était passé d'eux. Leur suprématie mythique était ébranlée. Ils avaient, disait-on, sauvé le pays. Mais ce pays, à l'arrière du front, avait continué de vivre et de marcher sans eux. Ils se mirent à faire de la politique, que les femmes leur abandonnaient volontiers, comme elles leur avaient abandonné la guerre ainsi qu'on laisse à un enfant un objet sans valeur. A Murat, le grand événement de cet après-guerre, c'était la plus jeune fille du maire de Murat — ce médecin qui m'avait sauvé la vie — qui le créait. C'était une fort belle fille et un bon parti. Elle allait souvent à Paris et en revenait avec des tailleurs Chanel, dont la jupe tombait à mi-mollet, et avec des chapeaux-cloches. Ma tante se précipitait à la fenêtre pour la regarder passer. Dans cette province lointaine, une telle hardiesse provoquait soit le scandale, soit l'admiration.

Le café de ma grand-mère reprit un semblant d'activité pendant les élections. Il servait de quartier général au candidat des anciens combattants, un avocat originaire du pays mais inscrit au barreau de Paris, Me Bataille. Outre son nom, il avait une voix chaleureuse et de beaux états de service. Il ne connaissait rien à la politique. Il fut élu à une écrasante majorité et fit partie de cette chambre introuvable, qui s'est appelée

« la chambre bleu horizon » et qui se fit rouler dans la farine par les vieux politiciens de la République. Le Café Vazelle retomba dans sa torpeur.

Pour ma mère et nous, rien ne changea vraiment sinon en pire, parce que tout devint définitif. Jusque-là, l'usine et les biens de mon père restaient sous séquestre. Le traité de Saint-Germain entre l'Autriche et les Alliés nous les confisqua complètement et pour toujours. En France, nous étions donc complètement ruinés. D'ailleurs mon père, au lieu de revenir à Murat où il n'avait plus rien à faire, prit le parti de rentrer en Autriche dans l'espoir de s'y refaire une situation. Vain espoir! Quand il arriva à Vienne, il tomba en plein désastre économique : la fortune de mon grand-père avait fondu dans une inflation démentielle qui réduisit à l'extrême misère les empires centraux. La maison de Habsbourg avait été balayée. Mon grand-père était mort à quatre-vingt-quatre ans, non de vieillesse, mais de faim. Tout ce que mon père put récupérer fut un appartement et des meubles. Mon père avait dépassé la cinquantaine : c'était un homme brisé : sans véritable patrie, sans travail, loin de sa famille, elle-même réduite à la misère : il ne se referait jamais.

Mon père n'était pas là. Son nom pourtant n'était inscrit sur aucun monument. Ma mère ne recevait aucune pension de veuve de guerre car elle n'était pas veuve. Il n'y avait plus aucune raison que nous restions misérables puisque la guerre était finie. Et pourtant tout continuait pour nous comme avant, pire qu'avant. Il fallut bien se faire à cette nouvelle situation : mon père était vivant quelque part, il n'était pas porté disparu, il n'était pas mort, il était libre, et il n'était pas là. Autour de nous, le ton changea. Ce n'était plus l'hostilité, c'était la pitié et les sous-entendus, la commisération avaricieuse qui n'a jamais rempli le ventre de personne.

Je me revois auprès d'une borne-fontaine. Un homme du quartier qui me paraissait un vieux monsieur, grave et bien habillé, me parlait doucement :

— ... et votre père? Vous en avez des nouvelles?

— Mais oui!

— Souvent?
— Souvent! (Je mentais.)
— Votre maman a bien du courage...
— ...
— ... pauvres enfants!

Mes lèvres tremblaient de rage. Je me retournai et partis pour ne pas céder à l'envie de sauter à cette face cafarde et de déchirer avec mes ongles ces joues obscènes et rebondies. Nous n'étions désormais qu'une famille abandonnée, trahie, sans cesser d'être des victimes, et en plus effroyablement pauvres. Le rôle de victime ne me convenait pas, mais là, pas du tout! Je vivais de plus en plus dans la hantise de mon père. Quand le reverrais-je et le reverrais-je? Mon père m'était combien plus présent que tous ces hommes revenus de la guerre et qui, revêtus en civil, me paraissaient plus vulgaires qu'autrefois, et dont on disait qu'ils étaient des « vainqueurs ». Je flairais l'imposture. Il me semblait à moi qu'un vainqueur devait être jeune, beau, la tête haute et rayonnante, éternellement dispensé de tout rhume de cerveau.

Mon père à moi était un vaincu. Il avait, à lui seul, perdu toute la guerre, sur tous les fronts, à lui seul il devait payer tous les dommages de guerre. Et je gardais de lui une image étincelante. Il n'avait rien laissé derrière lui que quelques objets frivoles, que ma mère avait vendus ou dispersés : des boutons de manchettes avec des brillants, des cannes à pommeau d'or, et ces hauts-de-forme à la soie brillante qu'on appelait des huit-reflets. Nourrie de toute la sève de mes songes, l'image du Vaincu me paraissait autrement fascinante que la réalité des vainqueurs. Comment imaginer, et surtout prévoir, le miel qu'un petit garçon fera d'une expérience pourtant médiocre?

Rien ne convient mieux à la femme auvergnate que le veuvage et le malheur! Ma mère ne s'habillait plus qu'en noir, elle affichait publiquement le congé définitif qu'elle avait donné à toutes ses espérances. Nous étions plus miséreux que jamais. Mais, pour les étrangers, la fierté de ma mère, sa dignité, la moulaient dans une cuirasse sans défaut. J'aimais l'histoire et quand, à l'école, on me parlait de ce Plantagenêt qui jadis avait conquis jusqu'aux confins méridionaux de l'Auvergne, et qu'on appelait « le Prince Noir », curieusement c'est à ma mère que je pensais : masque indéchiffrable sous la visière baissée, main de fer! A la maison, le Prince Noir régnait de manière implacable. Quand nous commettions une vétille — et quand je dis « nous », c'est toujours de ma sœur Angeloune ou de moi qu'il s'agissait —, la raclée était générale et sans acception de personne. Ma mère avait la main leste et distribuait généreusement les taloches. Tel était l'Empire sans consolation du Prince Noir.

Ma mère ne s'entendait pas avec sa sœur. Ma tante Angèle avait un caractère bouillant, elle avait des éclats superbes et dramatiques; elle haussait immédiatement le ton et sa voix, aux sonorités de cristal et d'argent, emplissait le café désert. Ma mère, elle, jouait ses colères plutôt dans un registre au-dessous de son ton normal. Sa voix sifflait à peine. Avec une économie incroyable de mots, elle disait des atrocités qui ne manquaient jamais la cible et pénétraient jusqu'à l'âme. Il est inouï combien ces deux femmes ont pu s'entre-déchirer et se faire du mal, et cela devant des enfants atterrés. Plus tard, j'ai très bien compris comment Electre a pu emplir la tragédie grecque de ses ressentiments et qu'il n'y avait aucune raison que cela prît fin. Certes il n'y eut pas de sang versé. Mais, dans ces fureurs et ces déchaînements, il y avait une terrible impudeur et quelque chose de sacrilège. J'en avais tellement honte que j'aurais voulu mourir. Dans mon débat intérieur revenait souvent le regret d'avoir été mis au monde, ce qui était aussi un blasphème à ma mesure. J'en voulais surtout à ma mère et me sentais l'âme d'un parricide. En même temps, j'avais horreur d'une telle obsession.

Et à chaque détour de ma détresse je rencontrais l'image errante de mon père, comme dans Shakespeare, on rencontre des spectres. Le roi étranger que ma mère avait intronisé dans son cœur s'appelait : *Pas de pardon!*

Louis Pautard est un des hommes les plus extraordinaires qu'il m'ait été donné de rencontrer. Au plein sens du mot, c'était un original à une époque et dans une province où les originaux pullulaient. Il semble que les brassages de la vie moderne, à force de frotter les hommes entre eux, fassent sur eux l'effet du torrent sur les cailloux : ils les arrondissent au point de les rendre tous semblables et conformes. Dans ma jeunesse, j'ai connu encore beaucoup d'originaux.

Louis Pautard me paraissait un vieux, et il n'avait pas la quarantaine, mais une belle barbe, déjà poivre et sel. Ami de mon père, il avait fait la cour à ma tante Angèle, sans aucun succès d'ailleurs, tant il lui paraissait quantité aussi négligeable qu'un demi-liard. Blessé, il était revenu marié avec son infirmière, une gentille fille parisienne et courageuse. Avant la guerre, sa vie avait eu bien des péripéties surprenantes.

Louis Pautard était fils d'un cordonnier qui, à force de travail et d'économies, fit construire une maison près de celle de ma grand-mère et décida pour son fils d'un avenir brillant qui commença par une licence ès lettres. La lecture de Rimbaud donna au jeune diplômé le goût de l'anarchie, de l'antimilitarisme et de la fugue. Au cours de son service militaire, il déserta, s'enfuit en Angleterre où il creva tellement de faim que, pendant plusieurs semaines d'errance sur les bords de la Tamise, il se nourrissait des détritus tombés des chargements de bateaux. Il fut finalement contraint de se constituer prisonnier au consulat de France.

Condamné à la prison, il y apprivoisa des araignées. Il me racontait qu'elles étaient très intelligentes et qu'elles avaient de beaux yeux. Puis il fut envoyé en Afrique dans un de ces bataillons disciplinaires qu'on appelait « les Joyeux » et dont les recrues étaient pour la plupart du gibier de potence.

A son retour au pays, le licencié ès lettres ne trouva rien de plus convenable que de reprendre le métier de son père. A son tour savetier, il m'expliquait que saint Paul avait tissé des tentes, Spinoza poli des verres de lunettes, qu'en somme un métier manuel assurait, mieux que tous les autres, la liberté et même l'extravagance de la pensée. Son grand homme était

Pythagore. Lui-même avait écrit un très mince ouvrage, qu'il avait fait imprimer de ses deniers, ouvrage en vers aussi parfaits que ceux de Mallarmé mais totalement hermétiques. La plaquette s'intitulait : *De l'Un au Treize.*

Louis Pautard, qui n'était pas homme à trahir l'amitié, l'admiration qu'il vouait à mon père, m'ouvrit toute grande sa porte. Il avait des yeux très doux, un caractère d'acier, ressemblait vaguement à Rabindranath Tagore. Sa solide culture l'orientait vers un éclectisme loin de toute orthodoxie. J'avais treize ans quand il me donna à lire *Les Grands Initiés* et *Les Prophètes de la Renaissance* d'Edouard Schuré. Pour lui, les deux grands écrivains de la langue française étaient Rimbaud et Villiers de l'Isle-Adam. Les garçons de mon âge tombaient habituellement beaucoup plus mal.

Louis Pautard, tout en battant la semelle au sens littéral des mots, m'ouvrait les immenses espaces de l'esprit et de l'univers. J'étais bien loin de tout comprendre de ce qu'il me disait mais il rayonnait de ses paroles une telle douceur et une telle vénération pour le mystère, que je sortais de sa boutique titubant de bonheur et du pressentiment des trésors de la connaissance qu'il faisait scintiller dans l'ombre où j'étais prisonnier.

J'ai souvent constaté à quel point la meilleure des éducations peut être incohérente parce que, en premier lieu, les expériences qu'un jeune homme fait de la vie débordent de toutes parts les intentions de l'éducateur. Je crois que l'éducation que je reçus de ma mère n'était pas bonne mais elle fut corrigée par une multitude de hasards imprévisibles. De ma mère je n'ai pris que ce qu'elle ne croyait pas me donner : le côté intraitable de mon caractère et une certaine manière de tout regarder, de tout affronter en face. Mais à quoi ressemblait cette vigilance jalouse sur ma foi et ma moralité? Tandis qu'elle brûlait des livres inoffensifs, elle me laissait volontiers aller chez Louis Pautard, qui avait sa bibliothèque dans son arrière-boutique.

Un livre de cette bibliothèque sera lié à tout jamais pour moi aux plus vifs émois de l'adolescence. Il se voulait érotique et n'était qu'une prétentieuse littérature, *Aphrodite* de Pierre Louÿs. Je n'en ai rien retenu sauf qu'il y était beaucoup question de femmes nues. Je n'avais jamais aperçu de femme nue; mais tant l'imaginaire supplantait en moi le réel, que la seule description d'une femme nue suffisait à faire éclater ma vigueur. Je sortais de cette bibliothèque, le visage congestionné à exploser. Louis Pautard devait bien se douter de ce qui m'arrivait, il n'en laissait rien paraître. Il connaissait trop bien ma mère pour ne pas juger sévèrement son étroitesse janséniste. Il pensait sans doute aussi que son devoir était de suppléer à l'absence de mon père. Comment aurais-je pu compter sur ma mère pour me donner le sens de la vie et, dans cette vie, un semblant d'équilibre entre l'âme et le corps?

Louis Pautard était un Socrate qui accouchait un esprit jeune et candide, avide de naître à l'univers de la connaissance. Il me racontait l'apparition et la croissance de la philosophie en Grèce et le développement d'une autre sagesse en Orient. Il gardait un ton si familier qu'il me donnait l'impression d'avoir personnellement connu et fréquenté Pythagore, Platon, Bouddha, et qu'avec un peu de chance j'aurais pu, moi aussi, les rencontrer et profiter de leur enseignement.

C'est d'ailleurs une sensation que j'ai toujours : sur le plan de l'esprit, tout est contemporain. A quelque époque qu'il ait vécu, en quelque endroit qu'il ait vécu, dans quelque langage où il se soit exprimé, l'esprit va à l'esprit et coexiste avec tous les autres esprits dans une simultanéité bienheureuse. Louis Pautard a fait de moi un lieu de rumeurs lointaines mais perceptibles, de rencontres inattendues, de conversations surprenantes entre les génies les plus divers, venant de lieux et de siècles les plus distants. A lui seul, il a effacé tous les fanatismes et toutes les univocités auxquelles j'étais exposé par ma situation sans défense aux mains des femmes et des prêtres.

Car enfin, c'est vrai, j'étais la proie des femmes et des prêtres. J'en ai gardé sûrement un peu de misogynie et un solide anticléricalisme qui imprègnent mon moi le plus profond. A distance, je juge que c'est miracle que je ne sois pas devenu pédéraste et athée. Par une sublimation compensatrice, la femme est devenue pour moi, malgré les femmes, un mythe flamboyant et consolateur; quant à Dieu, il a rayonné sur ma vie comme le soleil au désert, au point que je n'aperçois ses représentants que comme des ombres dangereuses et suspectes.

Mon univers, la maison, l'église, l'école, la gare et — entre la maison et la gare, sur le chemin de mon retour de l'école l'échoppe de Louis Pautard. Le printemps de 1920 fut d'une lumière joyeuse. Ma grand-mère m'avait demandé d'aller chercher du bois dans la cour en contrebas de la maison. J'avais treize ans.

Comme je regarde vers la gare, je vois monter, tête nue, un léger bagage à la main, un grand jeune homme mince, blond, qui a l'air tout à fait étranger au pays. Il arrive par le train du matin. Je reste sur place, j'attends qu'il soit à ma hauteur. De près, la luminosité de ses yeux très bleus me frappe. Il m'aborde dans une langue hésitante :

— Savez-vous où est la maison de M. Bruckberger?

— Je vais vous conduire. Je suis le fils de M. Bruckberger. Mais mon père n'est pas ici.

Le jeune homme est consterné :

— Où est-il?

— A Vienne! En Autriche! Mais pourquoi voulez-vous voir mon père?

— Je suis son fils...

La foudre serait tombée entre nous deux, je ne serais pas plus stupéfait. Mais, comme il n'est pas dans ma nature de m'ébahir longtemps :

— Suivez-moi! dis-je.

Mon panier est lourd. Le garçon le soulève comme une plume. Son bagage dans une main, le panier de bois dans l'autre, il me suit et nous entrons dans le Café Vazelle.

Comme à l'habitude dans les grandes circonstances, ma mère est parfaite de justesse et de véracité.

— Maman, ce monsieur vient pour voir papa... Il dit qu'il est son fils!

Ma mère regarde le jeune homme :

— Vous êtes Franz? dit-elle.

— Oui!

Et ma mère se tournant vers moi :

— C'est vrai! Ce garçon est ton frère! Embrasse-le!

Avec élan, j'embrassai ce grand frère qui montait de cette gare, dont je soupçonnais bien qu'elle était la porte ouverte sur tous les miracles. Comme tant de fois, l'événement faisait irruption dans ma vie par effraction, à main armée. Il n'y avait qu'à lever les bras au ciel et se rendre. Restait à expliquer. Ma mère le fit avec le sang-froid le plus naturel et sans la moindre dramatisation.

Avant de venir en France, quand il vivait encore à Vienne, à la fin de l'autre siècle, mon père avait aimé une femme dont il avait eu deux fils. L'aîné était Franz. Aujourd'hui, un garçon de treize ans comprendrait du premier coup cette situation. J'étais si candide que je ne comprenais pas qu'on pût avoir des enfants sans être marié.

— A Vienne, papa était donc marié?

— Non! Votre père n'a jamais été marié qu'avec moi. D'ailleurs Franz ne s'appelle pas Bruckberger, il s'appelle Mrackzanski...

Etre le fils de quelqu'un sans porter son nom, aussi disposé que je fusse à prendre la vie telle qu'elle était, je n'en revenais pas.

Pour moi, et de plus en plus, tout était énigme, et énigme menaçante. J'avais vécu la guerre dans un pays, la France, dont je parlais la langue et je ne me connaissais pas d'autre patrie : et ce n'était pas ma patrie, on me le fit bien voir. Me voici maintenant devant ce grand jeune homme blond, aux yeux bleus, doux comme une fille, dont une heure auparavant je ne soupçonnais même pas l'existence; et c'était mon frère. Pourtant il ne portait pas notre nom, mais je lui ressemblais beaucoup. Quelles devinettes insolubles la vie me réservait-elle encore?

Franz resta trois jours. Ma mère le traita avec une gentillesse que j'admire encore aujourd'hui. Elle y avait quelque mérite. Je sus plus tard ce qui s'était passé quelques mois après son mariage en 1902. Ce mariage avait été le plus sensationnel de Murat : mon père avait les allures d'un prince charmant. Six mois après, ma mère attendait un enfant. Sans être le moins du monde annoncée, un jour la mère de Franz arriva avec ses deux petits enfants. Elle venait récupérer mon père. Elle apprit là qu'il était marié et qu'il allait avoir bientôt un enfant. Elle dut repartir.

Je me suis toujours demandé, je me demande encore, si l'extrême patience de mon père dans la suite, la douceur et l'humilité sans feinte avec lesquelles il a subi son malheur ne prenaient pas leur source dans cette première situation. Tout se paie, c'est la loi de ce monde et sans doute aussi d'un autre monde. Tout se paie, même la légèreté avec laquelle on engage un autre destin dans le sien. Tout se paie et, si l'on n'est pas dans la situation de payer, ce sont les autres qui paient pour vous. Jusqu'à ce que le jour arrive où l'ardoise vous est présentée avec le total. Un homme de cœur ne demande pas le détail et accepte d'être dépouillé de tout, s'il peut ainsi s'acquitter.

Quoi qu'il en soit, en 1902, ma mère, jeune mariée, portant son premier enfant, ayant fait un mariage d'amour avec un homme jeune, beau, riche, prestigieux, reçut cet affront public dans une petite ville où elle tenait le devant de la scène. Elle tomba malade. Elle eut un violent érysipèle qui la tint calfeutrée chez elle jusqu'à l'accouchement. Puis elle assuma ses devoirs. Mais le mariage ne fut plus pour elle qu'un devoir, c'est-à-dire qu'il fut pour tous autour d'elle quelque chose comme un enfer.

Je regardais Franz, si beau, si tranquille, si poli : ce pacifique avait bouleversé mon idée de la famille, comme les gendarmes qui avaient arrêté mon père avaient bouleversé mon idée de la patrie. Comme un peu plus tard, un prêtre vicieux bouleverserait mon idée de l'Eglise. Décidément le sol n'en finirait pas de trembler sous mes pieds. Aucune muraille autour de moi dont je ne finisse par soupçonner qu'elle pourrait bien un jour s'écrouler, et s'écrouler tout entière et subitement, d'une minute à l'autre.

Franz avait un frère, plus jeune que lui, dont je vis la photo : lui aussi beau mais visiblement avec l'air d'une autre famille, revêtu de l'uniforme d'une grande école en Tchécoslovaquie. Les deux garçons vivaient avec leur mère à Brno. Celle-ci s'était finalement mariée avec un Slave qui avait eu la générosité de donner son nom aux deux enfants. Peu de mois après la visite de Franz, son frère, Ernst, devait mourir en quelques heures d'une péritonite.

J'ai revu Franz très longtemps après, en 1936, à Vienne. J'étais alors dominicain, récemment ordonné prêtre. J'ai rencontré un étranger, mille fois plus loin de moi que le premier jour. Autant en ce moment-là, en 1936, je me sentais français, autant il se sentait ce qu'on appelait à l'époque un Sudète, un membre de cette communauté allemande de Tchécoslovaquie dont Hitler allait se servir comme d'un détonateur pour faire sauter l'Europe comme un baril de poudre. Franz espérait tout de Hitler; peut-être était-il un militant du parti nazi? Cet agneau s'était laissé embrigader avec les loups.

Se donnait-il ainsi une revanche sur son enfance abandonnée? Il s'était trouvé un père. La chaîne des responsabilités, découlant autant de nos omissions que de nos actes, est indéfinie dans le temps. Comment la porter sans le secours d'une miséricorde qui transcende aussi le temps?

Après la guerre de 1945, j'eus encore des nouvelles de Franz. Il était retenu prisonnier par les Anglais et sollicitait mon aide. J'intervins auprès du général Kœnig, alors haut-commissaire français en Allemagne. Franz fut aussitôt libéré et rendu à sa famille, car il s'était marié et avait des enfants. Je ne sais plus ce qu'il est devenu et n'ai même plus le moyen de le rejoindre. Je le regrette. Nous n'avions pas dix ans de différence d'âge. Peut-être est-il mort? Car moi aussi, je suis désormais dans le peloton de tête de la course à la mort. Ce tapis roulant qui nous porte vers elle ne s'est jamais arrêté pour personne. Il semble même que, plus près l'on est du but, plus le tapis roule vite.

Je relis beaucoup les classiques. Je relève dans La Bruyère : « Il y a deux mondes : l'un où l'on séjourne peu et dont on doit sortir pour n'y plus rentrer; l'autre, où l'on doit bientôt entrer pour n'en jamais sortir. La faveur, l'autorité, les amis, la haute réputation, les grands biens, servent pour le premier monde; le mépris de toutes ces choses sert pour le second. Il s'agit de choisir. »

Aujourd'hui où j'écris cette page, ces lignes sont à la couleur de mon âme. A quinze ans, je pensais cela. Je le pense toujours. Je me suis souvent dissipé d'une telle vue, elle ne m'a jamais quitté. C'est une force pour savoir partir.

A ce petit d'homme qui grandissait vite, du moins par la taille, vigoureux, passionné, privé de toute gâterie, livré à toutes les tyrannies maternelles et à tous les fanatismes cléricaux, on avait pourtant appris qu'il avait des ailes.

Mon adolescence n'était pas seulement malaise, elle était aussi espérance certaine de ma libération. Or je ne concevais cette libération que sous la forme d'un don total de moi-même. C'est de cet âge que je date avec certitude ce qu'on appelait alors d'un si beau nom : vocation. *Vocatus* = appelé! Je me sentais appelé. Par qui?

Eli était Grand-Prêtre en Israël. Samuel était un enfant « au service de l'Eternel en présence d'Eli ». Le texte de la Bible ajoute, et on dirait que c'est une description de notre époque : « En ces jours-là, la Parole de l'Eternel était rare, la vision peu répandue. » Dans notre époque de bavardages intarissables, nous sentons bien qu'il nous manque un certain langage des profondeurs; dans notre époque de télescopes géants et de télévision qui nous offre les spectacles les plus lointains, nous sentons bien qu'il nous manque un certain regard et que, sans ce regard, nous sommes des aveugles qui marchons à tâtons.

Pendant qu'il dormait, à poings fermés comme dorment les jeunes gens de son âge, à trois reprises Samuel fut réveillé en sursaut. Quelqu'un l'appelait. Il crut que c'était le Grand-Prêtre, il alla se présenter à lui et à chaque fois le Grand-Prêtre le renvoya se coucher. Mais, à la troisième fois, Eli comprit que c'était l'Eternel qui appelait le jeune homme.

ELI. — Va te recoucher! Si on t'appelle encore, tu diras : « Parlez Seigneur, votre serviteur écoute! »

Samuel s'en alla et se recoucha dans sa chambre. L'Eternel entra et s'arrêta. Il appela : « Samuel! Samuel! »

SAMUEL. — Parlez, Seigneur, votre serviteur écoute!

La première fois que je le lus, ce récit ébranla les assises de mon être. Aujourd'hui encore où je le transcris, j'y reconnais ma propre vocation, je ne peux pas ne pas l'y reconnaître : l'insistance de la Voix qui appelle, l'étourderie et la bonne volonté de celui qui est appelé et qui ne connaît pas cette Voix, et enfin, quand la Voix est identifiée, la docilité totale à l'appel. Certes, il n'y eut auprès de mon lit aucune présence qui se pût percevoir, mon nom ne résonna pas à mon oreille pendant mon sommeil. Cet appel était une attirance intérieure toujours plus insistante, et à la fin je dus l'identifier comme celle de Dieu. Nul n'aurait pu me faire croire que ce n'était pas Lui. J'étais appelé. J'avais la vocation. Ma vie entière serait ratée et trompeuse si je ne devenais pas prêtre. J'étais né sous le signe du Bélier, peu porté à l'hésitation. Je n'hésitai pas une seconde. Je serais prêtre. C'était décidé. C'était sûr. C'était inéluctable.

Pendant le temps de ma broncho-pneumonie, je tins longtemps le lit. Quand je me levai enfin, j'avais grandi et j'étais autre. J'avais le sentiment que, pendant un temps long et rapide, je m'étais débattu à la frontière de deux mondes. Je n'attribuai à nul autre qu'à Dieu ma guérison. Seul, il était le maître de la vie et de la mort, et le fait que je n'étais pas mort avait un sens : ma vocation. Si j'étais encore vivant, il y avait à cela une seule et unique raison : c'est que Dieu voulait que je vive pour Lui. Plus tard, je partageais avec beaucoup de mes camarades de la Résistance la conviction que tout le temps vécu après la libération de la France était du « rabiot ». Ce sentiment, je l'éprouvais déjà pour moi-même après ma dangereuse maladie. Plus qu'en rabiot, j'étais en sursis. Alors que pour tant de gens la vie immédiate, la vie sur terre, est la chose totale, pour moi elle n'est jamais apparue que comme un acompte et un supplément dont je suis redevable et dont, à chaque instant, je peux être appelé à rendre compte.

Je sais qu'un psychanalyste, un biologiste, un sociologue, trouverait une autre explication claire et irréfutable à ce que je veux appeler « ma vocation ». Ils ne voient que l'envers d'une tapisserie, dont, moi, je vois l'endroit. J'ai toujours tâché de vivre ma vie à l'endroit, du côté où je la comprenais le mieux. On ne chante plus le *Dies Irae* aux funérailles. Cette hymne, qui a inspiré aux compositeurs tant de chefs-d'œuvre est bannie, sinon haïe, tant les nouveaux clercs détestent la beauté, — cette hymne a toujours été un leitmotiv de ma vie intérieure. Je pense à ce Grand Livre, qui sera porté par les Anges, dans lequel tout est inscrit et sur lequel je serai jugé. La seule valeur d'une autobiographie, sa justification, sont d'être l'amorce et la préfiguration, pour un individu donné, de ce Grand Livre et de sa publication. Les paraboles de la Parousie me paraissent sans ombres : pour le moment, le Maître est absent. Nul ne sait le jour et l'heure de son retour mais il reviendra, en maître. Tout ce que nous sommes nous a été octroyé pour notre temps, il nous en sera demandé compte.

Très jeune, je me suis senti, non seulement appelé, mais investi d'une charge et d'une responsabilité, et cette responsabilité porte d'abord sur moi-même et sur ma propre vie. J'ai toujours été fier de cet appel et de cette responsabilité, j'aspire au jugement de Dieu comme une femme enceinte aspire à la délivrance. Cette ultime responsabilité envers Celui qui va venir m'a doté dès le départ, et tout au long de ma vie, d'une merveilleuse désinvolture envers les maîtres du moment, qui ne représentent rien pour moi s'ils ne le représentent d'abord, Lui. Nul ne peut servir deux maîtres. Mais il importe, à chaque instant, de ne pas se tromper de maître.

J'étais donc investi d'une mission mais à la manière d'un capitaine au long cours qui, au moment de l'embarquement, reçoit un paquet de plis cachetés qu'il n'a pas le droit d'ouvrir et dont il ne peut prendre connaissance qu'à telle ou telle escale qu'il ne connaît pas davantage. Il ne connaît que la première. J'étais appelé et je ne savais rien d'autre, sinon que je devais devenir prêtre. Où, quand, comment, je ne le savais pas encore mais j'étais sûr que cela se ferait et qu'en cours de route je saurais toujours ce que je devrais faire. J'avais mon secret, et pour le moment je n'en parlai à personne. Il était seulement évident pour tous que j'allais volontiers à l'église et que je devenais studieux. Quand, après un long temps, je dis à ma mère que je voulais devenir prêtre, j'ai cru qu'elle allait tomber à la renverse.

Il est bien clair que la plupart des religions sont fondées sur une conception du monde, sur une philosophie, sur une théorie, sur un système, sur un code; je soupçonne même le protestantisme d'être fondé sur une moralité. L'immense supériorité du catholicisme, qu'il soit romain ou orthodoxe, c'est d'être fondé sur un fait, et d'être une histoire. Le fait, c'est l'incarnation de Dieu parmi les hommes, l'histoire c'est le déroulement dans le temps de ce fait, de l'annonciation à la croix et à la résurrection, et l'association possible de tous les destins humains à cette histoire.

Je n'ai jamais fait la distinction entre Jésus-Christ et Dieu. A l'époque, je ne savais que mon catéchisme et des bribes d'Evangile mais j'en étais pleinement satisfait. Que Dieu soit invisible et qu'il soit Père, c'était pour moi une évidence intérieure et familière. Qu'il soit Fils et qu'il ait pris chair dans les entrailles d'une jeune fille vierge, cela me comblait. Toute ma religion, c'était Jésus-Christ. Je l'aimais avec passion. Son histoire toujours vivante me transportait d'enthousiasme.

Ma vocation n'était pas différente de ma religion. J'y démêlais mal la part de l'élan mystique véritable et la part du désir d'évasion. Qu'importait? Dieu m'apparaissait ainsi que l'échappée belle et définitive. Je voulais aller de l'autre côté de la terre pour évangéliser les Chinois. Je sais qu'on assimile volontiers aujourd'hui l'action missionnaire de l'Eglise à une vulgaire propagande et à un colonialisme intellectuel. C'est une calomnie de plus dans un siècle qui me paraît être par excellence le siècle du mensonge et de la calomnie. A treize ans, j'étais dans la vérité. Il s'agissait bien pour moi de colonialisme ou de propagande envers les Chinois! Je voulais leur raconter une histoire vraie, un point c'est tout.

Dans l'incendie de l'adolescence, qui démêlera jamais ce qui est flamme pure et fervente de ce qui est fumée âcre et suffocante? ce qui est générosité sans retour et ce qui est frénésie de possession? S'il y a jamais eu un garçon qui ne voyait pas clair en lui-même, c'est bien moi. Aujourd'hui encore, sous la lampe, penché sur la page à demi écrite, je fais un prodigieux effort de rencontre au-devant de ce grand adolescent, si candide et si vulnérable, que j'étais devenu; j'ai peine à en discerner les contours. Rimbaud qui, dans la mémoire des hommes et sur les tablettes du génie, s'est débrouillé pour ne jamais sortir de l'adolescence, parle de ces batailles spirituelles plus brutales que les batailles d'hommes. J'affrontais ces batailles, j'étais fait pour elles, leur rumeur m'appelait de très loin. En fait, c'est en plein milieu d'une telle bataille que j'étais déjà exposé.

Je ne suis pas chargé ici de justifier ce que j'étais, je suis tenu de le dire. Je n'éprouve aucune honte à révéler que je croyais à la réalité du Diable et à ses multiples personnalités. J'y crois encore. L'imagerie du Moyen Age me convient parfaitement pour exprimer les frayeurs et les dégoûts que le Diable m'inspire. Aucun de ceux qui ont vu l'église de Rosheim en Alsace n'a pu oublier la rangée de gargouilles extérieures qui représentent les péchés. Chaque gargouille est faite de deux personnages littéralement accouplés. Je dis « accouplés » car, pour chacun des péchés capitaux, le Diable embrasse par derrière l'homme ou la femme dont il s'est saisi, et inexorablement l'encule. Ce qui est prodigieux, ce sont les deux expressions de visages : chez le Diable le ricanement du triomphe, chez sa proie les délices de l'asservissement. C'est bien ainsi que je vois le monde du péché.

L'Eglise et le clergé de ma jeunesse étaient austères. Ils avaient des œillères — pas plus que l'Eglise et le clergé d'aujourd'hui, mais d'autres —, ils condamnaient et damnaient avec une facilité exagérée. En plus, ma mère était jusqu'à la névrose ce qu'on appelait « scrupuleuse ». C'était une femme tourmentée d'orgueil et d'angoisse et qui cherchait dans la religion une sécurité et un soulagement de sa conscience. Malgré une vie dont toutes les apparences étaient irréprochables, qui ne manquait pas d'une grandeur dans l'abnégation à laquelle j'étais très sensible, elle n'en finissait pas d'aller se confesser. Il est clair que si, aujourd'hui, on va beaucoup trop loin dans le laxisme et la permissivité, les prêtres à l'époque allaient beaucoup trop loin dans la rigueur. Ils infligeaient aux âmes des fardeaux intolérables. Du moins donnaient-ils un sentiment très vivant de la jalousie amoureuse de Dieu.

Quant à moi, il me souvient de séances interminables au confessionnal où j'entrais, convaincu d'être le plus grand pécheur de la terre. Je m'efforçais d'atteindre une pureté de conscience si absolue qu'elle n'allait sans doute pas sans orgueil. Je transpirais à grosses gouttes, même en hiver, pour me souvenir de péchés qui aujourd'hui passeraient pour peccadilles. La grâce de l'absolution déferlait sur moi, tumultueuse et libératrice. Je sortais de la boîte, rayonnant d'exultation.

Récemment j'ai rencontré un grand biologiste français. Il me fit sur lui-même cette confidence qui réveilla en moi bien des souvenirs : « Je suis né et j'ai grandi dans un milieu catholique traditionnel. Le seul catholicisme que j'aie connu est un catholicisme étroitement borné, ennemi de l'intelligence et, pour tout dire, stupide. C'était un matraquage et un abêtissement. A seize ans, j'ai vomi cette religion. Seulement aujourd'hui, à la lecture de l'Evangile, tel que vous l'avez traduit, Simonne Fabien et vous, et de vos commentaires, je suis contraint de réviser mon jugement sur une religion avec laquelle je croyais en avoir fini. » C'est vrai, le catholicisme dont parlait ce savant a existé, je l'ai subi, j'en ai connu le visage de marâtre, j'en ai souffert autant qu'homme de ma génération. Pourtant je n'ai pas été rebuté : il me semblait que tout cela n'était qu'un masque sur le visage adorable de Jésus-Christ, et c'est Jésus-Christ que je voulais d'amour. Ma mère peut-être m'a rendu ce service. Elle aussi me présentait un visage déconcertant, sans aucune tendresse, je savais pourtant qu'elle était ma mère.

Pour ma religion, je suis allé au-delà des apparences. J'en connaissais assez pour savoir que — malgré ses déficiences, sa sévérité, sa bêtise — elle prétendait détenir le sens de la vie ici-bas et la certitude d'un au-delà à cette vie. J'étais véritablement trop malheureux en cette vie pour ne pas tenter de savoir si, oui ou non, tout s'arrêtait en effet ici-bas. Je trouvais qu'une telle recherche valait bien que je lui consacrasse ma jeunesse. Tel était aussi le sens de ma vocation sacerdotale et l'amorce de ma vocation dominicaine.

Pour les études nécessaires à l'épanouissement de cette vocation, on m'expédia dans un collège tenu par des prêtres du diocèse, l'institution Saint-Eugène à Aurillac.

Cependant je devenais un homme. La sève de mon corps me montait à la tête comme un alcool. Qui peut raconter son adolescence, ce moment de la vie où elle mue entièrement et du dedans, où le rêve prend une telle intensité qu'on ne le distingue plus de la réalité? Mon propre corps se définissait si mal que je ne sais plus s'il était promesse ou menace. Je ne savais que penser de ce corps impérieux qui était mien (et de plus en plus je me sentais sien) et qui manifestait ses propres désirs, si différents de ce que j'avais ressenti auparavant. Ce qu'on appelle l'éveil des sens a été chez moi très tardif : j'étais un germanique au milieu de petits méridionaux beaucoup plus précoces que moi. De cette période, je garde le souvenir que j'étais perpétuellement en défaut et en décalage, déphasé.

Non que j'aie dès l'abord été insensible à la différence des sexes. Bien au contraire et dès l'âge le plus tendre le mystère féminin m'a toujours fasciné, surtout qu'à cette époque ce mystère s'enveloppait d'un épais cocon. A quatre ans, j'étais amoureux d'une petite voisine qui s'appelait Marie-Louise : je me revois, assis à côté d'elle sur le bord du trottoir, ayant peur de la toucher, lui prenant la main cependant, ne sachant que dire ou que faire pour lui être agréable; et je percevais bien qu'elle ressentait mon trouble. Un peu plus tard ce serait Yvonne ou Cyprienne.

A part les femmes de ma famille qui heureusement étaient des êtres à part — et l'idée ne me venait même pas qu'elles fussent aussi des femmes —, c'étaient maintenant toutes les jeunes femmes qui me troublaient, qui excitaient mon corps de manière incontrôlable. Que dis-je? L'image même de la femme, la plus fugitive évocation de la femme, la moindre allusion à sa différence morphologique, me plongeaient dans le désarroi. Il suffisait d'une publicité ou d'un catalogue de grand magasin pour accaparer ma rêverie. Depuis la guerre, nous ne commandions plus rien aux grands magasins de Paris mais les catalogues arrivaient par la force de l'habitude. Ils ne comportaient pas de photos comme aujourd'hui mais de simples croquis. En cachette, je me précipitais sur le rayon « lingerie féminine » : le dessin d'une guêpière, d'un corset, d'un soutien-gorge tournait ma curiosité à l'obsession. Je ne savais rien du corps féminin, il m'en coûtait d'autant moins de l'imaginer : je me rêvais sultan de harems fantastiques.

A la vérité, j'étais désarmé, attiré et fasciné, exposé sans défense au danger le plus insidieux, car ce danger extérieur avait en moi le complice le plus éveillé, qui ne s'endormait jamais pendant la nuit, ce petit animal avide et indépendant, planté au travers de mon corps, alerte et brutal, dont je ne savais vraiment que faire. La boutade vraie ou fausse d'Henri IV, que Frédéric Dard a rapportée plusieurs fois dans ses romans de San Antonio, j'aurais pu la faire mienne : « J'ai cru que c'était un os! »

A l'école, je voyais bien que mes petits camarades, tout aussi obsédés que moi, s'en débrouillaient infiniment mieux que moi. Leurs conversations d'une crudité effrayante, parfois leurs gestes cyniques me rebutaient : je ne voulais même pas en pénétrer le sens. Sur ces choses, autour de moi, la règle du silence était universelle et totale. Et moi, sur ces choses, j'étais incroyablement stupide et le suis resté fort longtemps. Au milieu de petits paysans très avertis, car ils avaient sous les yeux le spectacle de l'accouplement du bétail, je demeurai un garçon étonnamment candide et, ce qui est plus surprenant, ne faisant aucun complexe de l'être.

J'avais seize ans, j'étais au collège de Saint-Eugène à Aurillac, en seconde. Nous abordions l'explication de la pièce de Racine : *Andromaque*. Dès la lecture des rôles, nous dirions dès le générique, je butai : « Hermione, amante de Pyrrhus ». Que pouvait signifier ce mot « amante »? Je levai la main et demandai l'explication. Notre professeur était un prêtre, un Auvergnat grand, à large carrure, au visage rond, au teint fleuri, un de ces hommes qu'on rencontre assez souvent dans les populations de montagne, un costaud, plein de finesse. Il fut complètement décontenancé par ma question. Il piqua immédiatement un fard, ce qui m'en fit aussitôt piquer un, éblouissant. Il se lança dans des explications embarrassées auxquelles je ne compris rien; mais toute la classe pouffait. Je n'avais visiblement pas fait le rapport que mon père et la mère de Franz avaient été « amants ». Etait-ce orgueil, était-ce indépendance et sauvagerie? La classe entière pouvait bien se moquer de moi, son opinion unanime me laissait totalement indifférent. Quelques jours plus tard, je récidivai en demandant publiquement la définition du mot « prostitution ».

J'étais un sanguin. A tout bout de champ, je piquais des fards qui m'exposaient à l'attention de tous et, lorsqu'il s'agissait d'une jeune fille, me précipitaient dans le ridicule absolu. Mais rien ni personne n'aurait pu m'empêcher de poser la question que je pressentais dangereuse, de faire la démarche qui me singulariserait, si j'estimais que cette question devait être posée, que ce geste devait être fait. J'étais un mélange d'ignorance, de candeur et de hardiesse, chacun de ces éléments étant réduit en moi à sa quintessence. Je devais passer pour un effronté, et je l'étais sûrement; mais je devais être aussi désarmant par une ingénuité poussée à l'état de privilège inaliénable. Je pense que mon père me connaissait bien qui, dans la seule carte que j'aie conservée de lui, me déclarait que j'étais un artiste en herbe. Il n'y a pas d'artiste sans ce fond, qui résiste à tout, d'ingénuité et de hardiesse.

Avant la dernière guerre, je fréquentais à Aix-en-Provence des amis qui avaient un petit garçon de cinq ou six ans. A brûle-pourpoint, je lui demandai : « Tu n'as donc jamais peur? » La réponse vint, raide comme une balle au tennis : « Oh! si, j'ai peur! Mais, quand j'ai peur, j'avance! » Il n'y a pas meilleure expression du petit garçon et de l'adolescent que j'ai été. Que je reste encore à mes bons moments.

Après si longtemps, quand je regarde dans le rétroviseur s'enfuir le paysage de ma jeunesse, et ce grand garçon mince courir à grandes foulées sur le chemin, ce qui me frappe, c'est sa solitude. Il est seul de manière incomparable. D'ailleurs il n'y a pas deux solitudes qui se ressemblent. Je me savais seul et j'assignais à ma solitude des causes extérieures à moi. Je me disais que, si mon père était là, si ma mère était différente, si mon cœur était plus imaginatif, je serais moins seul. Tout cela n'était que prétextes et alibis. J'étais seul comme on a les yeux bleus ou verts. J'étais seul en moi-même, inexorablement.

C'est l'époque de ma vie où je pensais constamment au suicide. A l'institution Saint-Eugène à Aurillac, où j'étais pensionnaire, le dortoir était au sommet de « la Boîte », au quatrième étage. A l'extérieur, il y avait un escalier de secours, et les cabinets étaient sur la plate-forme de cet escalier. Quand je me trouvais là, en pleine nuit, une envie folle me prenait de me jeter. C'était d'une telle impétuosité intérieure vers le vide que je ne comprends pas comment je ne l'ai pas fait. Si j'eusse fait le saut, les gens, y compris ma mère, eussent imaginé je ne sais quel chagrin proportionné à ce geste absurde. Et je n'avais vraiment d'autre chagrin que celui d'être moi-même, de me chercher à tâtons dans ma nuit et de ne me reconnaître pas.

Bernanos m'a raconté un épisode de son adolescence dont il tremblait encore à l'évoquer seulement. Il adorait la chasse et son père lui avait offert une carabine dont il prenait grand soin. Pendant les vacances, il se levait tôt, partait avec la chienne, errait dans les marais de son pays picard, guettant quelque canard sur cette terre gorgée d'eau. En fin de matinée, il rentrait, enlevait ses bottes, montait dans sa chambre, se changeait pour le repas de midi. Comme tout bon chasseur, il avait soigneusement déchargé sa carabine à la fin de la chasse, il savait donc que la culasse était vide. Mais avant de remettre la carabine au râtelier, par une sorte de jeu trouble d'adolescent qui était devenu un rite secret, il se plantait devant l'armoire à glace, appuyait le canon de sa carabine sous son menton, et pressait sur la détente.

Cette fois-là, il modifia un seul geste de la cérémonie. En se regardant dans le miroir, il eut l'idée de mettre en joue ce personnage en face de lui et qui était sa propre image. Il prit tout son temps, visa entre les deux yeux, d'un coup bref appuya sur la détente : le miroir vola en éclats. Par une incroyable négligence, cette fois-là l'arme était restée chargée.

De même, dans l'épaisse fumée de l'adolescence, la mort en moi jouait avec la vie. De cette époque datent ma croyance et une confiance inébranlable aux Anges. Aujourd'hui même, malgré le rationalisme de la culture moderne que j'ai ingurgitée moi aussi, je crois en mon Ange gardien, j'ai confiance en lui comme aux premiers jours. Trop de fois dans ma vie j'ai su qu'il était là, bouclier invisible contre ma propre folie, et je sais que, grâce à lui, je ne mourrai qu'à mon heure.

Pendant ce temps-là, ma mère brûlait les livres d'Alexandre Dumas où il était question d'amour; et elle ne pensait qu'à protéger ma foi et mes mœurs. On l'eût bien surprise en lui déclarant que plus que ma foi et ma moralité, ma vie même était en danger. L'éducation d'un garçon solitaire et violent ne se fait pas au tisonnier. Je percevais très bien que ma mère ne m'était d'aucun secours. J'avais horreur de ses autodafés. J'avais déjà la passion des livres où je discernais un remède possible à mon angoisse et aussi son approfondissement. Je me sentais libre de toute morale et de toute obligation : la seule chose qui me retînt à l'intérieur du christianisme, c'était mon amour véhément de Jésus-Christ. C'est encore la chose qui m'y retient aujourd'hui.

J'avais d'excellents maîtres qui me faisaient aimer la langue française. J'aimais déjà les mots et l'agencement artisanal des mots. Je me répétais inlassablement un vers de Racine, dont la musique me tenait sous le charme :

Le ciel n'est pas plus pur que le fond de mon cœur

ou encore :

Ariane, ma sœur, par quel amour blessée,
Vous mourûtes aux bords où vous fûtes laissée.

De temps en temps, il m'arrivait de faire le même rêve. Je creusais le sol, je creusais, plongeant de plus en plus au fond d'un puits qui allait toujours plus profond. Je creusais, jusqu'à traverser la terre de part en part. Et je me retrouvais tout à coup chez les Chinois, qui marchent sur la terre la tête en bas, comme des mouches au plafond, et qui parlent une langue dont je ne saisis pas un traître mot. Tout cela mettait le comble à ma singularité et à ma liberté.

A Saint-Eugène, notre professeur d'histoire, l'abbé Cros, était un homme érudit, raffiné, courtois, assez distant, d'une ironie froide et mordante, royaliste convaincu. En ce temps-là, à moi, la Révolution française paraissait admirable. J'étais romantique et républicain. Dans un tel milieu, c'était évidemment de la contestation. J'admirais Lamennais, Lacordaire et Montalembert pour avoir, les premiers, tenté de concilier l'Eglise et le monde moderne. Depuis que Louis Pautard m'y avait initié, j'adorais l'éclat de l'expression littéraire. Je ne cachais pas mes goûts et, autour de moi, on savait l'attirance que j'éprouvais pour l'Ordre dominicain. Sur reproduction, je connaissais le portrait de Lacordaire par Chassériau : cette silhouette droite et mince sous le prestigieux habit blanc et noir, ces yeux immenses et sombres, grands ouverts et qui regardent droit devant eux.

Tout cet ensemble me valut une moquerie publique de l'abbé Cros. « Je ne m'étonne pas, dit-il, que vous désiriez devenir dominicain. Les dominicains sont toujours plus remarquables par la manière dont ils disent les choses que par les choses qu'ils disent. » Je fus ulcéré de ce trait que je sentais faux, sans pouvoir le réfuter. Dans la suite, mes études dans l'Ordre devaient me convaincre du caractère calomniateur de cette boutade : s'il y a au monde une formation qui fait passer l'être avant le paraître, c'est bien la formation dominicaine. Aujourd'hui, je sais qu'une pensée ajustée à la réalité, une conviction personnellement expérimentée trouvent naturellement, avec le travail, leur expression artisanale appropriée, et c'est cela la littérature. Dans le portrait de Chassériau, la beauté de l'habit dominicain, porté avec une simplicité affirmative, ne serait rien sans le feu du regard de Lacordaire.

C'est vrai que j'étais enflammé de littérature, et, dans son ensemble, elle me restait pratiquement inaccessible. La bibliothèque de Louis Pautard était hardie mais limitée et orientée aux goûts de son propriétaire. De la grande littérature de notre langue, je ne connaissais que des morceaux épars. Cette dispersion me désespérait. On ne mettait entre nos mains du moins pour ce qui concerne les modernes, que des morceaux choisis; et même les classiques étaient censurés. Jamais je ne pus lire en ce temps-là, dans leur texte complet, la *Phèdre* de Racine et le *Don Juan* de Molière. Nos morceaux choisis s'arrêtaient à Baudelaire, qui n'était représenté que par son poème sur les chats. De la poésie de Victor Hugo, je ne connaissais que *La Tristesse d'Olympio* et de sa prose que sa description de la charge de cavalerie à Waterloo. Chateaubriand n'était présent que par sa merveilleuse description du Meschacebé, qui est le nom indien primitif du Mississippi. J'ignorais que cinq ans de ma vie s'écouleraient sur ses bords. « Quelquefois un bison chargé d'années, fendant les flots à la nage, se vient coucher parmi les hautes herbes, dans une île du Meschacebé. A son front orné de deux croissants, à sa barbe antique et limoneuse, vous le prendriez pour le dieu du fleuve, qui jette un œil satisfait sur la grandeur de ses ondes et la sauvage abondance de ses rives. » Il m'est souvent arrivé de souhaiter violemment ne pas comprendre un mot de français, pour demeurer sensible seulement au solfège de cette langue, dont je suis devenu à mon tour un artisan.

Moi, qui étais si pauvre, je ne percevais mon dénuement que devant la devanture d'une librairie. J'ignore par quel miracle je fus un jour à la tête d'une petite somme qui me parut une fortune, et que je consacrai entièrement à l'achat des morceaux choisis poétiques de Victor Hugo; il eût été chimérique de penser à des œuvres complètes.

Ceux des élèves de l'institution Saint-Eugène qui se destinaient au sacerdoce formaient dans le collège une section à part, qu'on appelait « la section Saint-Paul », ou plus familièrement « les moines ». J'étais moine. Pour la quasi-totalité, mes petits camarades venaient de paroisses rurales et de familles pauvres. Ils avaient été distingués par un curé ou un vicaire, faisaient leurs études par la charité des catholiques, en ces temps-là très généreux avec leurs évêques. C'étaient de solides petits Auvergnats, batailleurs, vifs, assez frustes, puant encore l'écurie et le fromage. Ceux qui persévérèrent ont fait d'excellents prêtres, durs pour eux-mêmes, dévoués à l'extrême au troupeau qui leur fut confié. Je pense à mon camarade Gandilhon, de Lavigerie, qui mourut dans une pauvreté extrême, entouré de la vénération de ses ouailles. Mais, pour dire la vérité, c'est parmi eux que je me sentis définitivement différent, c'était moins une question d'éducation que de nature : le Danube coulait en moi et ses flots m'entraînaient très loin de ces paysages montagneux et de ces petits Auvergnats, sobres et réalistes comme des chèvres.

Nous, « les moines », nous étions sous la direction de deux prêtres. L'un, notre surveillant, que nous appelions « le Turc », à cause, je pense, de sa rigidité et de son jansénisme. Et puis le directeur de la section, qui était un dignitaire ecclésiastique, dont je garde un souvenir atroce. C'était un obsédé sexuel. De temps en temps, pendant le temps d'études, il faisait monter dans son bureau l'un ou l'autre d'entre nous. Je fus — pas longtemps, — l'un de ses « chouchous » : il me serrait dans ses bras et m'embrassait sur la bouche avec avidité. Il prisait et puait le tabac. Cela n'alla pas plus loin mais c'était déjà trop et m'inspira un dégoût, que je manifestai sans équivoque. Mais je n'en parlai à personne, même pas en confession, car je ne me sentais nullement coupable. J'étais si candide que ce ne fut que beaucoup plus tard que je me rendis compte que ces soixante ou quatre-vingts garçons étaient les otages d'un bouc. Il est impossible que cela n'ait pas été connu en haut lieu. Ce fut ma première expérience d'un abus criant d'autorité, net et vicieux, dans la sainte Eglise. Les prêtres que j'avais connus jusque-là étaient tous irréprochables et même exemplaires. Déjà la patrie s'était montrée à moi sous un visage cruel. C'était l'Eglise maintenant qui me montrait un visage affreux. Je fus scandalisé. Quelques-uns de mes camarades n'y résistèrent pas, et s'en retournèrent discrètement chez eux.

J'ai donc su très tôt que, pour comprendre et pour aimer l'Eglise, il faut surmonter en soi-même le scandale que donnent certains de ses membres. Moi-même aujourd'hui, qui fais depuis longtemps partie du clergé de cette Eglise, j'éprouve surtout le besoin de demander pardon. Chateaubriand cite les mots de l'abbé de Rancé : « Il est vrai, je suis prêtre. Mais j'ai vécu jusqu'ici d'une manière indigne de mon caractère. Je suis docteur, mais je ne sais pas l'alphabet du christianisme. Je fais quelque figure dans le monde, mais j'ai été semblable à ces bornes qui montrent les chemins aux voyageurs et qui ne se remuent jamais. » Je suis ce Rancé-là. Mais, chez Rancé, cet aveu fut suivi d'une longue pénitence qui terrifia ses contemporains. La mienne ne terrifiera personne.

Nous sommes tous comme Ulysse et ses compagnons, échoués, la nuit, sur un rivage inconnu : « Amis, nous ne savons pas où est l'Occident, ni où est l'Orient, ni de quel côté le soleil, éclaireur des humains, descend sous la terre, ni de quel côté il doit remonter. Au plus vite donc examinons quelle résolution peut encore être prise. » Et le poète ajoute : « Mais aucun plan d'action n'émergeait de leurs larmes. »

Je me fais à moi-même l'effet d'avoir traversé la vie, les yeux grands ouverts, les oreilles sensibles aux chants de toutes les sirènes, mais debout au centre du bateau, lié solidement au grand mât. Quelles sont ces entraves qui m'ont lié à l'arbre planté, au centre de la nef aventureuse et sans lesquelles je serais devenu tout à fait un pourceau? Je ne vois pour moi d'autres liens que l'amour de Jésus-Christ, mon amour pour lui certes, mais surtout l'amour qu'il me porte, que je reconnais à chaque jour de ma vie, sans que je puisse découvrir en moi la raison. Ma vie est une histoire d'amour, une histoire querelleuse, semée d'infidélités et de réconciliations; et ma mort, maintenant prochaine, je ne l'envisage que comme des retrouvailles avec celui que Lacordaire appelait « le seul éternellement aimé ».

Mes études secondaires se terminèrent sur un bilan ambigu. Je passais brillamment et du premier coup la première partie du bachot. Je dus m'y reprendre et me présenter cinq fois pour réussir à passer la seconde partie, qu'on appelait le bachot-philo. Pour être véridique, ce n'est pas en philosophie proprement dite que j'échouai si souvent mais sur les programmes annexes des sciences : ma nullité en ce domaine était totale. Rien ne m'était plus pénible que de sortir du rêve et de m'astreindre à la précision. Un examinateur, auquel je dus faire pitié, me laissa en physique et chimie le choix de la matière.

Je choisis l'électricité. Il me demanda alors ce qu'était un solénoïde; je répondis que c'était un corps gras.

Les sciences et les mathématiques me donnaient le vertige. Ce n'est que beaucoup plus tard, que je m'y intéressai, et par le biais de l'empire qu'elles ont effectivement conquis non seulement sur la nature mais sur l'homme lui-même, sur son destin individuel et social. Il y avait cependant un livre que d'emblée j'avais aimé et que toute ma vie j'ai lu et relu, c'est l'*Introduction à la médecine expérimentale* de Claude Bernard.

En 1960, au moment où sortait dans les salles mon film *Le Dialogue des Carmélites,* je reçus en bonne et due forme, par l'intermédiaire de Jacques Rueff, une invitation à faire une communication à l'Académie des sciences morales et politiques. On me laissait entièrement libre du choix du sujet et de la manière de le traiter. J'avais passé huit ans aux Etats-Unis, j'avais vu de mes yeux les miracles de la science et de la technique. Je percevais le danger que faisait courir à la religion traditionnelle l'explication scientifique. Je suggérai une conférence ayant très exactement ce titre : « De la situation d'une religion révélée, à l'intérieur d'une civilisation scientifique. » Il me semblait que c'était là soulever correctement le problème de la légitimité de la religion à notre époque. Les responsables de l'Académie, dont le Père de Lubac et le Pasteur Boegner, repoussèrent ce sujet. Ils le firent avec gêne, puisqu'on m'avait laissé la liberté du choix de mon sujet, mais ils le firent avec une détermination farouche qui me surprit. On m'expliqua que beaucoup d'académiciens n'accepteraient jamais qu'on mît en doute en leur présence la toute-puissance d'explication de la science et sa capacité d'éliminer le mystère.

J'ai compris ce refus en relisant *L'Avenir de la Science* de Renan. Au milieu du siècle dernier, s'est élaborée en France une conception totalitaire de la science. Renan est tout ce qu'il y a d'explicite : « La science ne vaut qu'autant qu'elle peut rechercher ce que la révélation prétend enseigner. » Dans ces conditions, il est clair que la mission de la science est d'éliminer la révélation et toute religion née d'une révélation. Il était intéressant de contester cette conception sommaire et tyrannique devant un tel auditoire. Les vieux brochets ont flairé l'appât, s'en sont détournés, ils ont préféré leurs évolutions dans les eaux profondes de leur sommeil dogmatique.

Cela se passait en 1960, il n'y a pas vingt ans. Aujourd'hui, les scientifiques n'ont plus une telle assurance. Déjà dans son discours de Stockholm, Saint-John Perse a montré l'altérité irréductible du domaine poétique, et on commence à soupçonner une altérité irréductible du domaine du mystère et de la transcendance; du coup une révélation n'est plus absurde; « la Gnose de Princeton » est un phénomène typique de notre époque. Le temps est venu où les savants eux-mêmes reconnaissent que leurs recherches ne font qu'épaissir le mystère au lieu de le dissiper. On commence par donner sa langue au chat de beaucoup de choses. On finira peut-être par rendre la parole à Dieu.

Après mes études secondaires, j'étais bien décidé à entrer chez les dominicains. Mais, outre que je ne voulais y entrer qu'avec mon bachot complet, mon évêque, l'évêque de Saint-Flour, Mgr Augustin Lecœur, qui avait une prestance de grand seigneur et une éloquence chantante qui enthousiasmait ma tante, insista auprès de moi pour que j'aille au grand séminaire de Saint-Flour pour éprouver et étudier ma vocation jusqu'à mon service militaire. Ces deux années furent la suite des années lugubres, éclairées seulement par une rencontre étonnante. Le grand séminaire de Saint-Flour avait pour supérieur un prêtre qui s'appelait Jules-Géraud Saliège. Il devait devenir évêque de Gap, puis archevêque de Toulouse et cardinal. Il était d'une étoffe d'évêque comme on n'en tisse plus.

L'homme était trapu, petit, un peu replet, avec des yeux clairs à fleur de front, des yeux étonnés dans un visage de chouette gaie. La voix était habituellement rocailleuse et, dans les grandes assemblées, farouche. Elle s'attendrissait au point d'être méconnaissable, dans un ton de confidence, quand il nous parlait à nous, ses séminaristes, au cours de ce qu'on appelait des « lectures spirituelles ». Ces « lectures » avaient lieu le soir, dans une grande salle voûtée du rez-de-chaussée, avec de grandes fenêtres donnant sur les terrasses et le jardin. L'abbé Saliège parlait de Jésus-Christ comme jamais encore je n'en avais entendu parler. Ce qui me frappait, c'était la vigueur et l'équilibre de cet homme, son exultation contenue quand il parlait de celui à qui il avait voué sa vie. « Voilà, me disais-je, un prêtre! » De lui se dégageait une autorité qui allait être consacrée par le pontificat, et qui ne ferait que croître au cours des années, impressionnant tous ceux qui auraient le privilège de l'approcher : amis, agnostiques et même ennemis.

Son autorité sur moi était totale : j'aurais fait tout ce qu'il m'eût suggéré. M'ayant observé, soupesé, il me déconseilla vivement les jésuites et m'expédia chez les dominicains. Les jésuites, je n'y serais sûrement pas resté. Quant aux dominicains, il est encore difficile de savoir s'ils ont lieu de se féliciter de m'avoir accueilli.

4

Etre ailleurs, partir, telle fut l'obsession de mon enfance et de toute ma jeunesse. Rien ne me détournait de la sensation d'être en prison. C'est une situation dangereuse, où l'on risque de se jeter de prison en prison, quittant l'une pour tomber dans l'autre. C'est ainsi qu'une fille se jette dans le mariage comme dans une évasion, pour découvrir bientôt qu'il est aussi une prison. A dix-sept ans, juste avant d'entrer au grand séminaire de Saint-Flour, dont je prévoyais bien qu'il ne serait pour moi qu'une nouvelle prison, je fus à la gendarmerie de Murat pour m'engager dans la Légion étrangère.

Le lieutenant de gendarmerie m'écouta avec attention, me demanda de réfléchir et de revenir le voir quand ma résolution serait tout à fait prise. Elle l'était, inébranlable, et je le lui dis. « En ce cas, me dit-il, remplissez cette feuille d'engagement. » Je la remplis et la signai. « Maintenant, dit-il, vous êtes mineur, je dois prévenir votre mère! » C'était fichu! Ma mère avait encore un tel empire sur moi que je voulais bien lui échapper en cachette, mais je me dégonflai à l'idée de lui en parler. Je me rends bien compte que c'est de cet empire maternel que je voulais m'évader. Or dans cette petite ville où ma mère imposait à tous par sa dignité, je n'avais que des ennemis, elle, si je m'insurgeais, que des complices Adieu, képi blanc! Adieu, palmiers! Adieu, Légion! Ou plutôt au revoir! Nous sommes programmés : la Légion étrangère était dans mon programme.

Mon séjour au grand séminaire fut donc lugubre. Saint-Flour est une petite ville de grand vent, sur un rocher de basalte, dominée par la plus modeste cathédrale gothique que je connaisse, une église trapue et d'une sobriété, d'une sévérité de lignes, parfaitement contraires au dévergondage flamboyant qui altère parfois le gothique. Il m'est arrivé de comparer ce rocher noir, sur lequel est posée cette cathédrale, au rocher rose de l'Acropole d'Athènes, sur lequel est posé le Parthénon mauve. En effet, quand on découvre Saint-Flour par la route du bas, venant de Brioude, on a le même sentiment de découverte sacrée que, lorsqu'on arrive d'Eleusis et qu'au bout de la perspective, on voit le promontoire de l'Acropole.

C'est cette cathédrale où mon grand-père autrefois avait proclamé en latin la République. Parfois cependant, devant la nef presque vide, j'avais le sentiment d'un culte qui se mourait. Les cérémonies étaient belles, l'adoration qui est due à Dieu lui était rendue avec ferveur et piété. L'évêque était visiblement revêtu de la dignité du pontificat. Toutes choses étaient à leur juste place, et cependant je sentais quelque chose de brisé dans la religion : le pacte antique entre le catholicisme et ce peuple se dissolvait.

En 1926, lorsque le pape Pie XI condamna *L'Action française,* le clergé fut ébranlé dans ses profondeurs. Pour la plupart, les prêtres de l'époque étaient, sinon adhérents, du moins sympathisants de l'A.F. Mais moi, j'étais violemment contre ce journal et ce qu'il représentait. Je me souvenais aussi qu'en 1914 Léon Daudet, en faisant voter une loi qui mettait en camps de concentration tous les ressortissants « ennemis », avait provoqué l'arrestation de mon père.

Le jour où nous apprîmes la condamnation de l'A.F., ce fut l'union sacrée entre les « démocrates chrétiens » et moi. Nous parcourûmes l'immense séminaire, nous ramassâmes tous les exemplaires du journal qui traînaient ici et là, nous en fîmes un tas et y boutâmes le feu. Une bagarre s'ensuivit à coups de poings et de pieds. Il y avait des larmes de rage dans les yeux. A distance, je ne suis pas du tout fier de cet autodafé qui me rappelle à quel point je suis le fils de ma mère.

A la suite de cet esclandre j'ai été appelé chez le supérieur, successeur de Salièges, l'abbé Meisonobe. Il me fit des reproches, mais c'est moi qui faisais trembler les murs par mes hurlements de colère. Je proclamai que j'en avais ma claque de tout, et que j'étais prêt à quitter le séminaire sur-le-champ. Je l'aurais sûrement fait, sans savoir d'ailleurs où aller.

Je ne sais comment l'abbé Meisonobe m'amadoua. Il ne me dit rien de vulgaire et il ne fit aucune allusion au dénuement dans lequel j'étais en effet. J'imagine qu'il fit appel à ma vocation. C'était un vrai prêtre, tel que j'en ai toujours eu le respect. Dès ce jour, je sentis que l'attitude générale changea à mon égard; je ne rencontrerais plus la moindre réticence devant mon désir de rejoindre les dominicains.

J'étais un écorché vif. J'ai toujours été fasciné par le suicide des chevaux devenus fous : de loin, ils préparent leur élan, ils se lancent au grand galop pour arriver à toute vitesse contre un mur où ils se fracassent le front.

A vingt ans, j'eus le choix de ma nationalité définitive et je dus opter entre l'Autriche et la France. Par un de ces coups de boutoir, qui m'ont souvent précipité à l'aveugle dans telle ou telle aventure, je me décidai pour l'Autriche. A la réflexion, je sais bien pourquoi je l'ai fait. Je gardais contre la France un violent ressentiment qui ne faiblissait pas, car je suis obstiné dans le ressentiment. Je lui reprochais, non pas de m'avoir dépouillé et réduit à la misère, ce qui était pourtant vrai mais ne me venait même pas à l'esprit, je lui en voulais de m'avoir séparé de mon père. Dans ce pays de France, une part de moi étouffait. Je doutais de pouvoir m'y incorporer jamais, de devenir la chair de sa chair, l'os de ses os. Et maintenant que je suis vieux je vois bien que je n'y suis jamais entièrement parvenu; je n'aime pas les Français qui le sont sans inquiétude. Tout naturellement, mon frère aîné et mes deux sœurs avaient opté, tous les trois pour la France, sans imaginer une minute qu'ils pussent être autre chose que français. Moi, j'optai pour l'Autriche. J'avertis mon père de mon choix, et je lui demandai d'aller le rejoindre à Vienne.

Depuis la guerre, je n'avais revu mon père que deux fois. La première fois, il était revenu à Murat, quand j'étais encore au collège à Aurillac. Il avait envoyé un télégramme au supérieur pour lui demander de m'envoyer trois jours à Murat pour me revoir. Cet homme pieusard, lascif et sans cœur, refusa net : « Et quand vous l'aurez vu? Et après? » C'est mon père qui vint me voir à Aurillac. Je n'ai pas le souvenir que ces retrouvailles m'aient fait une grande impression. Je devais aimer mon père en rêve. Je me sentis pourtant très fier de lui et ne me lassais pas de regarder ses mains, qu'il avait très belles.

Je revis mon père plus longuement, une autre fois, la dernière. Mes deux sœurs et mon frère avaient grandi : ils travaillaient tous à Montpellier, ils y avaient amené notre mère et avaient loué un bien modeste appartement dans une petite rue au bout de l'avenue de Toulouse. J'étais en vacances, séminariste et en soutane comme il était de règle en ce temps-là. Un jour, mon père arriva. Visiblement, il désirait rester. Dans son pays, écrasé sous la défaite et l'inflation, il avait tenté mille entreprises qui toutes avaient lamentablement échoué. Il revenait chez ses enfants comme une épave rejetée sur le rivage après la tempête. Ma mère le rejeta dans son océan de misère et de solitude. Elle ne lui pardonnait pas, elle ne lui pardonnerait jamais.

Qu'avait-elle à lui reprocher? D'avoir eu des femmes dans sa vie? C'est bien possible. Je soupçonne — et je ne crois pas me tromper — qu'elle ne lui pardonnait surtout pas d'avoir échoué, ce qui n'était pas de sa faute. Je suis sûr que, s'il était revenu plein d'argent, l'accueil eût été autre. Je suis sûr aussi que, si mon père a tardé si longtemps à revenir, c'est qu'il connaissait ma mère, il savait qui elle était. Longtemps il a espéré se refaire une fortune pour se faire pardonner, tout pardonner d'un coup. Il ne fut ni pardonné ni accepté. « Malheur aux vaincus! » Les femmes auvergnates demeurent les prêtresses de l'antique malédiction.

Au cours d'un après-midi d'été, je revenais de je ne sais où et rentrais à pied à la maison, le long de la longue avenue de Toulouse. Je rencontrai mon père sur le trottoir; il avait sa petite valise à la main. Il me dit qu'il repartait pour Vienne. Il ne me demanda rien. Il m'embrassa seulement.

Je ne comprends pas encore ma lenteur et le temps qu'il me fallut pour réaliser mon malheur. Mon père était là devant moi et allait s'éloigner pour toujours. Je ne compris pas, je ne compris rien. Je ne fis même pas pour lui ce que j'eusse fait pour un étranger : porter sa valise et accompagner jusqu'à la gare ce vieil homme recru de fatigue et saturé de désespoir. Etais-je à ce point sans cœur? J'embrassai mon père et le laissai continuer son chemin. Je rentrai à la maison comme un somnambule. Les pires moments de ma vie sont ceux où j'échappe à toute réalité, où je flotte au-dessus d'elle. Alors je suis capable de tout, parce que littéralement je ne sais pas ce que je fais.

Que n'ai-je couru à la gare pour revoir encore une fois ce visage qui hantait mes rêves depuis tant d'années? — « J'aurais pu! J'aurais dû! », Bernanos disait que c'étaient là des mots effroyables. Ma vie est pleine de « J'aurais pu! J'aurais dû! » Je les traîne comme un forçat son boulet. Alors que je passe pour un homme prompt, ma vie est pleine de bêtises irréparables dues à ma lenteur. Je pleurai inutilement toute la nuit suivante tandis que le train emportait mon père vers l'Est.

Camus ne cessait de me répéter, au point de me porter sur les nerfs, que la vie d'un croyant, qui pense qu'il y a une éternité pour réparer les fautes et les injustices de cette terre, est plus facile que celle d'un incroyant qui se veut tenu de réparer l'injustice dès ici-bas. Pauvre Camus! Il sait maintenant ce qu'il en est et que nul ne quitte ce monde avec des mains nettes. Mais pour un Camus, pour un Dostoïevski, dont les consciences étaient chrétiennes, combien d'hommes, croyants ou incroyants, qui passent simplement par profits et pertes les torts qu'ils ont envers les innocents.

C'est vrai, je n'ai pas la moindre tentation contre la foi :

elle est consubstantielle à ma vie. Mais mon désespoir serait total si je n'étais pas assuré que je passerai un jour en jugement, devant le Juge à qui rien n'échappe et qui fera porter devant lui le Grand Livre sur lequel tout est écrit. Nous serons tous jugés sur l'amour. C'est bien d'amour que je me trouve aujourd'hui dépourvu. J'ai manqué à l'amour, j'ai manqué d'amour. Que la pitié de Dieu l'emporte sur sa justice, l'Evangile nous en donne à chaque page l'espoir. Mais comme l'Evangile est clair aussi pour nous affirmer que Dieu est usurier et qu'il réclame toujours plus que sa mise. Comment lui présenter un cœur si décevant?

Peut-être que mon regret de ces adieux furtifs sur l'avenue de Toulouse à Montpellier fut-il pour quelque chose dans ma décision d'opter pour l'Autriche. J'écrivis donc à mon père pour lui dire mon choix et mon désir de venir le rejoindre. La réponse ne se fit pas attendre. Par un long télégramme plein d'affection mais formel, mon père me donnait l'ordre d'opter pour la France. C'est l'unique et seul ordre qu'il m'ait donné dans ma vie d'homme. C'est aussi le dernier message que je reçus de lui. Quelques mois plus tard, il mourait d'une tumeur au cerveau, dans un hôpital de Vienne, loin de ses enfants et avec la misère à son chevet. Il est passé, silencieux, immobile comme un gisant, du coma à la mort, et d'une vie, qui lui avait été si cruelle, à l'éternité. Il n'avait plus rien à dire, plus rien à laisser à personne. Bienheureux les affamés de justice et qui meurent sur leur faim!

Quand mon père est mort, j'étais déjà au régiment à Montpellier. C'était un dimanche et j'étais en permission chez mon frère aîné, fiancé à Lunel. Un télégramme anonyme arriva, que j'ouvris : « Père décédé. Obsèques mardi. » Cette nouvelle fit sur moi l'effet d'un coup de massue : littéralement elle m'assomma. Cette nuit-là, je dormis douze heures d'affilée. Je suis de la race des Apôtres : au jardin de Gethsémani, le chagrin les accabla de sommeil, alors qu'à la distance d'un jet de pierre leur Maître suait le sang. Désormais mon père était bien plus loin de moi que la distance d'un jet de pierre. Il était mort.

Mon père m'avait donc ordonné d'opter pour la France, et je l'avais fait. C'était en somme, à mon sujet, son seul testament et sa dernière volonté. Du moins, ce testament, je l'ai recueilli, cette dernière volonté, je l'ai exécutée. Devant cette volonté clairement exprimée, toute colère contre la France, toute hargne, tout ressentiment furent immédiatement dissipés de mon ciel intérieur. Mon âme est un pays tropical. Quand la pluie commence à tomber, c'est par trombes, elle obscurcit tout, il semble qu'il ne finira pas de pleuvoir, de faire des éclairs et du tonnerre; qu'il en est ainsi depuis le commencement du monde et qu'il en sera ainsi jusqu'à sa fin. Et puis, en un instant le ciel redevient pur, le soleil joyeux, comme si cela devait être ainsi pour toujours. Ainsi je suis. Je ne traîne pas mes brumes derrière moi.

Je me suis dit que, du moment que j'optais pour la France, il fallait que je l'aime, et que je l'aime d'un cœur sans rivages. Certes je n'ai rien oublié puisque, après si longtemps, je puis encore le raconter, mais dès ce moment je me suis cherché des raisons d'aimer la France, je les ai seulement cherchées loin dans le passé et plus profond que les apparences. Mais de toutes ces raisons, la capitale, celle qui l'emportera toujours dans mon cœur, c'est la volonté de mon père. Il est mort en croyant sans doute qu'il ne me laissait rien en héritage, peut-être a-t-il pensé qu'il avait été pour moi un mauvais père : le patrimoine inaliénable qu'il m'a laissé, c'est la France, trésor inépuisable de querelles et d'espoirs. S'il m'arrive de me comparer à tant d'hommes de ma génération, qui ne se sentent aucun privilège d'être Français, je me dis, moi, que j'ai été richement pourvu.

Le lecteur va me trouver incohérent mais je suis incohérent. Je témoigne de ce que je suis. Peut-être qu'au terme de ce livre je verrai plus clair en moi-même. Comme la plupart des gens, je dois bien avoir mes névroses, qui se traduisent en manies, en anxiétés, en gestes manqués ou trop réussis. Si je prenais moi-même conscience de ces névroses, peut-être serait-il encore temps pour moi, sinon de les guérir, du moins de les atténuer, en tout cas de les rendre à peu près inoffensives pour les autres. Je doute de cela. Ma vie est un paquet d'embrouilles. Dieu seul sera un jour capable de démêler l'écheveau. Le christianisme assigne à la vie éternelle le but et l'occasion pour l'homme de pénétrer dans les mystères de Dieu. L'éternité ne me paraîtra pas trop longue pour me connaître aussi moi, comme je serai connu. Finalement, et chacun le sait bien, le secret, la clef de notre vie, son mot de passe, est dans une langue qui nous est inconnue, un mot d'au-delà du monde.

En fait, que cherche-t-on dans une autobiographie, je dis l'auteur aussi bien que le lecteur? Devant un tribunal, le témoignage sur soi-même n'est pas recevable. Et pourtant, quand on a assisté à un grand procès d'assises, on sait bien que le plus intéressant serait ce que l'inculpé pourrait avoir à dire sur lui-même. Il arrive que le président, les avocats de la défense, l'avocat général, la partie civile se liguent pour adjurer l'inculpé de dire la vérité. Il nie, il nie tout ensemble contre l'évidence, ou bien il reste muet. Il s'est verrouillé lui-même à double tour et il a jeté la clef dans le puits. Il n'est pire solitude que le mensonge : ce sont là murs impénétrables que le Christ glorieux lui-même ne saurait traverser.

Quand Chateaubriand parle de nous autres Français, il écrit : « Soldats et courtisans, nous ne sommes rien d'autre. » Il m'est arrivé, à la suite de circonstances que je raconterai, de fréquenter la Cour. Je ne sais si je me suis comporté en courtisan avisé. D'emblée, je suis un soldat. Je suis né tel. L'obligation du service militaire, qui à tant de jeunes hommes semble une servitude, fut pour moi une libération.

Quand beaucoup plus tard, en 1942, je sortis de prison, où j'avais passé cinq mois, j'allai directement à Paris, et il m'arrivait de passer des journées entières, assis dans les jardins des Champs-Elysées, à regarder les passants et à me dire : « Je suis libre. Tous ces gens qui vont et viennent autour de moi sont libres. Nul ne leur demande ni d'où ils viennent ni où ils vont! » Nous étions pourtant en pleine occupation où la liberté de chacun était fragile. Mais quoi! je sortais de la maison centrale de Clairvaux et la lumière était si belle dans les arbres de l'automne, que c'était pour moi la liberté. Le temps de mon service militaire fut pour moi celui d'un immense élargissement.

Je fus incorporé au 81e régiment d'infanterie, à Montpellier, à la caserne du séminaire. Cette caserne était en effet un ancien séminaire : décidément la cléricature me collait aux semelles. Sur ma bonne mine et au su de mon diplôme de bachelier, je fus très vite expédié au peloton des élèves officiers de réserve, cette fois-ci à la caserne Lepic, qui est un très grand quartier militaire, toujours à Montpellier. J'étais sans le sou mais j'étais troufion de la République, débarrassé de ce qui, jusque-là, avait entravé mon existence : les femmes de la famille et les curés. J'avais la liberté de devenir tout ce que je voudrais : libre penseur si cela me plaisait, anarchiste, enfant trouvé! Délivré de tout souci matériel pour ma subsistance, dans un milieu de garçons tout de même sélectionné tant pour l'encadrement que pour les élèves, j'exultais. Tout était nouveau pour moi et rien ne pouvait corrompre la joie de la découverte.

Aujourd'hui, avec le cinéma, la télévision, les albums de photos, tout le monde a tout vu, Hong Kong, New York aussi bien que Rio de Janeiro; un enfant de sept ans n'est plus épaté par rien. Moi, à vingt ans, tout m'épatait, je n'en revenais pas. Et d'abord Montpellier, les terrasses du Peyrou, l'Œuf, l'Esplanade, les petits rues bordées d'hôtels des XVIIe et XVIIIe siècles, leurs cours intérieures faites pour les carrosses, les façades solennelles et secrètes, cette ville enfin avec son ciel immense, doucement balayée à la tombée du jour par la brise salée qui vient de la mer.

D'autres villes eussent pu m'être aussi bienfaisantes. Depuis, j'en ai connu beaucoup d'autres, ou plus grandes, ou plus vivantes, ou plus impressionnantes, ou même plus belles. Cette ville aura toujours pour moi le climat nostalgique d'un premier amour. Elle répandait sur cette âme agitée et obscure une rosée de lumière. Sa sérénité limpide m'a guéri de ce que mon tempérament germanique pouvait avoir de fumeux. J'y ai appris à aimer la clarté, les justes proportions, l'expression adéquate, la modération et la certitude du geste, je lui attribuais quelque chose de violent et de contenu, de force civilisée, qui me rappelait les plus belles tragédies de Racine. De romantique fougueux que j'étais jusque-là, je devenais classique.

Tout en dévorant les fayots de la République, je goûtais à toutes les délices dont j'avais été si cruellement banni jusqu'alors. Oh! qu'on ne s'imagine pas des orgies! L'idée ne m'en effleurait même pas, j'avais d'autres urgences. A Montpellier, il y a un assez beau musée, il y a surtout une bibliothèque municipale à laquelle j'avais accès. Le soir, après la soupe qui sonnait à cinq heures, et très vite expédiée, je passais l'inspection du chef de poste, je me précipitais jusqu'à l'esplanade de Montpellier, où se trouve cette bibliothèque, tout cela à pied bien entendu.

Rien ne peut remplacer une lecture faite à vingt ans, rencontre de deux jeunesses, celle du lecteur et l'éternelle jeunesse du génie. Tout ce que j'ai lu à ce moment-là m'a définitivement marqué, ce fut la transfusion complète de tout mon sang spirituel. Villiers de L'Isle-Adam (dont je n'avais lu qu'*Axel* et les *Contes cruels* chez Louis Pautard) était là en œuvres complètes : j'ai tout lu au moins trois fois. J'ai dévoré de même Rémy de Gourmont, Dostoïevski, Amiel, Nietzsche : ce dernier, je l'ai lu de bout en bout deux fois. Quand je sortais de la bibliothèque, au moment de la fermeture, je titubais dans le gai savoir et la volonté de puissance. Il se faisait en moi un amalgame étrange auquel je dois peut-être une certaine insolence de l'esprit.

Ce que je lisais contre le catholicisme dans Amiel, Rémy de Gourmont ou Nietzsche, glissait sur moi comme pluie d'orage sur un toit de tuiles. Je ne sais quelle héroïne de Giraudoux disait des hommes qu'ils étaient pour elle comme des savonnettes parfumées avec lesquelles elle se lavait délicieusement. De toutes ces lectures, que les confesseurs de ma mère eussent considérés comme criminelles, ma foi sortait toujours plus ruisselante de bonheur, comme le corps sort rafraîchi et joyeux d'une douche au cours d'un brûlant après-midi d'été. Quelque chose me disait que le catholicisme était finalement plus intelligent que tous ces génies ensemble. C'est encore une des intuitions de ma jeunesse auxquelles je suis resté pleinement fidèle.

Le temps de mon régiment a été un moment de bonheur extrême, J'étais pauvre mais je voyais s'étendre devant moi les immenses prairies de l'esprit et de la beauté. J'étais le marquis de Carrabas de ces nouveaux et vastes domaines. Fou de joie, je gambadais à perdre haleine dans ces espaces lumineux qui étaient miens.

Je restais aussi candide que je l'étais au collège. La bibliothèque municipale de Montpellier m'a laissé un souvenir très précis de cette candeur qui peut passer pour de la niaiserie, mais que m'importe? Cette bibliothèque était principalement fréquentée par de vieux messieurs et occasionnellement par quelques étudiants. Un soir, une jeune fille vient s'installer pour lire en face de moi. Elle me paraît détenir toute la splendeur du soleil et je tombe en extase devant elle. Tout en elle est miracle, et le miracle des miracles est qu'elle soit devant moi. Dans ces cas-là, plus rien n'existe pour moi que le tabernacle de tant de beauté. Je suis donc baba et, bien entendu, elle s'en aperçoit immédiatement.

Malgré le peu d'élégance de l'uniforme à l'époque, je pense que j'étais beau garçon, avec cette pointe intrigante d'exotisme provenant de mes origines viennoises. Le miracle et l'extase durèrent jusqu'à la fermeture de la bibliothèque. A ce moment, je redescends sur terre et vais rendre mon livre. La jeune splendeur m'a devancé vers la sortie. Mais, dès que je suis à l'air libre, je la retrouve là, sur le trottoir, immobile. Visiblement elle attend et n'attend que moi. Il faut choisir, et précisément je ne choisis pas. Je pique un fard épouvantable, baisse la tête et m'enfuis.

Elle revint deux ou trois fois, s'asseyant toujours en face de moi. On ne peut pas dire qu'elle ne m'ait pas donné ma chance. Ce fut à chaque fois le même miracle, la même extase, la même rencontre, le même fard, la même fuite. Ce fut elle qui se lassa de mes extases et de la bibliothèque municipale tout ensemble. On n'est pas plus godiche que je ne l'étais. Combien de tours ces extases subites devant une jolie femme m'auront-elles joués?

Je n'étais pourtant pas idiot. Les conversations de chambrée ne me laissaient rien ignorer des délices de la chair, sauf l'expérience. Elles m'en détournaient aussi par leur cynisme et leur vulgarité. J'essaie de me voir tel que j'étais à l'époque. Je savais bien que la femme peut devenir la dispensatrice d'une extase plus concrète, à laquelle je ne pensais pas sans frémir des pieds à la tête. Qu'est-ce qui me retenait? Uniquement ma vocation religieuse. Dans les rêves de l'adolescence, je m'étais fait une idée de la femme hors de la réalité : pour moi, elle était à la fois beaucoup moins et beaucoup plus que ce qu'elle est : c'était une idole. Et, à une idole, il faut rendre un culte, il faut l'entourer d'une liturgie. Or j'avais déjà ma religion. Ce qui est certain, c'est que, j'eusse cédé à l'expérience de la chair, et j'aurais immédiatement renoncé à ma vocation.

Dans les vieux quartiers, autour de l'église Saint-Roch, il y avait en ce temps-là deux ou trois bordels. Je passais devant parfois, rien que pour m'entendre appeler, rien que pour éprouver l'envie d'y entrer, l'attirance du fruit défendu. Un jour pourtant où j'avais quelque argent, j'entrai. La tristesse de ce lieu me prit à la gorge. Une jeune femme, assez jolie, avec un regard clair et soumis, vint s'asseoir sur mes genoux. Elle me parlait doucement. Elle me caressait le visage et les cheveux, me disait que j'étais beau mais que j'avais l'air triste. Le fait est que je fondis en larmes et que, sans achever le verre de mauvaise bière qui était devant moi, je m'enfuis comme un voleur. Je ne repassai jamais dans cette rue.

Une autre fois, au soleil couchant, j'étais au Peyrou. S'achevait une de ces belles journées ensoleillées, où le ciel vaste devient tout à coup tout rose, où la pierre est chaude encore de sa présence. Un vieux monsieur — du moins il me parut tel; à quarante ans, pour moi, on était vieux — qui tournait depuis un certain temps autour de moi en m'épiant, tout à coup se décida et m'aborda, comme on se jette du haut de la tour Eiffel : « Viens avec moi! Je te donnerai de l'argent et je te sucerai la bitte! » Cela, je le ressentis, non comme une tentation, mais comme une injure et un viol inimaginable. Je pris l'homme à deux mains par les revers de son veston et le secouai comme un prunier : « Salaud! lui dis-je. Salaud! » Dès que je lâchai prise, c'est lui qui s'en fut en courant. C'est vrai que l'obsession charnelle est humiliante et triste : je revois encore le dos courbé, le cou rentré dans les épaules, comme d'un piéton surpris par l'averse.

Mon initiation sexuelle s'arrêta là pour le moment. Je l'ai déjà dit, j'étais un jeune homme normal, sans doute plus doué que bien d'autres. Le sexe était pour moi une coexistence constante mais je ne peux dire que ce fut un tourment. Ma chasteté était volontaire et totale. La seule idée de la masturbation me faisait horreur. Je ne méprisais pas pour autant les camarades qui m'entouraient et qui se vantaient un peu trop de leurs bonnes fortunes et de leurs performances amoureuses. Ils vivaient dans un monde autre que le mien et j'étais bien décidé à ne pas échanger leur monde pour le mien.

A distance, une des choses qui m'étonnent le plus et expliquent peut-être le mieux ce que j'étais, c'est l'assiduité que j'avais dans la dévotion au Saint-Sacrement, c'est-à-dire à la présence réelle et corporelle du Christ dans l'Eucharistie. J'allais souvent dans une rue près de la cathédrale, où il y avait une petite chapelle : l'ostensoir y était exposé jour et nuit, à la garde d'une communauté de religieuses. J'ai passé des heures en adoration devant l'hostie. Cela ne peut se comparer qu'aux soins et à l'assiduité que les femmes ont aujourd'hui à se dorer au soleil. Que ce fût là une présence littéralement captivante, car j'étais envoûté par elle et son captif, qu'elle fût aussi exigeante que bénéfique, je l'éprouvai. C'est de ces jours-là que date sans doute, dans mon esprit, l'étroite association entre l'Eucharistie et la chasteté. J'aurai l'occasion de m'en expliquer mieux, mais ce lien s'imposait à moi comme une évidente nécessité. Je connaissais déjà les vers de Valéry :

... Cher corps,

Je t'aime, unique objet qui me défends des morts!

J'aurais volontiers dit au Christ eucharistique : « Cher Corps, je t'aime, unique objet qui me sépare des autres corps, et du mien propre aussi! » Car il y a également un lien entre l'Eucharistie et la mort. A ce moment, le Corps du Christ devient viatique, le seul corps au ciel qui puisse nous consoler de l'abandon que nous avons fait du nôtre et le gage que ce corps que nous avons quitté ressuscitera dans la gloire.

Cette religion eucharistique est en train de redevenir clandestine. C'est elle le centre. C'est elle qui attirera les cœurs. « Là où est le corps, là se rassembleront les aigles », ceux qui ne lâchent pas la proie pour l'ombre.

Très vite j'eus la permission quotidienne de minuit; après la fermeture de la bibliothèque municipale, il me restait trois bonnes heures avant le retour au quartier, juste le temps de voir un film. Le cinéma! A Murat, on ne le connaissait encore que par ouï-dire. Tout à coup, je me trouvais dans une ville qui, dans le centre possédait au moins trois salles de cinéma.

En ce temps-là, on passait deux films par soirée, avec un entracte entre les deux, pendant lequel les gens sortaient dans la rue. La clôture de la bibliothèque coïncidait à peu près avec l'entracte, coïncidence fortunée! Comme ce que j'avais de plus constant était ma bourse plate, je m'approchai d'une ouvreuse, lui représentais que je n'avais pas le sou, que j'aimerais beaucoup voir le dernier film : la sympathie pour les soldats, la fraternité de la jeunesse et de la pauvreté, mes beaux yeux, son bon cœur, je ne sais quel élément jouait, mais aucune ouvreuse ne me refusa jamais l'entrée la plus discrète possible. Après un certain temps, j'étais connu et j'entrai sur un clin d'œil complice. Je m'asseyai au fond de la salle obscure et m'envolai sur le tapis du rêve.

Le cinéma en était à cette métamorphose où il commençait de parler. Autant que de lectures, je me gavai de films. De ce fleuve abondant d'images sonores, surnagent aujourd'hui trois films, dont j'ai le plus précis souvenir. *Verdun, visions d'histoire* était un montage de documents atroces où, pour la première fois, je voyais la guerre, telle que l'avait vécue mon parrain, Joachim Vazelle. La *Jeanne d'Arc* de Dreyer était encore un film muet. Falconetti, qui incarnait Jeanne d'Arc, était une jeune femme au visage de page de la Renaissance. Dreyer lui avait fait couper les cheveux très court, et c'était là un sacrifice qui surprenait beaucoup à l'époque. Ce film, d'une mise en scène austère, avec des moyens très pauvres, tout près des visages, m'impressionna beaucoup et influa de manière décisive sur ma conception du cinéma. Je trouve que, dans le cinéma, on en fait toujours trop, que la plus grande efficacité artistique naît d'une économie très stricte des moyens. Ce visage de Falconetti, rayonnant d'angoisse et d'intrépidité, tenant tête à la meute de ses juges ecclésiastiques, je l'ai encore devant les yeux.

Quand la chair succombe était un film allemand, avec le grand acteur Emil Jannings. Je suis allé voir le film autant de soirs qu'il resta à l'affiche. Jannings ressemblait à mon père, et l'histoire que racontait le film était une histoire similaire à la sienne : il s'agissait d'un père de famille qu'un mauvais destin sépare des siens et qui meurt tout seul dans une extrême misère. Je regardais cette histoire dérouler implacablement ses épisodes sur l'écran. Je pleurais à chaudes larmes. O bienfaisante solitude des salles obscures!

La promiscuité que m'imposait la vie militaire ne me gênait pas. J'ai toujours aimé vivre entre hommes. En ce sens, la vie militaire éveillait en moi une profonde complicité, comme le ferait la vie monastique. Au fond, je redoute les complications que les femmes apportent fatalement dans la vie sociale. Et il faut de la maturité pour apprécier avec humour la force explosive d'anarchie que délivre souvent l'apparition de la femme dans l'univers masculin. Les hommes sont des castors, qui édifient sur pilotis une vie bien échafaudée, bien au sec, à l'abri de toutes les surprises; une femme passe, et tous ces échafaudages mirobolants tombent à l'eau. Les femmes ont toujours sur nous une autre idée que celle que nous croyons avoir de nous-mêmes.

Au bout de six mois de peloton, il fallait passer l'examen d'élèves officiers. Sans aucune surprise pour personne et surtout pas pour moi, j'échouai à cet examen. Je ne désirais pas aller à Saint-Maixent. Je voulais rester à Montpellier. Je fus comblé. A titre de consolation, je fus nommé caporal et aussitôt affecté comme secrétaire permanent du peloton d'élèves officiers. J'étais dispensé des marches, des corvées, de toute responsabilité proprement militaire. Mon lit était dans le bureau. Mon service de secrétariat était des plus légers. Pour moi, la vie ne pouvait pas être plus agréable.

Un copain me prêtait son vélo et, à la belle saison, au petit matin, je filais à Palavas admirer la mer et me baigner sur une plage alors déserte. Puis je rentrais, au quartier, assez tôt pour la visite du capitaine, qui était aussi lève-tard que j'étais lève-tôt.

On ne se libère bien de soi-même que par le don de soi. La grande découverte de mes vingt ans, à Montpellier, ce fut l'amitié d'hommes jeunes et de mon âge. Au collège, mes camarades étaient à la fois trop près et trop loin de moi : trop près par leur vocation, trop loin par leur nature. Et puis l'adolescence est un âge trouble où il est difficile de distinguer l'autre de l'image qu'on porte de lui dans son rêve. L'ambiguïté sexuelle de l'adolescence m'exposait particulièrement : j'attirais facilement les amitiés particulières qui ne m'inspiraient aucun attrait. J'étais seul et me désirais tel.

C'est à vingt ans, à Montpellier, dans le climat rude et franc de la caserne, que je sus vraiment ce qu'est l'amitié. J'en fus ébloui, je le suis encore. Comment jouent les affinités électives? Dans ce peloton d'élèves officiers, sur cent cinquante garçons de mon âge, deux seulement sont devenus mes amis. Ils m'ont choisi, tout autant que je les ai choisis; ils y ont même mis un peu plus du leur que je n'y ai mis du mien, tant j'étais encore imprégné des consignes de ma mère : ne pas se lier avec des camarades, n'avoir aucune familiarité avec personne, demeurer sur la réserve par fierté, parce que au départ j'étais un exclu, que je ne devais jamais prendre les devants de peur de m'exposer à un affront.

L'Evangile m'avait appris que les plus graves outrages que Jésus-Christ avait subis pendant sa Passion lui avaient été infligés non par ses ennemis mais par ses amis. Que sont les injures de la foule, la flagellation, le couronnement d'épines, la dérision de se trouver exposé comme un pantin de carnaval, qu'est même la crucifixion, supplice terrible entre tous, auprès de la trahison de Judas (« Que me donnez-vous? et je vous le livre! »), auprès surtout du reniement de Pierre avec imprécation (« Puisque je vous le jure, que je ne connais pas cet homme!... »)? Plus tard, il m'arrivera aussi d'être trahi, d'être livré aux mains de l'ennemi, et de telle manière qu'il eût pu m'en coûter la vie. Il m'est arrivé d'être renié et qu'on ait feint de ne pas me reconnaître. Mais ces deux amitiés-là, qui furent les premières, ne se sont jamais démenties. Elles ont résisté à toutes les lassitudes, à toutes les usures, et aujourd'hui sont aussi intègres qu'au premier jour. Comment ces deux jeunes hommes sont-ils arrivés à apprivoiser l'animal méfiant que j'étais?

Le père de Marcel Carcassonne était mort et avait laissé derrière lui une certaine fortune. Sa mère vivait avec ses quatre enfants, rue du Courreau, dans une belle maison carrée avec un jardin. Marcel jouait avec aisance le rôle de chef de famille et de frère aîné de trois filles, qu'il fallait protéger, conseiller, accompagner au bal, ramener à la maison. Rien dans le comportement de chacun ne me faisait sentir ma pauvreté. Au moins là, je mangeais à ma faim. Carcassonne avait un vélo qui était pratiquement devenu le mien, car il avait aussi une voiture, qui nous servit à d'innocentes escapades, considérées cependant d'un œil sévère par nos chefs hiérarchiques : l'armée de la République n'aimait pas les privilèges de classe et de fortune. Dans l'imagination populaire, l'automobile ne se dissociait pas encore du carrosse, surtout qu'on la désignait encore par un nombre impressionnant de chevaux : vingt, trente, quarante chevaux... On donnait tout de suite la sensation d'avoir à disposition l'écurie du Grand Condé.

Marcel Carcassonne avait sa chambre-bureau, en angle de la maison, une belle pièce secrète et retirée, tapissée de livres. Moi qui n'enviais rien ni personne, cette pièce, je crois que je l'ai enviée. Un coin à moi, avec beaucoup de livres, ce rêve, je ne l'ai jamais réalisé. Cette chambre de la rue du Courreau, avec sa bibliothèque, ses tapis, ses tentures, son divan, la table de travail sous la lampe, reste dans ma mémoire un quai d'ancrage à travers mon errance.

Marcel Carcassonne était un jeune Catalan, trapu, musclé, d'un caractère enjoué et autoritaire. Il avait naturellement le don et le goût du commandement, il se faisait obéir avec une incroyable facilité. Il avait de beaux yeux sombres et ardents, dans un visage aux traits épais, transfiguré par le feu du regard et le charme du sourire. Il aimait le paradoxe et l'énonçait d'un air détaché : « J'épouserais volontiers une prostituée... », disait-il avec nonchalance. Un tel propos m'horrifiait. Ses déboires conjugaux lui ont fait payer cher les paradoxes de sa jeunesse. Il eut beaucoup d'enfants, élevés un peu vaille que vaille. L'un d'eux, le plus beau, le plus aimé, était mon filleul. Il disparut en mer dans des circonstances étranges : au petit matin, la mer rejeta sur le rivage la dépouille d'un archange.

Quand on a vingt ans, que la vie lève devant vous ses écluses, qu'elle vous porte joyeusement à gros bouillons de passe en passe, on est loin de prévoir ce qu'elle sera concrètement pour chacun. Après un demi-siècle, on s'aperçoit que pour chacun sa vie ressemble à ce qu'il était à vingt ans. Maintenant que je pense à lui avec mon cœur, je m'aperçois que Marcel Carcassonne avait le visage de Nietzsche, dont il me communiquait la passion. C'est aussi lui qui m'a fait lire Rémy de Gourmont.

Il a vieilli, comme moi. Un accident de chasse en Afrique lui a emporté le bras droit. Son enjouement est devenu une ironie amère et patiente. Comme chacun d'entre nous, il porte en lui sa solitude. Son visage s'éclaire quand il m'arrive de le revoir, et son amitié est intacte. Je crois que, plus que je n'y ai jamais cru moi-même, il a cru en mon étoile. Son amitié m'a toujours comblé et j'ai le sentiment de ne lui avoir jamais rien donné.

Le second de mes amis de régiment est François Parlier. Au départ, quelles chances y avait-il que nous devenions jamais amis? Strictement aucune. A Montpellier sa famille tenait le haut du pavé de la société protestante, à une époque où il était impossible d'imaginer une cordiale communication entre communautés religieuses rivales. Son père était président du « Consistoire évangélique de l'Eglise réformée ». Toute la famille, qui était nombreuse, habitait une superbe propriété, appelée « la Colline » au-dessus de Montpellier, couverte de vignobles : une bastide et ses mas attenants.

C'est un mince épisode courtelinesque qui déclencha l'amitié la plus fidèle, la plus secourable, la plus constante, la plus légère, que j'aie eue dans toute ma vie, aussi surprenante et gaie aujourd'hui qu'au premier jour. Le peloton des élèves officiers rentrait d'une longue marche sous le soleil. Tout le monde était harassé, silencieux. Un sergent aboyait le long des rangs. Tout à coup, narquoise à souhait, une voix s'élève : « Eh! va donc, fayot! » Outrage suprême pour un sous-officier de l'armée française! C'était François Parlier qui de son haut, car il était grand, avait laissé tomber l'injure. Comme dans tous les milieux clos, l'effet de répercussion fut prodigieux, hors de toutes proportions. « Parlier, vous entendrez parler de moi! » Il est curieux combien les gens aiment qu'on entende parler d'eux! Le sergent donne le maximum de la punition qu'il est autorisé à donner, pour insulte à un supérieur dans l'exercice de ses fonctions. Ça tourne au vinaigre. Le lieutenant, puis le capitaine ne peuvent faire moins que de donner leur maximum. Le mécanisme est amorcé. De maximum en maximum, l'affaire ira jusqu'au général qui commande la place, et Parlier sera empoisonné pour le reste de sa vie militaire.

Même un mois de prison, à vingt ans, on le supporte

facilement. Seulement Parlier est fiancé à une superbe Roumaine et ils sont tous les deux amoureux fous l'un de l'autre. Depuis toujours, j'ai adoré les amoureux, rien ne m'enchante comme le spectacle de deux êtres jeunes qui s'aiment à la folie. Je suis né et je mourrai à jamais complice de tous les amoureux du monde. Mais alors là, quand on est deux à s'aimer, un mois de prison pour l'un, c'est la catastrophe pour les deux. C'est ce que Parlier me représente à moi qui détiens le poste obscur, mais poste clef, de secrétaire du peloton. Je prends donc l'affaire en main. C'est l'été, il fait chaud, comme il faisait chaud à Montpellier il y a cinquante ans. La chaleur et la gentillesse méridionale alanguissent toutes choses; même le service intérieur d'une caserne s'en ressent. Les officiers supérieurs viennent peu au bureau ou même pas du tout. Mais il importe de casser l'engrenage.

Prétextant une urgence, je rassemble toutes les pièces à soumettre à la signature du chef de bataillon, j'enfourche mon vélo et vais trouver le commandant chez lui, dans sa villa. Il est en train de cueillir des roses, occupation éminemment incompatible avec la sévérité. D'ailleurs, il n'est même pas en uniforme, mais en short et en chemise Lacoste : tout cela me paraît d'excellent augure. Il signe les pièces à toute vitesse, heureux que je lui épargne la corvée d'aller au bureau. Au passage, il a l'air d'apercevoir la punition, pense sans doute que l'important c'est la rose, et signe sans augmentation. L'affaire s'arrête au maximum du capitaine, huit jours de salle de police, une bagatelle. Deux jours après, l'affaire revient du bureau du colonel sans changement. Fermez le ban!

A la grille de la caserne, je fis la connaissance de la Roumaine, qui venait dans une voiture étincelante et avec chauffeur, dire bonjour à son fiancé, qui purgeait avec soulagement huit jours de salle de police. La Roumaine était vraiment superbe et bien entendu je tombai en extase. C'était la première fois que je subissais le joug impérieux des belles Danubiennes. Mais qui étais-je, moi, pour seulement lever les yeux vers une telle idole? J'étais le Publicain de la beauté féminine. Je ne me suis jamais senti tout à fait digne de la contempler seulement.

De cet épisode burlesque est née l'amitié de ma vie dont je suis le plus fier; elle s'est constamment manifestée, n'a jamais fléchi. Et je puis le dire — Parlier pourrait le dire aussi mais ne le dira jamais —, il y a quelques mérites à rester mon ami : j'ai mes violences, mes exigences capricieuses, mes foucades, mes phénomènes de rejet, mes entêtements absurdes.

A l'époque du régiment, Parlier était un grand jeune homme mince, désinvolte, avec une tête sarrasine admirablement taillée, des cheveux noirs ondulés, des yeux gais et narquois, un profil d'imperator et un rire très surprenant qu'il a gardé, sorte de hennissement triomphal, et, sur toute sa personne, un air d'élégance que je n'ai connu que dans la vieille aristocratie. Il m'en imposait mais il était charmant. J'imagine que je dois la faveur de cette amitié au bonheur qu'il éprouvait à ce moment-là. Il aimait, il était aimé, tout lui était merveilleux, même ce troufion auvergnat avec un nom bizarre.

Comme tous les troupiers, j'attendais la quille. Un soir, dans la nuit, je rentrais au quartier et traversais un carrefour. Une automobile, grands feux allumés, arriva en trombe sur ma droite. Coup de frein frénétique! Le heurt me projette à dix mètres. Quand je reviens à moi, des mains douces et chaudes me tiennent la tête. Dans la lumière des phares j'aperçois un visage de madone penché sur moi : est-ce un ange? Suis-je déjà de l'autre côté? La voix de la jeune femme a un fort accent étranger : « Oh! Mossieu, je vous ai fé maul! » Les lèvres tremblent et le regard est chargé d'anxiété. Je dois être encore sur terre mais sur quel continent? Les yeux sont beaux et clairs. Et je réponds comme un imbécile : « Mal? Mais pas du tout, mademoiselle! » Et je m'évanouis de nouveau.

Infirmerie du régiment. Huit jours de repos. Je n'avais que des contusions. Le merveilleux visage avait disparu. La prime d'assurance me permit de passer des vacances plus faciles avant d'entrer dans l'Ordre de saint Dominique.

5

« L'Ordre de saint Dominique est une très grande maison : le marteau de la porte y est à hauteur de cavalier. » J'entends encore la voix affaiblie mais nette du vieux Père Lagrange nous dire cela dans le petit oratoire qui servait de chapelle aux novices. Avant même d'entrer dans l'Ordre, j'en avais le pressentiment. L'Ordre m'était apparu comme un haut donjon, entouré de douves, avec un seul pont-levis : y être admis seulement ne pouvait qu'être un privilège. Revêtir la livrée blanche et noire était la plus haute investiture à laquelle je pouvais aspirer. Je sentais certes une profonde attirance, que je pouvais qualifier de « vocation ». Au cours de mon service militaire à Montpellier, il m'arrivait d'être reçu au grand séminaire de cette ville. J'avais dérobé dans la bibliothèque quelques livres de Lacordaire, que personne ne lisait jamais, et que je dévorai, particulièrement sa *Marie-Madeleine*. Mais, au moment d'y entrer, que savais-je de cet Ordre? — Il y avait Lacordaire; mais au-delà une scolastique qui n'avait pas bon renom et une antique institution encore plus décriée : l'Inquisition. Eh bien, j'irais voir de mes yeux.

Quand on habite l'Evangile, comme je l'ai habité toute ma vie, on y trouve toujours une maxime pour chaque période de l'existence. A l'époque de mes vingt ans, la sentence qui me martelait le cœur était : « A quoi bon, pour l'homme, conquérir l'univers, s'il lui arrive de perdre son âme? » Ma jeunesse était désormais devant moi comme une large route ensoleillée :

je ne voyais aucune barrière à mes désirs. Je croyais, je savais, de tout le poids de ma vigueur, que j'avais la force de conquérir l'univers. Mais je savais pourtant que je n'appartenais pas profondément à ce monde : par le peu que j'en connaissais, il me paraissait trop petit. Autant m'en évader tout de suite et par en haut! L'escalade me tentait comme un défi. Rien dans les mains, rien dans les poches, un appétit de vivre à tout casser, je misai en riant tout mon avenir sur cette seule case, l'Ordre de saint Dominique, comme le fils prodigue entre dans une salle de jeu et mise tout son patrimoine sur un seul coup de roulette. Dans ma vie entière, rien ne fut plus total, rien n'eut plus de poids, rien ne fut plus proprement inconsidéré que mon entrée chez les dominicains. Je ne m'en suis jamais repenti, Dieu aime ceux qui donnent en riant.

Je reçus l'habit dominicain le 6 octobre 1929. Au nom de mon baptême qui est Léopold, on ajouta celui de Raymond, en l'honneur de ce dominicain qui fut le confesseur de sainte Catherine de Sienne. Avec Marie-Madeleine et Jeanne d'Arc, cette sainte allait avoir sur moi une profonde et constante influence. François Parlier avait épousé sa Roumaine : ils vinrent tous deux en voiture de Montpellier. Ils s'étaient mariés selon le rite orthodoxe, et ils avaient mis dans le coffre les deux lourds cierges que tiennent les époux au cours de cette liturgie. Les cierges arrivèrent brisés, mais le Prieur les fit couler en un seul qui servit de cierge pascal dans la chapelle du couvent, au samedi saint suivant. Ma prise d'habit fut faite sous le signe de la prière œcuménique.

Restait la vie quotidienne.

Il y a deux grandes écoles du caractère : la vie militaire et la vie monastique, à la condition que ni l'une ni l'autre ne devienne routine. Je n'avais que frôlé la vie militaire. Je ne peux pas dire que mes dix-huit mois de régiment m'avaient livré le secret de l'armée. D'ailleurs l'armée ne m'intéressait que pour la guerre et dans la guerre, ce pour quoi elle est faite en somme. Mais la vie monastique, elle, je l'ai vécue totalement, dès le premier jour. Et à Saint-Maximin ce n'était pas une plaisanterie, bien que mon insouciance me l'ait finalement rendue gaie et légère. Mon insouciance et ma santé.

Car il y fallait une santé de fer. Combien en ai-je vu autour de moi qui n'ont pu y résister, minés par la tuberculose? Quelques-uns sont morts. Tous les matins, lever 5 h 30, la journée tout entière rythmée par les offices liturgiques. Pour la première année, celle du noviciat, un règlement morcelé qui ne laissait aucune place aux fantaisies de l'imagination et de l'oisiveté. Au réfectoire, la viande était absente, et nous mangions en écoutant une lecture publique. Nous nous couchions à 21 heures, après le dernier office, celui de Complies, puis c'était « le grand silence » dont je me demande si on eût osé le rompre même en cas d'incendie. Comme lit, une planche et une paillasse. En pleine nuit, à 1 heure du matin, lever pour réciter ou pour chanter mâtines. Après les mâtines, on se recouchait mais, l'hiver, il m'était impossible de me rendormir, tant j'avais froid. Pourtant, parmi tous les Ordres, la vie dominicaine a conservé un luxe, c'est la cellule individuelle : c'était la vie d'un jeune fauve, qui va et vient dans la forêt du règlement, mais qui retourne constamment dans sa tanière, où il est seul. Seul avec Dieu.

Oh! je sais bien, ça fait rigoler aujourd'hui de parler de Dieu, comme ça, à brûle-pourpoint, sans précautions oratoires, sans préparation du terrain, sans considérations préliminaires. Même un évêque ne s'y risquerait plus. Mais je vous le demande, quelles précautions, quelle préparation, quels préliminaires? Je parle de moi, de ma vie, je me raconte. Je n'étais pas en prison, je n'étais pas sous hypnose, je n'étais pas idiot, je pouvais partir quand je voulais, nul ne m'eût retenu. J'affirme que le couvent de Saint-Maximin, quand je l'ai connu, dans les conditions où j'y ai vécu, sans le compagnonnage de Dieu, ç'eût été Biribi.

Certes Saint-Maximin était un couvent magnifique, et la beauté est de bonne compagnie. Passée la façade lépreuse, passée la porte, passé le vestibule, on se trouvait devant un cloître gothique d'une austérité lumineuse. Depuis ma cure de classicisme, à Montpellier, je trouvais le style flamboyant assommant. Or, ce couvent a été bâti en pleine époque du flamboyant. Les dominicains en firent un monument de leur temps mais, comme ils étaient « mendiants » et qu'ils faisaient profession de pauvreté, ils dépouillèrent le style flamboyant de toutes ses fioritures. Cette ostentation d'ascétisme et de dépouillement a produit un style architectural des plus émouvants, dont l'église des Jacobins à Toulouse est sans doute le fleuron, mais dont le couvent et la basilique de Saint-Maximin sont une parfaite illustration : la croisée d'ogives est alanguie en berceau. Le style mendiant gothique est un amalgame surprenant de hardiesse, de tendresse et d'austérité qui conviennent parfaitement à l'épanouissement de l'idéal dominicain.

La basilique de Saint-Maximin, coque de navire retournée, est la seule église au monde qui m'ait donné cette impression d'être bâtie dans un milieu fluide, de flotter dans un plasma, au point que, si l'on appuyait du pied à droite ou à gauche, elle oscillerait doucement sans perdre son merveilleux équilibre. Le couvent lui-même, quadrilatère de pierre attaché à son flanc, comme un nourrisson à sa mère, est d'une facture aussi pure. Il est construit selon le mode classique en Europe, autour de son cloître qui en est le foyer. J'ai longtemps habité une cellule donnant sur le cloître, en face des toits de la basilique. Quotidiennement, je ne voyais que ces terrasses en pierres de taille, pentues et moussues, et ces arcs-boutants, dont la patine évoque un léger bronzage de femme blonde. Ce paysage de pierre me pacifiait. Tout cela représentait à chaque instant du jour, et sous mes yeux, une telle force, une telle discipline immuable, un élan à la fois contenu et joyeux, rassemblement harmonieux de matériaux et de forces diverses, que mon âme y trouvait un modèle, le miroir prophétique de ce qu'elle devrait devenir.

L'été, le cloître devient une fournaise. Lacordaire y a planté quatre cèdres qui sont devenus immenses, au point de dépasser les toits de la basilique. Au centre du cloître, il y a une statue de la Vierge, sur le côté un puits profond, symbole mystique de la paix, de l'enfouissement, de la transparence, du silence d'une âme cachée en Dieu. Sous les cèdres, il y avait des parterres de lys. Je me souviens qu'au mois de juin ces lys fleurissaient d'un coup, épanouissaient à hauteur d'homme leurs calices odorants. Le parfum parfois m'en tournait la tête. De ce cloître, tout montait vers le ciel dans une expiration brûlante, dans un silence incandescent, qui étaient comme la surprise du bonheur.

Là, j'ai été heureux autant qu'on peut l'être. Ma chance était totale : rien ne pouvait plus m'arriver qu'à l'intérieur de moi. A part encore les chartreux, je doute que les jeunes moines aujourd'hui puissent vivre une telle expérience. Le monde a forcé toutes les clôtures; en ce temps-là toutes les clôtures tenaient : pas de journaux, pas de radio, la télévision n'était pas inventée. La vérité est que nous nous fichions éperdument de ce qui n'était pas l'aventure à travers les châteaux de l'âme.

Chacun suivait son itinéraire intérieur avec les guides qui semblaient le mieux lui convenir. Pour les uns, c'était Jean de la Croix, Thérèse d'Avila, ou la petite Thérèse de Lisieux. Pour moi, je me considérais comme le filleul dans l'Ordre de Catherine de Sienne : sa fougue, son refus de couper les cheveux en quatre, sa franchise et le feu de sa compassion, tout me la faisait aimer. Je lisais — à ma manière : avec acharnement et un désir violent de brûler les étapes — son œuvre capitale intitulée simplement *Le Dialogue*. C'est un livre fabriqué un peu n'importe comment, sans grand souci de composition, qui tourne comme les lumières d'un phare autour d'une certitude centrale exprimée par ces paroles prononcées par le Christ à l'adresse de Catherine : « Je suis Celui qui suis, et tu es celle qui n'es pas! » Quand elle était en extase, elle parlait au Christ et le Christ lui parlait. Ses disciples ont consigné ces vertigineux entretiens.

Bon! Je sais qu'aujourd'hui tout ce qui est extase, ravissement, stigmates, inspire plus de suspicion que d'admiration. Personnellement, je n'ai jamais éprouvé l'ombre d'une ombre de ravissement en Dieu. Mais il me semble comprendre un peu ce qu'est l'amour pour l'avoir éprouvé : cette absence absolue de tout ce qui n'est pas l'objet aimé et, en présence de l'objet aimé, cette tranquillité du temps, moins suspendu qu'interrompu. C'est visiblement cela qu'éprouvait Catherine de Sienne en présence de Jésus-Christ. A notre époque aussi, il y a abondance de « révélations » : la platitude de la pensée, la pauvreté du style suffisent à révéler le niveau intellectuel et spirituel des pauvres créatures qui sont les organes de ces prétendues révélations. Mais, par ce qu'elle dit, Catherine de Sienne est au niveau de la plus haute théologie mystique et, par son style, elle soutient la comparaison avec Nietzsche. Reste à savoir comment le Christ peut être présent à tel ou tel avec une si puissante intensité. C'est le mystère propre du christianisme : la personne du Christ transcende le temps, sa présence peut occuper l'âme et le cœur; lorsque cette présence se retire, elle les laisse comme une terre brûlée, quand elle revient, elle en fait instantanément une oasis bruyante de sources et de chants d'oiseaux.

Il y a une théologie et une morale tirées de l'Evangile; mais s'il n'y a pas cette présence pour inspirer la pensée, animer la réflexion, le christianisme n'est qu'un faux-semblant : abstractions et architectures imaginaires.

Aujourd'hui Saint-Maximin est devenu un désert, un « centre culturel » comme on dit. Les dominicains l'ont abandonné. Cet abandon, qui a eu lieu pendant que j'étais en Amérique, a été pour moi le signe fatal d'une cassure dans la vie de l'Ordre, du moins en France. Combien de fois, pensant au Saint-Maximin où j'ai vécu ma jeunesse monastique, je me suis souvenu des mots de Sainte-Beuve sur le premier Port-Royal : « ... l'or pur, je veux dire l'héroïsme chrétien de cette race de Port-Royal, cette vertu singulière qui était un anachronisme sans doute, qui tendait à retremper les âmes, et que le caractère français n'a pas eu la force de porter ».

Je désespère de jamais mettre de l'ordre et de la cohérence dans ma vie. Comment un garçon, qui avait crevé d'ennui dans un trou d'Auvergne, pendant toute son enfance; qui, pendant si longtemps, avait désespérément tenté d'en sortir sans y parvenir; qui avait tenté une fugue, tenté de s'engager dans la Légion étrangère; comment ce même garçon, quand enfin liberté lui est donnée d'aller et de venir dans le vaste monde, et alors qu'il aime ce monde à la folie (car c'est bien ainsi que je l'aimais), comment, dis-je, ce garçon s'engouffre-t-il avec un tel bonheur entre les quatre murs d'une forteresse spirituelle, et pousse un tel soupir de soulagement quand le pont-levis de cette forteresse se relève derrière lui? J'étais fasciné, la proie d'un enchantement.

Tant qu'il y aura une étincelle de christianisme en ce monde, il y aura au moins une âme pour savoir, avec une certitude capable d'emporter sa vie, que la plus haute liberté est d'amour; que ce qui peut paraître à tous les autres captivité peut être libération spirituelle; qu'il est mieux pour la liberté humaine d'asservir ses désirs que de les assouvir; et qu'en définitive il est moins ardu de conquérir ou de révolutionner l'univers que de se convertir soi-même à l'amour.

Dans ma vie, à cette époque, il y avait un seul événement possible, une seule aventure possible : Dieu. Il n'était absolument pas toléré qu'autre chose existât que Lui. Et Dieu survenait. Jamais avec éclat, du moins dans mon existence, mais à pas de loup, comme lorsque, dans la nuit et la tranquillité de tout, on a tout à coup le sentiment que quelqu'un se tient derrière la porte : on attend qu'il frappe. Il ne frappe pas mais on sait bien qu'il est là; on pourrait entendre sa respiration.

L'hygiène et la propreté étaient quelque peu négligées, et plus tard j'apprécierai hautement la netteté des couvents américains. Certes il était exigé que chaque cellule fût balayée chaque matin et que chacun fasse son lit. Mais nous couchions sans draps, tout habillés, ayant seulement ôté nos chaussures. On ne changeait de linge de corps qu'une fois par semaine. Je comprends fort bien la répartie de saint François de Sales à ses filles visitandines, et qui se plaignaient d'avoir des poux : « C'était merveille que la vermine mangeât la vermine. » Nous n'avions pas de poux mais notre Père Maître eût pu répondre cela. Rzewuski, qui raconte sa vie dans ce même couvent de Saint-Maximin, au moment même où je m'y trouvais, relate que, mis devant je ne sais quelle obligation qui lui répugnait, il dit à ce Père Maître : « Mais, mon Père, si je devais faire cela, je mourrais... » — « Eh bien, vous mourrez... » Telle fut la réponse et la fin de la conversation.

Par quels ressorts profonds de moi-même me suis-je si bien adapté à cette rudesse? Il me semble que c'est par mes mécanismes les plus naturels et autant par ce que ma nature a de frivole que par ce qu'elle a d'inflexible.

Saint Dominique, le fondateur de l'Ordre, jouait un très grand rôle dans notre formation. Il est mort à l'âge de cinquante et un ans, en 1221. Le peu qu'on sait de sa vie laisse entrevoir la liberté d'allure de la chrétienté médiévale, une souplesse des cadres juridiques, une autonomie des initiatives et des décisions locales, proprement ahurissantes pour nous. Car enfin, qu'est ce jeune chanoine à cheveux roux, aux yeux bleus hérités de quelque ancêtre wisigoth, attaché à une petite cathédrale castillane, qui quitte sa prébende, va voir le pape, est reçu par lui, projette d'aller évangéliser les Cumans (tribus qui deviendront le peuple hongrois), reprend le chemin de l'Espagne, s'arrête à Montpellier où avec son évêque il participe à un concile local? Alors il laisse son évêque repartir seul, se fixe à Fanjeaux en plein pays albigeois, où il doit cuire lui-même son pain pour n'être pas empoisonné. A cette époque où elle était au moment de sa pleine expansion et de ses plus vigoureuses entreprises, l'Eglise était un grand corps jeune, musclé, souple et sans corset. C'est aujourd'hui un corps obèse et lent.

L'esprit de saint Dominique est tout entier dans cette conversation qu'il eut avec le pape, qui était le souverain de l'Europe capable de faire et défaire les rois et de faire reculer l'Empereur. Le pape reçoit Dominique dans son somptueux palais du Latran et, montrant les ornements et les dorures dont il est entouré, lui dit : « Pierre ne pourrait plus dire : je n'ai ni or ni argent! » Et le vagabond castillan de répondre : « Il ne pourrait plus dire non plus : lève-toi et marche! » Admirable époque où un petit moine pouvait aborder directement le pape et échanger avec lui des propos qui frisaient la correction fraternelle.

Tel est l'idéal dominicain : se délester du maximum de bagages pour courir aux tâches essentielles; l'austérité dominicaine a quelque chose de militaire et d'allègre. C'est le cas de le dire, elle fait feu de tout bois; et ce feu, c'est l'amour. La leçon suprême du Christ est d'avoir fait de la mort l'acte suprême de l'amour : pour faire de la vie un acte d'amour continu, il faut se mettre dans la disposition où l'on est pour mourir, tout quitter, se dépouiller de tout.

J'aime dans l'histoire de Port-Royal cette scène à la chapelle où, après un nouveau déchirement dans une communauté où ils furent innombrables, la Mère Agnès, à genoux devant le tabernacle, fait une scène (c'est le mot propre) à Jésus-Christ, reprenant les mots de saint Pierre : « *Ecce nos, relinquimus omnia...* » — « Quant à nous, nous avons tout quitté, tout... » Et elle répétait indéfiniment cet *omnia,* avec l'insistance et la véhémence têtue de la femme abandonnée par son amant, qui lui reproche une dernière fois d'avoir flambé sa dot et de l'avoir dépouillée de tout, tout, tout...

C'est vrai qu'à ce moment-là c'est de tout cœur que j'ai tout abandonné pour le Christ. Je n'avais rien, me dira-t-on? J'avais ma jeunesse et mes rêves et ça n'est pas rien. Ce que j'ignorais alors, c'est que périodiquement il me serait demandé le même abandon. Rien dans la vie, rien dans l'amour n'est accompli une fois pour toutes, rien, rien, rien!

Jourdain de Saxe, son biographe, nous dit de saint Dominique qu'il recommandait aux frères de ne parler qu'avec Dieu ou de Dieu. Je me rappelais la définition que Chateaubriand donne des Français : soldats et courtisans. Soldat de Dieu par la parole qui est aussi un glaive; courtisan de Dieu, par l'incessante interrogation et l'incessante supplication qui lui sont adressées. Tel devais-je devenir, telle était du moins mon ambition.

Faire sa cour à Dieu, c'est toujours faire sa cour. La frivolité y aide autant que l'assiduité. Certes j'avais le sentiment que Dieu me séduisait, mais je voulais tout autant séduire Dieu. L'application aux détails de la vie monastique peut paraître une occupation frivole, et en un sens elle l'est. Mais, admis ce but à ma vie de séduire Dieu, rien n'est plus frivole, ou mieux toute frivolité devient d'une extrême importance. C'est Dieu, plus que moi, qui habitait ma cellule, il importait donc qu'elle fût propre. Notre Père Maître nous répétait avec une force étonnante qui ébranlait mes profondeurs : « Vous devez à chaque instant être là où Il vous attend, dans l'état et l'occupation où Il veut que vous soyez. S'Il vous cherche, pour se donner à vous, qu'Il vous trouve immédiatement! » Ce sont là consignes qu'on donne à des pages d'un grand et fastueux souverain; c'est ainsi que je les prenais. Toutes ces occupations, aussi tatillonnes qu'elles fussent, étaient donc tout aussi nécessaires que les détails de l'étiquette à la cour de Louis XIV. Je me trouvais aussi heureux que Porthos, reçu à la table du roi, faisant un énorme effort pour avaler sa bouchée d'un seul coup, afin d'être en état de répondre immédiatement : « Oui, Sire! » à une question insignifiante du monarque qui a daigné s'apercevoir qu'il était là.

Mais les faveurs de Dieu sont invisibles, cela du moins je le savais. Ainsi, dans cette cour, il n'y a ni intrigues ni jalousies, il faut être toujours prêt à céder son tabouret à un autre. C'est une cour où, vivrais-je mille ans, je ne dépasserais jamais la condition de page. Cette situation est pour moi délicieuse : je n'aurai jamais que les récompenses et les châtiments de cette condition. Pourtant cette application inlassable pouvait avoir sur-le-champ sa couronne. Il me semblait parfois que Dieu me regardait avec douceur, et une exultation intime débordait de moi : c'était une « courte aliénation » comme le dit La Bruyère du courtisan comblé.

D'autres fois, ma méchanceté reprenait le dessus, et un désir impétueux m'emportait de rompre toutes les entraves. Je demandais au Père Maître la permission d'aller me promener dans l'immense jardin du couvent, en dehors des murs. Ma voix était jeune, mon gosier souple, j'imitais très bien l'alarme croissante et décroissante des sirènes : je hurlais tout mon saoul, comme à la mort. Puis je revenais sagement dans ma cellule ou à la chapelle. D'autres que moi explosaient. Je me souviens d'un de mes condisciples, un corse au sang vif, maintenant missionnaire au Brésil. Il avait une fort belle voix et il était chantre. Un soir, au cours de Complies, un incident survint entre le Prieur et lui. L'incident fut mineur et discret. Le chantre ferma, déposa son livre, quitta la chapelle, plein de fureur. Il s'en fut dans la nuit arpenter les allées du minuscule jardin du cloître. Cette fureur n'était pas encore calmée quand toute la communauté traversa le cloître dans le grand silence pour rejoindre les cellules. On entendit alors la voix tonitruante s'élever sous les cèdres, et c'était comme une trompette d'Apocalypse : « Bande de cons...! » Il n'en finissait pas de répéter son invective. La porte de ma cellule refermée, je l'entendais encore.

La chasteté m'était facile, bien que ma vigueur fût intacte. Pendant les huit ans que je passais à Saint-Maximin sans presque jamais en sortir, je ne pensais pas aux femmes. Non que mon univers soit exclusivement masculin : il y avait la Sainte Vierge, il y avait Catherine de Sienne dont la vie me fascinait et dont je voyais bien qu'elle avait exercé autour d'elle, sur une quantité d'hommes jeunes, une impérieuse séduction. On ne conçoit pas une cour sans grandes dames : telles étaient les dames de cette cour où je n'étais que page.

Il y avait surtout Marie-Madeleine, l'héroïne de l'Evangile. Au terme de mon existence, je puis bien dire que Marie-Madeleine fut la femme de ma vie. D'aucune autre, je n'ai été si follement et si constamment amoureux. Aucune autre ne m'a si longuement, si profondément occupé l'esprit et le cœur. J'ai recherché partout ses traces. Plus que personne, j'ai étudié le mystère de son identité. Le meilleur livre que j'aie jamais écrit lui est consacré. Sur sa rencontre avec le Christ et sur son aventure qui se confond avec la naissance du christianisme, j'ai écrit une pièce de théâtre et une continuité cinématographique.

Cette liaison amoureuse, qui ne s'est jamais relâchée pendant un demi-siècle, a pris naissance à Saint-Maximin : la basilique et le couvent lui-même ont été bâtis autour des reliques de sainte Marie-Madeleine. Ces reliques sont-elles authentiques? Il y a des matières où la preuve adéquate manque pour le moment! Je dis « pour le moment » : qui pouvait prévoir pendant dix-huit siècles que la photographie apporterait au Saint-Suaire de Turin la preuve qu'un corps y fut enseveli il y a deux millénaires, que ce corps n'y séjourna pas plus de trois nuits et que le visage de cet homme était d'une beauté et d'une autorité si prodigieuses qu'elles ne trahiraient pas l'image qu'on se fait de Jésus-Christ? Ne nous hâtons pas de condamner les reliques qui ont la tradition pour elles. Alors qu'il est probable que saint Paul est allé jusqu'en Espagne, et qu'il est certain qu'il est venu à Rome, pourquoi Marie-Madeleine ne serait-elle pas venue en Provence au moment de l'éclatement de la communauté chrétienne de Jérusalem?

Ce sexe qui ferma, rouvrit depuis les Cieux.

Ce vers de Rotrou, le seul de lui qui mérite de survivre, résume le destin chrétien contenu entre deux paradis, l'un interdit, l'autre promis au seul héroïsme de l'amour; il résume parfaitement la carrière mystique de Marie-Madeleine, située entre le jour où, pourrie de péchés, elle eut l'audace de s'approcher de Jésus et de *le toucher* (et cet attouchement la purifia), et ce petit matin limpide où, parmi les aubépines et les lilas du jardin de Joseph d'Arimathie, son Maître ressuscité lui commanda de ne pas le *toucher*. Le christianisme est la religion d'un amour, qui reçoit les gages de l'amour, les exige même, qui en donne aussi mais qui finalement sur cette terre reste sur sa faim : et cette faim ne fait que grandir, elle ne sera assouvie qu'au dernier jour du monde.

Tous comptes faits dans une vie où je n'ai jamais bien tenu mes comptes, j'ai même le sentiment que c'est Marie-Madeleine qui m'a attiré à Saint-Maximin et dans l'Ordre dominicain. A plusieurs reprises, il m'est apparu que mes rapports avec elle tournaient à l'orage si je me détournais vers quelque autre amour : elle me le faisait sentir sans ambiguïté.

Courtisan et soldat de Dieu. La vie conventuelle dominicaine forme d'abord le courtisan de Dieu, ce sont les études qui préparent le soldat de Dieu. C'est vrai que le dominicain n'est rien si, dès le départ, il n'appartient à la cour du Souverain, autrement dit s'il ne sait pas prier, tenir compagnie à Dieu, s'abîmer en sa présence : « Le moine ne prie pas tant qu'il a encore conscience qu'il prie », disaient les Pères du Désert. D'où, dans la vie conventuelle, l'importance de ce qu'on appelait « l'oraison » et l'office liturgique, qui ponctuaient la journée et la nuit.

Mais l'entraînement du soldat du Christ, il vaudrait mieux dire « chevalier du Christ », cela regardait l'avenir, l'exercice extérieur et militant de la profession dominicaine : les dominicains, c'est l'Ordre de l'Expression, de la Parole considérée comme un glaive : la Parole est l'arme absolue de ce soldat. D'où l'importance, dans l'Ordre, et l'orientation des études. Les longues études sont la manière d' « armer » ce chevalier, de le rompre au maniement de ces armes.

Ce fut, et de beaucoup, la part la plus pénible (à de certains moments accablante au point de me mener au bord du désespoir) de ma formation dominicaine : celle où je rencontrai en moi le plus d'instinctive rebellion. Il n'y a place pour aucun romantisme dans la tradition intellectuelle dominicaine. Et, malgré le phénomène de décantation qui s'était fait en moi à Montpellier, au fond de l'être j'étais demeuré un romantique, un baroque, un littérateur. Au long de ces années d'études dominicaines, combien de fois ai-je pensé avec quelque amertume à l'idée que se faisait des dominicains mon professeur d'histoire à Saint-Eugène d'Aurillac! Si c'était la prépondérance du style sur le fond que j'étais venu chercher dans l'Ordre, je m'étais très évidemment trompé de porte.

Par un lien qui ne paraîtra hasardeux qu'à des esprits superficiels, les études, dans l'Ordre, sont considérées comme un exercice pénitentiel, très étroitement lié au vœu et à la pratique de la chasteté. C'est exactement ce qu'elles furent pour moi, plus dures à porter que le plus dur des cilices. Quitter cet état où je vivais d'impressionnisme diffus, délicatement accueillant à l'apparence sensible des choses, pour parvenir à ce que l'Ecole appelle « le troisième degré d'abstraction » où l'être n'est considéré qu'en tant qu'être, fut pour moi une ascèse et une escalade héroïque. Tout cet enseignement me restait inaccessible et fermé, pis encore, c'était comme si tout ce domaine n'existait pas. C'était une expérience sous vide.

J'étais bien un homme de mon époque, noyé dans les apparences et leurs contradictions. En philosophie, j'étais ce qu'on appelle un « idéaliste » : je ne comprenais pas que l'univers entier pût avoir une autre réalité que celle, fugitive et aléatoire, qu'il a dans mon esprit quand je le perçois; je ne comprenais pas qu'il y ait communication possible entre ce que l'univers était peut-être, et la manière dont je me le représentais.

Ce n'est pas un professeur mais un autre étudiant dominicain, Rzewuski (venu au couvent de manière assez rocambolesque après une vie vouée à la mondanité et à la peinture), qui m'ouvrit l'esprit en prenant les choses à l'envers. Lui-même avait éprouvé les mêmes difficultés que moi. Il faisait beau, nous étions tous les deux dans le cloître; au centre de cette tranquillité, il se mit en peine de m'expliquer ce qui est proprement scandaleux pour l'esprit : ce n'est pas qu'un être soit, mais qu'étant il puisse cesser d'exister, qu'il soit et ne soit pas tout. Ce qui est scandaleux, c'est que j'existe et que je puisse mourir, que j'aie même la certitude de mourir un jour. La limite de l'être, c'est le néant, c'est-à-dire rien. Pour justifier un être limité, il faut bien remonter immédiatement et sans transition à une source plénière de l'être, de cet être à une source proprement sans limites dans sa densité, sinon elle n'expliquerait rien : une source sans limites dans son étendue, dans son énergie, dans sa générosité. Au fond du fond, seule, quand il s'agit de l'être, la totalité est intelligible.

Jusque-là, je « croyais en Dieu ». Tout à coup, il était là, dans son évidence obscure mais irréfutable, source vive et inépuisable dont à chaque instant je dépendais, comme la lampe électrique qui éclaire ce cahier où j'écris dépend de la prise sur laquelle elle est branchée. Coupé ce branchement, cette lumière cesserait aussitôt. Ce fut en moi une explosion de gratitude qui, par-delà les années, rejoignait et réveillait cette première béatitude que j'avais éprouvée, au seuil de ma conscience devant les vergers en fleurs. J'en oubliai tout : le frère Rzewuski, le cloître où il m'avait parlé, je me précipitai dans ma cellule à genoux : « J'existe et Il existe. J'existe, et c'est la preuve qu'Il existe. Je peux mourir maintenant, et de toute façon je mourrai, et c'est la preuve qu'il existe de manière infinie et qu'Il ne passe pas. Quel bonheur! Le peu que je suis ne m'appartient pas, et en moi-même Il est plus moi que moi. »

Les études se poursuivirent pour moi, tout aussi ardues, mais devant moi le mur du désespoir s'était écroulé. J'eus la chance d'avoir un maître en théologie qui eut sur moi une influence tout aussi déterminante que fut jadis celle de Louis Pautard : toute la rigueur et toute l'ouverture de mon esprit — l'une n'allant pas sans l'autre —, je les lui dois : c'est le Père Louis-Bertrand Gillon. Il était presque aussi jeune que moi mais d'une maturité intellectuelle stupéfiante. Toutes les objections s'écroulaient devant lui; quand il arrivait en classe, je me disais toujours en moi-même : « Et alors, Père Gillon, qui allons-nous pourfendre aujourd'hui? » La théologie n'a pas pour but d'expliquer le mystère mais de tracer autour de lui une ligne intelligible qui le cerne de feu. Une fois pour toutes, le Père Gillon m'a convaincu que le plus grand des dons de Dieu était la présence corporelle du Christ dans l'eucharistie et la permanence sacrificielle de la messe à travers le temps. Il m'a convaincu une fois pour toutes qu'il n'était pas absurde d'y croire et que la plus grande des trahisons pour un prêtre catholique était de ne pas professer sa foi en ce mystère. Je ne savais pas alors qu'un jour l'occasion me serait donnée de manifester si publiquement, si constamment, si nécessairement la foi catholique en ce mystère fondamental. Car c'est bien là le fond de toute la querelle de l'après-Concile.

Le lectorat en théologie est l'équivalent d'une licence qui donne le droit d'enseigner. Je fis ma thèse de lectorat sur l'analogie, au sens thomiste du mot et sur la participation de tous les êtres parcellaires et créés à l'Etre absolu de Dieu. Ma thèse était intitulée : *L'Etre, valeur révélatrice de Dieu*. A quarante ans de distance, j'en suis encore fier. Il y a fort longtemps que je ne l'ai pas relue : c'est un précieux bagage que j'ai laissé en consigne quelque part; ou plutôt, c'est un compte en banque inépuisable sur lequel, toute ma vie, j'aurai tiré des chèques qui ont tous été honorés. Je crois bien que tout ce que je pense profondément était déjà implicite et contenu en ces quelques feuillets, et que c'est là que j'ai acquis cette agilité de parade qui m'adapte instantanément à toutes les situations, à tous les genres, à tous les moyens d'expression, à tous les champs de l'activité de l'esprit.

Je dois parler ici de Thomas d'Aquin. C'est le maître par excellence de l'Ordre dominicain. Mon rapport personnel avec son œuvre est des plus simples. Tout ce qui, au cours de mes études, fut introduction ou commentaire à l'œuvre de Thomas d'Aquin ne m'a guère intéressé. Ce n'étaient là que cours d'eau, ruisselets, ruisseaux, rivière d'eau douce par rapport à la mer, et je ne suis pas un poisson d'eau douce. Mon intelligence n'a trouvé le repos que dans le texte de Thomas d'Aquin : c'est la mer.

Rien n'est plus direct, plus franc, plus candide, que ce texte qui va toujours d'un point à un autre par la ligne droite. J'aimais aussi cette forme interrogative d'enseigner qui fait toujours passer l'objection en premier lieu, qui lui donne toute sa chance, qui est le contraire du dogmatisme. Comme ceux à qui il est étranger connaissent peu et mal le thomisme : c'est une manière de penser et de vivre libre. Je lui dois mes coudées franches. On me dit que je n'ai peur de rien : dans la mesure où c'est vrai, c'est à Thomas d'Aquin que je dois cette intrépidité de l'esprit. Avec lui pour guide, j'ai toujours su où je mettais le pied et que la prise est toujours solidement assurée.

On nous inculquait de manière forte, et je dirais véhémente, l'honneur dû à la vérité. Jamais Catherine de Sienne ne fut plus dominicaine que lorsqu'elle commandait à ses disciples de rester toujours « infiniment respectueux de tout ce qui est » : parce que tout ce qui existe est soit un vestige, soit une image de Dieu. Le champ de l'esprit s'étendait aux dimensions mêmes du cosmos et de l'être, de l'électron à la galaxie, sans jamais aucune autre exclusive que de l'absurde et de l'erreur. Comment une telle tradition de pensée et de réflexion avait-elle pu se laisser couper de l'investigation et de la curiosité moderne? C'était là pour moi une source intarissable de regrets. J'aurais voulu contribuer au renouveau d'une sagesse qui m'était si maternelle, si accueillante, si plénière et finalement si compréhensive de ce que Simone Weil a superbement appelé « le pacte originel de l'esprit avec l'univers ».

Cette ambition, je ne l'ai pas accomplie. J'ai été sollicité par des tâches plus humbles, plus urgentes, sans doute plus faciles, en tous les cas plus en harmonie avec mon tempérament. Je discerne mal en ma vie la part du dessein soutenu et celle de l'impulsivité passionnelle, plus ou moins anarchique. Le présent livre est une tentative d'introduire de l'unité en ce qui n'en a peut-être pas.

L'mmense génie de Thomas d'Aquin fut reconnu même de son temps. En voyage à travers les Alpes, il tomba malade et fut accueilli par un monastère de rencontre. De sa cellule, il entendit un marchand dans la rue qui criait des harengs, or il raffolait des harengs; il en demanda et en mangea. Il se fit lire en entier *Le Cantique des Cantiques*, le livre le plus imagé et le plus hardi de toute la littérature mystique. Il se confessa, reçut le corps du Christ qu'il avait si bien chanté. Le confesseur déclara que sa dernière confession ressemblait à celle d'un enfant de cinq ans. Il mourut à cinquante et un ans, l'âge même où était mort saint Dominique.

La mort de saint Dominique avait été aussi significative dans sa simplicité. Il voulut être étendu par terre au milieu des frères. Il avoua qu'il avait toujours préféré, à la conversation des vieilles femmes, celles des jeunes filles. Il s'en repentit. Puis il rendit à Dieu son âme vaillante.

Les novices et étudiants de Saint-Maximin étaient d'origines sociales les plus mélangées. Habituellement, mais cette règle n'était pas universelle, avant d'entrer dans l'Ordre nous avions le bachot, au temps où ce diplôme signifiait encore quelque chose. Parmi nous, il y avait un avocat, ancien secrétaire de la Conférence au barreau de Paris; il y avait Rzewuski, comte polonais, allié à toutes les grandes familles princières d'Europe; il y avait trois fils de colonels; d'autres venaient de la paysannerie; d'autres de la bourgeoisie des villes. A la vérité, nous ignorions à peu près tout les uns des autres. Pour éviter les humiliations, les vanités ou les rivalités, la règle était que chacun s'abstînt de parler de sa famille et de son passé, et cette règle était observée. Cela donnait à nos rapports une très grande liberté d'allure. Comme à la Légion étrangère, nous étions tous volontaires, venus de toutes les expériences et de tous les horizons, nous engager dans une milice qui était notre seule patrie : *Legio, patria nostra.*

Beaucoup de ces jeunes gens étaient brillants. Depuis ce temps, j'ai fréquenté bien des milieux, je juge encore que quelques-uns de mes camarades étaient intellectuellement des cracks. L'enseignement scolastique, qui me paraissait parfois si aride, ne les déconcertait pas. Ils évoluaient dedans avec l'agilité d'écureuils en cage. Je les considérais avec un profond découragement, piégé que j'étais entre ma lenteur germanique et le poids de mes rêves. Je me disais que j'avais le privilège de vivre avec une élite de ma nation et de l'Eglise, et je pense encore que c'était vrai.

Que leur a-t-il manqué? Rzewuski a poursuivi dans l'Ordre sa carrière d'aristocrate international, exceptionnelle au départ. Deux de mes plus proches compagnons sont morts jeunes. Ceux qui constituaient le peloton de tête de cette pléiade sont devenus des professeurs solides, dont on ne parle pas, et qui se taisent dans les violentes querelles qui mettent en péril l'essence du catholicisme. Je sais mieux qu'aucun autre que la publicité faite autour d'un nom n'est pas un gage certain de la qualité du rayonnement que ce nom représente. Mais c'est un fait — alors que j'étais un lent et un attardé — je suis le seul parmi eux à risquer tout dans les entreprises les plus disparates en apparence. Au théâtre et au cinéma comme dans le journalisme et en littérature, j'ai tenté de traduire le grand message dominicain dans un langage séduisant pour mes contemporains. J'ai essayé de mettre en pratique le proverbe de saint Dominique : « Le grain pourrit quand on l'entasse et fructifie quand on le sème. » Dans cet effort, je crois que mes premières déficiences m'ont servi : la détresse où j'ai si longtemps croupi devant cette haute doctrine dominicaine, et qui m'a paru si longtemps au-dessus de mes facultés, proprement inaccessible, m'a particulièrement sensibilisé aux moyens d'exprimer pour mes contemporains ce qui est éternel.

Aujourd'hui, après les cinquante années de mon âge d'homme, qui couvrent le milieu du siècle, voici ce que j'affirme avec la certitude d'être dans le vrai. J'a vu l'offensive menée par le monde moderne contre le christianisme s'enfler et prendre des proportions incroyables, par l'alliance dont elle se targuait avec la science qui prétendait contredire la foi en tous les points essentiels : alors que science et foi ne peuvent ni se rencontrer ni s'exclure, car elles n'ont ni le même objet ni le même mode de connaissance.

Contre cette entreprise anticatholique, j'ai vu à l'intérieur de l'Eglise les contre-offensives se multiplier, parfois consolider le terrain, le plus souvent s'enliser dans les sables mouvants ou les boues des marécages, j'ai vu les initiatives personnelles se multiplier pour dresser de ridicules barrages, aussitôt renversés qu'édifiés, contre la vague triomphante de l'irréligion et de l'athéisme. Alors j'ai vu convoquer, se rassembler, se dérouler, se clore, le plus vaste Concile œcuménique de tous les temps. Ce fut une entreprise colossale, qui souleva beaucoup d'espoirs à l'intérieur et à l'extérieur de l'Eglise, et qui s'est terminée par un immense fiasco. Les chefs de l'Eglise militante se sont réunis pour déposer les armes devant ce monde pour lequel le Christ a refusé de prier.

Mais précisément, le monde moderne était au bout du rouleau et avouait lui-même sa défaite : j'ai entendu proclamer bien haut la mort de Dieu et j'ai vu les hérauts de cette proclamation se retrouver bien vite avec le cadavre de l'homme sur les bras. Deux capitulations additionnées — celle de l'Eglise et celle du monde moderne — ne font pas une Victoire.

Je suis trop vieux maintenant pour personnellement tenter quoi que ce soit sur le plan des institutions. Outre que ça n'a jamais été ma vocation, trop de choses sont pourries dans ma vie pour que je me pose jamais en exemple et en guide. Mais je le dis comme je le vois, comme j'en ai la certitude et le ferme espoir, rien n'est plus vital, rien n'est plus nécessaire que de redéfinir dans tout son éclat l'idéal mystique et doctrinal de la milice dominicaine : *vel cum Deo, vel de Deo*. Rien n'est plus urgent, rien n'est plus délicieusement téméraire, rien au monde n'est plus solidement placé que de refaire à Dieu des courtisans et des soldats.

J'ai peur de donner de Saint-Maximin une image trop abstraite ou, ce qui revient au même, une image manichéenne : tout ce qui était à l'intérieur fut parfait, le mal étant tout entier au dehors. Or, comme partout en ce monde, l'ivraie y poussait mêlée au bon grain, et aussi bien en chacun de nous : sinon à quoi bon ce régime sévère auquel nous étions soumis et qui n'avait de sens que pour extirper de nous ce qui en nous s'oppose au Royaume de Dieu?

Selon la règle, les portes des cellules n'étaient jamais verrouillées mais il était formellement interdit aux novices et aux étudiants d'entrer les uns chez les autres. Une nuit, je suis éveillé en sursaut. Il y a quelqu'un au pied de mon lit et qui pleure. Alors que j'ai une aversion naturelle pour tout ce qui évoque l'homosexualité, je comprends tout d'un seul coup : c'est un autre jeune dominicain, amoureux de moi, et qui vient me solliciter. Ce fut en toute brutalité que je l'expulsai. Dès le matin, en grand émoi, j'allai voir le Père Maître et lui racontai tout. Le jour même, le garçon fut chassé du couvent. Par la force des choses, il s'orienta vers une autre vie et devint professeur dans un pays lointain où il finit par se marier. De très loin en très loin, il a continué de m'écrire des lettres d'ailleurs absolument neutres et réservées. Il m'a toujours fait un peu pitié mais, par je ne sais quel ressentiment, je n'ai jamais répondu.

On ne badinait pas à Saint-Maximin sur le chapitre des amitiés particulières, comme sur tous les chapitres. L'expérience de la vie, comme mes propres défaillances, me rendraient aujourd'hui moins brutal dans la condamnation des autres. Il est pourtant vrai que j'ai toujours éprouvé une répulsion, même à la guerre, même en prison, pour toute familiarité physique entre hommes au point que je me suis toujours mal accommodé de l'usage du prénom avec mes amis les plus intimes. Envers les hommes, j'ai toujours sauvegardé mon coin de sauvagerie sacré.

Chaque semaine, il y avait ce que nous appelions « le Chapitre », d'où sort le verbe « chapitrer ». C'était une réunion de tous les étudiants sous la présidence du Père Maître. Chacun s'accusait publiquement des fautes commises contre le règlement, celui du travail, celui du silence, celui de l'obéissance, celui de la politesse et du comportement extérieur. Ayant fait son autocritique, chacun devait subir la critique des autres. D'une manière générale, ces petites séances étaient assez formalistes, routinières, un peu pharisaïques. Moi qui ne me suis jamais regardé vivre, j'y ai quand même appris beaucoup sur mon caractère : j'ai le don d'irriter les gens sans toujours m'en rendre compte. Mais enfin tout cela était sans grande conséquence.

Un jour pourtant, j'ai eu le sentiment de la haine. Ce n'est pas moi d'ailleurs qui suis en cause. Nous avions changé de Père Maître. Le nouveau venait de l'université de Fribourg en Suisse et menait de front la charge de Père Maître et celle de professeur de théologie morale. Rzewuski venait de s'accuser. Etendu de tout son long au pied du Père Maître, selon un rite de l'Ordre qu'on appelle « la venia », il attendait remontrance et pénitence.

Le Père Maître fut pris d'un accès de rage. Il lui reprocha tout : ses origines aristocratiques auxquelles il ne pouvait rien, ses grands airs, ce qu'il prenait pour de l'insolence, alors que Rzewuski était l'homme le plus courtois dans une bande de garçons qui n'étaient pas toujours bien élevés. L'attaque publique du Père Maître contre un Frère étendu à terre et à sa merci était à la fois si lâche, si injuste, si méchante, elle constituait un abus si flagrant d'autorité, que nous en étions tous verts.

Si j'avais été la victime, je crois que j'aurais pris mes cliques et mes claques et quitté le couvent sur-le-champ, et c'est sans doute ce que le Père Maître espérait que ferait Rzewuski : or il encaissa et resta. La crise généralisée d'anarchie actuelle a été préparée de longue date par une ambiance non moins universelle d'abus constant de l'autorité au sein de l'Eglise romaine. Au XVIe siècle, la révolte ouverte des grands réformateurs n'a elle-même rien appris à « ceux qui ne veulent point changer de mœurs, et qui sont devenus plus politiques qu'ecclésiastiques », comme l'écrivait François de Sales.

Ces politiques d'Eglise, plus politiciens que les pires politiques, ne tiennent aujourd'hui qu'un langage des plus creux. On ne repart bien de zéro que lorsqu'on a vraiment atteint le zéro. On en approche aujourd'hui à toute vitesse.

J'avais des crises de mélancolie et même de désespoir que j'exprimais en poèmes. Je me souviens de celui-ci :

Nous hurlons tous après la lune
Comme les chiens
Bête et douce comme la lune
Soit notre mort

Comment osez-vous dire que vous m'aimez
Puisque si je vais en enfer
Point n'y viendrez
Me délivrer

Tout m'est à charge
Même de haïr vos bouches prudentes
Et les étoiles de la pitié
Quand on est si lourd de tristesse
Il n'y a qu'à sombrer

Oui oui c'est vous qui m'aurez enfoncé
Et j'irai faire de grands voyages de noyé

Au scandale des poissons idiots
Sans jamais remonter vers le ciel

A cause du grand poids de vos têtes pensives
Où je suis attaché

Je me moque de mon poème
Croyez que ce n'est qu'un poème
Si vous voulez

Bref, ce Père Maître fit bien de la casse. L'un d'entre nous eut une véritable crise de folie. Je soupçonne aujourd'hui que ce Père Maître lui-même devait être un peu fou, en tous les cas très malheureux. Pendant toute ma vie, rien ne m'a paru plus farfelu que la manière dont sont choisis les supérieurs à l'intérieur de l'Eglise. Les hommes d'Eglise ont le don singulier, sous prétexte d'assurer aux hommes le salut éternel, de compromettre tous les équilibres temporels.

Finalement on changea de Père Maître et cette fois-ci la main du hasard nous fut clémente. Le Père Dausse revenait du Brésil où il avait été missionnaire pendant quarante ans; c'était un doux entre les doux. Quand j'allais me confesser, il calmait mes tourments de conscience en me disant de sa voix calme : « Quand nous paraîtrons devant Dieu, nous serons très étonnés de voir comment et à quel point Il nous juge en bien. Il lui est totalement impossible de nous juger en mal, Il ne serait pas Dieu... » O fontaine de consolation! Je n'ai jamais oublié ces paroles. Je voudrais n'avoir jamais abusé de l'espérance qu'elles portent avec elles. Je sais que, sur mon lit de mort, elles me reviendront à l'esprit. Je voudrais...

A cette époque de ma vie, je fis un rêve dont j'ai toujours gardé le souvenir précis, alors qu'habituellement, pour moi, l'éveil du matin balaie instantanément les songes de la nuit.

J'étais déjà dominicain, et donc revêtu de l'habit blanc de l'Ordre. J'étais seul, absolument seul, sur une plaine immense qui me parut un désert, sans une habitation, sans un arbre, et vaguement éclairée. J'étais à genoux, replié et profondément incliné sur moi-même, comme on l'était au chœur après la double élévation de l'hostie et du calice. C'est bien à une messe que j'assistais, dans un décor hors de tous murs. L'autel était une immense table de pierre, une montagne de roche bleue et rose, comme le massif de la Sainte-Baume. Au sommet, le prêtre qui célébrait avait une taille à l'échelle de la montagne : il me tournait le dos, avait les bras étendus, il emplissait l'horizon de l'orient à l'occident, sa stature était telle que je ne discernais pas sa tête perdue dans le ciel.

Le moment vint où je devais communier. Je me levai et, toujours dans un silence total et avec un recueillement solennel, je gravis la montagne. Malgré son escarpement, cela se faisait lentement, sans effort : j'étais soulevé et comme porté. Parvenu au faîte, je m'agenouillai, levant le visage et ouvrant la bouche pour recevoir l'hostie. Le prêtre se retourna, prononça distinctement la formule de la communion : « Que le corps de Notre Seigneur Jésus-Christ te garde pour la vie éternelle. » Puis il me communia. Il était tellement grand que, là non plus, je n'aperçus pas son visage. Dès après m'avoir communié, il appuya son pouce sur mon front et y traça une croix. Ce fut une douleur vive comme une brûlure. Puis, tout soudain, un rideau de sang chaud m'aveugla et me couvrit le visage.

Ce rêve m'impressionna autant que l'événement si je l'avais vécu. J'en garde aujourd'hui le souvenir comme au premier jour. S'il a une signification, je ne la découvrirai sans doute que dans l'au-delà. Je vis ainsi avec des choses qui peuvent paraître absurdes, que je tiens comme une rampe et qui me tiennent aussi. En effet, pendant toute ma vie, ce rêve est une rampe que je ne lâche jamais le long d'un escalier que je monte dans le noir.

Le 26 juillet 1936, je fus ordonné prêtre. C'était une magnifique journée provençale. Une partie de ma famille était venue de Montpellier et Lunel. La cérémonie de l'ordination est une des plus belles de la liturgie catholique, l'une de celles où s'exprime le plus fortement la continuité apostolique dans le temps, et l'extension de l'Eglise dans l'espace mystique de la communion des saints. Quand, nouvel ordonné, allongé de tout mon long, la face contre terre, sur le pavé du sanctuaire, l'assistance chanta sur moi les litanies des saints, j'ai ressenti ce que dut ressentir un dragon de Reichschoffen, subitement désarçonné et couché à terre, quand l'escadron de mitraille et de fer faisait trembler la terre et déferlait sur lui. J'étais devenu le boulevard de l'Eglise triomphante qui passait en trombe au-dessus de moi : une Eglise triomphante, tenant la victoire à la pointe de la lance, et qui n'était plus qu'énergie, mouvement, lumière, foudre. Les Patriarches, les Prophètes, la Mère de Dieu, les Apôtres, les martyrs, les confesseurs, les vierges, c'était un cyclone au-dessus de moi. Et moi, je collais à la terre comme le bédouin dans le désert pris dans une tempête de sable.

Jamais je n'oublierai cela, pas plus que je n'oublierai le cercle autour de moi de tous les prêtres présents, après que chacun, à la suite de l'évêque, m'eut imposé les mains sur la tête. Tous se tenaient en couronne autour de moi, leur main droite levée comme un paratonnerre. Ce geste, venant du fond des âges, me reliait à la Pentecôte de feu et au-delà au sacre des rois d'Israël et à la rencontre d'Abraham avec le Prêtre mystérieux Melchisédec.

Il y a eu quarante ans de cela en 1976. Aujourd'hui, mon âme porte toutes les cicatrices des blessures que j'ai reçues et je garde le vague remords de bien des coups que j'ai portés injustement. Vieux batailleur, né et fait pour la bataille, je reste attentif de loin à toutes les sonneries de la diane, de l'hallali, du branle-bas de combat. Dans l'immensité de l'affrontement qui se prépare, il m'arrive de percevoir le son d'une trompette qui ne sonne que pour moi, et qui est celle de mon jugement dernier.

Je me souviens très bien qu'au cours de cette longue cérémonie je pensai fortement à mon père et à l'Autriche, à ce père enseveli très loin de moi, dans ce même cimetière où sont ensevelis les plus grands compositeurs du monde et de tous les temps. J'étais sûr que maintenant tout était mieux ainsi et que la paternité de cet homme sur moi, dont j'avais si peu bénéficié sur la terre, ne faisait désormais qu'une avec cette universelle Paternité de Celui qui est dans les cieux. Après l'ordination, tout le monde se retrouva à l'intérieur du jardin du cloître, sous les cèdres. C'est alors qu'on apprit la nouvelle que, le matin même, le chancelier d'Autriche, Dollfuss, avait été assassiné à Vienne à l'intérieur même de sa chancellerie. J'étais désormais armé de pied en cap pour entrer dans l'absurdité de mon siècle et dans la tragédie.

6

De ma vie, je ne me suis senti chez moi qu'en Autriche. Je ne connaissais pas la langue mais c'était peut-être mieux ainsi : comprendre trop facilement empêche de comprendre. Depuis 1936, je ne suis jamais retourné en Autriche, peut-être mourrai-je sans y retourner. Je sais aujourd'hui que mon destin est d'être un exilé, et je ne fais pas que le savoir, je l'accepte. Je sais que, pour moi, le bonheur sera toujours sur l'autre rive. C'est ma manière d'être chrétien : sans établissement permanent, sans « municipe » dit saint Paul, pas de commune, je ne suis « le bourgeois » de nulle part, comme on dit en Suisse. J'étais dans ma trentième année, j'étais prêtre et dominicain, fidèle aux enthousiasmes, aux ambitions et même aux rêves du petit garçon que j'avais été. Maintenant l'Autriche m'était offerte comme un beau fruit que je goûterais à peine, pour me donner la saveur de la patrie, mais je ne pourrais pas le dévorer.

François de Sales eut un vif sentiment de la nature, qu'il exprimait de manière fantaisiste et précieuse. Il nous parle des perdrix : « Entre les perdrix il arrive souvent que les unes dérobent les œufs des autres, afin de les couver, soit pour l'avidité qu'elles ont d'être mères, soit pour leur stupidité qui leur fait méconnaître leurs œufs propres. Et voici chose étrange, et néanmoins bien témoignée : car le perdreau qui aura été éclos et nourri sous les ailes d'une perdrix étrangère, au premier reclam qu'il ouït de sa vraie mère qui avait pondu l'œuf duquel il est procédé, il quitte la perdrix larronnesse, se rend à sa première mère et se met à sa suite, par la correspondance qu'il a avec sa première origine. » C'est exactement ce que j'ai ressenti au contact de l'Autriche : la correspondance que j'avais avec mon origine. J'ai ouï ce « reclam » de la vraie mère et j'y ai répondu avec bonheur.

J'ai vécu en Autriche deux mois dans un état de mi-ivresse dû au double épanouissement de ma nature avec ma vocation. Je me sentais totalement livré à Dieu et j'étais dans mon pays, qui me paraissait l'image visible du paradis invisible : j'aimais les sentiers brillants de quartz dans la forêt tyrolienne, les petits clochers coloriés en forme d'oignons et qui témoignent de la proximité de Byzance, l'allégresse sans timidité du baroque jusque dans les plus humbles églises, les ciels de satin bleu qui s'empourprent le soir. J'allais de ravissement en ravissement.

Quand j'étais au couvent dominicain de Gratz, le Prieur me demandait parfois de donner le salut du Saint-Sacrement dans un collège de jeunes filles, qui était dans un couvent d'ursulines. Dans ce pays qui n'avait connu ni Descartes, ni le jansénisme, ni la Révolution française, le christianisme avait une santé superbe qui me sidérait et dont témoignaient la beauté vigoureuse de sa jeunesse, sa politesse enjouée : les jeunes filles qui me croisaient à l'intérieur du collège me faisaient une brève révérence. L'église était vaste et belle, pourtant pleine, car les élèves étaient plusieurs centaines. Revêtu d'une chape dorée, j'étais à genoux au pied de l'autel où j'avais dressé l'ostensoir. Je sentais derrière moi cette foule fervente de jeunes filles, recueillies dans l'adoration. Sauf le *Tantum ergo,* chanté en latin, tous les chants étaient en allemand, proclamés, avec la force d'une explosion, par la race harmonieuse. Quand l'orgue attaquait la mélodie et que la tempête de ces chants admirables se déchaînait, j'étais abasourdi de beauté : c'étaient des cantiques de Schubert, Mozart, Beethoven, Haydn...

En souvenir de mon père, qui avait une dévotion pour ce sanctuaire, j'allai à Notre-Dame de Mariazell, au cœur de la montagne styrienne, pour y célébrer la fête de l'Assomption. La Vierge que l'on vénère là est la patronne, non seulement de l'Autriche, mais de toute l'Europe centrale. Justement il y avait un nombreux et bruyant pèlerinage hongrois. Je revois encore ces garçons et ces filles, vêtus de leurs costumes nationaux, ornés de dessins de couleurs et de dentelles, monter en cortège à la basilique bras dessus bras dessous presque en dansant, et chantant à tue-tête en magyar leurs cantiques non moins beaux mais avec des accents sauvages : petit-fils et petites-filles de ces Cumans que saint Dominique avait voulu évangéliser.

A l'ombre de ce sanctuaire, je découvrais une Europe encore joyeuse, encore en paix, encore fidèle à son passé et à sa plus haute espérance, encore aveugle aux signes qui la marquaient déjà pour l'horreur.

Tout le monde me disait que la Vienne que je voyais était bien différente de la Vienne du XIXe siècle où mon père avait grandi, et qui avait poussé jusqu'au sublime la frivolité. Je trouvais pourtant charmante la Vienne que je visitais. Il semble que la cathédrale Saint-Etienne ait été jetée comme une pierre dans une eau dormante et que toute la ville se soit construite autour de ce noyau central et, à partir de lui, s'est propagée en ondes circulaires. J'aimais la fierté de Saint-Etienne, cette façade sans ornement, presque aveugle, et encore plus austère que celle de la cathédrale de Saint-Flour. Mes deux origines se rejoignent en deux cathédrales-sœurs, en deux terroirs distants. Comment d'une telle sévérité, l'exubérance baroque a-t-elle pu jaillir? Et peut-être qu'aussi sous l'austérité auvergnate couve une gaieté flamboyante comme une lave sous des volcans qu'on dit éteints.

J'étais décidé à tout admirer et je n'en revenais pas qu'il y ait au monde tant de choses admirables en effet. Pourtant j'ai été estomaqué en entrant dans l'église des franciscains à Vienne. C'est une immense volière, pleine d'anges, saisis en plein vol comme par un instantanté photographique. On a l'impression d'avoir encore dans l'oreille l'immense et soyeux bruissement de leurs ailes. Toutes ces nudités roses et dorées, asexuées, d'une plastique parfaite et d'une volupté rusée, gravitent autour d'une croix dont on a enlevé le Crucifié. Cette absence a valeur de symptôme : dans le baroque, la Croix est nue, lumineuse, triomphale, mais vide de celui qui en est le Fruit. On ne peut pousser plus loin le paradoxe à l'intérieur de la religion de l'Incarnation, ignorer plus superbement la tragédie du Calvaire et passer plus brutalement, sans transition, de la nuit de Noël peuplée d'anges à la gloire du Paradis également peuplée d'anges.

Les pays où le baroque a triomphé avec le plus d'insolence sont aussi ceux où s'implantèrent les camps de concentration nazis. Dachau fait pendant avec l'église des franciscains de Vienne : éliminer de l'art chrétien le corps supplicié du Christ ne débouche pas sur des corps glorieux mais sur un troupeau de squelettes ambulants. Le baroque s'est noyé dans des yeux hagards.

Vienne est la première capitale que je découvrais au monde, la ville de l'Aigle à deux têtes, ma Ville. Il faut imaginer quel était ce garçon qui n'avait pas tout à fait la trentaine, qui était passé de la prison de son trou d'Auvergne au régiment, du régiment au couvent, qui n'avait découvert les grandes bibliothèques et l'amitié qu'à l'âge de vingt ans, maintenant isolé par la langue dans la fabuleuse ville de ses ancêtres, et qui regardait de tous ses yeux, — et cette fois découvrait, — l'immense univers de l'art.

Dans le grand musée de Vienne, sur la place Marie-Thérèse — errant sans guide et n'en voulant pas, comme je l'ai toujours fait dans les musées comme dans la vie —, de très loin je fus fasciné par une tache de lumière blonde qui rayonnait comme un doux soleil. Elle se trouvait placée à l'extrémité d'une enfilade d'immenses et somptueux salons, de telle sorte qu'on la voyait de fort loin en effet. Négligeant toutes les merveilles exposées à droite et à gauche, j'allais à pas lents vers cette splendeur qui me fascinait et dont je ne discernais rien sinon qu'il m'était impossible de résister à sa toute-puissante attirance. Je ne me hâtais pas, savourant lentement les délices de cette séduction. Quand je fus tout près, je vis que ce soleil royal était, peint par le Tintoret, le corps nu de Suzanne au bain. Chose qui me parut prodigieuse, à moi si vigoureux et si impulsif, ce corps admirable ne me troubla absolument pas : ce fut au contraire une pluie de sérénité qui tombait sur ma sensibilité. Je crois que j'eus là la révélation de ce qu'est la beauté, particulièrement la beauté en peinture, où le sujet n'est qu'une patère où elle puisse s'accrocher.

C'est d'ailleurs exactement la même impression que je ressentis dans la salle de Brueghel l'Ancien, devant *Le Portement de Croix,* somptueux bouquet de fleurs. Quand on approche, on s'aperçoit que chaque fleur de ce bouquet est une scène — traitée en miniature — de l'infinie misère de l'homme : le portement de la Croix n'est qu'une fleur de cette détresse, parmi tant d'autres. Parvenir à cette transfiguration de l'universelle misère humaine en un bouquet de fleurs et du corps nu d'une femme en un soleil paisible, il y a là une toute-puissance en acte qui donne un avant-goût de l'éternelle transfiguration : si les peintres disent vrai, c'est qu'il y a un Paradis.

Je ne sais plus comment je fus invité à célébrer une messe dans la banlieue ouvrière de Vienne. Là, on était très loin de la Hofburg et de l'église des franciscains. C'était une paroisse toute nouvelle dont l'histoire mérite d'être contée.

Tout de suite après la défaite de l'Autriche, en 1919, au moment même où mon père y revint, Vienne connut une époque effroyable. L'effondrement de la monnaie fut total : les prix décuplaient du soir au matin. Les soldats démobilisés, sans travail, les réfugiés de l'Empire dissous encombraient la grande ville. C'était la famine, et la révolte sociale grondait. Comme dans toutes les situations de pénurie, le marché noir corrompait les consciences et les mœurs. C'est alors que la municipalité socialiste mit en œuvre de grands travaux et construisit ces fameuses cités ouvrières, immenses quadrilatères, qui n'étaient d'ailleurs pas sans beauté, et dont chacun logeait quelques milliers de personnes.

Quelques années plus tard, l'archevêque de Vienne était le cardinal Innitzer, qui devait s'illustrer par la visite d'obédience qu'il rendrait au chancelier Hitler, le lendemain de l'Anschluss. Ce prince de l'Eglise, courtisan du crime, laissa dans le plus parfait abandon spirituel les populations ouvrières de la périphérie viennoise. Un jeune prêtre eut pourtant l'idée d'y faire une tentative paroissiale. La situation se compliquait pour lui du fait que son entreprise survenait après les émeutes, où Dolfuss avait réprimé à coups de canon l'insurrection dont le foyer était ces cités ouvrières. Bien entendu ces populations insurgées et vaincues inspiraient le plus profond dégoût au cardinal Innitzer : et c'est avec quelque répugnance qu'il donna sa permission de tenter parmi elles l'expérience d'une paroisse, comme on donne à un condamné à mort le choix de la corde qui le pendra. Notre homme n'en demandait pas davantage.

A vrai dire, la tâche était rude. Dans ces parages, tout ce qui évoquait la religion catholique était exécré : tel est le résultat nécessaire des engagements politiques de l'Eglise, elle se rend odieuse au camp des vaincus. Dans ce coin, la haine envers l'Eglise était telle que, dans un premier temps, le jeune prêtre trouva prudent de mettre son drapeau dans la poche. Il se présenta en civil, chose extrêmement rare en ce temps-là, il loua un très médiocre deux-pièces pour son logement personnel et, pour l'église, une grande usine vide, dont le propriétaire avait fait faillite. Dans ce hall de briques aux poutrelles de fer, il installa deux choses qui, pour ce peuple, sont le principal du catholicisme : un autel avec son tabernacle, et un orgue. Tel fut donc l'embryon de cette paroisse.

Par bonheur, son curé était un excellent musicien, doué pour toutes espèces d'instruments, enfin un musicien exceptionnel même en Autriche. Il célébrait la messe chaque matin, passait des heures en adoration devant le tabernacle; pour le reste du temps, il jouait de l'orgue. Il espérait que l'appât de la musique suffirait à remplir son église. Le poisson négligea l'appât : personne, absolument personne ne franchit le seuil, et notre curé resta seul.

Vinrent les beaux jours. Je connais bien ce fameux quadrilatère qui fut au cœur de l'insurrection et sur la façade duquel on voyait encore les trous grossièrement bouchés des obus de Dolfuss. Cette énorme H.L.M. de plusieurs milliers d'habitants, et qui eût pu être sinistre, avait des fleurs à toutes ses fenêtres. Au centre du quadrilatère, il y avait un immense jardin intérieur également plein de fleurs et parfaitement entretenu. Telle est l'Autriche.

Quand le temps le permettait, les fenêtres restaient ouvertes. Dans cette population pauvre, rares étaient encore les appareils de radio; le curé, toujours en civil, pour ne pas effaroucher son monde, prit l'habitude de venir s'asseoir sur un banc au centre du jardin, et là, il jouait de la flûte. Les ménagères l'écoutaient et commencèrent de savoir qui il était. Mais sa popularité commença vraiment avec les enfants qui rentraient de l'école et s'ameutaient autour de lui. Il entremêlait son récital d'historiettes, qu'ils écoutaient avidement, tissées qu'elles étaient d'humour viennois. Naturellement il en venait aux paraboles de l'Evangile. En rentrant à la maison, les enfants racontaient ces merveilles.

Un soir, il expliqua qu'il rentrait à l'église pour chanter et jouer de l'orgue : cette fois, il fut suivi. De fil en aiguille, il en vint à constituer autour de lui une chorale et à donner chaque soir un salut du Saint-Sacrement. Ce salut était aussi beau, aussi unanime dans l'adoration chantée et dans la prière que les « saluts » auxquels j'avais assisté dans le somptueux couvent des ursulines de Gratz. Les mamans venaient chercher leurs moutards à la sortie de cette étrange église qui n'avait rien de baroque mais qui était habitée par le chant et la musique; peu à peu, elles prirent l'habitude de venir plus tôt et d'entrer. Chaque soir, le curé faisait un petit sermon qui ne durait pas plus de cinq minutes. Il avait réussi les retrouvailles de ce peuple avec sa foi.

Je ne me souviens pas du nom de ce prêtre qui s'était bien gardé de tremper le bout de son orteil dans la politique. C'était un homme de Dieu et il n'était que cela. Beaucoup l'aimaient, tous le respectaient. Il n'avait capté les cœurs que par la beauté au service du Seigneur. Tel Orphée, qui entraînait derrière lui les animaux sauvages et qui détournait le cours des fleuves, il renouvelait, dans la patrie de Mozart, le mythe de la Flûte enchantée.

Je fus dans cette paroisse un jour de semaine, où les enfants n'allaient pas à l'école. Le curé avait annoncé qu'un jeune dominicain français, récemment ordonné prêtre, viendrait célébrer la grand-messe. L'ancienne usine, parée de fleurs, était pleine d'une jeunesse recueillie et joyeuse, prête à exprimer son enthousiasme dans le chant. Une fois de plus, je fus étourdi de tant d'exultation, de tant de beauté. Je chantai moi-même la messe en latin et l'assistance me répondait dans la même langue, qui n'était une barrière pour personne mais un lien de communion entre tous. Le curé était partout, tantôt à l'orgue, tantôt dans la nef pour stimuler les chants, tantôt sur l'ambon pour prêcher brièvement, tantôt près de moi pour m'aider à distribuer l'hostie à tous ceux, nombreux, qui voulaient communier.

A la fin, il se passa une chose qui me surprit extrêmement car jamais je ne l'avais vue en France. Encore revêtu des ornements sacrés, le curé me fit traverser l'assistance et me mena à l'extérieur de l'église. Là, je fus littéralement la proie de cette jeunesse, filles et garçons, qui avec une avidité sportive me prenaient d'assaut pour me baiser les mains : mes mains ne m'appartenaient plus, elles volaient et passaient de lèvres en lèvres comme deux oiseaux exténués. Ce tourbillon était à la fois si chaste et si candidement sensuel, qu'il était bien évident que ces mains qu'on baisait avec une si touchante ardeur n'étaient objet de vénération que parce que c'étaient des mains consacrées, qui avaient tenu le corps du Christ, qui l'avaient distribué à manger. L'Ecriture nous dit que sont beaux les pieds de ceux qui portent l'Evangile; qu'elles sont belles, les mains qui tiennent et donnent le corps du Christ!

Quatre ans après, tous les garçons que j'avais rencontrés dans cette banlieue ouvrière de Vienne étaient sous l'uniforme. Et moi aussi, j'étais sous l'uniforme : un autre. Par-dessus toutes les querelles des hommes, l'Eglise a pour mission d'assurer et de maintenir la fraternité des âmes et le rassemblement des corps dans la même adoration. C'est de cette communion que j'ai eu l'expérience ce matin-là, au pied de ce qui fut une citadelle d'insurgés, conquise au Royaume de Dieu par une flûte et le cœur d'un prêtre. En France, les prêtres ouvriers ont raté leur coup. Ils ont méconnu la musique et son pouvoir sur les cœurs. Ils ont préféré épouser les haines de classes et l'esprit de vengeance. La réprobation qui frappe l'Eglise de France a pour signe sensible la laideur de son culte.

Dans un pays dont je ne parlais pas la langue, je savais à peine que la guerre civile avait éclaté en Espagne. En France, la mise en place du Front populaire se traduisit pour moi par une dévaluation considérable du peu d'argent qui me restait et que je n'avais pas eu la prudence de changer en couronnes. Il fallait rentrer.

Je revins par le Tyrol. Pendant tout mon séjour en Autriche, durant mon voyage, et d'ailleurs partout jusqu'à la guerre, je ne quittai pas l'habit dominicain. En gare de Vienne, j'étais seul dans mon compartiment; j'attendais le départ et lisais mon bréviaire. Un porteur entra avec une montagne de bagages qu'il installa sur les filets, puis entrèrent deux dames boulottes, très gaies, bavardes en un parler étrange et que mon oreille même ne localisait pas. Parut enfin la plus belle créature de Dieu que j'aie jamais rencontrée dans ma vie et qui s'assit en face de moi. Les deux dames lui servaient de duègnes. Je ne puis croire que cette rencontre ne fut pas un grand événement pour moi puisque je m'en souviens avec la vivacité du jourd'hui. Il me semble que ce visage m'a toujours accompagné en vision marginale.

Nous roulions le long du Danube et j'avais terminé mon

bréviaire. Les deux duègnes entreprirent la conversation en allemand mais je ne parlais que français. « Vous êtes français? Quel bonheur! Nous parlons français aussi, même cette jeune fille que nous accompagnons. Elle n'a que seize ans, mais elle parle déjà très bien le français. Comment peut-on ne pas parler français? » Du même coup, j'appris que cette adorable personne quittait pour la première fois le château des ancêtres en Hongrie et qu'elle allait compléter ses études dans un pensionnat tenu par des dominicaines, à Fribourg, en Suisse.

Aucune des extases que j'eus dans ma vie, aucune n'égala jamais celle que j'eus pendant tout ce voyage. Ce n'était absolument pas de la convoitise mais un élan d'admiration qui me donnait le vertige. Ce n'était pas une brûlure non plus. A l'intérieur de moi, tout devenait miel, mixture de fleurs et de soleil. Ma déesse était blonde, deux tresses encadraient le visage d'un ovale parfait. Le nez était droit avec de fines narines qui frémissaient légèrement, la bouche petite avec des lèvres ourlées, les yeux en amande avec de longs cils : tout dans cette jeune personne annonçait la candeur et une enfantine majesté. Oui, c'était bien de majesté qu'il s'agissait : il y avait là un rayonnement propre qui n'était que de séduction, absolument pas de domination. Je me répétais le vers de Claudel qui exprime si bien sur nous l'attirance féminine :

Et son pouvoir, sur nous, pareil à celui de la grâce!

C'est un pouvoir en effet qui ne nous violente pas, puisqu'il semble jaillir de notre propre cœur.

Mais ce vivant paysage, déjà merveilleux à contempler au repos tout à coup se transfigurait quand les yeux se levaient lentement : des yeux bleus qui fixaient sur moi un regard droit, sans fuite et sans peur, sans réticences ni sous-entendus, un regard limpide qui se livrait à mon propre regard. Les deux duègnes, tout à la joie de voyager avec un dominicain français, ne s'apercevaient de rien; mais la belle enfant me paraissait terriblement sûre d'elle-même; et moi, j'étais terriblement surpris d'être désarmé sans combat. Il n'y avait pourtant dans ce regard aucun défi, mais seulement de la lumière et l'attente de la joie, la certitude de sa propre excellence et une candeur qui exprimait tellement l'enfance qu'elle eût désarmé Attila.

Oui, je pensais à Attila et à sa rencontre sous Paris avec sainte Geneviève, qui était au sortir de l'enfance. Je comprenais si bien que le terrible barbare ait fini par reculer devant une innocence concentrée comme la foudre, impossible à profaner. Moi, je me tenais à quatre, j'invoquais dans mon cœur tous les saints de l'Ordre, pour ne pas éclater d'enthousiasme devant tant de beauté. Je l'affirme parce que j'en suis sûr, si je n'avais pas été dominicain, tenu par des vœux, je sais que toute ma vie eût gravité autour de cette ardente beauté, comme une planète autour de son soleil.

Et quand je pris congé, à Salzbourg, je sus aussi que la porte du paradis, d'un certain paradis, se refermait à jamais devant moi. Il faut en fermer des portes et des portes, des paradis et des paradis, pour rester disponible à l'au-delà.

Ai-je lâché la proie pour l'ombre? Le défi propre du christianisme — et du judaïsme depuis Abraham — est d'affirmer la réalité du monde invisible contre toutes les sollicitations du monde visible. C'est là, et pas ailleurs, que se situe la légitimité profonde de la chasteté chrétienne et de la pénitence, vertus aujourd'hui si décriées, y compris à l'intérieur du monde chrétien, si tant est qu'il y ait encore un monde chrétien.

Le temps viendrait, où je n'aurais pas toujours la force ni le courage de sacrifier la beauté de ce monde à un pari sur l'invisible. Du moins jamais, ni dans mon esprit ni dans mon cœur, je n'ai renié cet antagonisme fondamental entre le visible et l'invisible, et la nécessité pour un chrétien, et surtout pour un moine, de sacrifier parfois le visible à l'invisible : ce que Jeanne d'Arc exprimait à sa manière par la réponse tranchante qui revient si souvent au cours de son procès : « Dieu premier servi. » Il m'est arrivé d'être lâche, mais j'ai toujours su ce que je faisais, je n'étais pas apostat. Jamais, même à mes propres yeux, je n'ai eu l'idée de justifier mes faiblesses; de mes abandons, je n'ai jamais fait une théorie.

A Salzbourg où des centaines d'oriflammes flottaient sur les ponts de l'Inn, dans cette ville secrète et gaie où on respire l'âme de Mozart, j'assistai à un concert donné par Toscanini. Je n'ai vu que de loin le prestigieux maestro qui donna à Mozart et aux grands classiques germaniques cette vivacité et ce rythme rapide qui les ont si bien harmonisés à la sensibilité moderne et qui, à la vérité, les lui rendent supportables. Beethoven, au rythme où on le jouait de son temps, nous ennuierait. Décidément l'Autriche faisait défiler devant mes sens, comme des flashes de cinéma, les évocations de ce que pourrait être un paradis terrestre, et tout cela était si fragile. Quel fut dans la suite le destin de la jeune et belle aristocrate hongroise, rencontrée dans le train entre Vienne et Salzbourg? Moins d'un an plus tard, Salzbourg elle-même serait violée par une armée venue du Nord et les bannières à croix gammée flotteraient sur l'Inn, à la place des oriflammes joyeuses que j'y avais vues.

Au printemps suivant, un ami m'envoya au chevet d'un homme qui se mourait à l'hôpital américain de Neuilly. C'était un Autrichien mais qui parlait très bien le français. Il avait été instrumentiste, flûtiste exactement, dans l'orchestre de Toscanini; comme tel, il avait participé au concert que j'avais entendu à Salzbourg. Il me raconta cette histoire arrivée deux heures avant ledit concert.

Tout l'orchestre, accompagnant son chef, était arrivé de Vienne, le jour même par le train. Pendant le voyage, mon homme essayait son instrument et une secousse imprévue avait fait que la flûte lui avait échappé des mains. Deux notes étaient cassées. Or le train arrivait trop tard à Salzbourg pour qu'il fût encore possible de faire faire la réparation avant le concert. Tout penaud, il alla confesser le désastre à Toscanini. Celui-ci demanda quelles étaient ces deux notes qui étaient cassées. Quand il le sut, Toscanini réfléchit un instant : « Imbécile, dit-il, tu n'as aucun souci à te faire; tu n'auras pas l'occasion, pendant tout le concert, d'utiliser ces deux notes. » En quelques secondes, il avait mentalement revu toute la partition du flûtiste ce soir-là. Telle est la science du chef : la connaissance instantanée du détail en même temps que la sensibilité de l'ensemble.

J'étais au bout du voyage. J'avais un billet jusqu'à Vintimille : au-delà, je n'avais plus un sou vaillant. Sur le train, je n'avais même plus de quoi m'acheter un sandwich. Je ne m'inquiétais pourtant pas, ma nature étant l'insouciance. Cela d'ailleurs me réussit. Entre Gênes et Vintimille, j'étais assis en face d'un brave homme, petit commerçant à Marseille, italien d'origine, pas très riche puisqu'il voyageait en troisième et qui avait en français l'accent de Raimu. Il engagea la conversation. Il sut que je n'avais pas de quoi arriver à Marseille et, de manière charmante, paya pour moi le reste du voyage, à charge pour moi de faire à son intention une prière à Notre-Dame de la Garde : « Le voyage, il est fini! A quoi il sert, maintenant, l'argent? »

Je trouvais la France en pleine agitation du Front populaire. A mon arrivée au couvent de Marseille, j'appris que les dominicains s'y étaient mis en civil pendant quelques semaines. Toute l'Europe peu à peu faisait l'apprentissage de la peur.

7

Quand je soupèse à distance la période de ma vie précédant immédiatement la guerre, je ne lui trouve ni poids ni épaisseur. J'y suis moi-même comme flottant sur un nuage, et les personnages que je rencontrai alors me paraissent aujourd'hui tenir plus de la fable que de la réalité. Quelques-uns ont pourtant fait beaucoup de bruit dans ma vie, ils ont laissé derrière eux l'écho d'un galop joyeux et d'un long hennissement, comme d'un troupeau de centaures. Il m'arrivait des choses fantastiques, délicieuses et brillantes. Je me faisais l'effet d'un funambule qui, au sommet du cirque, jongle avec des torches enflammées, sur une corde raide.

La genèse de tout cela fut sans commune mesure avec ce qui s'en suivit. En 1937, je fus nommé secrétaire de la *Revue thomiste,* revue de théologie et de philosophie très traditionnelle, dont la rédaction se trouvait au couvent d'études de Saint-Maximin. Cette revue avait été fondée à la fin du siècle dernier. Elle était en complète décadence, mal imprimée, poussiéreuse, ayant perdu toute qualité et donc toute autorité intellectuelle. L'équipe dirigeante fut remplacée par une équipe de jeunes dont je ne sais par quel miracle, je faisais partie. J'imagine que les supérieurs étaient déjà en peine de moi. On se méfiait de moi aussi bien pour l'enseignement que pour la prédication. Le secrétariat de la *Revue thomiste,* où je ne pouvais rien démolir car tout était déjà en ruine, se présentait comme une occasion de me juger à l'œuvre et une position d'attente.

Les deux directeurs de la revue, dont je dépendais directement, étaient deux dominicains, jeunes comme moi, parmi ceux de mes condisciples que je considérais comme des cracks, tous deux professeurs de théologie et fils de colonels. Mais le seul des trois qui fût soldat dans l'âme, c'était moi. La revue repartait de zéro dans tous les domaines : une revue sans éditeur, sans distribution commerciale, sans collaborateurs, était déjà fantomatique. Pour résoudre les problèmes immédiats, il fallait aller à Paris, on m'envoya donc à Paris. Ma tâche fut facile : tout avait été préparé par Maritain.

Maritain, qui fit une carrière de philosophe chrétien, était essentiellement un poète. J'ai dit de lui qu'il était Verlaine, dont il avait l'aspect physique, un Verlaine qui aurait remplacé l'absinthe par l'Esprit-Saint. Il était né bohème et, s'il n'avait été tenu en main par la femme la plus énergique que j'aie jamais rencontrée, je me demande s'il n'eût pas eu aussi la vie d'un bohème. Il avait des yeux bleus admirables, un regard enfantin, un visage aux traits fins, presque un visage de femme. Jamais je n'ai rencontré quelqu'un qui écoute son interlocuteur avec plus d'attention, avec une bienveillance plus humble. A chaque fois qu'un inconnu l'abordait, il avait l'air de se demander s'il n'avait pas à faire au mystérieux visiteur, chargé du secret entre les secrets, qui allait enfin lui découvrir l'autre côté du monde.

A la *Revue thomiste,* Maritain fut notre grand homme. Nous lui apportions une tribune régulière pour s'exprimer, un soutien à sa philosophie, un groupe de dominicains qui le comprenions et l'aimions. Lui nous apportait sa contribution de rédaction, ses conseils, ses amis, et c'est lui qui nous trouva un éditeur, la maison Desclée de Brouwer. Cette maison avait comme directeur littéraire Pierre van der Meer de Walcheren, ami de toujours de Jacques Maritain. Tous les deux, étudiants à Paris à la fin du siècle dernier, s'étaient liés d'une amitié fervente et fidèle. Tous les deux fins, sensibles, ouverts à tous les courants de l'art et de la pensée. Tous les deux incroyants, et Pierre van der Meer, même pas baptisé. Tous deux, conscients de leur vide intérieur, cherchaient en gémissant. Tous deux obsédés par le suicide à force de vertige métaphysique.

Tous les deux découvrirent ensemble « le Mendiant Ingrat », ce forcené de Dieu et de Celle qui pleure. Léon Bloy avait une moustache terrible, des yeux noirs qui jetaient le feu, une voix formidable et le cœur tendre. D'un geste vigoureux, il balaya toutes les objections et toutes les modes intellectuelles : il était par excellence l'anti-Renan, l'anti-Anatole France, l'anti-Bourget. Il ne pactisait avec personne, avec rien. Moyennant quoi, il crevait de faim, en vociférant. C'était littéralement vrai : une de ses filles mourut parce qu'elle n'eut pas assez à manger.

Ce sauvage, que tous traitaient d'énergumène, embrigada les deux garçons et, pour faire bon poids, les deux filles dont ils étaient amoureux. Il catéchisa son monde à sa manière, fit faire les baptêmes et fut le parrain. Jusqu'au bout de leurs vies, qui furent longues, Jacques Maritain et Pierre van der Meer restèrent avant tout, l'un et l'autre, « les filleuls de Léon Bloy ».

Pierre van der Meer était un grand Flamand, aux yeux bleus, au teint rose, au regard très clair, un doux, un modeste, qui s'effaçait volontiers devant le couple des Maritain qu'il admirait. Il menait une vie exacte et sans tapage. C'est lui qui m'a le plus appris sur Bloy. Il suffisait de l'écouter parler avec son léger accent belge et son calme flamand. En parlant, il riait à demi, comme font les grands pudiques qui ne veulent pas qu'on attache trop d'importance à ce qu'ils disent.

Léon Bloy enseigne le catéchisme. Sujet : le Paradis! « Mon petit Pierre (lequel était presque un géant), le Paradis, c'est Dieu! Partout où il y a Dieu, c'est le Paradis, même si on croit qu'on est très malheureux. Partout où Dieu n'est pas, c'est l'Enfer, ou l'antichambre de l'Enfer. Et dans le Paradis, tout près de Dieu, comme la lumière est près de la lampe, très grande, la Sainte Vierge. Puis les Anges et les Saints. Et tout près d'eux, confondus avec eux, indiscernables de leur troupe, les poètes, tu entends, mon petit Pierre, tous les poètes, tous, il n'en manque pas un!

— Même Villon? même Verlaine? même Rimbaud?

— Surtout Verlaine, Villon et Rimbaud, surtout eux!

— Même Nietzsche?

— Même Nietzsche!

— ...

— Et puis, loin, très loin, vraiment très, très loin, imperceptibles, mon petit Pierre, tu ne l'imaginerais jamais : quelques bourgeois... Dieu, on peut pas le comprendre! »

Au temps où je le voyais à Paris, Maritain était à son zénith, et Raïssa, sa femme, on l'appelait « Sainte Thérèse du Tout-Paris ». Il était professeur à l'Institut catholique. Mais sa personnalité et son prestige débordaient de beaucoup les milieux catholiques. Il avait collaboré à *Marianne,* hebdomadaire du Front populaire. Il avait été un des instigateurs de la revue *Esprit.* Cocteau et lui avaient échangé et publié deux lettres éblouissantes. Celle de Cocteau commençait par ces mots qui sont la plus parfaite définition de Maritain qu'on puisse imaginer : « Vous êtes un poisson des grandes profondeurs, lumineux et aveugle. » C'est vrai qu'une lumière douce émanait de lui et qu'il était aveugle sur bien des points : il avait des angles morts. Au confluent de toutes les expressions modernes de l'art, de la littérature, de la philosophie, ami de Rouault, d'Arp, de Chagall, de Reverdy, de Jean Hugo, il était resté le héraut sans peur et sans reproche de Thomas d'Aquin et de Jean de la Croix. Malgré toute la mondanité qui l'entourait et qui ne l'affectait guère, c'était un clochard de Dieu, le chevalier errant de l'Esprit dont on ne sait ni d'où il vient ni où il va. Maritain est l'homme flagellé et couronné d'épines de l'intelligence moderne : il en a ressenti tous les coups, tous les affronts, toutes les moqueries. Il en porte aussi l'espérance.

Je comprends très bien qu'aujourd'hui on en veuille à Maritain d'avoir favorisé et fourni d'arguments l'infiltration de l'Eglise de France par des éléments modernistes et gauchistes qui y donnent aujourd'hui le ton et la mettent à sac. Ce n'est pas la réaction tardive du *Paysan de la Garonne* qui pourra jamais réparer le mal fait par *Humanisme intégral* et son influence nocive sur une intelligence démagogique comme celle de Paul VI. Mais il me semble qu'on oublie trop facilement le dévouement constant de Maritain à Thomas d'Aquin et la résurrection du thomisme dans le monde moderne. Dans une si longue et puissante production, il n'est pas juste de ne retenir que les poisons.

Chaque fois que j'allais à Paris, je faisais une ou deux visites à la maison des Maritain, à Meudon, tout près de celle que Céline habiterait après la guerre. Raïssa et sa sœur Vera y maintenaient un cérémonial aussi strict que celui d'une cour. Il y avait la réception du dimanche matin, pour quelques vieux amis; il y avait les réceptions élargies de l'après-midi, qui faisaient de la maison de Meudon un des endroits les plus snobs de Paris. Raïssa y paraissait en robe longue et dans tout son éclat, mêlant la mystique et la mondanité dans un élixir subtil dont je n'ai jamais bien goûté les délices.

Beaucoup d'amis de Maritain supportaient Raïssa et ne l'aimaient pas. Pourtant elle avait du cœur et surtout une très haute idée de la mission de Jacques. Comme pour beaucoup de juives que j'ai connues et qui ont eu dans ma vie une influence décisive, on pense à la formule de de Gaulle : femme d'élite, sûre d'elle-même et dominatrice. Et, si c'est vrai pour les femmes qui font un peuple, c'est vrai pour ce peuple. Egalement filleule de Léon Bloy, Raïssa s'était mise au thomisme. Elle avait un instinct très sûr de la foi catholique et une véritable horreur pour le moindre compromis intellectuel. D'Abraham à son Jacques, elle ne faisait qu'un seul patrimoine qu'il fallait absolument maintenir. Raïssa était petite, brune, mince, élégante, capricieuse. Elle avait un profil pur et dur. Elle avait l'amitié fidèle et des aversions inexpiables.

Je pense que Maritain lui a dû beaucoup. Ceux qui ont bien connu Maritain savent à quel point il était une sorte de romanichel, l'insouciance et l'imprévoyance mêmes pour ce qui concernait sa subsistance. Jusqu'à la fin et passés quatre-vingt-dix ans, il gardera l'aspect de l'agneau qu'on mène à la boucherie. Son abondante chevelure blanche, quelque peu indisciplinée, son visage fin, ses yeux bleus, son regard sans réticences ni équivoque, sa tête légèrement penchée sur l'épaule, son corps frêle, ses mains d'aristocrate composaient une symphonie légère et savante comme la musique de Debussy ou la peinture de Fra Angelico. Tout à fait capable de colère et de violence, c'était pourtant un homme livré, offert, sans défenses apparentes, faisant son miel de tout.

Je suis convaincu que, si Raïssa ne l'avait pas à chaque instant mobilisé, peut-être un peu caporalisé, Maritain eût vécu dans les cafés, traînant derrière lui la jeunesse. Avec elle, il était aux travaux forcés. Son mérite à lui est de ne s'être jamais plaint d'une telle discipline dont il voyait bien la nécessité, mais de l'avoir aimée, au point de s'y astreindre encore quand Raïssa ne fut plus là. Il a fini sa vie, humble frère parmi « les Petits Frères de Jésus », et tous ont témoigné qu'ils n'avaient jamais eu un religieux plus humble, plus pauvre, plus obéissant.

Je ne puis douter de l'immense affection que Maritain a eue pour moi. A l'époque, — je le pense maintenant, mais j'en étais alors totalement inconscient, — se dégageait de moi une séduction due à la jeunesse et à tout ce que j'avais d'exotique. S'y joignaient l'éclat de mon sacerdoce tout neuf, le prestige de l'uniforme dominicain, je ne sais quoi d'allègre et de franc d'un soldat du Christ toujours sur le qui-vive. On n'imagine plus l'effet que pouvait faire dans la foule parisienne la présence d'un jeune moine, sans complexe et apparemment radieux de bonheur. Un jour, debout et pressé dans le métro à une heure de pointe, j'entendis dictinctement deux jeunes filles échanger des propos à mon sujet : elles n'avaient certes pas froid aux yeux et parlaient assez haut pour être entendues de moi. Elles détaillaient ma personne avec un cynisme admiratif et déploraient ouvertement la brutalité d'une religion qui se permettait de confisquer pour elle un jeune mâle qui leur appartenait de droit. Je fis semblant de ne rien entendre et descendis à la station suivante. Au fond je n'étais pas encore véritablement tenté par les plaisirs de la chair, que j'ignorais totalement. J'en aimais seulement peut-être l'imagination.

A un moment donné, et sous l'influence de Raïssa, Maritain a un peu trop désiré être à la mode; la mode maintenant l'a fui. Qui lit encore Maritain? Il sortira un jour du purgatoire, plus grand qu'il n'a jamais voulu paraître, il en sortira en abandonnant à la corruption toute une partie de son œuvre trop à la remorque des problèmes de son temps où il était aveugle. Il en sortira dans toute son envergure métaphysique de lutteur solitaire, inflexible témoin du réalisme critique. Quand les nuages de l'idéalisme qui obscurcissent la philosophie depuis Descartes et Kant seront enfin dissipés, quand l'unité vers laquelle l'homme moderne aspire entre l'âme et le corps sera enfin consciemment reconquise, quand l'intelligence humaine renouvellera, dans une joie nuptiale, son pacte originel avec l'univers et avec le mystère qui est le noyau vivant de l'univers, alors Maritain apparaîtra, inévitable interlocuteur d'Hamlet : *To be or not to be, that is the question!*

De sa voix ferme et douce, Maritain dira ce que toute son œuvre philosophique explique : « Mais il n'y a pas de question, il n'y a même pas la moindre alternative, pas le moindre choix! On n'a pas à choisir l'être, parce qu'il est donné : le sujet comme l'objet du choix sont donnés, gratuits. Parce que nous sommes capables de le recevoir et de l'assimiler, parce que la destination de l'intelligence humaine est de communier à l'être, dans la perception duquel elle se découvre elle-même, tout en découvrant l'univers. »

Le philosophe qui a écrit : « Tout être est composé de nature et d'aventure. L'inscription dans le temps de cette rencontre s'appelle l'histoire », n'est-il pas de notre temps, autant et plus que n'importe quel penseur célèbre?

La *Revue thomiste* passa donc aux éditions Desclée de Brouwer. Son avenir matériel et sa distribution étaient assurés, nous étions déchargés du soin de son administration. A cette occasion, j'allai à Bruges où se trouve la direction de Desclée de Brouwer. En allant en Autriche, j'avais découvert Venise, et j'en garde encore le souvenir d'un guet-apens de beauté. J'y reçus des blessures si profondes qu'elles sont à peine cicatrisées, et je n'y suis jamais revenu. Je visitais maintenant « la Venise du Nord » dont le charme était plutôt d'un doux investissement. Je découvrais la peinture flamande et Memling, qui convenait bien à cette époque de ma vie où j'étais encore un peu sentimental, même dans mon âme religieuse.

J'observais sur les jeunes filles rencontrées le long des canaux le type même des madones de Memling, mais avec des lèvres minces et comme un retrait de sensualité. Le jansénisme est passé par là, qui a modifié jusqu'au type physique. Rien n'est plus curieux à noter que ces mutations physiologiques consécutives à des changements d'orthodoxies : qu'ont de commun les princesses russes de la cour des tsars, célèbres pour leur charme de lianes alanguies, avec les bestiales matrones, épouses des hauts dignitaires du régime soviétique?

La *Revue thomiste* ayant maintenant pignon sur rue à Paris, il fallait l'introduire dans le monde, dans son monde : celui de la philosophie et de la théologie. Pour la théologie, ce n'était pas tellement mon affaire, les directeurs de la revue pensaient y suffire. Avec quelques amis à eux, ils allaient tenter de créer une réaction à tout ce mouvement historiciste qui compromettait la nature même de la théologie et qui avait pour champion le Père Chenu et pour centre le Saulchoir, couvent d'études de la Province dominicaine de Paris. Ils allaient tenter de dresser un barrage contre la débâcle évolutionniste en théologie, dont le détonateur était déjà, bien que clandestinement, le Père Teilhard de Chardin. La bataille fut sans doute mal engagée et mal menée par ces fils de colonels. Comme on le sait, elle fut en tous les cas perdue. Il semble que le Concile ait définitivement dégonflé le zèle de ces champions. Aujourd'hui, la *Revue thomiste* est rentrée dans sa tour d'ivoire, elle a perdu le goût de la bataille et de l'aventure. Alors que les querelles actuelles qui enflamment toute l'Eglise sont essentiellement des querelles théologiques, cette revue se garde comme de la peste de prendre quelque parti que ce soit : impossible même de savoir ce qu'on y pense vraiment.

Restait la philosophie : comment faire entrer la revue dans le milieu et dans le mouvement philosophique national? Nous avions déjà quelques philosophes qui étaient nos alliés naturels, c'étaient les amis de Maritain. En premier lieu, Olivier Lacombe, l'élève le plus près du cœur de Maritain, spécialiste de philosophie hindoue. Roland Dalbiez était professeur de philosophie à l'université de Rennes, il avait fait une thèse des plus brillantes sur Freud. C'était un grand diable qui marchait vite au point que j'avais peine à le suivre. Il me donnait rendez-vous sur les quais de la gare Montparnasse, au milieu de la foule des voyageurs, dans un immense brouhaha, en attendant son train. Nous faisions les cent pas : il avait des phrases longues, admirablement construites : quand je ne comprenais pas immédiatement et que je lui demandais de répéter, il me redisait sa dernière phrase, absolument identique dans son ordre, son vocabulaire, sa cadence, sans y changer une virgule. Il me fascinait et m'amusait à la fois. Les gens sc retournaient pour nous regarder, il n'en avait cure. Je l'entends me crier à tue-tête : « Oui, mon Père, tel que je vous le dis : j'ai connu une femme frigide avec son amant, insatiable avec son mari : allez y comprendre quelque chose! »

A cette époque, en France, il y avait un groupe de philosophes tout à fait remarquables; ils n'étaient pas thomistes mais très nettement spiritualistes et la plupart d'ailleurs chrétiens. Ils dirigeaient chez Aubier une collection intitulée « Philosophie de l'Esprit ». Leurs chefs de file étaient Le Senne et Lavelle. J'ai eu un immense plaisir à les connaître et à les fréquenter. La mort prématurée de Le Senne puis la guerre ont dispersé ce groupe et interrompu son activité. Que cette « école » de philosophie ait si vite disparu a été une grande malchance pour la France. La guerre ne démolit pas que des maisons. Je n'avais aucun goût pour Gabriel Marcel : sa petite taille et ses énormes moustaches me rebutaient, il semblait déployer toute son énergie pour les porter seulement.

Il fallut peu de temps pour que la *Revue thomiste* fût respectée. Un détail y contribua : elle payait ses collaborateurs, au temps où la prestigieuse *Revue de Métaphysique et Morale* ne versait aucun droit aux auteurs. Que nos collaborateurs fussent payés, c'est moi qui l'avais exigé, et c'étaient surtout des amis à moi qui me facilitaient cette honnêteté. Dans une société où tout s'évalue en argent, il est incroyable combien le travail de l'esprit est généralement peu apprécié. Beaucoup de vrais écrivains, des écrivains de vocation et qui écrivent bien, ont des ressources financières au-dessous du SMIC. Cela ne crée aucun scandale. L'écrivain est seul par nature. Quel est l'être plus rare qu'un grand écrivain? C'est un grand éditeur.

Donc la *Revue thomiste* payait, modestement, mais elle payait. Cela se sut et contribua de façon déterminante à lui attirer une équipe de collaborateurs solides, véritablement philosophes, et qui fut toujours d'une loyauté exemplaire. Telle fut sans doute, avec un certain air d'élégance austère dans sa présentation, ma contribution principale au succès de cette revue qui existe encore, mais qui, depuis longtemps, m'a tourné le dos comme si elle avait honte de moi. Dans l'Ordre, je n'ai jamais été considéré de ce vivier dont on tire les « maîtres en théologie ». La maîtrise en théologie est le bâton de maréchal des dominicains. Mais nous sommes à une époque où les maréchaux ne livrent plus bataille : ils préfèrent aller serrer la main de l'ennemi.

Outre mes fonctions à la *Revue thomiste,* j'étais Père hôtelier. Cela consistait à veiller à la propreté et au bon ordre de l'hôtellerie qui occupait l'un des côtés (le côté de la « porterie » et de l'ouverture au monde) de ce vaste quadrilatère-forteresse qu'était « le couvent royal de Saint-Maximin », celui-là même dont le jeune Racine faillit devenir prieur. J'accueillais les hôtes, j'étais à leur disposition, j'essayais de leur parler de Dieu, de leur faire partager mes enthousiasmes. Dans une certaine mesure, j'y parvenais sans doute. Je ne m'adaptais à rien ni à personne : j'étais ce que j'étais, vivant joyeusement la poésie du christianisme, de la liturgie, de la vie monastique, ne soupçonnant rien du monde, cuirassé d'or par l'innocence.

Qui étaient les hôtes que je recevais? Du tout venant. Depuis saint Benoît, fondateur au VIe siècle du monachisme occidental, l'hospitalité est l'honneur de la vie monastique. Cette hospitalité y est toujours près d'y prendre le caractère sacré du droit d'asile : et c'est ce qui devait arriver dans les années de guerre et de l'immédiate après-guerre.

Des jeunes surtout, des étudiants venus d'Aix ou de Marseille toutes proches pour passer la fin de la semaine. Quelques-uns se demandaient s'ils n'avaient pas une vocation, on disait « la vocation », tant le seul appel qu'un jeune pouvait entendre au-dessus de tous les autres était celui de Dieu. Il y avait d'autres jeunes, de condition plus modeste, envisageant de devenir frères convers, ces frères dans nos communautés qui n'étaient pas prêtres et restaient chargés du travail manuel. Parfois aussi des resquilleurs, qui ne savaient guère où aller, et pour lesquels un toit et la tambouille gratuite du couvent était une aubaine pour quelques jours : ils étaient humbles, se faisaient oublier, disparaissaient soudain comme ils étaient venus. Une fois aussi, un voleur organisé : je voyais son sac grossir de jour en jour. Je l'ouvris avant son départ : il avait réussi à subtiliser quelques livres précieux de la bibliothèque, qu'il comptait revendre à Marseille. Il restitua tout, je lui payai son voyage et il partit.

Depuis si longtemps, il m'arrive encore de recevoir une lettre par l'intermédiaire d'un journal ou d'un éditeur : « Vous souvenez-vous de moi? J'ai passé, vers les années quarante, quelques jours merveilleux à Saint-Maximin... » Je ne me souviens pas. Je ne réponds pas non plus : il y a longtemps que, si je devais répondre à toutes les lettres que je reçois, je ne pourrais faire autre chose. Je ne me rappelle que cet accueil ouvert à tous, cette atmosphère sereine que, dans un monde tourmenté, on ne trouvait que dans les couvents.

J'avais pourtant une bande plus fidèle, qui grossissait avec les années, quelques amis, jeunes hommes, jeunes femmes, et que j'appelais « ma paroisse ». Dans cette bande émerge la silhouette ambiguë et discrète de Dimitri Ivanov, jeune Russe dont le père, qui vivait à Rome, était un philosophe de grande qualité. Dimitri terminait ses études à Aix, vivait en pension au-dessus de la ville, dans une villa très gaie et fleurie, « L'Obéron », chez une juive autrichienne extrêmement musicienne, de quinze ans son aînée, et qui se consumait pour lui d'une passion ardente et vaine. Ivanov avait un regard de biche et l'extrême douceur des impuissants, la grâce fragile d'un page de Botticelli. Je ne l'ai jamais soupçonné d'être amoureux de qui que ce fût, fille ou garçon.

En musique, en poésie, en peinture, il connaissait tout, lui-même aussi inutile et fugace qu'une fleur au parfum éventé. La vie nous a tout à fait séparés. Plus tard, sous un pseudonyme, il a acquis quelque célébrité dans le journalisme, correspondant à Rome de grands journaux parisiens. En fait et sans être entré dans les Ordres, il était né abbé de cour, aussi ecclésiastique dans sa manière d'être que je l'étais peu moi-même. Je ne sais d'où Dimitri Ivanov tirait ses ressources, on y pensait peu à son sujet, comme s'il se devait de vivre de l'air du temps. Il allait, venait, effaçant derrière lui toutes traces, entreprenait ce qui lui plaisait sur le moment même, aussi libre et impécunieux qu'un chat, dont il avait l'élégance évasive, avec les curiosités et les dégoûts d'un animal de race. Il est resté ce qu'il était, il s'est seulement empâté avec l'âge : il a maintenant l'aspect d'un chanoine romain, bien fourré, gros et gras, arbitre, expert en tous les cas.

C'est par Dimitri Ivanov que j'ai connu à Paris une famille homonyme, les Ivanoff. C'étaient également des Russes immigrés, mais combien différents de Dimitri. Le père, Serge Ivanoff, peintre classique avec ostentation, composait de grandes toiles mythologiques, d'immenses architectures de femmes nues, sans mystère, tout en rondeurs, en chairs, en harmonies. Il avait lui-même le visage, les yeux en amande, le bouc et l'œil égrillard du dieu Priape. Dans son atelier de Montmartre, il régnait sur ce harem imaginaire comme un bienveillant sultan. On le traitait de peintre pompier, il s'en moquait : il nourrissait un mépris de fer pour toute la peinture moderne depuis Ingres. Il était pauvre, de grandes manières, des manières que seuls les Russes peuvent avoir dans le dénuement. Nous n'avions pas beaucoup d'idées en commun, mais son amitié était accueillante et chaleureuse, d'une légèreté de bulles d'air. En fait, dans la tempête, cette amitié se révéla d'une solidité de roc, et sans jamais affecter une allure dramatique, qui l'eût rendue pesante.

Il était marié, avait trois filles, dont l'aînée approchait les vingt ans; toutes trois selon l'expression populaire « aussi belles que sages » : Marianne, Gallia, Coré. Il vivait un peu en marge de sa famille, elle-même pauvre et joyeuse. On arrivait à n'importe quelle heure et on repartait de même, sans que jamais personne eût l'air incommodé de votre présence. Je découvrais un univers familial, le contraire de celui dans lequel j'avais grandi. La religion orthodoxe y était vivante et gaie, sans contraintes excessives, la morale stricte mais d'une franchise incroyable. Mme Ivanoff avait dû être belle femme : elle avait fixé son type de coiffure une fois pour toutes autour des années 1925 et elle faisait fi de toute élégance personnelle. Elle avait des axiomes acides et nets : « Une fille belle et pauvre n'a que deux façons de gagner sa vie : debout et en travaillant, ou couchée et dans le lit des autres. » Je n'étais pas habitué à cette effronterie de langage, bien innocente aujourd'hui. J'écoutais, j'observais, je me plaisais beaucoup dans ce milieu. Mme Ivanoff, entre ses filles, ses chats et son samovar, vivait dans un petit rez-de-chaussée de la rue La Bruyère. L'aînée des filles, Marianne, était déjà danseuse-étoile à l'Opéra. Sans me l'avouer tout à fait, j'en tombai amoureux; mais nous affections l'un pour l'autre une camaraderie fraternelle qui m'enchantait. Dans aucune autre compagnie, je n'ai été traité avec plus de gentillesse et de respect.

Rue La Bruyère, c'était un perpétuel va-et-vient. On y voyait passer quelques danseuses de l'Opéra, dont l'une, brune, élégante comme une écuyère de cirque, avait des yeux de chatte : je l'appelais « Mouchette ». On y voyait aussi des mannequins de haute couture et des danseuses de cabaret. Tout ce petit monde était pauvre et gai, travaillait beaucoup, entrait comme par enchantement dans ce minuscule appartement où se mêlaient les chats, les chaussons de danse, les petits chapeaux à la mode, cent froufrous féminins. C'était, à deux pas de l'immense navire de l'Opéra, comme une fragile nacelle dans son sillage, où régnait encore l'ambiance de coulisse et de loge, l'ambiance irréelle du théâtre : ces filles souples comme des lianes s'enlaçaient, riaient, s'embrassaient faisaient des pointes, chantaient, et disparaissaient fabuleusement. J'étais là dans une mythologie familière qui me paraissait innocente et futile, comme une volière d'oiseaux éblouissants et fugitifs.

Il y eut un petit événement qui eût dû me faire réfléchir et m'amener à penser que le voisinage de toutes ces peaux satinées et parfumées n'était pas pour moi sans danger. Un soir où je m'étais attardé en buvant du thé et en chantant de vieilles chansons françaises, je finis par prendre congé après avoir embrassé tout mon monde comme en famille. Je rappelle — tant on aurait tendance à l'oublier aujourd'hui — que je portais partout l'habit dominicain, comme tous ceux de mon Ordre. Une jeune danseuse, acrobate dans un cabaret, ce soir-là en congé, et qui habitait dans le quartier, profita de ma sortie pour rentrer chez elle. Elle me demanda de la raccompagner jusqu'à sa porte car, me dit-elle, elle avait peur d'être seule dans la rue la nuit, et je trouvai cette demande toute naturelle.

Nous allions côte à côte en bavardant gaiement. La nuit était chaude. Sous la robe légère, on devinait un corps alerte et joyeux. Elle était coiffée d'une toque insolemment penchée sur le côté et avait l'air d'un petit cosaque. C'était un personnage vif, espiègle, juteux, aux lèvres gourmandes. A la porte de son immeuble, et au moment de nous séparer, elle bondit comme un ressort, me sauta au cou, m'enlaça de ses deux bras et me plaqua sur les lèvres un long baiser goulu. J'en fus stupéfait. Je n'eus aucune réaction, sauf celle de me dégager doucement, en toute courtoisie. L'assaut fut si brutal que je restai de glace. Je ne compris même pas l'invitation très claire qu'il représentait. Il est possible que, jadis, les baisers gloutons de mon directeur de petit séminaire m'aient définitivement traumatisé et que le baiser sur la bouche me paraisse le contraire d'un acte sensuel. Mon impertinent petit corsaire avait définitivement raté son abordage, je ne fus que pantois. En fait, les nus mythologiques dans les grands tableaux d'Ivanoff me troublaient infiniment plus. C'est par les yeux que je vis et que je m'émeus.

On me dira que je jouais avec le feu. Je ne jouais pas. J'étais jeune, heureux de vivre. Je ne voyais au monde aucune malice et ce bref épisode ne me fit pas changer d'avis; il devait d'ailleurs rester isolé et comme incongru dans cette fête qu'était pour moi la fréquentation de la famille Ivanoff. C'est vrai, j'étais amoureux de Marianne, vaguement et violemment, mais encore totalement ignorant de la geste amoureuse. Sentimentalement, je n'avais pas encore émergé du chaos et je trouvais délicieuse cette indistinction primitive. Je ne me souviens pas d'avoir revu ma petite acrobate. De mon côté du moins, il ne s'était rien passé. J'étais un jeune moine, fidèle, assidu à la prière, même dans mes randonnées parisiennes, stagnant dans une ignorance des choses de la vie qui confond l'imagination. Cette candeur, que j'ai gardée si longtemps, agissait autour de moi, comme une barrière certes, mais aussi comme une attirance. C'est aujourd'hui seulement que je le sais.

La famille Ivanoff m'aimait. Avec la désinvolture de Russes civilisés, elle me récurait de ma rouille auvergnate. Je me souviens d'avoir entraîné un jour le père et Marianne à la messe que je célébrais, ce matin-là, près de chez eux, à la basilique du Sacré-Cœur à Montmartre. C'était une journée claire. En sortant on découvrait tout Paris dans une brume légère. Marianne me parut lumineuse comme ce soleil, si proche de moi avec ses yeux bleus et rieurs qui me regardaient gravement, sa bouche petite, son nez droit et fin, son teint que je ne faisais qu'effleurer comme on a peur de ternir une fleur en la froissant.

Mais elle n'était jamais plus elle-même que lorsque je la regardais du fond d'une loge à l'Opéra. Sous tous les feux de la scène, moulée exactement dans son collant, elle prenait un élan fabuleux et retombait avec langueur dans les bras d'un danseur, dont je m'étonnais toujours qu'il ne défaillît point sous le poids de tant de grâce. A ces moments, et dans cet écrin de pourpre et d'or, je comprenais tellement bien qu'on appelât « étoile » une danseuse de ballet. Marianne était une étoile dans tout son éclat; quand elle se retrouvait près de moi, si belle, si naturelle, si rieuse, si peu consciente de sa splendeur, je n'en revenais pas de ma chance, comme lorsqu'on tient dans sa main un ver luisant et qu'il continue de briller.

Qui, dans Paris, sait encore ce que fut « Le Club des Pointus »? Comme tant de choses exquises, il fut balayé par la guerre.

C'était une amicale, un cercle aussi fermé que le Jockey Club, mais jeune, pauvre, souverain. Il se recrutait par cooptation parmi les danseurs et danseuses de notre scène nationale. On exigeait en outre le sens de l'amitié et de l'humour. Sa manifestation principale était, un soir de relâche de l'Opéra, un repas mensuel dans la salle d'un restaurant modeste, car chacun payait son écot et nous étions pauvres. Il était présidé, de manière inamovible, par Solange Schwartz et Serge Lifar. Par un caprice que je ne pris jamais la peine d'approfondir, Serge Ivanoff et moi étions les seuls membres honoraires permanents.

Mon cœur battait, le premier soir où je fus présenté à cette troupe de sylphes et de sylphides. Je voyais Lifar pour la première fois, visage asiatique de dieu Pan. Il y avait une surprise pour moi, je n'étais pas le seul religieux invité : on me présenta un Père franciscain, aussi jeune et élégant qu'on pouvait rêver, très connu, me disait-on, dans les milieux de la danse, et qui s'appelait naturellement « le Père Séraphin ». Il avait un regard noir et des mains fines. Cette compétition ne me plut pas : j'ai toujours aimé être le seul membre du clergé dans les milieux que je fréquentais. J'en pris cependant mon parti et me gardai d'en rien manifester; je fus simplement poli envers ce moine dont l'onction ecclésiastique me parut affectée. A un bout de table, on n'y tint plus et on commença de pouffer : mon franciscain était Serge Peretti qui était allé chez le costumier du Français chercher un froc de bure.

J'étais assis entre Solange Schwartz et Serge Lifar. Celui-ci se rattrapait des silences de son métier sur scène par un bavardage incessant, d'ailleurs aussi paradoxal et amusant que celui d'un grand seigneur du XVIIIe siècle. Il entreprit de me confirmer dans ma vocation monastique : « Comme vous avez raison, me disait-il! (Il roulait les r, humidifiait les u, il avait un doux tonnerre qui grondait au fond de sa gorge.) Comme vous avez raison! A quinze ans, je pensais exactement comme vous et j'ai décidé de devenir moine. Du moment que Dieu est tout, c'est à Lui qu'il faut tout donner... » Il resta un moment pensif. Puis il conclut, avec une conviction débordante de gratitude : « C'est Diaghilev qui m'a sauvé! » De surprise, je faillis m'étrangler avec la bouchée de gigot que je tentai d'avaler.

Certes, j'ai traversé bien des milieux, des plus mondains aux plus frustes. Le climat du Club des Pointus me paraissait serein comme un matin d'été. Tous, garçons et filles, travaillaient jusqu'à douze heures par jour : après la barre, les répétitions; après les répétitions, les représentations : il restait peu de temps pour la bagatelle. Je ne prétends pas que tous fussent des anges. L'une des plus jolies danseuses me confiait, en baissant les yeux et la gorge gonflée d'un soupir : « Il y a le loyer, les fins de mois... Les chaussons coûtent si cher... » Mais il y a, dans un tel métier, une héroïcité quotidienne devant laquelle je me sentais un médiocre petit garçon : la danse ne se rêve pas. Tant d'assiduité, tant de travail, tant de santé, pour parvenir à la disponibilité constante du corps et des muscles, à l'expression physique de l'envol et de l'apesanteur, et puis, une carrière si brève, même si elle est parfois — bien rarement — fulgurante.

Récemment j'ai rencontré Lifar à Paris, par hasard, dans

un petit restaurant. Lui qui avait vécu entouré d'une cour, il était seul et mangeait un foie de veau à l'anglaise et des crudités. Devenu sec comme un sarment, il était maintenant le moine qu'il avait voulu être à quinze ans. Je m'approchai et me fis reconnaître. Il y avait dans son regard et dans sa voix une gratitude pathétique que je sois venu lui dire mon fidèle hommage.

Finalement, il y a une grande abnégation dans ces carrières tout entières vouées à la gloire éphémère. Cela justifie, non seulement l'éblouissement que j'ai toujours éprouvé devant elles, mais plus encore ma vénération.

Un jour, Maritain me téléphone : « Bernanos vient de rentrer d'Espagne, avec toute sa famille, sa femme et ses six enfants. Son fils aîné a dix-sept ans, doué, poète, tout ce que vous voudrez, mais il ne sait rien, rien de rien. Il a commencé la guerre d'Espagne dans la Phalange, puis l'a quittée, découragé, dégoûté. Il lui faudrait un précepteur, pourvu d'une patience à toute épreuve, capable de lui enseigner au moins les rudiments, et qu'une expérience bernanosienne amuserait. Vous avez ça, Bruck, dans vos relations? » J'avais ça, et je pensai immédiatement à Dimitri Ivanov. C'est ainsi que je fis la connaissance de Bernanos : il y a des jours où des mains invisibles saisissent les fils des destins différents et les nouent inextricablement. Ce jour fut de ceux-là.

C'était un vendredi de juin 1937, fête du Sacré-Cœur. Il faisait sur Paris une chaleur incandescente. Le matin, j'étais monté à la basilique de Montmartre pour y célébrer la messe selon le rite dominicain : « Filles de Sion, franchissez les portes! Sortez à la rencontre du roi Salomon, couronné du diadème que sa mère lui a posé sur le front, au jour de ses épousailles, en cette matinée de l'allégresse de son cœur! » C'est par une telle déflagration de poésie que j'entamai cette journée qui me laisserait l'âme au bord de l'abîme. La liturgie catholique — qui aujourd'hui est devenue aussi stupide que déprimante — était alors un champ de mines qui explosaient au moindre pas qu'on y aventurait. Et, pendant toute cette journée, me reviendrait cette invocation des litanies du Sacré-Cœur : « Fournaise ardente de charité! » C'était en effet la fournaise.

Comme si souvent dans ma vie, je m'étais très mal débrouillé avec mes rendez-vous. Je déjeunais avec mon ami Carcassonne, de passage à Paris entre deux affectations en Afrique noire. Bernanos m'avait fixé rendez-vous en l'église Saint-Germain-des-Prés, à seize heures. Entre les deux, il me fallait absolument aller à Clamart voir une amie de ma mère.

En ces temps-là, je ne prenais jamais de taxi : c'était trop cher et un religieux ne gaspillait pas l'argent des pauvres en de telles futilités. Ce fut pour moi un cas de conscience : car, pour la première fois, je me décidai à prendre un taxi pour honorer tous mes rendez-vous. Il faisait tellement chaud que les pneus enfonçaient dans le macadam. J'aime beaucoup la chaleur, j'en étais pourtant accablé et l'habit des dominicains n'arrangeait rien. Je me rencognai au fond du taxi, ma serviette bourrée de documents posée à côté de moi sur la banquette, sans même remarquer que le chauffeur était avec moi à peine aimable. Arrivé à Clamart, je paie et renvoie le taxi. Mon hôtesse a mis de la bière au frais : fournaise ardente de charité! fournaise! fournaise!

Combien de fois ai-je constaté qu'on ne demandait rien d'autre à un prêtre que d'être là; non de parler — tant d'autres parlent dont il ne ferait que prendre la suite —; on veut qu'il soit là, c'est tout. Telle était l'amie de ma mère, femme encore jeune, ses cheveux en bandeaux encadrant un doux ovale et de grands yeux; elle était malheureuse et elle croyait qu'elle ne croyait à rien. J'étais là, cela suffisait. Soudain, coup de sonnette impérieux à la grille du jardin : c'est mon chauffeur de taxi, furieux. J'ai oublié ma serviette sur la banquette et il revient de Paris pour me la rendre... Par cette chaleur l'obliger à revenir de Paris, on voit bien que je me fous du pauvre monde... La maîtresse de maison le fait entrer, lui sert une bière fraîche et, comme je dois être à Saint-Germain-des-Prés à seize heures, je le garde pour rentrer à Paris.

A l'aller nous n'avions pas échangé trois mots. C'est au retour sur Paris que mon chauffeur de taxi allait ressembler à un personnage de Rimbaud : « Ce Monsieur ne sait pas ce qu'il fait : il est un Ange! » Il prit l'offensive. L'euphorie du Front populaire n'était pas encore tombée et on était en pleine guerre d'Espagne. Nous n'avons plus aucune idée aujourd'hui à quel point les nerfs de tous étaient à fleur de peau, à quel point, chez tous, les passions étaient exaspérées, le ressentiment, la colère, l'espoir...

— Vous savez, moi, je n'aime pas les curés!

— Je n'ai pas à me plaindre de vous.

— Je fais mon métier!

— Vous faites plus que votre métier. Vous n'étiez pas obligé de refaire tout ce trajet pour me rapporter ma serviette; si je l'avais perdue, c'était pour moi une catastrophe. En fait, pourquoi êtes-vous revenu?

— Vous n'êtes pas un curé comme les autres...

(En France, tous les anticléricaux ont dans leurs relations un curé pas comme les autres; comme tous les antisémites ont un juif pas comme les autres!) Qu'importe? Le jeu m'amusait.

— Et qu'ai-je de pas comme les autres?

— Vous? Vous êtes un curé de Victor Hugo! Et cette dame chez qui vous étiez, elle est si triste et si bonne..

Ce dialogue dans un taxi allait avoir une grande conséquence pour moi.

1926, *Sous le soleil de Satan*; 1927, *L'Imposture*; 1928, *La Joie,* et comme acolytes à cette prodigieuse trilogie : le Drumont de *La Grande Peur des bien-pensants, Saint Dominique, Jeanne relapse et sainte.* Dans la littérature française, Bernanos avait fait sa trouée au canon. Quelques années auparavant, Rémy de Gourmont écrivait gravement que la meilleure preuve de l'épuisement définitif du catholicisme était qu'il n'y avait plus d'écrivains catholiques. Pas de chance : le démenti lui fut aussitôt infligé par Léon Bloy, Claudel, et maintenant Bernanos. J'avais vingt ans, je me savais appelé. Et, si j'avais douté de mon appel, cette voix qui m'arrivait du large comme la houle me l'eût confirmé.

De ma vie, je n'ai écrit le premier à un homme célèbre pour le seul plaisir de le connaître. Seule exception en toute ma vie, Bernanos : j'avais vingt-deux ans, et le mois d'après j'entrais au couvent. Je lui écrivis pour lui dire ce que représentait pour moi son apparition. Lui qui, à ce moment de sa vie, ne répondait pas aux lettres me répondit une lettre que j'ai perdue mais je me souviens de la phrase finale un peu emphatique : « Pensez à moi comme à un vieux compagnon de chaîne qui casse ses cailloux en attendant la levée d'écrou et l'infaillible élargissement. »

Notre correspondance s'était arrêtée là quand, dix ans plus tard, Maritain me téléphonait pour me confirmer le rendez-vous de Bernanos « à l'église Saint-Germain-des-Prés, à la porte latérale sur le boulevard, sous la statue de saint Pierre ». Et Maritain continuait : « Vous le reconnaîtrez facilement. Il a une abondante chevelure grise, des yeux très bleus. A la suite d'un accident de motocyclette, il est demeuré estropié, il marche avec des cannes. »

Pour ne pas manquer ce que je considérais déjà le rendez-vous de ma vie, j'étais à l'avance et, comme toujours, Bernanos était en retard. J'attendis une heure et demie sous la statue de saint Pierre. Pas de Bernanos! Mais il y eut un simulacre bien digne du compagnon ténébreux qui hante les romans bernanosiens. Un homme appuyé sur deux cannes errait dans l'église à peu près déserte : il avait les yeux bleus et une abondante chevelure poivre et sel. Mais il avait surtout l'air d'un voleur de troncs ou d'un profanateur de sépultures. Pris entre la précision des indices et la répulsion que m'inspirait le personnage, je l'observai, ne pouvant me convaincre que c'était ça, Bernanos! A la fin, je me levai, fonçai sur le personnage et lui dis, les yeux dans les yeux : « Etes-vous Georges Bernanos? » La panique éclata sur son visage, il bafouilla des propos incohérents et, à ma surprise, s'évanouit sans même laisser derrière lui la moindre odeur de soufre.

Peu de temps après, Bernanos entra. Impossible de ne pas le reconnaître à son allure seigneuriale. Le feu était dans ses yeux. Il me fit un signe de la tête, alla baiser le pied de la statue de saint Pierre, se recueillit un moment, debout, la tête penchée, appuyé sur ses cannes, abîmé dans le silence. Nous sortîmes ensemble dans la fournaise. Cette fois-ci, le ciel était tout noir : « Où aller? me dit Bernanos, je voudrais vous parler tranquillement. » Je hélai un taxi et nous trouvâmes refuge dans le bureau de Pierre van der Meer de Walcheren, chez Desclée de Brouwer, rue des Saints-Pères. Soudain l'orage éclata; des grêlons gros comme des œufs de pigeon tombaient avec violence dans la cour. Je me précipitai pour fermer les hautes fenêtres. Des éclairs illuminaient le mur d'en face, couleur de plomb. Le tonnerre roulait sans discontinuer comme le train des équipages de l'Apocalypse, tandis que la célèbre voix d'airain, que Daudet comparait à la trompette du Jugement, s'élevait derrière moi, puissante et tranquille : « J'allais justement vous le dire, mon Père, C'EST LA FIN DU MONDE! »

Que me dit-il encore? Je ne m'en souviens plus. Je vouai immédiatement à cet homme une admiration et une fidélité passionnées. Il était bien supérieur à ses livres, que j'avais pourtant tellement aimés. Je trouvais une réalité irréfutable dans sa voix, ses gestes, son regard parfois doux, parfois impérieux, et qui chavirait soudain dans l'angoisse. Je le découvrais tout entier avec sa franchise de ton, sa brusquerie d'attaque, sa fulgurance qui emportait l'adhésion, cette générosité de lumière qui balayait les objections, cette profusion d'images éclatantes qui éblouissaient le cœur. Trait typique de Bernanos : il avait oublié et m'avait fait oublier ce pour quoi nous nous étions rencontrés. Mais il habitait Toulon, près de Saint-Maximin : nous convînmes de nous revoir le plus tôt possible.

Le soir, je dînai chez les Maritain, à Meudon. En racontant ma journée, je n'oubliai pas le chauffeur de taxi. La mère de Maritain vivait encore. Fille de Jules Favre, elle était et resta jusqu'au bout fidèle au protestantisme de son enfance. Elle adorait son fils mais n'appréciait ni Raïssa ni rien de son entourage catholique. Elle se souvenait très bien de Victor Hugo, dont elle était la filleule et qu'elle avait connu dès le retour d'exil jusqu'à sa mort. Elle avait été la meilleure et la plus fidèle amie de Charles Péguy et restait « socialiste » au sens où l'était l'auteur de *Jeanne d'Arc*. Quand elle sut que son fils connaissait « un curé de Victor Hugo », elle n'eut de cesse que de me recevoir et elle entra d'un coup dans la constellation de mes amours. Péguy l'appelait tendrement « ma petite républicaine au grand cœur ». Par elle, je suis relié en effet à Péguy, à Victor Hugo, à la République de mon grand -père : « La grande République, montrant du doigt les cieux! »

Quelle journée avais-je vécue là, cheminant sous le poids du jour, au bord de la fournaise ardente?

A ne considérer que le premier abord, Bernanos avait du félin : c'était un fauve, tour à tour tendresse et rugissement. Il avait du grand fauve la crinière et le port de tête. C'était un féodal, prêt à l'allégeance et au défi. Bernanos, c'était des yeux changeants comme la mer, un regard variant instantanément de la colère à la moquerie, de la méfiance à la complicité, jamais vide, jamais fuyant, jamais creux, parfois rêveur, quand (la joue appuyée sur la main, qu'il avait fine, bien formée et petite) ce regard échappait vers une vision marginale qu'il essayait de capter comme on apprivoise un oiseau. Et ce regard n'était jamais plus vivant que lorsqu'il traquait son homme, lui fermait toutes les issues, l'acculait à la capitulation, le réduisait en captivité, puis le libérait tout à coup dans une foudre joyeuse et un immense rire d'airain.

Bernanos, c'était aussi une voix, les grandes orgues d'une cathédrale. Malheureusement cette voix n'a pas été correctement enregistrée : quand il parlait à une large audience sa voix était contrainte, quelquefois perchée, caricature de ce qu'elle était dans l'ordinaire de la vie. Il en jouait avec un élan irrésistible, du ton de la confidence à celui du persiflage. Plus communément, c'était le grand jeu, toutes trompettes dehors, une fanfare allègre avec, dans le lointain, un roulement amorti de tambours mêlé à celui du tonnerre.

A lui tout seul, Bernanos, c'était un théâtre : comédie, tragédie, satire, mais aussi les grandes tirades, les morceaux de bravoure emportés par la passion de convaincre et de compatir, un don prodigieux de l'imitation et du mime. On riait vraiment beaucoup autour de Bernanos, et cela peut surprendre ses lecteurs comme les lecteurs de Dostoïevski, en lisant les confidences de sa seconde femme, seront surpris de savoir qu'elle riait aussi beaucoup avec lui, malgré sa maladie et ses terribles défauts.

Les journaux, la presse fascinaient Bernanos : toute sa vie il a attendu et désiré qu'un mécène lui donnât les moyens de faire un hebdomadaire à lui tout seul, qu'il eût écrit au fil des événements et des faits divers. Il aimait réagir sur-le-champ et littéralement réfléchir l'actualité. L'édification d'un quotidien, cette pyramide complète qui se bâtit et se détruit du matin au soir, et qui chaque jour fait table rase pour construire la pyramide du lendemain tout aussi fugace, cela lui paraissait la plus noble des entreprises. Quand un journal lui tombait dans la main, il parcourait tout, de l'édito aux petites annonces; il déchiffrait les photos : « Bruck! Regardez les gueules des évêques espagnols! Pauvre peuple, comment pourrait-il échapper? Ils tiendront toutes les promesses de leurs intolérables visages! »

Bernanos était un animal de chasse. Dans la broussaille des faits et des événements quotidiens, il allait, l'œil aux aguets, tout en gardant la démarche souple et souveraine d'une intelligence royale. Tout à coup, par un instinct sûr, il fondait sur sa proie, la déchiquetait, l'exterminait, la dévorait et la digérait proprement. C'était une bête de grande jungle, trouvant son gibier n'importe où : un journal acheté au kiosque selon l'humeur, un livre de la « Série Noire », *Détective,* ou n'importe quel livre policier apporté à la maison par les enfants. Il lisait et assimilait tout, tout ce qu'il avalait devenait instantanément lui, c'est-à-dire du lion. Il n'a jamais eu de bibliothèque : tout ce qui entrait dans sa maison se dispersait magiquement à tous vents.

J'ai très bien connu trois écrivains français qui, avec éclat, avaient pris parti contre Franco, dans la tragédie de la révolution espagnole. Pour des raisons parfaitement distinctes, et qui les séparaient les uns des autres encore plus que le combat commun ne les rapprochait, Bernanos, Malraux, Maritain se trouvaient à ce moment dans le même camp.

Maritain était contre Franco parce qu'il était en principe contre la Croisade, contre toute Croisade, contre un motif religieux donné à une guerre et contre toute sacralisation du temporel. A Bernanos, toutes ces distinctions paraissaient rêveries et casuistique : « Votre Maritain, me disait-il, diffame la chrétienté française : jamais les chevaliers français n'ont confondu l'ordre temporel et l'ordre spirituel, jamais notre monarchie ne fut cléricale, sauf peut-être sous Louis XIV et rien ne lui fut plus funeste. Mais Saint Louis, Jeanne d'Arc ne furent ce qu'ils furent que parce qu'ils le furent contre les intrigues temporelles des gens d'Eglise. Et puis, je vais vous dire... la Croisade, j'y crois. Mais Franco et les évêques espagnols, en répandant le sang des pauvres, font une Croisade sacrilège : ils font une Croisade noire comme on dit une messe noire. »

Malraux n'avait rien, mais absolument rien d'un chevalier, c'était un condottiere, il n'était que cela, et à ce moment-là le super-jésuite du communisme international. Dans la guerre d'Espagne, ce qui l'intéressait, c'est que son camp gagnât et qu'il en eût lui-même sa part de butin. Cette part, il l'aura, même si son camp perdit la guerre. Sa participation à la guerre d'Espagne lui fut un capital de prestige dont, toute sa vie, il a touché les inépuisables dividendes. Il s'est débrouillé pour qu'avoir fait la guerre d'Espagne ait pour toujours suffi à le consacrer grand écrivain français : c'est une des choses les plus surprenantes du siècle. Après la parution des *Grands Cimetières,* Malraux demanda à Bernanos la permission de faire traduire et de publier le livre à Barcelone. Bernanos donna son autorisation. La traduction ne fut ni fidèle ni complète : c'était, sous le nom de Bernanos, un montage de textes à la gloire des communistes en Espagne : Bernanos ressentit ce fait comme une trahison.

Non que Bernanos ne fût engagé complètement du côté républicain. Mais la République espagnole, c'était beaucoup plus que les communistes espagnols. Bernanos connaissait assez les lois de la guerre pour savoir que c'est l'ennemi qui fait les alliés : il voulait bien être l'allié de fait des communistes espagnols mais il n'était pas des leurs. De tout le poids de sa fidélité chrétienne, il était contre Franco et contre les evêques espagnols, et il n'y avait pas de cadeau à faire à l'ennemi : plutôt crever que d'accepter cette image du catholicisme.

Bien souvent, en me parlant de cette guerre d'Espagne qui occupait en ce moment-là nos âmes et nos cœurs, et qui était la blessure empoisonnée par laquelle l'Europe commençait de perdre son sang, Bernanos me disait, et je n'ai pas oublié ce raccourci exégétique fulgurant sur le livre qui était déjà considéré comme son chef-d'œuvre littéraire : *La Nouvelle Histoire de Mouchette :* « Mouchette, c'est la guerre d'Espagne! Mouchette a cette manière de refuser tout en bloc, de dire *non* une fois pour toutes, de mettre dans le même sac toutes les autorités tutélaires, de les défier toutes ensemble, de risquer l'enfer plutôt que d'accepter la loi des « Justes » et des Pharisiens. » Dans le même temps, il écrivait dans *Les Grands Cimetières,* et c'est le sens profond de la position de Bernanos jusqu'à la fin de sa vie : « Je crois à la guerre sainte. Je la crois inévitable. Je crois inévitable, dans un monde saturé de mensonges, la révolte des derniers hommes libres! » Ainsi soit-il!

Il est impossible de parler du Bernanos que j'ai connu sans parler de sa famille. Pendant la guerre de 14-18, il avait épousé une fille Talbert d'Arc, descendante d'un frère de Jeanne d'Arc; et qui, comme dans les contes, lui avait donné six beaux enfants, trois garçons, trois filles, à ce moment échelonnés de vingt à cinq ans. Mme Bernanos était une femme belle, frivole, vaillante dans les grandes choses, à peu près nulle dans la vie quotidienne, très fière de son grand homme et ne pouvant s'empêcher de le rendre très malheureux par une négligence incroyable dans le gouvernement de la maison et dans l'éducation des enfants. A son sujet, le paradoxe est encore de parler de « gouvernement » et d' « éducation » : l'une et l'autre étaient à vau-l'eau.

La famille habitait alors Toulon, dans le quartier du Mourillon, dans une propriété louée meublée — les meubles de famille de Bernanos avaient été depuis longtemps vendus à l'ancan pour le paiement de loyers en retard. De tous les écrivains de cette époque, qui en a connu de grands, il n'y en a pas eu un seul — même et surtout parmi les « révolutionnaires » — qui ait été aussi « cigale » que Bernanos. Gagnant parfois beaucoup d'argent, il a toujours et jusqu'au bout été démuni. C'était véritablement une pierre-qui-roule-n'amasse-pas mousse : et Dieu sait qu'il a roulé sa bosse sur trois continents. Pour cette famille, l'expression « danser devant le buffet » est trop faible : il n'y avait plus de buffet.

Les enfants — sauf le dernier, Jean-Loup, trop jeune pour les jeux guerriers —, tous ces enfants, filles et garçons, étaient une horde. Le matin, ils disparaissaient en expéditions lointaines vers le port. En cours d'après-midi, on les entendait de très loin revenir, se repliant en bon ordre, soutenant l'assaut de rudes voyous qui (à la suite de querelles sur lesquelles planait toujours un rigoureux secret) les poursuivaient avec cailloux et gourdins. D'ailleurs, quand on entrait dans une maison occupée par les Bernanos, ce qui frappait immédiatement, c'était la quantité de déprédations, carreaux cassés, chaises bancales, et surtout une chose qui me paraissait kafkaienne : sauf pour la chambre de Mme Bernanos, les boutons et poignées de portes étaient manquants : ce qui était éminemment propice aux assauts par surprise.

On ne parlait pas d'école. Par contre, le cinéma tenait une grande place dans la vie de tous, même et surtout de Mme Bernanos. Un jour que nous arrivions, Maritain et moi, pour déjeuner, nous trouvâmes Bernanos seul dans une maison vide. Peu importait d'ailleurs : Bernanos parlait, s'apercevant de temps en temps que Maritain était là. Le charme agissait sur nous, au point qu'on oubliait tout à fait qu'on était venu aussi pour manger.

Après quinze heures, il y eut quelque bruit du côté de la cuisine. C'était Claude, la seconde fille qui avait alors seize ou dix-sept ans, qui revenait du marché et mettait le repas en train. Une heure après, les abords retentirent d'un tumulte croissant : c'étaient les enfants qui rentraient dont on ne savait quelle expédition, bientôt suivis par Mme Bernanos, toujours élégante et aussi indifférente que si elle eût été de passage dans une hôtellerie de rencontre. Enfin on se mit à table. Il était passé dix-sept heures : Maritain avait d'ores et déjà raté son train de retour.

Pendant le repas, Bernanos parlait. Echanges de clins d'œil et bâillements des enfants qui affectaient d'en avoir ras le bol de la guerre d'Espagne et qui d'ailleurs, après le dessert, s'éclipsèrent comme des Sioux. En sursaut, Mme Bernanos sortit de sa rêverie de princesse lointaine et s'écria « Mon sac? » Le sac posé à terre à côté de la chaise avait disparu, et avec lui l'argent du ménage. « C'est encore un coup d'Yves! » dit Bernanos, sur le ton désabusé d'un généralissime français qui admet qu'il vient de perdre une nouvelle bataille. C'est alors que des cris retentirent sous les fenêtres : « A bas le thomisme! » Il était bien question de la guerre d'Espagne et de la chrétienté qui partait en brioche. Nous sortîmes et les cris redoublèrent, de derrière les buissons et jusque sur le toit. Nous levâmes les yeux : Yves était au bord du toit, balançant le sac de sa mère au-dessus du vide. Suivit une négociation de la terrasse au toit, entre le père et son fils :

— Yves, rends le sac de ta mère!

— D'accord, mais je prélève la dîme!

— Comme si tu savais ce que c'est, la dîme?

— Parfaitement, je le sais : c'est le dixième!

— La dîme n'est due qu'au clergé. Seul, ici, le Père Bruck y a droit!

— C'est bon, je la prends quand même. J'entrerai dans les Ordres.

— Yves, prends la dîme et ne blasphème pas! Je t'interdis d'entrer dans les Ordres. Qu'y ferais-tu?

— Mon salut!

— Prends la dîme, rends le sac, et fous le camp!

Assis au bord du toit, Yves compta lentement et scrupuleusement l'argent, enfouit sa part dans la poche, balança le sac qui vint tomber aux pieds de Mme Bernanos, remonta le toit comme un chat et disparut.

Je dois dire que, malgré les injures au thomisme, Maritain avait gardé un souvenir ébloui de cette réception. Fils unique et de grande bourgeoisie protestante, agrégé de l'Université, il voyait à l'état brut une « éducation » qui ne devait rien à l'*Emile* ou au *Vicaire savoyard,* ni d'ailleurs à quoi que ce soit au monde qui ait, dans une bibliothèque, un statut quelconque au rayon « éducation ». La seule chose que ces parents aient transmise à leurs six enfants — mais n'est-ce pas ce dont les enfants de ce siècle manquent le plus? —, c'est une foi catholique aussi sauvage qu'eux, la foi en Jésus-Christ et en toute l'imagerie chrétienne au grand complet. C'étaient des êtres instantanés, sans détours ni calculs, imprévoyants certes, prêts à tout accueillir, bons, mauvais selon les moments, généreux d'eux-mêmes et de tout, merveilleusement entiers.

Aujourd'hui, Yves et Michel, les deux fils aînés, sont morts dramatiquement. Chantal, l'aînée de tous, est mariée au Brésil. Claude, troisième enfant, une fille, est également mariée au Brésil. Yves et Claude étaient mes préférés. Yves, je l'appelais « mon frère Yves ». Quelquefois, il arrivait à Saint-Maximin, sans le sou, passait deux jours, suivait assidûment les offices sans y comprendre rien, se gorgeait de poésie liturgique et repartait comme il était venu. C'est pour lui que j'avais découvert un précepteur.

Dimitri Ivanov avait assez de fantaisie pour s'intégrer dans un tel milieu, imprévisible. Il avait trop de curiosité d'esprit pour n'être pas attiré par une telle expérience. Je ne sais si Yves apprit quelque chose. Dimitri Ivanov qui n'était ni thomiste, ni franquiste, ni rouge, ni blanc, fut supporté et même je crois aimé. On lisait sa correspondance, on fouillait dans ses affaires. Comme il n'y avait rien à cacher, il n'y avait rien à découvrir. On finit par lui fiche la paix.

Les mœurs de Bernanos étaient des plus saines. J'allais écrire naïves, ce qu'on n'imaginerait pas en lisant ses romans, mais, plus profonde que ses mœurs, il y avait sa lucidité : il savait ce qu'il y a en l'homme. Lui-même était un chaste, non sans effort j'imagine, mais cet effort n'avait pas l'air de lui peser. Embarqué dans le mariage, père de six enfants, il n'en revenait pas lui-même. Je crois qu'il était fait pour être célibataire : la famille lui était à la fois un fardeau et une drogue.

Sa véritable vocation était d'écrire. Jeune, il avait pensé se faire prêtre. Il eût aussi aimé être avocat d'assises : « Arracher une tête à l'avocat général... Comprendre! comprendre le criminel, faire l'effort de le comprendre comme le Christ comprend chacun d'entre nous, jusqu'à nos fautes, jusqu'à nos crimes... » Autant les photos des évêques espagnols l'alarmaient, autant il essayait de déchiffrer avec sympathie l'image de Weidmann, parue dans *Paris-Soir* : à cet assassin, il écrivit une de ses plus belles lettres.

L'Espagne dominait tout, divisait les catholiques français. Maritain se démenait pour convaincre la hiérarchie. Il m'écrivit pour me dire qu'il allait ménager une rencontre entre Bernanos et le cardinal Verdier, alors archevêque de Paris. Bernanos hésita; pas longtemps! « Mon vieux, non! C'est au-dessus de mes forces! Chaque fois que j'approche un de ces Princes des Prêtres, il me semble que je mets la main dans un sac de limaces! »

Eluard avait envoyé à Bernanos un disque où, de sa propre voix, il avait enregistré son poème sur Guernica. Je dois le citer ici entièrement non seulement pour sa beauté, mais parce qu'il ressuscite très bien l'ambiance dans laquelle on vivait dans l'entourage de Bernanos. Comme tous les cercles fermés, nous avions nos scies : on s'abordait, on s'interpellait de loin avec telle ou telle strophe de ce poème que nous savions tous par cœur :

Beau monde des masures de la mine et des champs
Visages bons au feu visages bons au froid
Au refus à la nuit aux injures aux coups
Visages bons à tout
Voici le vide qui vous fixe
Votre mort va servir d'exemple
La mort cœur renversé
Ils vous ont fait payer le pain
Le ciel la terre l'eau le sommeil
Et la misère
De votre vie
Ils disaient désirer la bonne intelligence
Ils rationnaient les forts jugeaient les fous
Faisaient l'aumône partageaient un sou en deux
Ils saluaient les cadavres
Ils s'accablaient de politesses
Ils persévèrent ils exagèrent ils ne sont pas de notre monde
Les femmes les enfants ont le même trésor
De feuilles vertes de printemps et de lait pur
Et de durée
Dans leurs yeux purs
Les femmes les enfants ont le même trésor
Dans les yeux
Les hommes le défendent comme ils peuvent
Les femmes les enfants ont les mêmes roses rouges
Dans les yeux
Chacun montre son sang
La peur et le courage de vivre et de mourir
La mort si difficile et si facile
Hommes pour qui ce trésor fut chanté
Hommes pour qui ce trésor fut gâché
Hommes réels pour qui le désespoir
Alimente le feu dévorant de l'espoir

Ouvrons ensemble le dernier bourgeon de l'avenir
Parias la mort la terre et la hideur
De nos ennemis ont la couleur
Monotone de notre nuit
Nous en aurons raison

Bien entendu, dans le caravansérail qu'était une maison habitée par Bernanos, il y avait toujours un tourne-disque. Alors le poème d'Eluard passa quarante fois par jour, jusqu'à usure complète. Seuls deux autres disques lui faisaient quelque concurrence : *Mon Légionnaire,* chanté par Edith Piaf, et le « Credo » de *La Messe de Notre-Dame* de Guillaume de Machault.

Bernanos aimait la compagnie des jeunes gens et celle des femmes. Il y avait beaucoup de femmes autour de lui; il était infiniment sensible à leur charme. Mais je dois le dire, tant c'est rare chez un être aussi affiné, je n'ai jamais surpris la moindre équivoque dans ses rapports avec elles.

Pour travailler il descendait au « Café de la Rade » à Toulon, s'installait à une table dans le fond ténébreux; quand il levait les yeux, il pouvait voir étinceler la mer. Il regardait au premier plan les allées et venues sur la terrasse du café. Dans la préface aux *Grands Cimetières,* il a écrit à ce sujet quelques-unes des phrases les plus musicales de la langue française : « J'écris dans les cafés, au risque de passer pour un ivrogne, et peut-être le serais-je, si les puissantes Républiques ne frappaient de droits, impitoyablement, les alcools consolateurs. A leur défaut, j'avale à longueur d'année des cafés-crème douceâtres, avec une mouche dedans... J'écris dans les salles de café, ainsi que j'écrivais jadis dans les wagons de chemin de fer, pour ne pas être dupe de créatures imaginaires, pour retrouver d'un regard jeté sur l'inconnu qui passe, la juste mesure de la joie et de la douleur. »

Le café, l'ambiance du café, étaient un ingrédient nécessaire dans l'alchimie de la littérature bernanosienne. J'ai cru longtemps que c'était pour fuir sa famille et lui-même le laissait croire volontiers : « Me voyez-vous poursuivant mes héros insaisissables, Mouchette ou le curé de Torcy, au milieu d'une querelle de mes gosses impossibles, ou en écoutant les lamentations de Jeanne sur la perte d'un flacon de Chanel 5, qu'on retrouvera sous le lit de Chantal ou de Claude? » Mais ce n'étaient que prétextes. Il avait besoin de sentir le monde bouger autour de lui. Qui dira le rôle éminent du garçon de café dans l'élaboration de l'œuvre bernanosienne? « Ce que j'écris ne passe-t-il pas au-dessus de sa tête? Si lui peut comprendre, alors tout le monde sera touché! » Il me semble que Courteline attachait à la fréquentation des cafés le même rôle catalyseur.

Il avait eu quelques amis prêtres, très peu : avant 1914, au temps où il était d'*Action française,* Dom Besse. Plus tard, l'abbé Sudre, dont il parlait avec tendresse, et qui s'était tué dans une escalade de montagne. Par miracle, moi. « J'entretiens un aumônier privé, à seule fin de rabaisser ma superbe! » disait-il de moi en riant. Car, dès le début, j'osai lui résister en face, ce que la plupart des gens qui l'entouraient ne faisaient jamais. Je prenais la défense de ses enfants qui le mettaient dans des rages folles. Mais ceux qui n'ont jamais essuyé personnellement les foudres de Bernanos ne l'ont jamais connu, c'est tout. A ce critère, le nombre de ses amis posthumes s'éclaircirait vite.

A part moi, il n'y avait pas de prêtre dans la familiarité de Bernanos. Un jour, le curé de la paroisse où il résidait hasarda une visite. Sur la terrasse de la villa, il tomba sur Jean-Loup (cinq ans) qui, apercevant la soutane, crut bon de mettre notre homme tout de suite au courant : « Ah! mon papa! Il aime pas les cuhés *(sic),* mon papa! » Prudent, l'ecclésiastique battit tout de suite en retraite.

Un jour que nous sortions du Café de la Rade, dans une rue voisine deux jeunes séminaristes parurent, portant soutane comme ils la portaient tous en ce temps-là. Ils allaient furtifs, pressant le pas, les yeux fixés sur la pointe de leurs souliers, sans un regard pour ce qui était l'un des plus beaux paysages au monde. Impossible pour eux de passer inaperçus, ils faisaient cependant tous leurs efforts pour n'être pas vus. Ce spectacle ressemblait à une fuite, une désertion, une déroute. Bernanos, calé sur ses cannes, le buste droit, les observait avec une sorte d'affolement : « Voyez-les! me disait-il, regardez-les bien. Ils rasent les murs... Et pourtant ils portent la lumière du monde! »

Nul plus que Bernanos n'honora le prêtre, il le tenait pour le ministre de la Gloire invisible. Et nul ne fut plus anticlérical que Bernanos. « Le prêtre médiocre est laid », a-t-il écrit. Dans ces rencontres, le sentiment qui dominait chez lui était la déception. Etre le prêtre de Jésus-Christ était la plus haute investiture qui ait été posée sur les épaules d'un homme. Si cet homme avait eu une vive conscience de ce fardeau et de cet honneur, il eût naturellement pris une toute autre allure : « Imaginez, disait-il, une caravane égarée dans le désert. Elle commence à crever de faim et surtout de soif. Soudain une colonne de secours arrive, portée par des camions tout terrain, avec des vivres et des citernes pleines d'eau. En approchant du campement des désespérés, ne crieraient-ils pas, n'actionneraient-ils pas leurs klaxons, ne sonneraient-ils pas du clairon? « Nous voilà, les gars! On arrive! Courage! Vous êtes sauvés, sauvés, sauvés! »

« Qu'est-ce qu'ils foutent dans les séminaires, disait-il encore? On fabrique aux aspirants au sacerdoce des âmes de moralistes, c'est-à-dire des mentalités de gêneurs, d'empêcheurs de danser en rond, et il leur faudrait des âmes de sauveurs! Au fond, mon vieux Bruck, ils n'y croient plus. Au mieux, ils dorment pendant que Jésus est en agonie. Des somnambules, ils sont. Ils vont sans rien apercevoir, ni de la détresse du monde ni du salut de Dieu dont ils sont pourtant les dépositaires, les agents. Ah! ils se débrouillent très bien pour n'entrer pas. Le malheur est qu'ils empêchent les autres d'entrer. Les autres, c'est nous tous! Avec de pareils zigotos, on n'est pas sorti de l'auberge. Mais on en sortira quand même, Père Bruck, les pieds devant! *Viva la muerte!* comme disent les Espagnols! »

Comme le bébé Moïse dans son panier d'osier, abandonné au

fil du fleuve de l'exil, je me laissais aller au gré de cette éloquence familière. Pharaon, sa fille, son palais, ne me la feront jamais oublier. Bernanos et moi, ne nous quittions guère. Quand je ne venais pas à Toulon, c'est lui qui venait à Saint-Maximin, dans la petite voiture conduite par Jeanne. Le prieur de Saint-Maximin voyait ces visites d'un mauvais œil. Les autorités ecclésiastiques n'aiment les écrivains que morts.

Bernanos écrivait *Les Grands Cimetières sous la lune,* et me lisait les pages au fur et à mesure de leur écriture, qui était lente, comme toujours pour Bernanos. Maritain eût désiré qu'il fît un court pamphlet, portant seulement témoignage de ce qu'il avait vu en Espagne. Mais, dans l'exercice de son art et de son rude métier d'écrivain, Bernanos ne consultait que lui-même. Il avait besoin de tout mûrir lentement dans la part retirée, chaude et ténébreuse de son génie. La tragédie espagnole l'intéressait surtout en tant que présage de la catastrophe qui allait fondre sur la France. Il avançait lentement dans son livre, expliquant la progressive trahison qui avait amené la France de l'état de chrétienté héroïque à l'état de médiocrité où elle se trouvait, à l'heure où elle allait devoir affronter l'épreuve la plus brutale et la plus décisive de son histoire. Avant même d'aborder cette épreuve, ce pays avait déposé sur le bord de la route le fardeau de son propre destin.

« Je vous le dis, Bruck, je le vois comme si j'y étais : ce pays est foutu. Jamais il ne tiendra le coup. Il y a une maladie qui attaque les os, qui en fait des cartilages mous : l'armature osseuse de la France devient molle. Hitler le sait. Il nous connaît bien. Il nous observe. Il attend son heure, c'est tout. Les carottes sont cuites! » Quand je rapporte de mémoire de tels propos après si longtemps, je ne rêve pas, je les ai parfaitement entendus. Je ne prête pas à Bernanos un don prophétique après l'événement. Dès le début de 1938, il a écrit, et il a publié, dans la harangue adressée à Hitler qui clôt *Les Grands Cimetières* : « La menace suspendue sur nos têtes n'est pas la défaite, mais l'écrasement. » Le livre a eu un succès énorme. Donc dès avant la guerre, les Français ont lu cela. Mais le sort des prophéties est de n'être comprises qu'après l'événement. Deux ans après, avait lieu l'écrasement de la France. Bernanos avait mis un océan entre la catastrophe et lui.

Voyant les choses comme il les voyait, tout à coup il n'eut qu'une hâte en effet : partir, partir le plus loin possible :

— Où?

— Au Paraguay!

— Pourquoi le Paraguay?

— Mais enfin, mon vieux, vous devriez le savoir, c'est l'emplacement du Paradis terrestre!

— ...

— Je vous l'assure, c'est vrai! J'ai lu ça à l'âge de quinze ans, dans un vieux dictionnaire biblique qui était dans la bibliothèque de mon père.

Il eût été vain de démentir des informations puisées à si bonne source. Toute la famille leva le camp et se mit en route pour le Paradis terrestre. Toute la famille était dans un état d'exaltation romanesque. Gallimard, le nouvel éditeur de Bernanos, était chargé des arrangements pratiques, ce qui ne fut pas une petite affaire, que Denise Tual mena à bien. On embarquerait le 20 juillet 1938, trois mois avant Munich, sur le « Florida », à Marseille.

Personnellement, convaincu qu'avec son Paraguay de fable, Bernanos fonçait tête baissée dans une déception des plus coûteuses, je demandai à Maritain les adresses de ses amis à Rio de Janeiro, je les alertai, afin qu'à l'escale de Rio il lui soit fait un accueil qui lui ferait sentir qu'au Brésil il avait une ligne éventuelle de repli. C'est d'ailleurs ce qui arriva. Il poursuivit néanmoins son voyage, lui et sa horde, jusqu'au Paraguay, tant il était obstiné dans ses rêves, y demeura le temps de s'apercevoir que le dictionnaire de son enfance l'avait abusé, que, si le Paraguay avait été le Paradis terrestre, il ne l'était sûrement plus et que les curés y avaient des trognes encore plus épouvantables que partout ailleurs.

L'embarquement à Marseille fut épique et burlesque à l'image de cette famille. Le climat était à l'exaltation : on partait en Croisade pour la reconquête des Amériques et la prise d'assaut du Paradis terrestre. L'autre face des choses était l'aspect de l'entreprise, style *Pieds Nickelés* et *Famille Fenouillard.* Jeanne, toujours aussi distante, avait une montagne de valises et de cartons à chapeaux, un amoncellement de parfums et de crêmes de beauté : elle comptait bien éblouir les Amériques par son élégance parisienne. En contraste les enfants avaient recueilli à la hâte quelques hardes dans des baluchons improvisés et mal ficelés : ils se foutaient éperdument d'éblouir.

Deux jours avant le départ, le poète espagnol Jose Bergamin, attaché culturel de la République espagnole en France, était arrivé de Paris. Il voulait connaître Bernanos avant son départ. C'était un homme petit, paradoxal, raffiné, cultivé, sec et maigre, attentif et ironique : il était là comme si Don Quichotte avait délégué un sien cousin pour donner à toute cette aventure le sceau du rêve éveillé et de l'échec fatal. Il fut immédiatement mobilisé dans le tourbillon et le hourvari des préparatifs du départ, départ d'ailleurs remis en question toutes les deux heures, pour un *oui* ou un *non* aussi vite oubliés que surgis.

Au matin même du départ, on s'aperçoit que l'habit dc soirée de Bernanos est encore chez le teinturier et que la boutique est fermée. Or tout le reste est prêt, les gros bagages sont déjà sur le bateau qui attend sous le soleil dans le nouveau port de Marseille. A part Jean-Loup qui ne quitte jamais sa mère, les enfants eux-mêmes sont à Marseille chez des amis : « Comprenez-vous, Bruck? Il m'est tout à fait impossible de partir sans habit... Supposez seulement qu'on me demande une conférence? Je représente quand même la France. Je sais bien que la France aujourd'hui a l'air d'un souillon, mais ce n'est pas de mon fait. Non! mon vieux, je ne pars pas! » On charge Bergamin de se débrouiller, de trouver le teinturier ou la teinturière, d'apporter l'habit directement au bateau. Très bien, il se débrouillera.

Enfin Bernanos, Jeanne, Jean-Loup et moi, partons en taxi pour Marseille. Quand nous arrivons, les enfants courent déjà sur tous les ponts. Sauf Yves qui n'est pas là. Nouvelle remise en question du départ : « Non! non! et non, mon vieux, je ne partirai pas sans Yves! » Vingt minutes avant le départ, Yves arrive : une fille blonde et superbe est à son bras, et qui pleure tout ce qu'elle peut; elle sait, elle, qu'elle perd son paradis terrestre. Cette fois, c'est le départ.

Quand nous étions arrivés au bateau, les commissaires de bord faisaient la haie pour empêcher tout le monde d'avancer. La passerelle devait rester libre un moment pour les cameramen des actualités cinématographiques : Cécile Sorel, une grande gerbe de glaïeuls dans les bras, monte et redescend neuf fois la passerelle pour réussir enfin la séquence de son embarquement. Elle aussi fait partie du voyage. Avec les enfants Bernanos, si peu doués pour le respect des gloires consacrées, bonne chance à elle!

Enfin nous montons à bord où quelques amis nous entraînent au bar pour une coupe de champagne. « Enfin, votre Bergamin de malheur, qu'est-ce qu'il peut bien foutre avec mon habit? Ma parole, il l'a volé : pas pour lui bien sûr, il flotterait dedans. Il va le revendre, et très cher, au Generalissimo Franco qui, faute d'avoir ma peau, aura au moins ma défroque... » Les sirènes sonnent, les visiteurs doivent évacuer le bateau. Au moment où on ramène la passerelle, un taxi arrive, se range le long du quai, c'est Bergamin avec un carton : enfin l'habit! Tout est en ordre et la France se présentera convenablement. *Adios! Recuerdos!* Rien n'exprime mieux la fatalité que l'éloignement lent et silencieux du bateau remorqué hors du port. On voit encore les visages. Et puis, à travers les larmes, on ne perçoit plus que des silhouettes de plus en plus indistinctes et qui finissent par se confondre. Bernanos est parti. Nous attendrons sans lui l'Apocalypse.

Quelques jours après, je reçois de lui une lettre écrite dans un café de Dakar. « Cécile Sorel m'embête! Je n'ose pas m'aventurer sur le pont des premières, de peur de voir tomber dans mes bras ce jardin funèbre! » Revanche du génie! Quand Bernanos arrivera à Rio, l'accueil qu'il recevra des amis de la France et de la jeunesse éclipsera la pauvre Cécile Sorel.

J'ai aimé Bernanos plus que nul homme au monde. Alors que la découverte de ses premiers livres avait catalysé ma vocation, je considère comme un miracle que, sans la moindre recherche de ma part, il soit entré en personne dans ma vie, alors que j'étais jeune moine. Lui-même m'a aimé de tout son cœur, de toute son âme qu'il avait grande : les lettres que j'ai de lui en font foi. Je raconterai en son lieu comment, après la guerre, il est rentré en France, comment nous nous sommes retrouvés et de nouveau quittés, quelques semaines avant sa mort, à un moment où ma vie à moi était dévastée, où tous les liens qui me retenaient de toutes parts étaient systématiquement coupés un à un par une main invisible, sûre d'elle-même.

En cette année 1938, je fus terriblement sensible au trou de son absence. Je l'ai dit dans un poème :

J'avais un ami qui m'aimait
Il est parti sur la mer vide
Et nul ne sait plus où il est
J'habite un royaume livide
Mon seul compagnon familier
Est un hibou sur mon épaule
O ces épées contre mon cœur
Jamais ne pourrai oublier
Le cri de cette bête folle.

Cependant, je savais que pour Bernanos il était nécessaire qu'il partît. Jamais je n'ai regretté ce départ ni d'y avoir contribué de toutes mes forces. J'avais peur pour lui et pour ses enfants. La guerre et l'occupation une fois là, que se fût-il passé pour eux tous? Le lendemain du départ, j'allai à la police de Marseille m'occuper d'une affaire concernant Yves : il était inculpé de vol de voiture. L'affaire en ce temps-là était beaucoup plus grave qu'aujourd'hui, d'autant plus qu'Yves n'avait pas de permis de conduire. L'inculpé parti de l'autre côté de la terre, il fut aisé de faire classer l'affaire.

C'est de cette époque que j'ai de Bernanos le plus de lettres. Il continuait de travailler beaucoup. Il écrivait une sorte de journal qui tournait indéfiniment sur la France, comme un cancéreux décrit le progrès de son mal. Il m'envoyait par avion le manuscrit. Je le dactylographiais aussitôt et envoyais le texte à Gallimard. Entre Gallimard et Bernanos, je fus ce que les Américains appellent un « editor » : c'est moi qui faisais la mise en page et corrigeais les épreuves. C'est aussi moi qui choisis le titre, tiré d'ailleurs du texte : *Nous autres Français,* avec pour la bande un texte de Péguy : « C'est embêtant, dit Dieu, quand ces Français n'y seront plus, il y a des choses que je fais, il n'y aura plus personne pour les comprendre. »

Cependant Bernanos avait depuis longtemps un projet auquel il tenait vraiment beaucoup et dont il me parla encore sur le pont du « Florida ». Il était indigné de l'obscurité où on tenait Drumont, il en ressentait vivement l'injustice et voulait remettre les grands textes de Drumont en circulation. A moi qu'il sentait réticent, et qui n'avais jamais lu une ligne de Drumont, il disait : « Je vous assure, Drumont ne se limite pas à l'antisémitisme. C'est d'abord un grand prosateur, dans la lignée de Saint-Simon et des *Provinciales.* Mais c'est surtout l'écrivain qui a a fait le plus solide réquisitoire contre la société française contemporaine. » Il n'eut de cesse que je n'aie lu toute l'œuvre de Drumont; il me demanda d'en faire les morceaux choisis, ce que je fis : ce texte existe encore. Il voulait que le livre parût sous nos deux noms. Il en écrirait la préface.

Au Brésil, il écrivit en effet cette préface, qui atteignit des proportions démesurées. Mais l'histoire avait pris le galop des Cavaliers de l'Apocalypse. La France et l'Angleterre avaient été à Munich, la Tchécoslovaquie avait été abandonnée, sans défense et démantelée, à la voracité de Hitler. La République espagnole agonisait, pour la plus grande exultation de la droite française, qui avait décidé de ne pas comprendre que Hitler faisait à la France le coup de l'encerclement de Charles-Quint. Maurras posait sa candidature à l'Académie française.

Or, dans sa préface, Bernanos, non seulement introduisait les textes de Drumont, mais réglait ses comptes avec l'épiscopat espagnol et avec Maurras. Grasset avait un contrat pour ce livre, mais Bernard Grasset ambitionnait pour lui-même un fauteuil à l'Académie et ne voulait faire aucune peine à Maurras. Il se récusa. Le temps pressait. Maritain et Gaston Gallimard trouvaient qu'au moment où s'exaspérait l'hystérie antisémite de Hitler, il était mal venu de ressusciter en France Drumont, fût-ce en morceaux choisis où l'accent était mis sur tout autre chose que l'antisémitisme. Ce fut aussi mon avis. On n'avait plus le temps de consulter Bernanos. Réservant ce qui concernait Drumont pour une publication ultérieure des morceaux choisis, je pris sur moi de publier tout de suite et chez Gallimard ce qui concernait la guerre d'Espagne et Maurras. Bergamin trouva le titre : ce fut *Scandale de la Vérité,* qui explosa dans Paris comme une bombe. Bernanos, d'abord furieux que j'aie pour le moment abandonné Drumont, se consola quand il eut l'ouvrage en main et qu'il en put saisir les effets.

On n'attendait plus que la guerre; Mais quelle diversité d'attitudes dans cette attente! Qui n'a jamais vu les passions partisanes déchirer la France ne sait pas ce qu'est un pays à la dérive, qui n'a plus d'identité, plus de destin. Ce sentiment était particulièrement affreux pour moi : je me demandais ce que j'étais devenu en devenant français et ce que je faisais dans cette galère démâtée et déboussolée. Depuis 1933, date où Hitler accéda au pouvoir, on pouvait imaginer ce qu'un roi de France eût fait. La France républicaine, de toutes les politiques, suivait la pire : elle ne faisait rien.

Bernanos se disait encore royaliste. Dans cette désintégration de la personnalité française, il voyait une chance pour la monarchie. Dans cet esprit, il m'avait envoyé rencontrer le comte de Paris à Bruxelles : « Vous qui êtes jeune comme lui, peut-être arriverez-vous à le toucher? Il faut qu'il se manifeste, qu'il se jette en France bien qu'il y soit interdit de séjour, qu'il se fasse emprisonner par la République au besoin; qu'il proclame la Patrie trahie de toutes parts et véritablement en danger! » Je rencontrai le prince à Bruxelles. Sans doute fus-je un mauvais porte-parole. Son Altesse me reçut avec une extrême courtoisie qui, à travers moi, s'adressait à Bernanos. J'eus le sentiment que l'angoisse que j'exprimais, plus encore l'expression de cette angoisse, lui parurent obscènes. Où était le sang d'Henri IV? Le prince fit celui qui n'avait rien compris, il me fit la grâce de faire comme si je ne lui avais pas parlé.

Aujourd'hui et comme Bernanos, je serais plutôt incliné vers un régime monarchique en France. Je crois même que ce régime correspond trop profondément au caractère français pour ne pas revenir un jour dans ce pays. Mais il faut avouer que, depuis le comte d'Artois, laissant tomber Charette et « l'armée royale » en 1794, alors qu'il était à une encâblée d'elle, à l'île d'Yeu, jusqu'au comte de Paris qui, en 1940, ne s'est pas précipité à Londres pour rejoindre de Gaulle et qui a offert ensuite ses services à Laval, ce sont surtout les princes qui sont responsables du naufrage dans les cœurs de l'idéal royaliste : cette chose qui est enterrée à l'île d'Yeu n'est pas ce qu'on croit, c'est la dynastie capétienne. Bref, je sortis de cette audience, ne sachant plus où était ce pays que, surmontant mon violent ressentiment, j'avais fait mien :

Ma maison me regarde et ne me connaît plus!

Patience! je n'étais encore qu'au début de mes peines. Ce sentiment d'une fidélité errante, qui ne sait plus où se poser — que j'éprouvais alors envers la France —, c'est aujourd'hui envers l'Eglise catholique que je l'éprouve, et cela, je ne l'aurais jamais cru possible. La génération perdue, comme on est perdu dans le désert, c'est la mienne.

Chez les peuples, comme chez les individus, même exténués, il y a toujours assez d'énergie, même à l'article de la mort, pour ressentir et exprimer la haine. Les Français, sortis épuisés, exsangues, de la guerre de 14-18, avaient conservé assez de vitalité pour se détester entre eux. La France de cette époque transpirait de haine. En quelques répliques, Bernanos avait résumé son dialogue avec la droite :

— Quelle légitimité représentez-vous?

— Nous ne représentons pas de légitimité!

— Alors quelle doctrine?

— Nous n'avons pas de doctrine. Sus au pire! Voilà le mot qui nous rallie!

— C'est bien ce que je pensais. Vous opposez le Médiocre au

Pire, voilà votre raison d'être. Eh bien, la France ne veut pas de médiocres...

— Nos adversaires ne sont pas moins médiocres que nous, mais plus dangereux...

— Justement, la France les préfère dangereux. Avec eux, elle espère toujours que ça changera!

Et Bernanos de conclure : « Touchante illusion d'ailleurs, car les médiocres ne changeront jamais rien! »

C'est un tel état d'esprit, annonciateur des grands effondrements, qui régnait en France à l'époque, tandis que, de l'autre côté du Rhin, Hitler bâtissait un peuple et une armée avec un ciment simple et terrible : l'orgueil d'être allemand.

Par l'intermédiaire du Père Rzewuski, j'avais fait la connaissance d'un Allemand un peu plus jeune que moi, Walter Warnach. Il avait les yeux bridés, le regard concentré et attentif, vivant en secret et au-dedans de lui-même, poète et d'une culture immense, ayant toujours l'air d'un oiseau aux ailes repliées mais toujours prêt à prendre son vol très au-dessus de tout. Nous nous aimions beaucoup et nous avions presque sur tout les mêmes goûts. Son sang était à demi prussien, à demi lorrain, mais, en toute lucidité, il était de choix et de cœur allemand, à la manière dont j'étais moi-même français, sans retour. Nous savions tous deux que toute patrie terrestre est pécheresse. Seulement l'Allemagne vaincue, qui se redressait et commençait d'agiter au-dessus de l'Europe son visage de Méduse, plus désireuse encore de vengeance que de conquête, avait le péché plus séduisant que celui de la France, qui n'était qu'un péché médiocre de reniement de soi-même.

Walter Warnach était lecteur d'allemand à l'université de Montpellier. Il était plus juste et plus ouvert que moi : il aimait véritablement la France, tandis que je n'ai jamais pu aimer l'Allemagne, ce que j'en percevais m'épouvantait. Je savais que la France était sa proie désignée et qu'avant de la dévorer, il fallait que l'Allemagne l'humiliât, la réduisît au déshonneur, ce qui se fit à Munich. D'ailleurs où que je me tournasse en moi-même, aussi bien du côté auvergnat que du côté autrichien, l'Allemagne me révulsait.

Quand Daladier revint de Munich, j'étais avec Bergamin sur les boulevards, au Café de la Paix. La voiture du président du Conseil passa devant nous. La foule avait envahi la chaussée pour crier sa gratitude et son soulagement. J'écumais de rage et de honte. Bien longtemps après, Bergamin me rappela qu'à la manière des tribuns de la Révolution française au Palais Royal, en habit dominicain, je bondis sur une table pour tenter de haranguer cette foule et la rappeler à la décence. Les vivats étaient tels qu'on ne m'entendit pas ou qu'on crut que je joignais ma clameur à l'enthousiasme universel. Si j'avais été entendu, il est possible qu'on m'eût écharpé. L'autosatisfaction et la vanité, la volonté d'avoir raison envers et contre tout amènent les Français à une concentration d'hypocrisie explosive qu'on ne trouve pas chez les autres peuples. Pourquoi leur fallait-il acclamer leur déshonneur? Ainsi se donnaient-ils le change; et tout cela était d'un poids social irrésistible.

Le lendemain, Maritain partait pour une tournée de conférences aux Etats-Unis. J'allai à la gare Saint-Lazare le saluer au départ de son train pour Cherbourg, où il embarquait. Je le trouvai avec Olivier Lacombe. Tout naturellement j'exhalai ma fureur contre l'accord de Munich. Sur ce quai de gare, il y avait là, avec moi, deux hommes qui étaient mes amis, deux hommes supérieurs par l'intelligence et les qualités du cœur : tous deux me donnèrent tort, sans la moindre circonstance atténuante. Je ne sais plus lequel des deux eut cette phrase qui sonne encore à mon oreille : « L'honneur est une barbarie, comme les courses de taureaux! »

Bergamin vivait dans sa chair l'agonie de la République espagnole, il en était malade. Il allait partir pour le Mexique commencer un exil qui durerait trente ans. Depuis le départ de Bernanos, je me sentais affreusement seul, j'allais le devenir plus encore. Warnach était rentré en Allemagne. Après coup, quand la défaite retentissante a désigné le vaincu, quand la victoire éclatante a consacré aux yeux de tous le vainqueur, il est impossible d'imaginer ce que fut la solitude de ces moments-là : j'étais seul comme on l'est au chevet d'un mourant dont la déchéance vous dégoûte et que vous continuez d'aimer pourtant, car depuis que je lui avais donné ma parole je n'ai jamais cessé d'aimer la France.

Il est impossible de se représenter ce que furent les alarmes de la conscience. Maritain avait sur moi une grande autorité et il m'était cruel d'être désavoué par lui. Quelques jours après, je reçus de lui une lettre écrite sur le bateau, pendant la traversée de Cherbourg à New York. Sorti de Paris, où la passion de l'abdication nationale enivrait les plus sages, se trouvant en mer au milieu d'une société internationale, il put mesurer l'effet de consternation ressenti dans le monde entier au fait que la France et l'Angleterre avaient solennellement renié leur parole. Il eut l'honnêteté et l'humilité — rares, surtout chez un intellectuel français — de me l'écrire et de me faire à ce sujet des excuses. Depuis il ne me parla jamais qu'avec respect de ce sentiment de l'honneur dont il reconnut désormais qu'il pouvait être un raccourci secret et sûr, direct comme l'intuition intellectuelle, d'aller aux choses essentielles et de s'y tenir. A plusieurs reprises, il insista pour que j'écrive un petit traité de l'honneur; par paresse, je ne l'ai jamais fait. Maritain était un philosophe qui ne pensait pas détenir le monopole de la vérité, qui pensait que l'homme le plus humble pouvait apporter une contribution décisive à la découverte de la vérité. Et que la vérité est ce dont l'homme a le plus faim.

La muraille craquait de toutes parts. André Rousseaux était alors directeur du *Figaro Littéraire* et je le savais ami de Bernanos. Je lui avais communiqué les bonnes feuilles de *Scandale de la Vérité* et demandé d'en publier des extraits. Il me convoqua dans son bureau du rond-point des Champs-Elysées, bureau qu'il partageait avec un collaborateur qui portait le merveilleux nom de Noël. Il m'expliqua longuement qu'il ne pouvait décidément pas compromettre son journal dans les opinions, « d'ailleurs excessives, il faut l'avouer, de notre grand ami ». Je ne répondis rien. Je pris congé avec un froid au cœur, de quelques degrés encore plus bas que la froideur de ma salutation. Mais, entre le fauteuil que je venais de quitter et la porte, il se passa une chose qui me stupéfia. Là, face au bureau d'André Rousseaux, au *Figaro,* en plein cœur de Paris, contre le mur, était accrochée et pendait déployée une bannière rouge à croix gammée. Un coup de matraque derrière la nuque ne m'eût pas étourdi davantage. Je sortis sur l'avenue et, pour respirer un peu d'air pur, j'allai voir Pierre van der Meer de Walcheren, dans ce bureau même où s'était déroulée ma première conversation avec Bernanos.

Je racontai ce que je venais de voir. Pierre van der Meer ne me crut pas : « Ecoutez, Père Bruck, je vous le jure, vous avez eu une hallucination. Votre pressentiment est si sombre, vous êtes tellement malheureux de l'état où se trouve la France, vous détestez tellement le nazisme, que vous voyez des nazis partout, et que vous avez cru voir ce que vous n'avez pas vu! » Je sortis de chez Desclée De Brouwer encore plus atterré, doutant de moi-même, tant et si bien que je pris mon stylo et écrivis à André Rousseaux pour protester hautement contre la présence dans son bureau de la bannière nazie.

André Rousseaux me répondit courtoisement sur le fameux papier à lettre avec un F barré d'une plume. Il employa ce ton badin qui, à Paris, en certaines circonstances, peut surexciter les nerfs jusqu'à vous donner des envies d'étrangler les gens. Il m'expliquait que j'étais un véritable enfant de m'offusquer de cette croix gammée, que son collaborateur l'avait rapportée des Jeux Olympiques de Berlin et que lui, Rousseaux, n'en était nullement gêné. Hitler venait d'entrer à Prague et d'annexer les restes de la malheureuse Tchécoslovaquie. Dans un peu plus d'un an, l'emblème nazi sortirait des officines et flotterait sur les Champs-Elysées, sur les balcons mêmes du *Figaro*. Du moins je n'avais pas rêvé et je montrai la lettre à Pierre van der Meer. Ce fut à son tour de pâlir : « Alors ce pays est foutu! » dit-il. Quelques semaines plus tard, il avait définitivement quitté la France pour rentrer en Belgique, sa patrie. Quand la peste se propage avec une telle rapidité, on préfère encore l'attendre chez soi.

Ces dernières pages peuvent donner l'impression que ma vie se passait à Paris. Il est vrai que je me suis souvent trouvé à Paris au moment où s'y déroulaient des événements décisifs. Mais, à cette époque, le couvent de Saint-Maximin restait mon port d'attache, où je passais le plus clair de mon temps dans l'observation de la règle. A Paris même, je descendais habituellement dans un couvent dominicain, soit au couvent de Saint-Jacques, rue de la Glacière, soit même parfois au couvent de la rue Saint-Honoré, qu'on appelait irrespectueusement « les trois cocottes », à cause du 222, son numéro dans la rue.

A Saint-Maximin du moins je retrouvais cette tranquillité qui se fait au voisinage de ce qui est éternel. J'étais strictement fidèle au rythme de la liturgie, même au lever de nuit, ce qui était le plus dur, mais que mon insolente santé me rendait relativement aisé. J'étais assidu à l'oraison, aux visites au Saint-Sacrement dans la chapelle du couvent; j'étais plongé dans les études. Cette vie calme, silencieuse, où chacun essayait de transcender sa propre inquiétude et ses propres tumultes, tout cela me remettait dans une assiette paisible. Certes mes angoisses n'étaient pas dissipées, mais je n'étais plus seul. La vie spirituelle est un combat, c'est bien ainsi qu'elle m'apparaissait et que je la vivais. J'écrivais un livre sur l'œuvre de Bernanos que j'avais intitulé *L'Honneur et l'Enfance*.

A Saint-Maximin, un vieux dominicain fit une très forte impression sur moi. C'était le Père Lagrange, fils de la Province de Toulouse; il avait dépensé toute sa vie d'homme à Jérusalem, à l'Ecole Française Biblique, dont il était la gloire. Fondateur de la *Revue biblique* et des *Etudes bibliques,* il avait soutenu le poids de la bataille du modernisme : il était pour nous l'idéal du chevalier dominicain, soldat et champion de la foi. Dans cette crise du modernisme, qui n'a fait que s'aggraver et se trouver des complices à l'intérieur de l'Eglise, où la force de l'ennemi vient moins de la solidité des arguments que du brouillard épais et empesté dont il les enveloppe, le Père Lagrange était parvenu à distinguer constamment ce qui était objection solide et valable de ce qui était extrapolation et sournoiseries. Il avait beaucoup souffert des soupçons dont, toute sa vie, il fut l'objet à l'intérieur de l'Eglise et surtout à Rome.

Nul n'a plus fait que lui pour introduire, à l'intérieur des études sur l'Ancien Testament, la distinction des genres littéraires, classique aujourd'hui, et qui détermine à chaque fois la part de vérité objective que ce genre peut véhiculer. Ainsi nul ne se croit plus obligé de prendre au pied de la lettre la cosmogonie de *La Genèse;* par contre ce que *la Genèse* apporte de révélation divine, par rapport à tous les documents qui lui sont contemporains et même de manière absolue à travers tous les temps, c'est d'abord la vérité que ce monde a été créé de rien par Dieu, que l'homme a été créé à l'image et semblance de Dieu, et puis la vérité du péché originel qui frappe notre race. Le progrès des diverses sciences n'a en rien affecté cette révélation et ne pouvait pas l'affecter : c'est d'un autre ordre.

Par contre, le Père Lagrange maintint toujours fermement la véracité du sens littéral des Evangiles, et c'est toujours le fondement inébranlable de la foi catholique. Les distinctions que l'on fait aujourd'hui sur la nature de ces textes pour en ruiner l'autorité lui eussent paru assez idiotes. On nous dit par exemple que les Evangiles ne sont pas œuvre d'historiens ou de journalistes, et c'est bien certain, mais on ajoute que c'étaient des « catéchismes », donc des textes de propagande sujets à caution. Rien n'est plus bête : les Evangiles sont des chroniques et les Evangélistes sont des chroniqueurs qui ont fidèlement rapporté les témoignages, les leurs et ceux qu'ils ont recueillis.

Le Père Lagrange eut toute sa vie à lutter sur deux fronts, comme il arrive habituellement dans les batailles de l'esprit : contre Loisy et les modernistes, condamnés par l'Eglise, mais surtout contre les jésuites et les intrigants qui sont si puissants en cour de Rome.

Tout enfant, il avait été mené à Ars par sa mère et présenté au saint Curé qui l'avait béni. C'est à cette bénédiction qu'il attribuait sa vocation et sa foi inébranlable, alors qu'il avait sans cesse côtoyé toutes les objections de l'esprit moderne contre la foi. Le Curé d'Ars avait donné à sa mère un chapelet et c'est sur ce chapelet que, trois quarts de siècle plus tard, il récitait encore le rosaire. Ce grand savant avait une dévotion d'enfant à la Sainte Vierge. Ma mère étant venue à Saint-Maximin pour mon ordination, le Père Lagrange lui donna ce chapelet avec lequel elle a voulu être ensevelie. Je sais combien tout cela peut paraître superstitieux, « folklorique », mais il n'y a pas de vie humaine sans attachement à de menus objets qui n'ont de signification que pour ceux qui les possèdent. Que je hais la « pureté » des intellectuels qui ne croient qu'aux autoroutes de l'intelligence et qui méprisent tous les sentiers imprévisibles et piétonniers.

Le Père Lagrange est mort au couvent de Saint-Maximin, d'une bronchite. À ce moment-là, il n'y avait pas d'antibiotiques et le médecin fut incapable d'enrayer la fièvre. Le Père Lagrange était un solide vieillard, il était loin de penser à sa mort prochaine. Avec la rudesse de langage qui régnait dans mon couvent pour ce qui concernait l'essentiel, on lui dit tout net qu'il était près de mourir. Il en marqua un grand étonnement et se reprit très vite : « Que la volonté de Dieu se fasse! qu'elle se fasse! qu'elle se fasse! » Dès lors il ne pensa qu'à paraître devant Dieu.

Peu avant la fin, en pleine nuit, il tomba dans le coma. A un moment, il se dressa subitement sur son séant, les yeux grands ouverts, et s'écria d'une voix forte : « Jérusalem! Jérusalem! » Il retomba avec un grand soupir : il était mort.

Ce sont les plus belles années de ma vie religieuse, celles qui me laissent un souvenir de joie sans mélange. Car il y a une joie extrême dans la fidélité totale d'un cœur qui n'est pas divisé. Malgré mon apparente frivolité et la séduction certaine que le monde exerçait sur moi, mon cœur alors n'était pas divisé : il était à Dieu et n'était qu'à lui. J'étais porté par l'impétuosité de la jeunesse. Certes je ressentais toutes les angoisses de l'époque, mais je me sentais la force d'affronter tous les périls. J'étais heureux, j'avais l'insolence et la désinvolture de ce bonheur.

Un jour, on m'avait demandé une conférence à Toulon, qui

eut lieu dans un cinéma. Je devais parler de Bernanos. Elle fit quelque bruit et même quelque scandale, car j'avais précisé la position de Bernanos dans la guerre d'Espagne et expliqué son opposition à Franco. Mes propos furent rapportés à une baronne, bienfaitrice de l'Ordre; elle écrivit une lettre indignée au Père Vayssière, qui était mon prieur provincial. Celui-ci m'en écrivit une lettre de colère et de réprobation. Telles étaient les mœurs ecclésiastiques en France, à l'époque : avant de me condamner sur le ouï-dire d'un ouï-dire, l'idée ne serait pas venue à mon provincial de me convoquer pour écouter ma version des faits. Je me contentai de lui répondre : « J'ai promis obéissance à Dieu, à la bienheureuse Vierge Marie, à saint Dominique, et à vous, mon Père; je n'ai pas souvenir d'avoir promis obéissance à quelque baronne que ce soit. » Ce provincial était un saint homme : il ne me le pardonna jamais.

J'ai parlé de désinvolture et d'insolence : la proximité de la guerre y aidait. En regard de l'énorme catastrophe où l'Europe allait s'engloutir et que l'on sentait venir, les criailleries d'une baronne me paraissaient dérisoires, et elles l'étaient. De toutes manières, n'étais-je pas habitué dès l'enfance à côtoyer ce mur cyclopéen, l'éternité? Cela donne à toutes choses leur véritable échelle. Je n'ai jamais compris et je ne comprends pas encore comment des êtres humains, aussi médiocres soient-ils mais conscients d'être voués à l'éternité, puissent ne pas ramener les événements courants de la vie à leur vraie proportion qui, très généralement, est infinitésimale. Ce n'est affaire ni de morale ni même de caractère : c'est affaire d'appréciation correcte des volumes.

Il faut avouer que le simple chrétien, avec sa conception de Dieu, à la fois infini, personnalisé, éternel, avec sa conception de sa propre destination à Dieu, dispose ainsi d'une extraordinaire lorgnette qui, prise par le bon bout, réduit infiniment les proportions des événements quotidiens.

Je lis dans le *Journal* de Jules Renard : « Ils sont encore chrétiens parce qu'ils croient que leur religion excuse tout. » Personnellement, j'ai le sentiment contraire : le christianisme étant la religion de l'amour, on se sent tenu à tout. En tous les cas, la lorgnette est à la portée de main, encore faut-il s'en servir correctement. Les chrétiens dont parle Jules Renard, au lieu de s'en servir pour voir le monde tout petit, prennent la lorgnette par l'autre bout et regardent leur propre image dans un miroir : ils s'y voient beaucoup plus grands qu'ils ne sont. C'est ce qu'ils appellent avoir une haute idée de leur mission. Il s'agit surtout de se prendre soi-même très au sérieux.

Avec eux, l'humour, terminé!

8

J'aime la guerre!

N'importe où, n'importe quand, à n'importe qui, je n'ai jamais hésité à le dire. Les plus bienveillants de mes interlocuteurs prennent cela pour une boutade de mon caractère de saumon qui remonte les courants. D'autres s'indignent : comment peut-on — et un chrétien! et un prêtre! — aimer la guerre que les anciennes litanies mettent dans le même sac à calamités que la famine et la peste? C'est pourtant vrai que j'aime la guerre : « Elle est la mère de toutes choses, dit Héraclite : elle fait les dieux, les maîtres et les esclaves. »

Quand Camus écrivait *La Peste,* en 1946, je le faisais parler de son livre : « C'est une parabole de ce que nous avons vécu, disait-il. A la peste comme à la guerre, les hommes deviennent davantage ce qu'ils sont : les courageux plus courageux, les lâches plus lâches, les hommes d'imagination se mettent à avoir encore plus d'imagination, les fous sont encore plus fous, les matamores se dégonflent. Certains se retrouvent braves ou traîtres, sans avoir auparavant le moins du monde soupçonné qu'ils pouvaient le devenir. » La guerre est une révélation prophétique, au sens où le vieillard Siméon, dans le parvis du Temple de Jérusalem, parlait à cette jeune femme qui tenait dans ses bras son fils nouveau-né : « Et vous, une épée vous transpercera le cœur! Tout cela se produira pour que vienne au jour la vérité des cœurs... » L'épée, le cœur, la vérité...

Il y a des moments, dans la vie des peuples comme dans celle des individus, où le mensonge atteint à la fois un tel volume et une telle concentration de malignité, qu'il faut que la vérité éclate, comme un barrage craque sous la poussée trop forte des eaux. En novembre 1942, après le débarquement allié en Afrique du Nord, quand Hitler envahit ce qu'on appelait la « zone libre », Abel Hermant, ministre de Pétain, regardait d'un balcon de l'Hôtel du Parc à Vichy, rouler sur le pavé les chars allemands. Eclatant d'un rire hystérique, il s'écria : « Enfin, voilà la vérité qui entre! » La vérité a ses manières bien à elle de faire irruption dans la vie.

La déclaration de guerre du 3 septembre 1939 advint pour moi comme un immense soulagement. Je pensais que cette déclaration de guerre venait beaucoup trop tard mais qu'enfin elle était inévitable et que mieux valait tard que jamais. A distance, la chose m'est étrange mais la prédiction de Bernanos sur le prochain écrasement de la France s'était complètement effacée de mon esprit. L'idée que nous serions vaincus ne m'effleurait même plus. Peut-être qu'à de certains moments l'homme ne survivrait pas sans une part d'illusion. Ma part à moi était grande.

Quelques jours avant la déclaration de guerre, et la sachant inévitable, Walter Warnach était accouru à Saint-Maximin pour me faire ses adieux. Pendant son très court séjour, la nouvelle éclata du pacte germano-soviétique : Hitler avait les mains libres à l'ouest. Pourtant je doutais si peu de sa prochaine défaite que j'offris à Warnach de rester en France; je me faisais fort de le protéger, ce qui était pure présomption de ma part, impardonnable étant donné ce que j'avais vécu en 1914. Ma seule excuse est que j'aimais Warnach et que je souffrais de me séparer de lui. « Je rentre dans mon pays, me répondit-il. Je sais toutes les injustices dont il porte le poids, mais c'est mon pays : jusqu'au bout, je partagerai son destin, surtout si à la fin il doit être vaincu. » Il a tenu parole à travers l'horreur.

Il repartit. De toute la guerre, sa pensée ne me quitta plus. Quand j'ai été au feu en face de troupes allemandes, je me demandais s'il n'était pas là, à quelques mètres de moi, parmi ceux sur lesquels je commandais le tir. Pendant l'occupation, chaque fois que je voyais de dos la silhouette d'un officier allemand de sa taille et de son allure, mon cœur bondissait et je me retenais de courir après elle.

Cependant il ne se passait rien. La guerre était déclarée pour la Pologne, notre alliée, et la Pologne était écrasée sans que, sur les frontières occidentales du Reich, rien ne bougeât. On était en guerre, sans y être, tout en y étant. Napoléon disait que le génie de la guerre est de ne laisser souffler ni l'ennemi ni ses propres troupes. Le génie de la guerre nous avait désertés. L'armée française mobilisée dans des cantonnements de fortune soufflait et s'essoufflait. J'ai vu son moral se dégrader de jour en jour, puis défaillir.

Moi, j'étais sergent-chef, c'est-à-dire que je pouvais éventuellement commander une section, qui est l'unité de base du combat. J'avais pour caporal Roger Chaix, un garçon extraordinaire. C'était alors un gamin de dix-huit ans, engagé volontaire, réfléchi, appliqué, solide, modeste, tenace. A la guerre, il fut tel; il demeura tel après la guerre, quand il entra dans la police parisienne. Partant socialement de zéro, par son aptitude à se porter toujours en avant aux postes les plus dangereux et traquenardiers, dont les autres ne voulaient pas, par ses méthodes qu'il inventait sur le terrain, il a fait une extraordinaire carrière, puisqu'il est aujourd'hui préfet de police de Lyon.

Mais ce que j'essaie d'évoquer, c'est ce que je fus alors. Je bouillais d'impatience d'être en guerre sans me battre. Je suis fait pour le combat, c'est ma nature profonde et même ma nature de surface, celle même que révèle mon style, si j'en ai un. Nourissier me disait : « Votre style, c'est de marcher au canon. Quand, dans un de vos livres, on n'entend plus le canon, on se demande où vous êtes passé... »

J'appartenais au 3ᵉ régiment d'infanterie alpine qui faisait partie de la 29e division dont le commandement était à Nice. La France étant peu assurée du côté de sa frontière italienne, il était normal que nous prenions position dans les Alpes. Pour moi, l'automne se passa à Puget-Théniers, dans les hautes vallées : la lumière était superbe sur les roux des feuillages, sur les gris-roses de la rocaille. En ce pays, où rien ne paraît de conséquence, l'absurdité de la vie militaire était plus supportable qu'ailleurs. Mais, fin novembre, la division fut transportée dans la région de Châlons-sur-Marne, en réserve générale d'armée.

Nous étions une troupe alpine, sans motorisation, spécialement équipée et entraînée pour les opérations de haute montagne, pièces et ravitaillement portés à dos de mulets. Sur ces plateaux balayés par les vents, sous ces ciels lugubres, nous devenions nous-mêmes absurdes et, plus absurdes que tout, nos colonnes de mulets qui se profilaient sur des horizons plats et gris. Comme le pus suppure d'une plaie incurable, l'absurde coulait silencieusement des cervelles molles de notre haut commandement. Le moral de mes hommes, qui n'avait jamais été élevé, baissa encore d'un niveau. Ces méridionaux, d'opinions bien diverses, de conditions sociales très inégales, éprouvaient tous une solidarité profonde dans l'exil où ils étaient ensemble du soleil. La déprime collective s'exprimait ouvertement et dans le langage même de l'ennemi : on parlait de « sale guerre ».

Les chefs étaient des plus lointains. Ils avaient des voitures, touchaient leurs soldes qu'ils allaient flamber à Paris. Sous-officiers et hommes de troupe, nous étions une armée abandonnée à elle-même dans quelque désert sur une planète morte. Le pays était pauvre, sans gaîté, et n'aimait pas les soldats. Nous n'avions aucun but, aucune utilité, nul ne se souciait de nous, nul ne nous expliquait pourquoi nous étions là, et à la vérité nul ne le savait. La guerre était déjà perdue dans les esprits et dans les cœurs. La machine allait vaille que vaille. Le gouvernement avait pris le risque d'une mobilisation générale, il avait déraciné tout un peuple de ses foyers, et maintenant on laissait indéfiniment ce peuple racines en l'air, sans l'avoir transplanté immédiatement dans la glèbe et la fumure des batailles.

Mon exaspération contre ce gouvernement, contre tout son haut personnel, civil autant que militaire, allait jusqu'au mépris. La responsabilité que j'avais était infime mais je l'assumais pleinement : j'avais en charge trente hommes et seize mulets avec leurs muletiers aussi têtus que leurs animaux. L'inaction était quasi totale, la rancœur contaminait tout. Il me parut tout à coup qu'avec une telle armée il était à jamais impossible non seulement de gagner la guerre, mais même de la faire. Désormais mon souci fut de m'évader de cette léthargie, prélude aux grandes convulsions, et d'y échapper personnellement sans perdre l'honneur. Je ne concevais plus comment une incurie si générale et une telle frivolité chez les chefs, une telle amertume dans la troupe, pouvaient déboucher sur autre chose qu'un relâchement mortel.

Seul, perdu dans les glaces d'un petit village — voisin d'un autre qui s'appelait Colombey-les-Deux-Eglises et dont nul ne soupçonnait qu'il avait abrité déjà celui qui allait reprendre en main le destin perdu de la France —, je me morfondais et je priais Dieu. J'avais tout le temps de lire mon bréviaire, de réciter mon chapelet, de célébrer la messe dans la petite église aux températures de frigorifique, de me livrer à la méditation de l'Evangile. L'exactitude d'une vie monastique loin de mon couvent m'élevait au moins au-dessus de la médiocrité de mon sort. La proximité familière du Christ, à l'intérieur de circonstances banales et même avilissantes, ouvre une profondeur lumineuse de ciel comme on en voit dans les grandes compositions de Poussin. Je gardais pour moi ce secret mais, quand je refermais sur moi la porte de ma chambre, je savais que j'allais retrouver le soleil.

J'ai toujours été et je resterai jusqu'au bout le petit garçon fugeur de mon enfance. Quand une situation se rétrécit sur moi, que toutes les issues se bouchent les unes après les autres, que je me vois, — sans qu'aucune sentence ait été portée, et à plus forte raison si une sentence a été prononcée, — inexorablement condamné à la médiocrité, l'idée de l'évasion se met à germer en moi, une évasion sans destination certaine mais le plus loin possible, et je n'ai de cesse que de l'avoir réalisée. Maintenant que je vois ma vie d'une seule étendue, je suis pris par l'envie d'une dernière fugue et les deux vers de Supervielle résonnent dans mon cœur comme un roulement de tambours derrière la colline :

Le mort que je serai tourne en moi sans façon
Et me dit Je commence à trouver le temps long

Cette fois, l'issue s'appelait « le corps franc de la division ». C'était une troupe d'élite, entièrement composée de volontaires. Elle était commandée par deux officiers célèbres dans toute l'armée et qui allaient le devenir dans la nation : à la fin de l'autre guerre, aucun des deux n'avait vingt ans et l'un et l'autre étaient déjà couverts de gloire. C'étaient les lieutenants Félix Agnely et Joseph Darnand.

Agnely était un homme petit, mince, au regard aigu derrière des verres teintés qu'il ne quittait jamais. Je ne l'ai rencontré qu'une fois pour lui faire part de mon désir d'entrer au corps franc, et il me promit de m'y accueillir. C'était un être racé, sanglé strictement dans son uniforme bleu foncé d'officier de chasseur alpin. Il donnait l'impression d'une extrême concentration et d'une intelligence militaire secrète, toujours en alerte, toujours à l'affût, aux aguets. Plus tard, quand je rencontrerai le général Leclerc, c'est exactement cette même impression que je ressentirai.

Darnand était bien différent : savoyard, court, trapu, un peu lourd, râblé, un homme de la terre et de la montagne, blond aux yeux bleus, des traits un peu forts exprimaient la détermination : c'était le genre d'homme qu'il est impossible de faire reculer. Il était plus sensible qu'il ne paraissait, comme les hommes doués du courage guerrier. Je l'ai bien connu. La fierté et l'amitié éclairaient ce visage avec la soudaineté d'un flash. A l'ordinaire il avait le visage tendu, appliqué, presque méfiant. Il n'avait qu'une intelligence, celle du combat.

Sa mâchoire et son menton carrés, sa main forte, solide et franche, donnaient l'assurance d'une fidélité inébranlable. Très sensible à l'amitié des hommes, à l'admiration des femmes, ce lui fut occasions de perte, mais aussi de quelques actions généreuses et même éclatantes, que j'oublierai d'autant moins que je fus le bénéficiaire de l'une d'elles.

Il n'avait pas dépassé le certificat d'études, si tant est qu'il l'ait jamais eu. A l'âge où les fils de bourgeois traînaient encore sur les bancs de l'école, jouaient avec les idées, réglaient de haut le sort du monde, lui se battait. En 1915, il s'était en effet engagé, à seize ans, non seulement devançant l'appel, mais trichant sur son âge pour être accepté comme simple soldat. Ce gamin se révéla au feu tellement hardi et sûr, prompt, avec le coup d'œil immédiat et infaillible du chef sur le terrain, qu'il gravit rapidement tous les échelons que son instruction lui permit de gravir. La Révolution et l'Empire eussent fait de lui un maréchal légendaire, comme Ney ou Murat, sortis du peuple comme lui et qui eurent la même fin que lui. L'armée républicaine ne toléra pas qu'avec un simple certificat d'études il allât plus loin que le grade d'adjudant, ce qu'il était au moment de l'armistice en 1918. Citations, avancements, permissions de récompense se succédaient pourtant à une telle cadence, à la suite de coups de main audacieux et réussis, que le gamin Darnand passait pratiquement autant de temps chez lui qu'au front. Et chaque fois qu'il revenait dans la maison paternelle, c'était avec un nouveau galon, une nouvelle citation, une nouvelle palme à sa croix de guerre, au point d'être le fantassin le plus décoré de cette immense armée. Son père, un honnête paysan, s'en inquiétait : il se demandait si son fils n'était pas à la fois un mégalomane, un simulateur, un déserteur.

Le 14 juillet 1918, à la tête de son groupe franc, Darnand réussit ce qui fut le coup de main le plus audacieux, le plus sensationnel, le plus décisif de cette longue guerre. A un endroit où les lignes étaient figées comme du béton, hérissées de bouches à feu, il pénétra à la tête de ses hommes et par surprise jusqu'à cinq cents mètres à l'intérieur des lignes allemandes, atteignit un poste de commandement, fit dix-neuf prisonniers dont plusieurs officiers, rafla des documents d'état-major importants, rentra dans les lignes françaises sans perdre un seul de ses hommes et avant que les Allemands aient eu le temps de dire ouf. Parmi d'autres informations, celles conquises ce jour-là par Darnand décidèrent Foch à déclencher la dernière offensive qui allait conduire les alliés à la victoire.

Tout juste un an après, le 14 juillet 1919, ce fut à Paris « le Défilé de la Victoire », sous l'Arc de Triomphe et sur les Champs-Elysées. Darnand reçut là une autre médaille, la plus prestigieuse, la médaille militaire. On avait voulu honorer en lui le héros le plus représentatif de cette infanterie française, dont on disait qu'elle avait gagné la guerre. Mais il ne fut pas le seul à recevoir ce jour-là notre plus haute décoration nationale : conjointement avec lui, et côte à côte avec lui, sur le même rang il y avait deux autres chefs de guerre à la recevoir, c'était Georges Clemenceau et le maréchal Foch, commandant en chef des armées alliées. Pour les trois nouveaux médaillés, aussi bien pour Darnand que pour Clemenceau et Foch, la citation à l'ordre de la nation qui justifiait cette décoration et qui fut proclamée sur le front des troupes, se terminait par ces mots : « artisan de la victoire finale ». Darnand avait vingt ans.

Les trois nouveaux médaillés reçurent leur décoration de la main du généralissime de l'armée française : c'était le maréchal Philippe Pétain. Ce jour-là, Darnand fut sûrement le garçon le plus admiré de France, lui-même se crut l'objet d'une chance et d'un honneur suprêmes. Allez comprendre le destin qui lui avait passé ce jour-là la corde au cou. Car, vingt ans plus tard, sa perte pour lui s'appellera encore Philippe Pétain.

De son côté, Agnely avait été le plus jeune chevalier de la Légion d'honneur de France, décoration gagnée au feu. Mais Agnely était officier. Ce n'est qu'après la guerre que les deux hommes se trouvèrent et se vouèrent une amitié qui serait plus forte que la mort. La victoire de la France était au premier chef leur victoire : ils s'en considéraient comme les dépositaires et les garants, survivants d'une génération qui avait payé très cher cette victoire. Ils s'établirent tous deux à Nice et se marièrent. Darnand eut un fils, Agnely eut cinq enfants.

Maurras avait publié un livre : *Si le coup de force est possible.* Agnely et Darnand adhérèrent à *L'Action française* précisément pour faire le coup de force contre une République et des politiciens qui, à leurs yeux, perdaient la France. Mais les deux jeunes amis durent bientôt se rendre à une évidence qu'ils n'avaient absolument pas prévue : ni Maurras ni les dirigeants de l'A.F. n'avaient la moindre envie de faire le coup de force; encore moins supportaient-ils l'idée que d'autres le fissent pour eux.

Les vrais hommes de guerre sont les gens les moins frivoles qui soient. Ces deux archanges des champs de bataille avaient adhéré à un mouvement monarchiste. Ils en concluaient qu'il fallait renverser la République et restaurer la royauté. On ne le ferait pas en portant une fois par an des fleurs à la statue de Jeanne d'Arc ou en criant : « Vive le Roi! » à l'entrée de la duchesse de Guise dans un salon du boulevard Saint-Germain ou de Montpellier.

Dès 1920, voilà nos deux amis qui visitent toutes les sections de jeunesse de *L'Action française* dans tout le Midi de la France, au-dessous d'une ligne qui va de Gap à Toulouse. Il faut transformer ces sections en groupes de choc paramilitaires. Nos deux gaillards savent ce qu'ils font : ils trient les garçons sur le volet, écartent les timides, les velléitaires, les demi-natures, amassent des armes en secret, entraînent les jeunes qui leur font confiance comme des groupes francs clandestins, exigent de chacun un peu plus que ce qu'il peut donner et l'obtiennent. Le jour venu, qui ne peut être lointain, ils monteront sur Paris, referont le coup du 18 Brumaire et ramèneront le roi sur le trône de France.

Si cette activité subversive échappe au flair de la police, du moins dans toute l'ampleur de ses moyens et de ses ambitions, elle est pressentie de loin par les dirigeants de *L'Action française.* Ils s'en alarment et finissent par convoquer Darnand à Paris. Darnand répond par un télégramme insolent : « Impossible venir — n'ai pas d'argent. » Le lendemain, il reçoit télégraphiquement un billet de wagon-lit Nice-Paris et retour, plus mille francs et une invitation signée de Maurras de venir s'expliquer fraternellement devant le comité directeur. Darnand prend le train et arrive au rendez-vous, rue de Valois. La petite assemblée se veut impressionnante comme un tribunal. Les membres du comité sont assis d'un côté de la table et, en face de Maurras, un seul siège est disposé, pour Darnand. Il entre les mâchoires serrées comme je l'ai vu si souvent, il s'assoit, croise les bras sur la table comme s'il était à l'école et fixe ses yeux bleus dans le regard du maître prestigieux.

De sa voix de sourd, Maurras parle. Il explique longuement que la restauration de la monarchie se situe nécessairement à l'intérieur d'une évolution politique lente et progressive, qu'un jour la situation finira bien par mûrir et par porter ses fruits, que *L'Action française* est là pour surveiller et hâter ce mûrissement comme le soleil hâte la vendange. Nous n'en sommes pas encore à la vendange et ce serait une grave erreur de précipiter les choses, au risque de faire avorter l'espérance profonde de la nation.

Maurras parle, seul. Darnand se tait. Maurras parle pendant trois quarts d'heure, pendant une heure, pendant une heure et quart. Impossible de deviner l'effet de cette éloquence professorale sur l'élève Darnand, qui ne quitte pas des yeux le visage austère du maître. A la fin des fins, Maurras se tait. Silence très prolongé. Darnand se tait et continue de fixer Maurras dans les yeux. Alors celui-ci dans une adjuration :

— Monsieur Darnand, vous ne dites rien. Vous avez tout de même quelque chose à dire. Il est impossible que vous n'ayez rien à dire. Si vous avez quelque chose à dire, eh bien, dites-le!

Sans qu'un seul muscle de son visage bouge, desserrant à peine les dents, d'une voix sifflante mais terriblement distincte, Darnand dit :

— J'ai à dire que vous êtes tous des cons!

Stupeur! Maurras n'a rien entendu et se tourne à droite vers Léon Daudet :

— Qu'est-ce qu'il a dit?

Daudet pouffe, s'esclaffe, éclate d'une joie bruyante, puis, mettant ses mains en cornet à l'oreille de Maurras, il répète comme un tonnerre :

— IL A DIT QUE NOUS ETIONS TOUS DES CONS!

Puis se tapant les cuisses et dans l'exultation de l'enthousiasme :

— Regardez-le, ce garçon, regardez-le bien! Il est merveilleux, et en plus il a cent pour cent raison! Quand je pense que nous à *L'Action française*, qui sommes si grigous, nous lui avons envoyé, et par télégramme encore, un billet de wagon-lit! Nous ne l'avons jamais fait pour un prince de la Maison de France. Mais à celui-ci, nous lui avons envoyé en plus mille francs pour qu'il vienne ici, chez nous, à domicile, nous traiter en face de cons...! Depuis que je suis à *L'Action française,* nous n'avons jamais rien fait de mieux! C'est moi qui vous le dis!

Dans la discussion qui suit, il est décidé que Darnand prendra immédiatement la responsabilité et le commandement de toute la jeunesse d'*Action française* et que, dans les six mois, on fera effectivement le coup de force : on renversera la République et on restaurera la Royauté. Voilà une chose décidée et conclue, tout le monde est d'accord. Entre Maxime Real del Sarte, qui, par on ne sait quelle circonstance fortuite, se trouvait absent de la réunion. On le met au courant et on lui fait part des décisions prises. Il se tourne vers Darnand :

— Vous êtes jeune, monsieur! Vous vous êtes imaginé que vous pouviez faire main basse sur *L'Action française,* sur trente ans d'efforts, de réflexion, de luttes et de sagesse politique! Bas les pattes, monsieur! Et je vous avertis : si vous touchez à notre mouvement, nous vous déshonorerons. Nous fouillerons dans votre vie privée pour vous couvrir de boue. Si nous ne trouvons rien, nous inventerons! Comptez sur moi, monsieur!

C'est ainsi que, dans les années 1924-1925, Agnely et Darnand furent éjectés de *L'Action française.* C'est une erreur commune en France de croire que l'intelligence seule peut sauver un pays, alors que l'intelligence n'est rien sans le caractère.

Les jeunesses de toute l'Europe entraient en ébullition.

Je me suis souvent posé la question — sans être capable d'y répondre complètement — : au cas où je ne serais pas entré dans l'Ordre dominicain, que serais-je devenu? C'est peut-être une de ces questions vaines dont il me sera demandé compte au Dernier Jour, mais elle me permet de me situer mieux au cœur de ma génération.

Je ne serais pas resté en province, je serais « monté à Paris ». Je me sentais la nature et le goût d'être peintre. J'aurais tout fait pour devenir peintre; et, pour cela, j'étais capable de me mutiler, — selon le conseil de Picasso à un jeune homme qui se croyait destiné à devenir « le peintre du siècle » et qui lui demandait ce qu'il fallait faire. « Coupez-vous l'oreille! » lui dit Picasso, pensant à Van Gogh. J'aurais été cubiste, cela aussi est certain, tant le cubisme avec ses surfaces uniformes, tranchées, juxtaposées, contrastées, avec ses volumes d'un équilibre surprenant, correspond à mes profondeurs. Je n'aime pas les dégradés, je n'aime pas les fondus. Je n'aime pas le pointillisme. Je n'aime pas les transitions. Je n'aime pas le flou. Ma vie a toujours progressé par ruptures. A travers ces ruptures, et des plans différents de coloris, j'ai toujours cherché une harmonie qui justifie le tout mais que mon Ange gardien est peut-être le seul à percevoir, si elle existe.

J'étais de mon temps, terriblement. Peut-être me serais-je laissé entraîner par le surréalisme dont c'était l'époque héroïque. Ce qui m'eût attiré en lui, c'est premièrement l'insolence, le goût de la provocation et du farfelu, le sitôt-dit-sitôt-fait dans la surenchère du scandale, le jeu d'éventail entre la poésie et la mort, la mode de la roulette russe. C'est vrai que je me serais facilement suicidé. Pour être tout à fait franc, ce qui m'eût retenu de m'incorporer au surréalisme, c'est l'ostentation du blasphème. Je me crois naturellement anticlérical mais j'ai toujours eu le blasphème en horreur, et je crois qu'il m'eût été impossible de renier Jésus-Christ.

Tout cela n'est qu'au futur antérieur, le temps le plus vain de la conjugaison d'un verbe. En fait, je suis devenu dominicain. J'ai trouvé asile sous l'aile d'un ange qui savait que, pour que je garde la foi, il fallait que je sois mis à part, séparé. Moi aussi, je me suis fendu l'oreille, non pas fendu, coupé, et crevé le tympan. Il y a tout un côté du monde que je n'entends absolument pas.

La jeunesse de ma génération fut malchanceuse, elle a eu de mauvais maîtres. Elle a eu des maîtres qui l'ont sournoisement menée sur des voies de garage « loin de l'enfance et de l'histoire » : Charles Maurras, André Gide, André Breton ont capté la fine fleur de cette jeunesse, comme les fleuves suivaient Orphée, le joueur de flûte, et ils l'ont perdue dans les sables.

En Italie, en Allemagne, les jeux étaient plus dangereux, tragiques même : mais enfin Mussolini, Hitler ont ouvert à la jeunesse de leur pays les portes de l'aventure. C'est ce que la jeunesse attend par-dessus tout. Qu'a-t-il manqué à un Agnely, à un Darnand? Les maîtres auxquels ils se sont adressés étaient des intellectuels et des timides : ils ont abusé d'eux, leur ont fait perdre un temps précieux et finalement les ont trahis. Dans la suite, Agnely et Darnand ont erré de complot en complot, ont fini par échouer dans la Cagoule, qui n'était pas digne d'eux et qui était déjà aux ordres des fascismes étrangers. Quand ils ont pu, finalement, avec la guerre, entrer dans l'action, les jeux étaient déjà faits mais ils étaient faits contre la France.

En 1940, cela du moins était clair. Depuis dix ans, la France était divisée en clans comme aux pires moments de son histoire; chacun de ces clans était à la botte de l'étranger. Le parti communiste avait damné son âme à Staline et à la Russie; le parti socialiste était sous le contrôle du parti travailliste anglais : la politique de la France se faisait à Londres; la presse et les partis de droite étaient sous la coupe de Mussolini et par lui de Hitler. Cela je l'avais vu en Autriche, avant l' « Anschluss ». Les journaux nazis publiaient chaque jour la traduction d'articles de *Gringoire, Candide* et de *L'Action française.* A partir de 1936, en Europe centrale et orientale, ce sont des écrivains français qui avaient assumé la tâche de saper et de miner toute confiance en la France.

Quoi qu'il en ait été, et malgré une répugnance certaine d'avoir à défendre une République abhorrée, en cet hiver 1939-1940 Agnely et Darnand étaient de nouveau sous les armes de la France, prêts à se battre en effet pour elle. Moi-même, fils d'Autrichien et de l'Aigle à deux têtes, ex-sujet de Sa Majesté Impériale François-Joseph, je n'avais plus qu'un désir, qu'une obsession : être et me battre avec eux. Avec eux, du moins, j'étais sûr de ne pas m'ennuyer, alors que l'armée française tout entière pourrissait dans l'ennui.

Cependant notre division monta en ligne juste après Noël. Elle s'établit au nord de Sarrebourg, à la jonction de l'Alsace et de la Lorraine, autour de Bitche, Morhange, Gros-Tenquin, Saint-Avold, en face de Forbach, en bordure de la forêt de la Warndt, pays triste. La nuit de notre arrivée, le thermomètre descendit à 33 degrés sous zéro. La lassitude des hommes était extrême après trois jours et trois nuits, trimballés dans les wagons à bestiaux, alors que le pain et le vin gelaient. Ils se couchaient parfois sur le bord du chemin et seraient restés là dans la neige, si je ne les avais secoués pour les faire avancer. J'ai compris là ce que fut la retraite de Russie. Je jure que, cette nuit-là, si nous parvînmes au petit village où nous devions cantonner, c'est que le commandement de cette troupe de fantômes fut assuré par les Anges.

Malgré mes efforts, je n'étais pas encore au corps franc. Et ce fut à cette époque, exactement le 8 février 1940, que l'honneur des armes françaises fut sauvé par lui. Dès les premières semaines de la guerre, Forbach avait été enlevé et occupé par les Allemands. Le gouvernement de la République avait préféré n'en rien dire. Le fait est qu'un morceau de France était déjà aux mains de l'ennemi. Pour Agnely et Darnand, leur sang de soldats ne fit qu'un tour : « Il faut leur enlever Forbach! » Bien entendu, le plus difficile fut de convaincre le commandement français. Agnely et Darnand finirent par le convaincre.

Dans un premier stade, il s'agissait qu'un petit détachement s'infiltrât la nuit dans Forbach pour y passer toute la journée à observer la garnison allemande qui comptait plusieurs milliers d'hommes. Ce plan d'une témérité incroyable faillit réussir. Combien de fois ai-je remarqué dans ma vie que la témérité réussit, là où une simple prudence eût échoué immanquablement. Dans n'importe quel domaine, quand une affaire rate, il faut non pas se demander si on est allé trop loin mais si on a poussé les choses assez loin.

Comme prévu, l'élément de pointe du corps franc avait pris position dans Forbach sans éveiller le moindre soupçon : Agnely, Darnand et leurs hommes s'étaient infiltrés sur une profondeur de plusieurs kilomètres, comme des chats de gouttière. A la fin de la journée, à deux heures du décrochage, deux soldats allemands en maraude entrèrent dans un grenier occupé par les nôtres. L'un fut tué par surprise d'un coup de poignard. L'autre réussit à se dégager et fut abattu d'un coup de revolver. Ce coup de feu donna l'alarme.

Il est vrai que l'entraînement et la puissance de feu de ce petit détachement français étaient redoutables, que chez les Allemands la surprise fut totale, le désarroi immense, mais la bataille fut terrible. Agnely et Darnand ramenèrent tous leurs hommes et se retrouvèrent tous deux au pied d'un mur qu'il fallait sauter pour rejoindre le point de ralliement. Chacun voulait que l'autre sautât le premier :

— Tu as cinq enfants, disait Darnand. Saute le premier!

— Si je meurs, mes enfants, tu t'en occuperas. Je suis le chef. Je passerai le dernier.

Darnand sauta. Agnely fut tué au moment du saut.

Ne le voyant pas revenir, Darnand prit deux hommes et alla rechercher le corps d'Agnely de l'autre côté du mur. Les

Allemands furent terrorisés devant ces revenants, ces « diables bleus » comme on appelait les chasseurs alpins. Ils ramenèrent le corps d'Agnely, et Darnand fit partir la fusée qui déclencha le tir de barrage d'artillerie pour protéger le repli général de tout le corps franc.

Je ne fus pas de ce coup de main. Je ne rejoignis le corps franc que quelques jours plus tard. Ce coup de main eut pourtant une suite si décisive dans ma vie, et peut-être dans l'histoire de France, que je me suis senti tenu de l'évoquer ici. Je suis sûr que, si Agnely avait vécu, Darnand eût pris dans la suite un tout autre chemin : Agnely était sa boussole, qui lui donnait constamment le nord. Et les paroles, échangées au pied de ce mur, et qui pour Agnely furent les dernières, m'ont sans doute sauvé la vie. Beaucoup de choses et d'êtres sont entrés là dans le testament d'Agnely que Darnand s'est toujours senti tenu d'exécuter.

Il reste éternellement à Agnely, à Darnand, aux hommes de leur corps franc, d'avoir été la seule troupe de l'infanterie française à s'être battue, alors que toute l'armée restait l'arme au pied. Agnely eut les obsèques qu'il méritait, sur le front des troupes. Mme Agnely était présente : c'est là qu'elle devint la marraine et comme la mère de ce corps franc, qui restera jusqu'au bout dans la mémoire de ceux qui en firent partie : « le corps franc Agnely-Darnand ».

Dans la catastrophe qui suivit et qui allait redistribuer toutes les cartes du destin français et même du destin de l'Europe, le souvenir même de ce fait d'armes fut englouti. Ce fut la dernière lueur de notre ancienne victoire. Avant de nous abandonner tout à fait, cette ancienne victoire a pieusement déposé sur le seuil la dépouille de Félix Agnely.

J'affirme que, si le commandement français avait mis à des postes de responsabilité décisive cinq cents officiers comme Agnely et Darnand, la France eût gagné cette guerre, car ces cinq cents officiers, en cherchant bien, la France les avait. Et en la personne de Charles de Gaulle, elle avait aussi le généralissime dont la stratégie était capable de mener nos armées à la victoire. Cela se fût passé avant l'entrée dans la guerre de la Russie et de l'Amérique. Le sacrifice d'Agnely eût alors été prémonitoire du triomphe de nos armes, au lieu d'être le dernier hommage funèbre à l'honneur militaire français.

Pendant ce temps, j'étais moi-même en première ligne, chef de section à la place de mon petit sous-lieutenant évanescent. Il faisait cruellement froid. Nous occupions des tranchées et des casemates, l'armée française n'ayant pas eu l'imagination d'inventer autre chose que ce qui s'était fait vingt ans plus tôt. Ma responsabilité était de surveiller un secteur de 1 500 à 2 000 mètres, d'assurer la relève des sentinelles, de faire des rondes, surtout la nuit. Le matin, je célébrais la messe dans la casemate : sans que j'aie rien demandé, les hommes se taisaient pendant ce temps, respectaient ce dialogue qui leur était inconnu entre ce soldat, qui à ce moment n'était qu'un prêtre, et ce Dieu, enfoui dans les ténèbres de l'histoire, et que je n'ai jamais senti plus présent.

Une nuit, un coup de feu m'éveille en sursaut. Je me chausse en hâte et me dirige du côté où le coup est parti, sur un éperon avancé, un peu isolé. Je me demande si l'une de mes sentinelles n'a pas été enlevée ou même tuée et si je ne vais pas moi-même tomber sur les Allemands. Le silence est terrifiant. Dans ce silence, le cri d'une chouette, le glissement d'un paquet de neige, le craquement d'une branche, tous les bruits de la nuit retentissent moins à l'oreille qu'au cœur. J'arrive au poste assigné à la sentinelle : elle n'y est plus. Dans la pâle clarté qui monte de la neige, j'aperçois au-dessus de mon épaule gauche l'éclat d'un canon de fusil. Je me retourne : c'est un de mes hommes à moi, un Espagnol républicain engagé dans l'armée française, qui m'a suivi silencieusement, pour me protéger : je ne l'avais pas entendu.

Je ne sais plus si cet homme m'a jamais adressé trois mots; je ne sais même plus s'il parlait français. Il obéissait, me suivait, me précédait, prévenait mes ordres ou les nécessités de l'action : j'avais le sentiment d'être gardé par un tigre.

Il émanait de lui une résolution farouche et le sentiment d'une parfaite sécurité. Qui était-il? Quelle avait été son histoire à l'intérieur de la guerre d'Espagne? Je n'en sus jamais rien. Dans sa vie, il y avait sûrement du sang répandu, il n'en parla jamais. Avec Roger Chaix, mon caporal, c'est l'homme dont je me suis senti le plus près au cours de cette période.

En tâtonnant autour du poste abandonné, nous cherchons avec précaution, silencieux comme des serpents. A quelques mètres du poste de faction, nous finissons par découvrir la sentinelle tapie dans un taillis. Le malheureux, accroupi, le fusil entre les jambes, tremblait de frayeur, et son propre coup de feu avait mis le comble à sa peur.

Quand la division descendit au repos, c'était déjà le printemps qui devait être si beau. La division s'établit en Franche-Comté et le corps franc prit ses quartiers à Faverney : l'église est belle, célèbre pour son pèlerinage. C'est là que je rejoignis enfin le corps franc. Nous avions peu d'exercices : j'y participais de mon mieux mais j'y étais peu propre. Darnand m'avait accueilli chaleureusement car il voulait un prêtre dans le corps franc; c'était au fond la vraie raison de ma présence. La vie s'écoulait tranquille et gaie, au milieu d'une population avenante : nous étions sans soucis, il faisait un temps somptueux, nous attendions en nous laissant vivre.

10 mai 1940. Hitler avait décidé que ce jour-là commenceraient les choses sérieuses. Des autobus vinrent nous chercher, une longue file d'autobus parisiens, avec des noms de stations qui évoquaient la capitale : Opéra, Madeleine, Porte des Lilas, Bastille, Austerlitz, Nation... Ils nous embarquèrent avec tout notre barda et, voyageant jour et nuit, nous transportèrent dans un pays parfaitement plat, sur le canal de la Somme. Chauny est un souvenir amer. Là, j'eus le sentiment et presque l'évidence que la guerre était déjà perdue pour la France. L'armée française n'avait jamais été préparée au combat, la débâcle était sa pesanteur propre. Nous n'étions qu'aux tout premiers jours de juin et tout était déjà joué et perdu.

Nous étions censés être en première ligne, l'armée allemande pouvait se présenter d'un moment à l'autre. La mise en place de notre division se fit dans une pagaille indescriptible. Les unités allaient et venaient sans se reconnaître, sans savoir où elles devaient prendre position. Les hommes étaient exténués et affamés par un voyage qui avait duré deux jours. Ils s'égaillèrent partout pour trouver à manger et à boire. En deux heures, la division était ivre-morte. Même dans le corps franc, certains ne tenaient plus debout. Darnand, lui, restait le même. Il ordonna au lieutenant Michaux et à moi-même de prendre position pour défendre un pont qui enjambait la voie de chemin de fer.

Nous attendions les Allemands par terre, ils vinrent par les airs. Pendant deux heures, des stukas bombardèrent le pont par vagues de harcèlement : tel fut, en ce temps de Pentecôte, mon baptême du feu. Il n'y avait rien à faire qu'à rester là où nous étions, les fusils-mitrailleurs en position derrière les volets. Pendant deux heures, les bombes tombèrent mais ce qui était le plus effrayant, c'étaient les sirènes qui accompagnaient les bruits des avions en piqué. Autour de nous, les unes après les autres, les maisons s'effondraient ou prenaient feu. Mais au bout de deux heures, nous étions aux mêmes places en position; la maison où nous étions était intacte, le pont n'avait pas été touché. Je fis réflexion qu'à la guerre ce qui est le plus terrifiant n'est pas toujours le plus dangereux.

Je ne crois pas avoir eu beaucoup de mérite, en tenant avec mes hommes le poste qui m'avait été assigné. Certes rien n'est plus contagieux que la peur et, si j'y avais cédé, nul doute que mes hommes y eussent cédé. Il m'est arrivé d'avoir peur et même très peur mais, cette fois, le voisinage de la mort provoqua en moi une félicité subite qui ressemble assez au déchaînement irrésistible de la sensualité. Quand j'ai eu la mort à portée de main, il m'est arrivé de l'aimer, je me suis trouvé prêt à la boire avec délices. Dieu me garde d'en conclure quoi que ce soit : dans une telle sensation, je ne vois rien de métaphysique.

Par bonheur, il n'y avait pas eu de casse parmi nous. Darnand vint et, au milieu des décombres, il épingla sur ma poitrine l'insigne du corps franc (le cœur traversé d'une épée) qu'il ne distribuait qu'avec avarice et qui était comme le témoignage de sa satisfaction personnelle.

Par je ne sais quel miracle, il y eut une distribution du courrier, ce devait être la dernière. J'avais une lettre de Bernanos. Du Brésil, il voyait la situation beaucoup plus clairement que moi. Il écrivait : « Une fois de plus et comme toujours, Jeanne d'Arc relèvera l'épée de la France et boutera l'ennemi hors des frontières, c'est son affaire; la nôtre est d'empêcher qu'on la brûle ensuite, comme toujours. » En quelques mots et trois semaines avant l'armistice, Bernanos traçait pour les prochaines années la parabole du destin français.

La bataille de la Somme commença le 6 juin au petit matin, ce fut la dernière bataille qui méritât encore ce nom. Notre division, cette division recrutée parmi les Méridionaux réputés mauvais soldats, se battit, certainement mieux que beaucoup d'autres, tint le front plus longtemps que toutes ses voisines et ne décrocha que lorqu'elle fut menacée d'encerclement.

Par la force des choses, je me trouvais maintenant à l'arrière-garde de l'armée française, je couvrais sa retraite, sa débâcle. Oui, l'immense armée française n'était qu'une horde de fuyards. Dans tous les fossés, il y avait des fusils jetés et même, par cette chaleur étouffante, des vestes d'officiers : deux, trois galons, quelquefois quatre. Je les imaginais, ceux qui avaient jeté leurs grades aux orties; un jour, qui n'était pas si lointain, comme ils avaient dû être fiers de ces mêmes galons, insignes de leurs pouvoirs. Maintenant, comme ils étaient anxieux de se perdre dans l'anonymat de la défaite.

En pleine nuit, nous traversons Lagny qui brûle. Un convoi d'artillerie qui bien entendu n'était pas motorisé et qui en était resté aux chevaux, a été bombardé par l'aviation allemande, tandis qu'il traversait la ville. La rue est encombrée de canons, de caissons, de cadavres. Des chevaux, fous de chaleur et de peur, tirent sur leurs traits qui les retiennent aux pièces et hennissent longuement. Depuis le bout de la rue, on sent l'odeur de viande grillée. Tandis que j'avance au milieu des épaves, je regarde de loin une maison ouverte par une bombe, qui brûle doucement avec une sorte de sérénité mystique, comme un buisson de cierges à Lourdes devant la grotte de Massabielle. Fasciné, je regarde les entrailles de cette maison : le grand lit couvert d'un couvre-pied jaune, la commode cirée aux poignées de cuivre, deux causeuses et un grand miroir, toute une intimité propre, paisible et heureuse, les photos de famille encadrées contre le mur, le crucifix pendu au-dessus du lit. Tout cela flambe, chapelle ardente de ce que fut une certaine France. Quand j'arrive à sa hauteur, la maison tout entière s'effondre avec un gémissement terrible. Je vois la chambre éclairée de partout et presque encore intacte basculer doucement et disparaître dans le brasier.

Quand le jour se lève, des éléments avancés de l'armée allemande viennent repérer où nous en sommes de notre déroute : motocyclistes, automitrailleuses, moins souvent des cavaliers. Ma petite troupe, pas plus d'une douzaine d'hommes, met en batterie et lâche quelques rafales. Les Allemands ripostent et n'insistent pas. Dans la course aux Pyrénées, nous arriverons les premiers. Un matin, nous tuons deux motocyclistes qui nous passent sous le nez avec une insolence incroyable. Puis nous reprenons notre marche harassante, ayant tout abandonné sauf nos armes et les munitions. Le ciel est superbe, la chaleur écrasante. Je marche le dernier, surveillant mes arrières, comme un berger poursuivi par les loups.

Pour boire, nous entrons dans une grande cour de ferme où il y a une pompe. Un paysan, seul, et qui n'est pas parti, fait payer un franc chaque gobelet d'eau. Je refuse net de payer pour moi et mes hommes. Et comme le type devient très insolent avec des vaincus, sans que j'aie dit un mot, derrière moi un homme met le paysan en joue et l'abat d'une seule balle, presque à bout portant, entre les yeux. Le cadavre encombre l'accès de la pompe, deux hommes le jettent sur le tas de fumier. Nous reprenons la route.

Chaque fois que nous passons un canal ou une rivière, le pont saute derrière nous par les soins du génie français. C'est une fantasmagorie. J'emporte la patrie à la semelle de mes souliers : au pas que je fais en avant, la France se retrécit d'autant. Je le sais. J'en rage. J'en pleure de honte. Merde! j'ai attrapé la France comme on attrape la vérole, et voilà que maintenant je l'ai dans la peau. La France ne crèvera pas sans que je crève. Déserter pour venger mon père? Peut-être en eussé-je été tenté, si la France eût été victorieuse, insolente et prétentieuse, comme elle sait si bien l'être. Mais mon père aussi a subi la loi inexorable : « Malheur aux vaincus! » De quel côté suis-je?

Au fond, ce qui m'écœure le plus dans cette défaite, c'est à quel point elle est laide. Jamais je ne me suis senti si près par le sang et par la race des grands barbares blancs qui nous regardent nous enfuir sous le soleil de l'équinoxe. Et pourtant la voix crie toujours plus fort à l'intérieur de moi : Fidélité aux vaincus. Fidélité au malheur! Demain elle me criera : Vive la mort!

Je vis ces heures dans une sorte d'automatisme et avec la précision d'un somnambule. Une rage froide, une extrême lucidité et une intense méditation intérieure agissent sur moi comme des stupéfiants. La pensée de la France et le souvenir de mon père ne font plus qu'une seule obsession. C'est dans la déchéance où elle est tombée que je me réconcilie avec la France : c'est un accouplement de désespoir dans la honte et le fracas des bombes. C'est vraiment là que je suis devenu français par les entrailles et qu'il m'est désormais impossible d'imaginer seulement que je puisse être autre chose que français.

Un matin, très tôt, avant que ne recommence le déferlement, j'entre dans une petite église abandonnée et j'y célèbre la messe. C'est ma dernière messe avant l'écrasement total, avant ma blessure et ma capture. Le village s'appelle Elancourt-Sainte-Marguerite. Dans l'église, une plaque de marbre mentionne que Jeanne d'Arc est venue prier là, avant de s'enfermer dans Compiègne. Elle pressentait son destin. Devant cette perspective de tomber aux mains de l'ennemi — ce qui lui faisait horreur —, elle suppliait ses Voix qui lui répondaient de s'en remettre à son Seigneur.

Les idées me paralysent, elles n'obtiennent de moi qu'une immobilité figée. Je ne me meus et ne m'émeus que par passion, attractions ou répulsions. Pendant toute cette période intense, la personne de Jeanne d'Arc marche à mes côtés. Je me règle sur elle par affinité et presque par tropisme, soucieux de ne faire que ce que Jeanne eût fait, de repousser ce qu'elle eût repoussé. D'ailleurs il n'y avait plus nulle part de plan d'action, il n'y avait que de la fatalité. Quand je vais pour sortir de l'église, j'avise un vitrail de Georges Desvallières qui représente ma sainte et qui s'éveille dans la lumière de l'aube. Je prends dans le chœur le gros cierge pascal et l'allume sous le vitrail; il y tiendra ma place et brûlera toute la journée, cette journée décisive pour moi entre la vie et la mort. Comme Jeanne d'Arc qui a aussi passé ce seuil, je sais que je m'en remets à mon Seigneur. D'ailleurs nous pataugeons tous dans l'imprévisible.

Le soir, je me retrouve avec mes hommes en position sur la rive gauche de l'Oise près du village de Verneuil. Il y a heureusement une auberge où nous mangeons et dormons. Personnellement je ne dors guère, et je traverse en barque la rivière pour patrouiller sur l'autre rive : rien à signaler! Les Allemands ont bien le droit de dormir eux aussi. Quand j'ai rejoint notre rive, je prends la main dans le sac le petit garçon que j'étais à cinq ans quand, dans la colère, je me disais « Je les tuerai tous! » Je me surprends en effet à dire : « Tous ceux qui viendront de ce côté de l'eau, je les tuerai! »

Or, sans que je sache comment ils ont fait, à la fin de la matinée les Allemands ont traversé la rivière, et nous voilà encerclés : être constamment débordés comme nous le sommes finit par tenir de la magie. Le village est terriblement bombardé. Pour la première fois, je soutiens ce qu'on peut appeler une bataille rangée. J'aligne mon groupe perpendiculairement à la rivière dans un large fossé, face à un petit bois qui tout à coup se trouve plein d'Allemands : il y en a partout, jusque dans les arbres. On les mitraille et ils tombent lourdement comme des figues mûres. J'admire le courage et l'imprudence de ces hommes et j'en suis exaspéré, ils crient comme des fauves. En face de ce délire guerrier, mes hommes restent prosaïques, efficaces, précis, sans le moindre fléchissement : les Allemands ne sortiront pas de ce bois. Au moins là ils ont eu un os, un tout petit os, mais un os.

Nous sommes le 10 juin et il n'en finit pas de faire encore jour. Vers vingt heures je reçois l'ordre de dégager la petite route qui va de Verneuil à Pont-Sainte-Maxence; il paraît que les Allemands sont déjà dans les premières maisons de Verneuil.

De chaque côté de la route, il y a un fossé, heureusement assez profond. Je divise mon groupe en deux colonnes, chacune dans un fossé. Nous progresserons rapidement de tournant en tournant. Mon fusil-mitrailleur, Fiévet, restera un peu en arrière, mettant en position à chaque tournant pour balayer la route si nécessaire. Mon petit caporal Missemer en tête de la colonne de gauche, moi en tête de la colonne de droite, nous partons en courant. Fiévet trouve plus simple de rester au milieu de la route. C'est lui qui reçoit la première rafale de mitraillette qui le rate. Il se jette dans le fossé droit et balaie la route avec son fusil-mitrailleur. Un grand Allemand, SS, tombe sur la route presque entre Missemer et moi. Le combat est engagé, il est d'une violence extrême. Missemer est tout proche d'une maison pleine d'Allemands : il arrose tout ce qui bouge. Heureusement pour moi.

Je me suis couché de tout mon long dans le fossé. Il faut quelques secondes pour décharger les trente-deux balles d'une mitraillette. A peine suis-je à plat ventre dans mon fossé que ces trente-deux balles me recouvrent des pieds à la tête de feu et de terre : le fossé serait moins profond de dix centimètres que je les recevais toutes dans le corps. La fusillade est générale, puis s'arrête subitement. Dans les deux camps, nul ne sait plus qui est mort et qui est vivant. Ce que je sais, moi, au fond de mon fossé, c'est qu'aucun cheveu de ma tête ne tombera jamais sans la permission de Quelqu'un d'autre et qu'une fois de plus mon ange gardien a étendu son aile entre la mort et moi. Dans le fracas de la bataille, j'ai ri et j'ai dit tout haut : « Je suis libre! Tous les enfants de Dieu sont libres! » Pas une seconde je n'ai pensé à la mort.

Il est impossible d'évaluer la quantité du temps qui s'écoule en ces moments-là, mais la nuit est maintenant tombée. A reculons, nous nous replions tous dans nos fossés, sauf Missemer qui est resté, attendant l'ordre du repli. Par chance mes quatre hommes de tête sont indemnes. La queue de la patrouille, nous croyant morts, s'est déjà repliée. C'est à moi d'aller chercher Missemer. Cette fois, j'ai la frousse, la frousse animale qui prend aux tripes, mais il faut que j'y aille et j'y vais suant à grosses gouttes ma peur. Je saisis Missemer par le talon et nous rebroussons chemin.

Aussi limité, aussi bref, aussi dérisoire qu'il ait été, voilà un des derniers, — peut-être le dernier, — vrai combat livré pour tenter de barrer aux Allemands la route de Paris. De ce jour-là, j'ai cessé en tous les cas de me demander si j'étais français. Ma colère de la veille était complètement tombée. Je ne me demandais plus pourquoi j'étais avec des vaincus : j'y étais, j'y resterais jusqu'au bout.

Il y a des moments de grâce où l'homme se trouve un peu au-delà de tous les choix, parce que ces choix ont été faits une fois pour toutes. Heureux l'homme pour qui un tel moment correspond à celui de sa mort : tout ce qu'il fait en de tels moments, tout ce qu'il dit, relève d'une haute liturgie qui lui est dictée, dont il accomplit les gestes, dont il prononce les paroles, dans un espace sacré où tout est nécessaire et où il n'a jamais été aussi libre. Pour moi, les heures qui suivirent furent telles. Tous les auteurs dramatiques comprendront ce que j'écris là car cet espace est celui même de la tragédie. Le but de la tragédie est d'amener son héros à ce point, face à son destin sacrificiel; toutes les autres issues lui sont interdites et la route où il s'est engagé n'a jamais été aussi lumineuse ni plus évidente. C'est cet alliage indestructible de nécessité et de liberté qui fait la pureté et le rayonnement d'un destin tragique. C'est l'espace même de l'honneur et du sacré.

Quand nous sommes revenus dans Verneuil, la nuit était tout à fait noire et le bataillon achevait de se replier plus au sud, à travers la forêt de Chantilly. J'aurais suivi mais mon petit caporal Missemer s'était foulé la cheville au cours de la patrouille et je n'ai pas voulu l'abandonner. Tous deux, nous avons erré toute la nuit, dormant quelques heures côte à côte, tout chaussés, reprenant notre errance au petit matin. Mais les troupes allemandes allaient plus vite que nous. Nous avons été définitivement séparés par une rafale de fusil-mitrailleur, Missemer se jetant d'un côté de la route, moi de l'autre. Je ne l'ai retrouvé que trente ans plus tard, adjudant-chef en retraite à Metz, dans le hall triste d'un hôtel.

Là, il me raconta la suite de sa guerre. Fait prisonnier et comme il était alsacien, il fut enrôlé de force dans la Wehrmacht, se battit sur le front russe. En 1944, il déserta l'armée allemande pour rejoindre les maquis tchèques. Après la défaite allemande, il fut rapatrié en France par la Russie. Muller, alsacien lui aussi, reprit du service dans l'armée française en Afrique du Nord. Il partit ensuite pour l'Indochine, où il épousa une fille du pays qu'il a ramenée en France. Il coule doucement sa retraite près de Perpignan. Quant à Fiévet, phtysique, rongé par l'alcool, il a fini au bord de la clochardisation, soutenu jusqu'au bout par une femme énergique et dévouée, mais impuissante contre le malheur auquel il semblait à la fois destiné et résigné.

La vie réellement vécue et non rêvée, son risque lucidement et quotidiennement assumé, la fatigue, la souffrance physique (d'un témoignage plus sûr que la souffrance morale toujours suspecte), le voisinage de la mort apprennent aux êtres beaucoup plus de choses qu'ils n'en apprendront jamais dans les livres. Aucun de mes camarades de guerre n'a jamais eu besoin du psychiatre ou du psychanalyste : ils sont de la race des hommes qui savent d'instinct comment vivre et comment mourir. Quant à moi, depuis quelques heures, je marchais ou plutôt je mettais un pied devant l'autre au centre d'un faisceau de lumière surnaturelle qui m'isolait et me protégeait, comme dans un film on voit le fugitif poursuivi par la lumière d'un sunlight.

Maintenant le soleil est haut, je me guide sur lui et je cours dans la direction que j'estime être celle de Paris. Je traverse de part en part toute la forêt de Chantilly. Parfois j'entends nos canons 75 et même quelques rafales de mitrailleuses françaises; mais, au fur et à mesure que j'avance, on dirait qu'elles s'éloignent. Comme dans un cauchemar, comme vers un mirage qui serait l'illusion de l'oreille. Enfin je déboule du bois et me trouve dans un champ de blé presque aussi haut que moi. Plus tard j'ai retrouvé l'endroit. En allant de Chantilly sur Paris par la route, c'est juste avant Lamorlaye : aujourd'hui il y a un garage.

Ce 11 juin au matin, je suis exténué de fatigue, de soif et de faim. J'aperçois à quelques centaines de mètres sur la route une petite troupe qui marche tranquillement et comme à la promenade en direction de Paris : ce ne peut être que des Français. Je cours vers eux et je les hèle. Fatalité, ce sont encore des Allemands. Maintenant je suis trop près et il est trop tard. Me rendre, je sais que je ne le ferai jamais. L'image évoquée par le mot me suggère un homme qui se vomit lui-même, et c'est bien cela qu'après quarante ans la France encore ne se pardonne pas : en 1940, elle s'est vomie elle-même à la face du soleil et de toutes les nations. Il me faut rejoindre la forêt.

Par bonds, et après chaque bond en me couchant dans les blés protecteurs, je tente de le faire. Au troisième bond, la rafale du fusil-mitrailleur me frôle. Encore deux bonds et je serai derrière les arbres. Au quatrième bond, je reçois une décharge électrique formidable et je culbute dans les blés comme un lapin tiré par un chasseur. Je me ressaisis et m'assieds, le sang jaillit de ma poitrine à gros bouillons. Je le regarde couler sans frayeur. Je pense à Paris qui va être pris : adieu Paris! adieu la France! Je me tourne de l'autre côté du monde et ne désire plus qu'une chose, mourir. Je me couche dans les blés qui cette année ne seront pas moissonnés : ils pourriront sur pied, comme moi.

Au-dessus de moi, dans le ciel incandescent, des corbeaux tournent lentement et croassent. Je pense soudain qu'ils me mangeront. Cette seule éventualité me remet debout. La route est maintenant déserte, mais c'est une route. En mourant sur le bas-côté, je sais au moins que je serai enseveli. Que cela n'ait pas eu lieu, je n'y ai jamais rien compris. Plus tard, examinant les radios, les médecins diront que la seule preuve que ma blessure n'était pas mortelle est que je suis encore vivant. En effet, deux balles m'ont traversé, l'une trouant le poumon gauche, l'autre frôlant l'aorte. Quelques minutes plus tard, je me suis retrouvé étendu sous un arbre, dans un poste de secours allemand. Le médecin me fait une piqûre avec une énorme seringue et me remet ainsi du liquide dans les veines : je suis vidé de mon sang et souffre dans tout le corps comme si on m'avait roué de mille coups. Le médecin me donne à boire une gorgée d'un vin qui me semble être du meilleur Bourgogne. Je murmure : « Il est bon ce vin de France! » C'eût pu être mes dernières paroles.

Le coma est un avant-goût de l'au-delà, c'est en tous les cas l'expérience de l'intemporel. Le mien durera plus d'une demi-journée, mais comment parler de durée? Par une part de moi-même, qu'il est commode d'appeler l'âme, tant elle se distingue de ce corps qui ne demandait vraiment qu'à me lâcher définitivement, jamais je ne me suis senti plus vivant, plus lucide, plus alerte dans le discernement, plus serein et paisible, comme si une main infiniment douce essuyait mon visage et me fermait les yeux. J'étais entièrement coupé du monde et de la part quotidienne de moi-même.

Cependant tout me redevenait présent, d'une présence autre, sans poids, dans une consistance immatérielle comme la flamme. Rien n'était exigé de moi, ni d'être juge ni même complice, spectateur seulement de ma propre vie et de tout ce que j'aimais. Seuls les fondus du cinéma peuvent donner quelque idée de ce qui se passait dans ma conscience. Les visages émergeaient l'un après l'autre dans un silence total, sans me regarder et peut-être sans me voir, eux-mêmes absorbés dans cette même concentration intérieure qui était la mienne : visages de morts, visages de vivants indifféremment. Le visage de mon père, mort depuis près de quinze ans, m'apparut dans une lumière particulièrement tranquille avec un dessin d'une précision surnaturelle. Il était là, j'étais là, sans qu'aucun de nous ait le moindre mouvement l'un vers l'autre. Pour moi cette présence était infiniment rassurante, je ne demandais rien d'autre.

Je pensais à la France, perdue, vaincue, souillée plus encore par sa propre défaillance que par un ennemi implacable. Ces quelques jours où le malheur de mon pays était si profondément devenu mon malheur, mon seul malheur, où je m'étais senti comme damné avec mon pays, ces quelques jours expiraient dans une lumière sereine. Tout m'était présent clairement mais je ne le sentais plus comme une damnation, puisque ce pays était mon pays et que j'étais avec lui. Mon débat personnel était terminé, je ne serais jamais plus que français. Je n'étais pas pour autant déraciné des choses et de la vie, bien au contraire, j'étais solidaire de tout ce que j'avais vécu, de tout ce que j'avais aimé. Tout m'était présent, purifié de toute amertume, de toute colère, de toute haine, sans fausses excuses pourtant, sans plaidoirie, sans mensonges : tout dans sa vérité mais qui ne pouvait plus me blesser.

Par l'ouïe et le toucher, je restais conscient de mon corps, mais cela ne me concernait plus. Quelqu'un me prenait la main et cherchait mon pouls. Je comprenais bien qu'on se demandait si je n'étais pas mort; cela m'était parfaitement égal. J'entendais tout.

Ce que je conserve aujourd'hui de l'expérience d'un coma qui dura toute la journée, c'est la possibilité que soient abolies les catégories de l'espace et du temps qui ne tiennent pas profondément à la personnalité, puisque cette personnalité peut subsister hors d'elles. Tout ce que j'avais vécu m'était instantanément présent avec une intensité éblouissante et paisible. Toute mon attention était emportée, et comme ravie.

La physique moderne, avec la découverte de la relativité et du phénomène ondulatoire, nous a familiarisés avec la simultanéité d'univers obéissant à des lois, à des rythmes différents, coexistant sans se confondre. Le coma m'a donné une expérience analogue de la mémoire. Tout ce qui a existé une fois pour moi, tout ce que j'ai vécu une fois, tout ce que j'ai ressenti une fois, tout est engrangé dans la saveur et la tonalité propres où cela a existé, où je l'ai vécu, où je l'ai senti. Tout cela est encore quelque part dans un espace intérieur, tout cela peut ressusciter d'un coup et tout ensemble à la conscience éternelle qui est la mienne. J'en porte témoignage. La mort m'est apparue comme la résurrection simultanée de tous mes univers que, dans le quotidien de ma vie, j'avais crus à jamais engloutis dans le passé et dans l'oubli.

Et, plus que la physique, depuis toujours la poésie sait cela. Plus encore que la poésie, la religion sait aussi cela. Nul ne comprendra jamais rien à l'Apocalypse chrétienne, à l'univers sacramentel et à la liturgie, s'il n'a pas le pressentiment de l'espace et du temps abolis dans l'interpénétration et la simultanéité d'événements sauveurs et terribles, dispersés aussi bien dans l'avenir que dans le passé, tous présents à l'éternité.

Les Allemands avaient tout organisé, non seulement leur victoire mais notre défaite. Le grand hôpital d'Amiens était exclusivement réservé aux blessés français, prisonniers de guerre. J'imagine que nous étions là quelques milliers, entassés sur la paille et dans des conditions de fortune tant nous étions nombreux. Nous étions soignés par des médecins français, également prisonniers, qui vivaient entre eux et comme une caste privilégiée. Seules l'administration et la garde étaient assurées par l'armée allemande, de manière à la fois distante, débonnaire et quelque peu méprisante. Mais enfin les prisonniers étaient répertoriés, étiquetés, encadrés, commandés. Cet état était profondément satisfaisant pour la plupart : ils n'avaient plus la responsabilité de leur destin. On décidait pour eux, ils n'étaient donc pas perdus, ils n'en demandaient pas davantage. La captivité les soulageait, de même que l'armistice fut un immense soulagement pour la nation.

Cette disposition de l'âme fit que le nombre des évasions fut infinitésimal, alors que, tant que nous étions encore en France, l'évasion était relativement facile. Personnellement dès que je fus sorti du coma, dans la journée du 12 juin et que je me rendis compte de mon état de prisonnier, je pris la décision de m'évader et je me tins à cette résolution. La seule chose qui m'empêcha de l'exécuter tout de suite fut l'état de faiblesse extrême où je me trouvais. Il me fallait tout de même récupérer quelques forces pour mettre un pied devant l'autre.

Dans cet hôpital, il y avait une quinzaine de prêtres légèrement blessés et prisonniers. Ils avaient l'habitude de se retrouver tous les soirs. Dès qu'il me fut possible d'aller et de venir, je leur fis une visite. Je crus loyal et fraternel de leur faire part de mon projet d'évasion. Quelle ne fut pas ma stupeur de le voir universellement et sévèrement condamné. Fallait-il que je sois un mauvais Français puisque je n'hésitais pas à exposer mes camarades à des représailles dès que mon évasion serait constatée. J'étais sans doute aussi un très mauvais chrétien : il était clair que, si j'étais tombé aux mains des Allemands (on ne disait déjà plus l'ennemi), c'est que telle était la volonté de Dieu; m'évader serait aller contre cette volonté.

Enfin j'étais sûrement un idiot. Il y avait près de deux millions de soldats français prisonniers. Qu'est-ce que l'Allemagne pourrait bien en faire? Il était clair que l'Allemagne ne désirait qu'une chose : s'entendre avec la France sur le dos de l'Angleterre qui nous avait trahis à Dunkerque et qui d'ailleurs n'allait pas tarder à se mettre à genoux. On tenait pour certain que l'Allemagne, qui est une nation généreuse, nous libérerait tous pour le 14 juillet. M'exposer aux aléas d'une évasion était un fort mauvais calcul. Chacun me prédisait que, par la grâce du Führer, il serait rentré chez lui avant même que je n'arrive à Paris. La sécrétion du rêve submergeait les âmes. Je sentis immédiatement qu'il n'y avait qu'un moyen d'échapper à la tyrannie du rêve collectif, c'était le secret. Je ne parlais plus de mon projet de peur d'être dénoncé. Dans les grands événements collectifs, le plus urgent est de s'isoler pour analyser froidement les termes objectifs de sa propre situation.

Je n'étais pourtant pas tout à fait seul. Dès la première nuit de mon arrivée à l'hôpital, j'avais eu la chance de me trouver à côté d'un sergent de mon régiment, blessé à la main droite, René Duchesne. C'est avec lui que je préparai mon évasion. De toutes manières, j'étais beaucoup trop affaibli pour partir seul. Cette évasion se fit sans histoire, en faisant le mur, en plein jour, entre deux rondes de sentinelles. Dans Amiens, nous fûmes hébergés dans une famille d'ouvriers qui se serra pour nous faire place. Ils avaient sûrement acclamé le Front populaire; pas plus que mon chauffeur de taxi d'antan, ils ne devaient aimer les curés, mais en ce moment de malheur la solidarité des pauvres était la plus forte. Car c'est bien un « curé » qu'ils accueillirent : l'aumônier de l'hôpital qui était un jésuite (le pire n'est pas toujours sûr) m'avait donné une soutane. Le lendemain matin, la mère de la famille hospitalière nous pourvut d'une musette de victuailles, comme sait en faire chez nous une ménagère du petit peuple. Et nous voilà lâchés dans Amiens.

Amiens avait été horriblement bombardée dans son centre qui puait le cadavre. Seule, la cathédrale était intacte, image d'une Eglise debout dans un monde dévasté. Toutes les autorités civiles, militaires, administratives, judiciaires, s'étaient enfuies et, bien entendu, l'évêque. Seuls, quelques vieux prêtres étaient demeurés sous les bombardements avec une population sinistrée et maintenant perdue. Nous avons été bien heureux que l'officier allemand qui commandait la gare (fut-il dupe de l'histoire que je lui racontai?) nous mette dans un wagon de marchandises, accroché à un train militaire en partance sur Paris. Il nous fallut une nuit entière pour y arriver.

Paris, 12 juillet 1940.

C'est un Paris presque désert, avec déjà à tous les carrefours une signalisation en allemand (dans ces lettres gothiques que Hitler avait remises en honneur), c'est un Paris décongestionné et qui attend, ville aveugle et muette, et dont l'âme s'est retirée. Sauf dans « les beaux quartiers » et à Montmartre, on ne voit pas tellement d'Allemands, et ils ont le triomphe modeste; les quelques soldats qu'on croise sont désarmés : rien ne montre mieux à quel point ils se sentent chez eux. Il n'y a plus de bataille de France, il n'y a que le repos du guerrier. C'est une ville de l'arrière, une ville de garnison, où l'on sent tellement que les troufions ne se posent plus la question de la mort mais seulement les multiples questions de leur gourmandise et de leur curiosité, de leur divertissement et de leur plaisir. Paris n'est pas Amiens. Paris n'a pas souffert. Paris ne sent pas le cadavre mais le miel de l'échappée belle, Paris s'alanguit sous le soleil. Paris sans blessure et sans ressentiment s'abandonne au vainqueur.

Il nous faut absolument trouver le gîte et le couvert. Je pense naturellement au grand couvent des dominicains du 222, rue du Faubourg Saint-Honoré. Dans notre déguisement de demi-clochards, nous y allons par le métro. Avant la guerre, j'y étais plusieurs fois descendu. Pour tous ces « Pères graves » selon l'expression de l'Ordre pour désigner les religieux revêtus de quelque charge, un moinillon de la Province de Toulouse n'était que minuscule fretin. Je sentais bien autour de moi cette condescendance mais ne m'en préoccupais pas. J'étais qui j'étais, heureux de l'être, ne demandant à personne l'autorisation d'être ce que j'étais. Jeune, j'avais tout le temps d'apprendre Paris, ses snobismes, ses foucades, ses ostracismes tacites et sans appel, son opportunisme pour qui seul le succès compte et éveille en même temps des jalousies féroces.

Ce matin-là, c'est en mendiants que, mon camarade et moi, nous présentons à la porterie du noble couvent. On nous introduit dans un parloir où nous attendons longtemps. Le couvent immense me semble à peu près vide et il l'est. On finit par découvrir le sous-prieur, dont je tairai le nom à désinence bretonne. C'est un homme petit, qui me paraît vieux, visiblement un subalterne. Quand je lui explique notre situation, je vois dans ses yeux bleus qu'il a aussi peur que si nous apportions la peste. Notre cas lui paraît grave et répréhensible : nous sommes prisonniers, évadés, blessés en plus, ce qui semble indiquer que nous nous sommes battus contre les Allemands. Que nous voulions échapper aux Allemands, cela pourrait se comprendre mais les Allemands sont à Paris et peuvent venir occuper ce couvent demain si cela leur chante.

Je ne lui cache pas la détresse où nous nous trouvons sans gîte et sans argent. Il se retire, pensif, soi-disant pour demander conseil, et nous attendons encore longtemps. Il revient enfin, me glisse dans la main un billet de cinquante francs et nous accompagne dans la rue, nous donnant l'occasion de pratiquer « la joie parfaite » selon François d'Assise.

J'ai l'esprit lent. Je n'ai pas réalisé sur-le-champ que nous étions littéralement mis à la porte. Pour être tout à fait exact, le Père m'avait suggéré que moi encore, à la rigueur, on aurait pu me loger, à la condition que je n'impose pas la présence de mon camarade d'évasion. J'ai souvent constaté que les gens d'Eglise ont une sorte de génie, en n'importe quel embarras de circonstances, pour découvrir et promouvoir la solution déshonorante. J'ai vu cela mille fois dans ma vie : cela leur paraît aussi naturel qu'à un pommier de porter des pommes. A une époque où ils se gargarisent de « pastorale », je leur affirme qu'au sein du peuple français la première condition d'une pastorale efficace, ce n'est pas d'épouser une idéologie de classe, c'est de retrouver le sens de l'honneur, perçu immédiatement par les humbles.

Sur le trottoir, nous ne sommes pas plus avancés. Je n'éprouve aucune aigreur mais une immense perplexité. Le plus urgent est encore d'aller déjeuner dans un bistrot et de téléphoner. J'ai quelques amis dans Paris. Tous les coups de fil que je donne se terminent par des sonneries indéfinies dans des appartements vides. En désespoir de cause, l'idée me vient de téléphoner à Serge Ivanoff : il est chez lui et sa voix chaleureuse me réconforte. Il me dit de venir immédiatement le rejoindre à son atelier et d'amener mon camarade : on s'arrangera.

Ce n'est qu'en dernier ressort que j'avais appelé Serge Ivanoff, qui jugeait les événements de manière toute contraire à la mienne, et je le savais. Il voyait d'abord en Hitler et dans l'Allemagne conquérante l'instrument pour anéantir le communisme même en Russie : l'armée allemande lui ouvrirait un jour les portes de sa patrie. Il nous était arrivé de nous prendre de querelle à ce sujet et mon orgueil m'inclinait à ne rien lui devoir : l'orgueil est bête.

Toute la famille Ivanoff nous fait fête. Par chance, René Duchesne peut endosser un costume tout neuf de Serge, qui le lui donne. Ivanoff passe la nuit je ne sais où et nous laisse dormir dans son atelier, somptueux sérail imaginaire de femmes à la nudité triomphante.

Au matin, je vais célébrer la messe à la basilique du Sacré-Cœur. Il fait beau, il fait chaud; après la bataille il est doux de vivre. Serge et Marianne sont là. En sortant de la basilique, nous regardons la ville grise émerger de la brume. En traversant la place du Tertre, encombrée de soldats allemands aux terrasses des cafés, nous voyons tout à coup une longue voiture décapotée et blanche se frayer lentement un passage : à l'arrière, étalé dans la gloire d'un uniforme blanc, le maréchal Goering. Tous les soldats se lèvent, se précipitent et l'acclament. Il descend de voiture, serre les mains, trinque avec les soldats. Il y a une joyeuse fraternité de la victoire, et tout cela à deux pas de moi, place du Tertre, à Paris. Mon cœur est gonflé par la honte : comment n'ai-je pas su barrer la route de Paris?

Jamais je ne marquerai assez l'incohérence de ces journées. Il fait si beau. La basilique du Sacré-Cœur a plus que jamais son atmosphère de fournaise ardente de charité. Marianne resplendit de jeunesse. Goering est superbe. Paris est vide et fascinant. Je suis mis à la porte de mon Ordre, recueilli parmi les femmes nues d'un peintre qui ressemble à un faune. Dépouillé, je le suis totalement. On m'a emporté ma patrie, celle que je me suis donnée, pour laquelle j'ai versé mon sang. La soutane que j'ai sur le dos est celle d'un jésuite. Ma poitrine est encore bandée par le pansement de mes blessures. Je vis de mendicité, comme il convient à un moine mendiant. Serge Ivanoff m'ouvre sa bourse comme il m'a ouvert sa maison et son cœur : il me donne toutes ses économies, cinq cents francs. Grâce à cela, nous poursuivons notre route, Duchesne et moi.

Quand on cherche une illustration évangélique à son propre destin, on tombe forcément sur une ou plusieurs paraboles dont il semble que, de toute éternité, on soit destiné à jouer un personnage. J'ai été l'Enfant Prodigue et le Mauvais Serviteur. J'ai rencontré Vierges Folles en masse et quelques Vierges Sages. J'ai été l'homme qui descendait de Jérusalem à Jéricho, qui suis tombé sur des brigands qui m'ont dépouillé et roué de coups. Prêtres et Lévites ont pris la tangente. Le Bon Samaritain m'est apparu sous des traits surprenants. Il est remarquable qu'alors que la porte de l'Ordre s'était fermée devant moi, la plus généreuse hospitalité m'ait été donnée par une famille qui n'est ni française ni catholique.

Duchesne et moi, quittons Paris par le train le 15 juillet au matin et, après quelques péripéties typiques de l'époque, nous arrivons à Dijon le lendemain en fin de journée. C'est le chanoine Kir qui nous ménage le passage de la « Ligne de démarcation ». A ce moment, à Dijon, le chanoine Kir est le thaumaturge universel, celui auquel il faut s'adresser si on se heurte à quelque grave difficulté ou à une impossibilité.

J'ai en mépris les prêtres qui se commettent en politique : il m'est arrivé de le faire et c'est une des choses que je me reproche le plus. Nécessairement la politique réduit les individus à l'état de *matière,* à laquelle il faut donner telle forme qui leur est étrangère. La politique est une attitude « matérialiste », au-dessous de la vocation du prêtre. Pourtant rien n'est plus légitime que l'origine de la carrière publique du chanoine Kir : elle évoque ces époques lointaines où, en face des barbares, et par la force des choses, les évêques devenaient les pères de la cité.

Comme Amiens, comme tant d'autres villes en France, Dijon avait été abandonnée par toutes les autorités civiles, militaires, administratives, religieuses : il n'y avait plus ni gendarmerie, ni police, ni pompiers. Le petit peuple qui n'avait pas les moyens de partir alla chercher, dans sa paroisse de banlieue, le chanoine Kir, qui n'avait pas déserté son poste, et en fit spontanément le premier magistrat — en fait, le seul —, de la cité en déshérence. C'est lui qui accueillit les Allemands, leur imposa le respect en leur rappelant tout de suite leurs devoirs envers une population privée de tout. Les vrais soldats aiment le courage et c'est par le courage que le chanoine Kir s'imposa.

C'était un homme petit, rond, aux yeux vifs, à la voix rocailleuse, aimant la bonne chère, avec une soutane toujours trop courte, une minisoutane, un embonpoint de chanoine et une curieuse touffe de cheveux blancs derrière la tête. Nous avions mis un jour et une nuit pour venir de Paris, tant le trafic ferroviaire était désorganisé. Au matin du 18 juillet, nous sommes allés à la mairie de Dijon prendre la suite de la longue file de solliciteurs qui attendaient l'arrivée du fameux chanoine. Quand il arriva, il nous distingua aussitôt et nous demanda de le suivre dans son bureau, le bureau du maire. Et de sa voix pleine d'éboulis : « Vous êtes des prisonniers évadés et vous voulez passer en douce la ligne de démarcation! Allez de ma part à Chalon voir le docteur Untel (j'ai malheureusement oublié le nom), il a un permis de circuler d'une zone à l'autre, il a une voiture, il vous aidera! » Cette fois, ce furent le chanoine Kir et ce médecin qui furent notre Bon Samaritain. Cela n'est plus de la politique, cela relève de l'Evangile.

A la réflexion, il y eut en France occupée en 1940 deux hommes qui symbolisèrent le Bon Samaritain : un curé de Dijon, le chanoine Kir, et le préfet de Chartres, Jean Moulin, qui préféra se trancher la gorge plutôt que d'exécuter un ordre des Allemands qu'il considérait comme déshonorant. Il est significatif que l'un et l'autre furent très vite destitués par Vichy. Sans contestation possible, un tel signe juge un régime.

Ce n'est qu'à la nuit que nous arrivons à Lyon. Tous les hôtels sont archipleins. Harassés comme nous le sommes, nous allons de l'un à l'autre pour essuyer le même refus. Cette ville pieuse ignore la parabole du Bon Samaritain. Il y a bien un couvent de Dominicains mais il est tard et l'expérience de Paris me suffit pour le moment. Notre qualité de blessés et d'évadés que nous n'avons plus de raison de cacher ne touche véritablement personne. Nous sommes les revenants d'un monde qu'il faut oublier. Tout le monde a tourné la page et entend bien que la page reste tournée.

Nous prenons alors la résolution d'aller dans le meilleur hôtel de Lyon, le « Gallia », de nous installer dans les fauteuils du hall et de n'en plus bouger, même par la force des baïonnettes. La discussion avec le portier s'éternise mais nous avons tout notre temps. A la fin, il n'ose prendre la responsabilité de nous laisser là et il téléphone au propriétaire qui dort déjà dans son appartement. Alors tout change. Cet homme a un fils soldat, dont il n'a aucune nouvelle depuis des semaines. Il fait pour nous ce qu'il voudrait qu'on fît pour son fils s'il était dans notre situation, et nous offre l'appartement en réserve le plus somptueux de l'hôtel. Nous en étions babas.

Après deux mois de guerre galopante et un mois d'hôpital sur la paille, qui n'a pas connu les délices d'une chambre confortable, des draps propres dans un lit qui sent bon, une salle de bain luxueuse, ne saura jamais la douceur enivrante de la volupté. O délices quotidiennes de la paix, que je ne vous maudisse jamais, ni pour moi ni pour les autres! L'étonnant est que, après une longue privation, on puisse encore s'y accoutumer et n'en rendre plus grâces. Au fond de moi-même je ne m'y accoutume jamais; combien de fois avant de me coucher, je pense à cette nuit bienheureuse à l'hôtel « Gallia » à Lyon? Le moins que je puisse dire pourtant est que cette nuit-là dans ma vie ne fut pas le prologue de lits douillets et de nuits sans alarmes. Le plus dur était à venir.

Enfin Marseille, où Duchesne et moi nous nous séparons. Je m'en vais droit au couvent des dominicains, à la rue Edmond-Rostand. Stupeur! Le bruit a couru, avec toute vraisemblance d'ailleurs, que j'ai été tué au cours de la patrouille du 10 juin, dans le chemin creux de Verneuil, au bord de l'Oise. Dans les maisons de ma province dominicaine de Toulouse, on a même célébré à mon intention la messe de *Requiem* et l'office des morts. Que n'étais-je mort en effet! Cela eût dans la suite épargné tellement de soucis aux supérieurs de l'Ordre...

Le couvent de Marseille est plein et j'ai la satisfaction d'y rencontrer beaucoup de dominicains de ce couvent de Paris qui m'a été si inhospitalier. Je fais le silence sur cet épisode de mon aventure qu'on me demande de raconter. On m'assoit dans un fauteuil au milieu du jardin du cloître, car je suis encore très faible. Je raconte donc, et je parle sous l'empire de mon sentiment du moment, qui est la honte de la défaite. La honte n'incline pas à la vanité.

J'ai devant moi un Père assez âgé, plus vénérable encore par une barbe d'une ampleur avantageuse qui tombe sur le scapulaire. Il a le débit sentencieux de ceux qui sont habitués à parler sans être contredits, danger qui guette les professeurs et les prédicateurs. C'est donc sur ce ton sans réplique qu'il déclare que la grande bêtise a été de déclarer une guerre que nous devions perdre, que la France mérite bien ce qui lui arrive, que, de toute manière, contre une force supérieure, toute résistance est une folie, qui sait? peut-être même une trahison. La pensée de tous mes camarades du corps franc, qui n'ont jamais hésité à se battre à un contre cent, et dont je ne sais pas ce qu'ils sont devenus, me transperce le cœur.

Je suis soudain saisi et enveloppé tout entier d'une colère glaciale : un grand frisson me parcourt. Sans un mot, je me lève, j'étends le bras droit, je saisis à pleine main cette barbe blanche qui s'agite devant moi, je la secoue avec violence et je vois la tête de mon interlocuteur s'agiter dans une convulsion comique, tandis que je m'entends moi-même, j'entends ma voix prononcer distinctement ces mots : « C'est pas fini? »

C'est alors que je me réveille, car j'ai véritablement agi comme un somnambule. Le cercle des Pères qui nous entoure se défait comme par enchantement. Un instant, je me retrouve avec mon bras tendu, et cette barbe au poing, et, à l'extrêmité de cette barbe, un visage pitoyable, affolé.

Tout cela s'est passé comme si c'eût été un autre que moi qui agissait et que je fusse seulement le témoin de cette scène grotesque. C'est pourtant moi qui en étais l'acteur. Je desserrai le poing, retirai mon bras; la barbe délivrée s'éloigna elle aussi.

Cette fois encore, j'étais seul.

9

Le discours, dont je cite un extrait, fut prononcé à Paris en 1919. Ce n'est qu'après la citation que je donnerai le nom de l'auteur du discours : « Si les Allemands l'avaient emporté, savez-vous ce qui se serait passé? La France aurait été divisée en deux parties et je ne veux pas savoir laquelle aurait été la plus grande. D'une part, nous aurions eu la résistance : ceux qui sous la botte allemande auraient continué de protester, qui auraient offert leur vie, croyez-moi bien, comme rançon de l'honneur perdu! L'autre moitié de l'infortunée nation française aurait été constituée par les lâches, les temporisateurs, les poltrons de toutes sortes, qui auraient accepté le joug germanique. » L'orateur qui, en 1919, a prononcé ces paroles prophétiques, s'appelle Léon Daudet, codirecteur avec Maurras du journal et du mouvement d'*Action française*. Et cela me rappelle une réflexion de Napoléon à Sainte-Hélène au sujet des révolutions : après l'événement, chacun peut dire ce qu'il a effectivement fait; mais, avant l'événement, nul ne peut dire ce qu'il fera, ce qu'il est capable de faire ou de ne pas faire. En fait, en 1919, si on eût prédit à Léon Daudet l'attitude soutenue par *L'Action française* vingt ans plus tard, il eût été suffoqué de stupeur et d'indignation.

C'est à Montpellier, chez ma mère, que je passai ma convalescence, car j'étais véritablement très faible : l'effort de l'évasion m'avait poussé à bout. Je passais mes jours et mes nuits étendu, me levant pour les repas et pour célébrer la messe dans une chapelle voisine. J'ai le souvenir d'un long rêve languide, sauf pour une visite de mes amis François et Marianne Parlier. Tout le monde m'avait cru mort. Marianne m'embrassa avec fougue. La traversée de la mort autorise les jeunes femmes à de tels élans. En tous les cas — et de cela je me souviens très bien —, c'est cette jeune femme, une roumaine, qui, la première, me dit des paroles réconfortantes, c'est-à-dire qu'elle me parla de de Gaulle. Il y avait quelque part un soldat français qui n'acceptait pas le fait accompli, qui continuait de se battre, il appelait tous les Français à se joindre à lui dans un combat commun. Enfin un officier français qui voulait se battre, et qui n'en demordrait pas, je trouvais ça très bien.

Quand je lus le texte de l'armistice, je saisis l'étendue de notre désastre. Les clauses les plus dures ne me surprirent pas mais je fus révulsé par la clause qui livrait à l'ennemi les ressortissants allemands réfugiés sur le territoire français Ce seul article suffisait à démentir les mots du maréchal Pétain : « ... entre soldats et dans l'honneur. » Rien de plus complaisant que les mots : ils peuvent servir de pavillon pour couvrir n'importe quelle marchandise, même celle qui contredit directement leur signification usuelle. Dans cet armistice, je ne voyais pas où se trouvaient l'honneur et la dignité militaire.

Ayant vécu, au moment de la guerre d'Espagne, dans l'entourage et l'amitié de Bernanos, j'étais très prévenu contre le personnage du maréchal Pétain, qui avait été le premier ambassadeur de France auprès de Franco. C'est quand je me mis à réfléchir et à raisonner que je commençai de composer. Ce pays avait roulé au fond de l'abîme : Pétain est apparu alors à tous les Français comme un recours providentiel. C'était vrai que le régime de la troisième République et ses dignitaires n'inspiraient alors que dégoût. Français par choix, je ne m'étais jamais senti solidaire de ce régime qui avait persécuté et dépouillé mon père. Pétain était là, qui avait renversé ce régime, sans la moindre résistance d'ailleurs. Je mis donc un frein à mon jugement et à ma langue. La France n'avait plus tellement d'atouts dans son jeu, qu'on puisse risquer inconsidérément la plus petite carte.

Il y a les grands événements et il y a la logique interne des événements. Disons que je ne sus pas, au départ, discerner la logique de cet événement que fut l'armistice. De Gaulle eut cette intelligence, il l'eut d'emblée et le dit clairement dès le premier jour. Disons que, pour quelques mois, mon instinct fut gaulliste, mon raisonnement pétainiste. Pétainiste par raisonnement, cela pouvait tout au plus m'engager à quelque prudence mais ne pouvait pas me mobiliser profondément. Je ne mis jamais les pieds à Vichy, alors que, dans les premiers temps, tout le monde allait à Vichy, ne serait-ce que pour prendre le vent. Comme je suis un homme d'action, on verra vite dans quelle impasse cet attentisme me conduira.

Dans le courant du mois d'août, je reçus un mot de Joseph Darnand. Fait prisonnier en Sologne, après de violents combats, lui aussi s'était évadé. Il avait rejoint Nice et voulait rassembler les restes de son corps franc. Il ne se trompait pas en faisant appel à moi : j'accourus. Dans l'amertume de la défaite, cela au moins fut une joie pure de se retrouver quelques-uns sans avoir à rougir les uns des autres. On se comptait aussi : pour l'honneur du corps franc, bien peu d'entre nous étaient restés prisonniers. Beaucoup, presque la moitié, avaient été tués ou blessés. Les survivants revenaient donc vers Darnand, sachant que, d'une manière ou d'une autre, il les mènerait vers de nouveaux combats. C'est bien ce qui arriva mais en août 1940 nul de ces garçons, Darnand lui-même, ne pouvait imaginer que, pour la plupart d'entre eux, leur aventure militaire se terminerait sous l'uniforme allemand, sous commandement allemand, et finalement hors du destin français et même contre lui.

Cette époque qui a suivi l'armistice a eu tous les caractères du chaos : l'incertitude, le flou et l'indétermination. Quand je cherche dans ma mémoire et que j'essaie de définir ce que j'étais vraiment à ce moment, le fait qui me rassure le plus sur mon identité d'alors est bien sûr que j'aie délibérément pris le risque d'être abattu à bout portant plutôt que de me rendre, mais c'est surtout le mince épisode, dans le jardin du couvent de Marseille, quand j'ai secoué la barbe d'un vieux guignol, parce qu'il m'affirmait que c'est une idiotie que de résister au plus fort. L'infériorité de beaucoup des chefs de la résistance fut de n'avoir pas véritablement combattu dès 1940 et avant l'armistice, d'où leur inclination jamais contredite de ne dater la résistance que du moment de l'occupation effective du territoire.

Or, quand il m'arrive de passer devant le Mémorial du Mont-Valérien, dédié à la résistance, je m'en fais chaque fois la remarque : les deux dates extrêmes, inscrites sur le monument par la volonté expresse de de Gaulle, qui marquent le début et la fin victorieuse de cette résistance, sont 1939 et 1945. Or, la première troupe française à entamer le combat contre l'armée allemande fut le corps franc Agnely-Darnand, le 8 février 1940. Par la suite, je ne crois pas qu'il y ait eu, dans toute l'armée française, une troupe qui ait combattu autant jusqu'à l'armistice, si constamment, avec tant de valeur et d'éclat, et qui ait infligé tant de pertes à l'ennemi. Je pense que, dans ce caveau du Mont-Valérien, réservé à quelques martyrs de la résistance, une place devrait être faite à la dépouille du lieutenant Agnely, tombé héroïquement à Forbach le 8 février 1940, le premier tué de cette résistance au moment où tout le reste de l'armée française, par une inertie qui était le commencement de la trahison, restait l'arme au râtelier. Agnely a été la pure préfiguration de cette résistance française qui devait être marquée d'un bout à l'autre, mais surtout à ses débuts, du signe fatal de la solitude.

Quand je rentrai, comme on dit, dans mes foyers, la France était encore un pays tout entier sinistré. Ce qu'on a appelé, par antiphrase, l' « exode » fut un phénomène effarant, énorme et finalement encore plus déshonorant que la défaite militaire. Car, historiquement, le premier « exode », celui de la Bible, fut la sortie d'Egypte, où il était captif, du peuple hébreu, pour à travers les déserts rejoindre la « terre promise », c'est-à-dire finalement pour rentrer chez lui. Mais en 1940 l' « exode » a désigné cette panique universelle, cette frousse communicative qui a poussé les Français hors de chez eux. Seuls, la mer et les Pyrénées ont arrêté cette cohue. Le résultat fut une pagaille incroyable où les gens passaient leur temps à se chercher les uns les autres : la France était une fourmilière saccagée et dispersée. Les journaux publiaient des pages entières d'appels : « Allô! Mimile, où es-tu? Nous, nous sommes à Brive-la-Gaillarde. » D'autre part, la Croix-Rouge commençait de dénombrer les prisonniers. Il n'y a pas pire détresse pour l'homme que de se trouver dans la situation où il ne fait que nombre, en attendant de ne faire que poids. Le poids d'un homme est toujours un poids mort.

Les corps étaient au hasard, les âmes étaient en peine. Les sentiments échappent des mots comme de sacs à malices : « exode » pour la cavale unanime de 1940, « événements » pour le désarroi et l'affolement de 1968, ces mots ainsi appliqués expriment surtout la honte de ne pas comprendre ou le refus de comprendre, finalement la honte de subir et la volonté de se camoufler cette honte : au bout du compte, une imposture.

C'est à ce moment que je fis véritablement connaissance avec Claude et Ida Bourdet, réfugiés avec leurs enfants dans leur maison de Vence. Après Marianne Parlier, c'étaient les premiers « gaullistes » que je rencontrai. Grand, dégingandé, maigre, avec un visage en étrave de bateau, Claude Bourdet avait une trentaine d'années. Cultivé, fin, ayant la fragilité d'un enfant gâté, de santé médiocre, on ne pouvait rêver contraste plus éclatant avec Darnand. C'était un « intellectuel », catégorie d'hommes dont je me suis toujours méfié instinctivement, les jugeant peu propres à la guerre et tout à fait irréalistes. Des deux Bourdet, le soldat c'était elle, Ida, cosaque en jupon, originaire d'Europe orientale comme

Marianne Parlier, où les femmes ont une poigne de fer et sont capables d'interminables résistances. Ni chez Ida ni chez Claude il n'y avait l'ombre d'une hésitation : pas une seule minute il n'était question d'accepter le fait accompli. On me fit l'accueil le plus chaleureux. Pendant toute la guerre je n'eus pas d'amis plus proches qu'eux, sauf au début Darnand et à la fin Claire et Yvon Morandat. Vichy était déjà pour eux tout ce qu'on refusait de comprendre, d'une manière élémentaire, irréversible, au sens où l'adjudant dit : « J'veux pas le savoir! » C'était une révolte pure de toute idéologie — les idéologies et la politique viendraient beaucoup plus tard —, une révolte complètement désintéressée, et même sans espérance : en cet automne 1940, le triomphe allemand nous paraissait éternel.

Voilà donc ce que fut la résistance à l'état de source cachée et limpide : sans aucun raisonnement, sans aucun calcul. Elle n'était « gaulliste » que par concomitance et parce qu'on commençait de savoir que de Gaulle existait, qu'il était condamné à mort par Vichy pour haute trahison, qu'il était donc et forcément ce qu'il y avait de mieux comme Français. Mais notre résistance eût existé, la même, sans de Gaulle. Nous ne connaissions pas le texte exact de « l'appel du 18 juin », qui est d'ailleurs moins un appel à l'honneur qu'un raisonnement stratégique : « ... Dans l'univers libre, des forces immenses n'ont pas encore donné. Un jour, ces forces écraseront l'ennemi. Il faut que la France, ce jour-là, soit présente à la victoire. Tel est mon but, mon seul but! »

Pour nous, il s'agissait bien de victoire...! Il ne s'agissait pas du tout du jour où l'ennemi serait écrasé. L'ennemi était là, son genou posé sur notre poitrine, il nous opprimait le cœur : seule notre bouche pouvait encore dire *non!* Il ne s'agissait que de ce jour où nous refusions l'ennemi, ses pompes et ses œuvres. Qui pourrait savoir s'il y aurait un demain?

J'allai à Hyères voir Gaston Gallimard. Je l'avais rencontré déjà avec Bernanos. Une lettre de Bernanos à Gaston, du 5 mai 1939, y faisait allusion : « Je suis bien content de vous avoir présenté Bruck. C'est un vrai jeune moine — avec qui on peut aller à la chasse au tigre. » Mais mon amitié avec le prestigieux éditeur date véritablement de cette visite à Hyères. Cet homme doux et secret, frileux et fourré comme un chat, prudent, voluptueux, aimant ses aises, avait tout à coup découvert les vertus de l'héroïsme. Saint-Exupéry le fascinait et il m'en parla longuement. Il me fit raconter les péripéties de « ma » guerre et surtout l'expérience que j'avais du feu et du danger. Comme tous les sensuels, au moindre courant d'air il sentait sur son visage l'haleine de la mort. Il s'était mis à admirer ceux qui avaient affronté l'inflexible compagne du destin de l'homme. Cet homme à femmes se demandait si les audacieux n'avaient pas un secret pour la séduire et pour la captiver, elle.

Mes conversations avec Gaston surprendraient ceux qui l'ont le mieux connu. Un jour, il me demanda avec une sorte d'humilité, et même avec la timidité de ceux qui présentent une supplique longtemps différée : « Je voudrais que vous écriviez pour moi, rien que pour moi, quelques pages où vous expliqueriez ce qu'est le sacerdoce et ce qu'est la pureté... » J'ai promis et ne l'ai jamais fait. Je me le reproche. Les vieillards — Gaston me paraissait tel à l'époque et il n'avait pas soixante ans — sont seuls. On les traite comme des enfants dont les questions peuvent toujours attendre. Ce sont eux qui finissent par ne plus attendre et par s'effacer de la vie. Cet homme, qui a tant fait pour le rayonnement du génie français, ne s'est voulu que le modeste artisan de la gloire des autres.

Une grave question se posait alors à sa conscience et dont il me fit part. La veille de ce jour où je le rencontrai, il avait reçu la visite de Drieu La Rochelle qui, d'accord avec les autorités d'occupation à Paris, lui avait mis ce marché en main : ou bien les Allemands réquisitionnaient toute la maison d'édition, y compris la revue, et nommaient sur l'ensemble un administrateur à leur botte : alors Gaston était écarté de toute responsabilité sur l'activité de sa maison. Ou bien Drieu prenait la direction de la seule revue N.R.F., et lui, Drieu, se portait fort qu'on laisserait à Gaston l'administration et l'entière responsabilité de la maison d'édition.

« La première solution me conviendrait mieux, me disait Gaston, j'ai assez d'argent pour me retirer en Amérique et y attendre la fin de la guerre; mes réserves de papier sont telles d'ailleurs que je m'enrichirai plus en les vendant au poids qu'à fabriquer des livres. Mais ai-je le droit de ne pas défendre ce qu'on me laisse encore la possibilité de défendre? Sans compter que je dois continuer de donner à mes écrivains la possibilité d'être édités, je sais trop ce qu'on pourrait faire en publiant des morceaux soigneusement choisis de Péguy et de Proust par exemple, pour ne parler que de morts. Je me méfie grandement du détournement possible de grandes œuvres à des fins antifrançaises. Moi présent, cela n'arrivera pas. — Evidemment il y a la contrepartie de la revue aux mains de Drieu, mais Drieu seul, et pas moi, en aura la responsabilité. Et puis, il y a pire que lui... »

On sait ce qu'il en fut. Drieu prit la N.R.F. et Gaston défendit pied à pied ses auteurs et la grande maison. Finalement Drieu en est mort. La drôle de guerre était bien finie. Il fallait choisir et les choix que nous fîmes alors furent sans pardon. Chacun montrait son sang.

Par cette conversation avec Gaston Gallimard, je découvrais un aspect de la situation que je ne soupçonnais même pas. Au fond, pour Claude Bourdet, pour moi, même pour Darnand, la situation était simple : il s'agissait de savoir si on prendrait ou si on refuserait la main tendue du Diable. Pour Gaston Gallimard, il s'agissait de savoir s'il prendrait la main gauche de celui qui donnait sa main droite au Diable. La résistance d'un Claude Bourdet et la mienne furent relativement faciles car le choix était simple : nous n'avions rien, nous n'étions rien, la prise au vent que nous offrions était nulle, du moins au début. Une maison, comme les éditions Gallimard, offrait une telle surface, que la résistance dans cette maison ne pouvait être que d'un tout autre style. Car il y eut en effet une résistance à l'intérieur de la Maison Gallimard.

Cependant, sur les instances de mon frère aîné, et pour me couvrir de toutes séquelles de mes blessures, j'allai passer une visite médicale à l'ancienne caserne où j'avais commencé mon service militaire et j'eus la chance de tomber sur un colonel-major que je connaissais bien. Rien n'était plus évident que la trace des balles qui m'avaient traversé de part en part, je n'avais plus de pansements que depuis quelques jours. Le médecin m'examina, prit une radio, puis je ne sais quelle mouche le piqua, peut-être la honte de s'être embusqué : « Que vous ayez reçu deux balles dans le corps, et cela tout récemment, je ne peux qu'en convenir, me dit-il. Mais qui me prouve que vous ne les avez pas reçues au cours d'une rixe, au coin d'une rue de Montpellier? » — « Ecoutez, mon colonel, votre certificat médical, vous le gardez! Je n'en veux plus. Tout ce que je peux vous dire, c'est que ce n'est pas pour des gens comme vous que je me suis battu et que j'ai versé mon sang! » Je me suis rhabillé et, sans lui dire au revoir, je suis rentré chez ma mère.

A l'automne, mon insolente santé avait définitivement pris le dessus. Je rejoignis mon couvent de Saint-Maximin. La *Revue thomiste* était suspendue par la guerre et par l'éloignement de notre éditeur. Après un essai, je fus déclaré impropre à l'enseignement : je crois qu'on redoutait un peu mon influence éventuelle sur de jeunes dominicains. Le temps viendrait vite où je serais déclaré impropre à la prédication. Bref, je n'étais bon à rien : je commençais à entrer dans ma peau et ma nature de *réfractaire,* en cela bien le fils de mon père, spécialiste en matériaux réfractaires. Mon père aura tout raté dans sa carrière d'ingénieur, tout sauf moi.

Je conservai cependant la charge de Père hôtelier. En ces années terribles, où tant d'êtres erraient à la recherche d'un abri même provisoire, d'un refuge sûr, d'un peu de compréhension, où tant d'hommes traqués avaient besoin de sentir qu'ils n'étaient pas des monstres, qu'on ne leur refuserait pas une écuelle de soupe et un peu de compassion, ce poste me permit de prendre la mesure de la misère matérielle et morale de cette époque. Cette génération de Français expérimentait toutes les famines, toutes les soifs, toutes les solitudes, toutes les paniques. De cette détresse, j'étais bien placé pour percevoir le flux et le reflux.

Erich Noth était un écrivain allemand, réfugié dès avant la guerre en France, à Aix-en-Provence. Il était marié à une juive allemande, célèbre cantatrice. Ils vivaient avec leurs jeunes enfants dans une petite maison de la campagne aixoise. Pour eux l'effondrement de la France fut comme si le ciel leur tombait sur la tête : la clause de l'armistice livrant à l'ennemi les ressortissants allemands les menaçait directement. J'avais connu Noth dans la mouvance de Bernanos : comme j'étais absent, il alla demander asile aux dominicains de Marseille heureusement plus accueillants que les dominicains du Faubourg Saint-Honoré à Paris. Pendant toute l'occupation, les Pères de Parceval et Perrin firent des miracles de sauvetage : ce sont eux qui réussirent à héberger et à faire partir Dietrich von Hildebrand et son clan. Restait Erich Noth et sa famille.

J'avais à leur endroit une impression, déchirante jusqu'à l'angoisse, de déjà-vu, de déjà-vécu. Le père directement menacé d'arrestation, la mère avec ses petits enfants, abandonnée à la famine et à la misère, incapable de payer son terme, n'ayant aucun titre à toucher des tickets d'alimentation et d'habillement, impuissante, dénuée : un quart de siècle plus tard, et en termes presque identiques, c'était la situation de ma propre famille. Comment rester indifférent et inerte?

Heureusement, les dominicains de Marseille s'occupaient particulièrement d'Erich Noth et le cachaient ici et là. Ce n'était pas tâche facile : il avait vite fait de « brûler » ses cachettes. Parfois les gens qui l'hébergeaient étaient petitement logés et devaient se serrer pour lui faire place. En outre, il n'avait aucune discrétion : s'il y avait une jeune fille ou même une femme moins jeune, il l'exaspérait de ses sollicitations; il était sans cesse à la recherche de la cachette où se trouvaient le vin, le sucre, le tabac. Dans le cercle de son refuge, ce fugitif se comportait comme un pillard en pays conquis. Et, d'autre part, le jeter à la rue, c'était le livrer aux bêtes. Le plus souvent on nous faisait savoir qu'il n'était pas question de le garder au-delà d'un certain nombre de jours. La plus grande difficulté venait de ce qu'on ne pouvait pas agir sans d'infinies précautions. Un conformisme rigide et totalitaire s'était emparé des esprits : solliciter un Français en faveur d'un homme recherché en vertu des conventions d'armistice passait auprès de la quasi-totalité des gens comme une entorse aux lois et à l'esprit du régime nouveau. C'était déjà de la résistance, à un moment où, dans l'esprit des Français, elle était non seulement condamnable, mais même pas imaginable.

Comme ma mère en 1914, Helena Noth ne fut pas directement inquiétée mais, dans un pays où la pénurie s'installait, elle et ses enfants n'avaient droit à rien, ce qui s'appelle rien. Les amis s'étaient dissipés, on eût dit qu'à Aix nul ne l'avait fréquentée ni même connue. Il fallait vivre cependant. Pendant des mois, je me transformai en mendiant pour faire subsister cette famille. Chaque semaine, je prenais ce chemin dans la campagne d'Aix, un panier à bout de bras avec quelques provisions, et une petite somme d'argent que je laissais pour les jours immédiatement à venir. Les premières semaines, les gendarmes étaient venus deux fois pour chercher Erich Noth. Sa femme répondait qu'il avait disparu et qu'elle ne savait pas où il était. Elle ne mentait pas, je ne lui disais rien, sinon qu'il allait bien.

Vint le jour où les dominicains de Marseille eurent épuisé toutes leurs cachettes, il fallait trouver autre chose. Maintenant que la maison d'Aix semblait oubliée par la maréchaussée, nous prîmes le parti de cacher Noth chez lui. Il n'y avait pas reparu depuis des mois et il y vint de nuit. Là, il se tint tranquille : il n'y avait rien à boire, rien à piller et il pouvait coucher avec sa femme. Au bout de trois mois elle était de nouveau enceinte.

Cette grossesse me mit dans l'embarras le plus pittoresque

de mon existence. Au vu et au su de tous, j'étais le seul homme à fréquenter cette petite maison : j'y allai régulièrement, en plein jour, dans mon habit dominicain. Le jour où la grossesse d'Helena deviendrait apparente, on ne manquerait pas de m'en attribuer la responsabilité et mon devoir le plus strict serait de ne rien dire pour écarter de moi un tel soupçon. Je n'eus pas à faire l'holocauste de mon honneur religieux. Depuis des mois, Helena poursuivait des négociations avec le consulat américain de Marseille. Les Juifs ont dans les veines une telle accoutumance à la persécution, à la fuite nécessaire, au secret encore plus nécessaire dans ce genre d'entreprise, que, même moi qui étais par excellence le recours et l'ami, je n'étais informé de rien. Un jour de juillet 1941, on m'annonça que les visas étaient prêts pour Helena et les enfants, qu'ils allaient tous et très officiellement partir pour l'Amérique, via l'Espagne et le Portugal. On ne me demanda pas d'argent, on ne me dit rien du jour exact du départ, on me fit des adieux touchants. J'éprouvai un soulagement monté des entrailles.

Restait encore Erich Noth. J'imagine qu'il eût pu se joindre à sa famille, le consulat américain n'était pas à un transfuge près. Mais il crevait de peur. Il fallut le véhiculer par relais jusqu'à Perpignan. Là, un autre dominicain, le Père Stève, aidé par les dominicaines de Perpignan, avait organisé une filière de passage de la frontière espagnole avec une correspondance au-delà de la frontière. Au dernier moment, en pleine montagne, à quelques pas de la frontière et de ceux qui l'attendaient au-delà, Erich Noth se dégonfla et préféra revenir à Perpignan. Finalement par Toulouse, et grâce à la famille Teitgen, muni de faux papiers et de faux visas (qui étaient « vrais » puisque élaborés dans les préfectures), Erich Noth passa confortablement par le train et à travers les douanes régulières.

A ce moment, le centre de gravité de la guerre s'était déplacé vers l'est. Les Allemands étaient dans les faubourgs de Moscou mais il n'était plus chimérique de penser que, comme Napoléon, ils seraient un jour vaincus.

Aujourd'hui, après coup, sous prétexte d'objectivité historique, on voudrait fixer pour chacun sa date d'entrée dans la résistance, comme si la résistance avait été une forteresse dans laquelle on ne pouvait entrer qu'en donnant le mot de passe, qu'en faisant baisser le pont-levis et qu'en signant le registre. Dès mon arrivée à Marseille, en juillet 1940, je me suis trouvé en présence de la détresse de la famille Noth : que faire d'autre que de lui porter secours, fût-ce en enfreignant les lois?

Ma résidence était le couvent de Saint-Maximin mais les dominicains bougent. Le centre de ma vie était alors à Nice où se trouvaient Claude Bourdet et Darnand. Darnand était un condottiere, son affaire était la guerre. Sa maison de transport n'était là que pour donner le change et pour camoufler cette activité principale. Il faisait donc ce qu'il avait toujours fait, il recrutait des hommes, il récupérait des armes.

Des hommes, il en avait un bon noyau avec les gars du corps franc qui étaient revenus d'instinct à lui. Mais il fallait grossir leur troupe, leur donner des objectifs, avoir une masse de manœuvre. L'idée nous vint de fonder, à travers la France non occupée (qu'on appellerait bientôt la « zone Nono »), un rassemblement des combattants : nous évitions l'adjectif « anciens » pour bien indiquer que le combat continuait. Nous étions quelques-uns à qui ce projet fut commun, et j'étais parmi eux. Tout commença le 6 octobre 1940 par une réunion au Grand Casino de Nice sur la place Masséna. La salle était archi-comble et vibrante, acquise d'avance, je crois me souvenir qu'elle était abondamment pavoisée aux trois couleurs et que la tribune était dominée par un immense portrait du Maréchal.

Je veillai à ne pas sortir de mon rôle de prêtre et me cantonnai à parler des morts et des prisonniers, de l'espérance qui ne doit jamais déserter un cœur chrétien, même au sein de la souffrance et de l'humiliation. Je fus applaudi parce qu'on eût applaudi n'importe qui et n'importe quoi. Je ne suis pas un orateur. Je n'ai jamais entraîné mon auditoire que le vendredi saint, quand l'occasion m'était donnée de raconter la Passion de Jésus-Christ. Partout ailleurs, mon propre discours m'ennuie. Darnand parla le dernier et son allocution me mit très mal à l'aise. Qu'il attaquât la troisième République (que dans les conversations il appelait « la Gueuse ») n'était pas pour me déplaire : cette République était née à Sedan dans la défaite et son agonie avait commencé à Sedan dans l'outrage infligé à la France. Aujourd'hui, on imagine mal le mépris et le ressentiment unanimes inspirés contre un régime qui nous avait acculés à l'armistice et qui avait gaspillé notre ancienne victoire de 1918. Que Darnand s'en prît publiquement aux Juifs me choqua profondément : c'était hurler avec les loups, piétiner des vaincus harcelés, désigner aux bourreaux les victimes. Quelle étrange réaction, quand on est soi-même vaincu, que de chercher plus faible que soi pour l'opprimer! Le soir même, je commençai à me poser sérieusement la question de savoir si je ne me trompais pas de compagnonnage. Pourtant, j'aimais tellement Darnand, je lui étais si dévoué, que l'éventualité seule d'avoir un jour à me séparer de lui me faisait horreur. Mais, à partir de ce moment, je vécus dans l'angoisse et l'appréhension de cette séparation, qui trouvèrent mille occasions de se renforcer.

Darnand avait de vieux amis, qu'il me présentait au hasard des circonstances : généralement, ils avaient l'aspect de truands. J'avais beau me dire qu'on ne fait pas la guerre avec des enfants de chœur, ces camarades me glaçaient le sang. Il était d'ailleurs remarquable qu'eux s'étaient débrouillés pour ne pas faire la guerre; ce qui me confirma dans la conviction qu'Agnely seul avait eu le pouvoir d'y entraîner Darnand et que le plus grand malheur de Darnand fut de perdre Agnely. Un jour, je fus visiter à l'hôpital un vieil ami de Darnand, grand mutilé de l'autre guerre, dont le moignon de cuisse était pris par la gangrène. Ce malheureux, qui aurait dû ne penser qu'à l'éternité, eut devant moi un accès de rage qui provenait du Diable. C'est contre les Juifs qu'il en avait, et il me dit ces paroles atroces : « Je ne serai heureux que le jour où je verrai de mes yeux des ruisseaux de sang juif couler dans les rues! » Je m'enfuis, épouvanté : dans quel nid de serpents m'étais-je fourré?

Aujourd'hui, c'est à moi de ne pas piétiner des vaincus. En aurai-je vu, dans ma vie, des idéologies triomphantes se déshonorer par la cruauté envers les faibles, des vainqueurs devenir le lendemain des vaincus et des fugitifs, des justes superbes devenir des coupables honteux? Quand Simone Weil désignait la justice comme l'éternelle fugitive du camp des vainqueurs, elle disait vrai. Les proscrits de la veille, une fois vainqueurs, ont toutes les peines du monde à ne pas être à leur tour des oppresseurs, toujours avec une bonne conscience sans fissure et avec une bonne foi endiablée. Que mon lecteur ne jette pas hâtivement la pierre à ces malheureux! Qu'il relise plutôt, dans l'Evangile, la parabole du Pharisien et du Publicain. Quel d'entre nous n'est pas capable, à ses heures, d'adresser à Dieu même le témoignage d'autosatisfaction du Pharisien? « Soyez béni, mon Dieu, de ce que je ne suis pas comme le reste des hommes... » Nous sommes tous, et moi le premier, comme le reste des hommes, tous capables du pire. Voilà ce que ma longue vie m'a appris avec certitude.

Après cette assemblée populaire, où fut fondée « la Légion des Combattants », et lorsque l'immense salle fut évacuée, on trouva par terre des dizaines de petits papillons, pliés en quatre, où était écrit PETAIN-BAZAINE. C'est tout, cela me fit beaucoup réfléchir. Je n'osais pas me déclarer contre le vieux Maréchal. J'avais pitié de ce peuple qui mettait en lui tout son espoir. Et puis, dans ces cas-là, et je l'ai constaté maintes fois, toutes les hypothèses vous viennent à l'esprit pour retarder le moment de faire un choix clair mais difficile et inconfortable. Qui savait si Pétain n'était pas secrètement d'accord avec de Gaulle, comme on entend dire aujourd'hui que Paul VI serait secrètement d'accord avec Mgr Lefebvre? Je sais maintenant qu'en de telles circonstances ces accords secrets ne peuvent exister : « Le surhumain serait alors trop facile », répondait de Gaulle quand on l'interrogeait à ce sujet. La guerre civile est la plus implacable de toutes les guerres, sa loi est de ne faire aucun quartier. Claude Bourdet, plus que moi, était alors dans le vrai.

Cependant je ne désespérais pas de gagner Darnand à la résistance. Lui-même essayait de m'engager à ses côtés. Après l'assemblée du Casino de Nice, il me demanda d'écrire une lettre au Dr Ménestrel, médecin personnel et confident de Pétain. Amouroux a publié cette lettre dans *40 millions de Pétainistes*. Je puis dire que mes yeux ne se désillèrent définitivement que le jour de la poignée de main de Montoire. L'armée a toujours été pour moi le sanctuaire de l'honneur : qu'un maréchal de France prenne la suite du cardinal Innitzer et aille serrer la main d'un homme comme Hitler, j'en fus ulcéré. Ce jour-là, je sus qui était Pétain et refusai désormais d'accepter la moindre circonstance atténuante à sa politique de collaboration, alors que la même politique ne m'eût pas indigné de la part de Pierre Laval qui n'était qu'un civil et dont le génie était par excellence celui du compromis.

Darnand avait au plus haut point le sens du compagnonnage des armes. Je crois qu'il a senti très profondément l'amitié et l'admiration que je lui vouais et qu'il les payait de retour. Pourtant, à ce moment décisif où se catalysaient nos destins, mon amitié ne fit pas le poids, pas plus que pour moi la sienne ne fut décisive.

Pour Darnand, Pétain était le bon Dieu dans le Saint des Saints. Pour Darnand, Pétain avait été le témoin et, croyait-il, la cause de sa plus grande gloire, au grand défilé de la victoire le 14 juillet 1919. C'est ce jour-là que s'est créé, entre Pétain et Darnand, un lien indestructible de suzerain à vassal, selon l'antique formule de la chevalerie : « Quiconque a renié son droit seigneur a renié Dieu! » Darnand ne voulait pas et ne pouvait sans doute pas considérer Pétain autrement que son droit seigneur. Suivre Pétain aveuglément fut tout son horizon, il n'en eut pas d'autre. Pétain fût mort vers 1930, l'armistice eût été signé, mais la résistance et la collaboration eussent eu d'autres chefs et d'autres troupes.

Personnellement, je fis tout ce qui était en mon pouvoir pour entraîner Darnand dans les rangs de la résistance qui, déjà à cette époque, se cherchait un chef militaire. J'ai cru un moment réussir et l'ai laissé espérer à mes amis. Au départ, la résistance et Darnand étaient faits l'un pour l'autre : toutes les qualités de Darnand s'y fussent déployées. Il avait les armes que nous n'avions pas; il avait un groupe de soldats entraînés qui avaient l'expérience du feu et du coup de main, il avait le génie de l'organisation clandestine, du complot et du secret, dans lesquels nous étions des novices. Je lui posai clairement la question; il refusa non moins nettement. Du moins n'utilisa-t-il jamais contre moi cette proposition que je lui avais faite et qui eût pu me perdre par la suite. On verra dans quelles circonstances il eut l'occasion de s'en souvenir.

Cependant, au fur et à mesure que le temps s'écoulait, nous nous affrontions de plus en plus au milieu même de nos camarades. Bien des années après, c'est Mme Agnely qui me remit en mémoire un fait survenu chez elle, où j'étais invité à dîner avec Darnand et son ami Gompers : avec Mme Agnely, nous étions donc quatre. C'était aux tout premiers jours de mai 1941. A Darnand, la collaboration avec l'Allemagne paraissait de plus en plus naturelle et nécessaire, il y était entraîné fatalement. La discussion prit un tour violent, j'étouffai de rage au point que, sans prendre congé, je me levai de table et partis.

Arrivé au bas de l'escalier, je me ravisai. Je remontai les étages, rentrai sans frapper, surgis sur le seuil de la salle à manger, drapé dans mon habit dominicain et, tel la statue du Commandeur, je tendis vers Darnand un doigt vengeur. Alors je lui dis ces mots qui ne s'étaient jamais effacés de la mémoire de Mme Agnely : « Darnand, écoutez-moi! Un jour vous serez traduit en Haute Cour pour haute trahison; et je serai assez con pour venir vous défendre. » Je tournai les talons et descendis l'escalier.

Pourquoi ai-je dit cela qui était une prophétie? Les choses devaient se passer exactement ainsi et l'attitude de Darnand au moment de son procès ne s'explique très bien que parce que, lui aussi, avait gardé le souvenir de cette scène, qui serait ridicule si elle n'avait présagé en effet une salve au petit matin et une flaque de sang sur une colline de l'Ile-de-France. Cinq ans après cette scène, quand je suis allé témoigner au procès de Darnand et que je l'ai accompagné jusqu'au poteau, la haine était telle autour de cet homme que mes amis ont reconnu qu'il m'avait fallu du courage pour braver ainsi l'opinion publique. Je rétablis ici les choses comme elles sont : tant j'ai aimé cet homme, il m'a fallu mille fois plus de courage pour me séparer de lui en mai 41 que pour l'accompagner en octobre 46. Je n'ai déployé autant de courage en ma vie qu'une seule autre fois et beaucoup plus tard. Comment ne juger de la vie d'un homme que sur les apparences? Même ses actes les plus décisifs ne sont véritablement connus que de son Ange.

Cependant ma résolution était prise. Comme, au moment de la fondation de la « Légion des Combattants », j'avais lié publiquement ma cause à celle de Darnand et que je l'avais fait à Nice, il fallait que la manière dont je me désolidariserais de lui soit également publique et que cela eût lieu à Nice. Mais je voulais tout autant que cela se fît sans faire la moindre peine à Darnand, je veux dire sans qu'il se sente personnellement visé et offensé. Oui, se séparer d'un tel chef fut une terrible déchirure, mais il fallait que ce qui devait être fait fût fait. Quand je suis décidé, je suis comme le chasseur à l'affût, la nuit, près d'un point d'eau dont il sait que le sanglier y viendra. Il y vint.

On annonçait une conférence d'Henri Massis sur Péguy, au Centre méditerranéen. Je ne connaissais Massis que de nom, pour en avoir beaucoup entendu parler par Bernanos qui s'en moquait cruellement. Massis était devenu l'un des maîtres penseurs de Vichy, principalement responsable de la vogue officielle que l'œuvre de Péguy connut sous ce régime. Pour toutes sortes de raisons, dont la principale était que l'esprit de Péguy était le contraire de l'esprit de Vichy, il me convenait d'humilier publiquement Massis et de venger Péguy du détournement qu'on faisait de son œuvre et de sa mémoire. Il y a une république de l'esprit et c'est aux citoyens vivants de cette république de faire respecter l'honneur des morts. Je savais que j'encourais quelques risques mais cela ne faisait que pimenter l'affaire. J'allais enfin sortir d'une situation ambiguë : cette approche provoque toujours en moi une flambée d'allégresse.

On eût dit la salle composée tout exprès pour qu'y éclate le scandale : officiers ou fonctionnaires à la retraite (boutonnières fleuries de rubans ou de rosettes), femmes élégantes et riches, déjà flétries, cherchant dans la mondanité une compensation à leur jeunesse en allée, au premier rang officiels, harnachés comme des chevaux de cirque : il eût fallu une dose certaine de mauvaise foi pour reconnaître dans cette France-là les droits héritiers de l'auteur de *Notre Jeunesse* et de *La Tapisserie de Notre-Dame*. La conférence de Massis fut brillante. Debout au fond de la salle, j'entendis défiler quelques noms que je connaissais bien, en particulier celui de Geneviève Favre dont j'étais devenu « le curé de Victor Hugo ». Mon courroux bouillonnait en moi.

Quand, à la fin de la conférence, je sautai d'un bond sur l'estrade et pris la parole d'autorité, devant une foule qui commençait de s'écouler vers la sortie, l'effet de surprise fut total. Mon habit blanc dominicain contribua certes à me faire écouter : c'est d'une voix forte, calme et distincte, sans aucune agressivité, que j'annonçai que j'allais citer quelques phrases de Charles Péguy qui manquaient gravement à la conférence de Massis. Le silence était absolu quand je citai en effet de mémoire ces quelques lignes de la *Note conjointe* :

« ... nous ne nous abusons pas quand nous croyons que tout un monde est intéressé dans la *résistance de la France aux empiètements allemands.*

Et que tout un monde périrait avec nous.

Et que ce serait le monde même de la liberté.

Et ainsi que ce serait le monde même de la grâce.

Jamais l'Allemagne ne referait une France.

C'est une question de race.

Jamais elle ne referait de la liberté, de la grâce.

Jamais elle ne referait que de l'empire et de la domination. »

Mouvements divers. Il y eut même quelques applaudissements clairsemés, qui se prolongèrent sur mon passage, quand, ayant laissé Massis en plan et muet de stupeur, je sautai de l'estrade et rejoignis la sortie. La foule se séparait d'elle-même devant moi comme au passage d'un fantôme. Le sentiment qui me dominait était celui d'une délivrance : enfin nul ne pouvait plus ignorer dans quel camp j'étais, j'étais embarqué, j'avais publiquement prononcé les mots de « résistance de la France aux empiètements allemands ». Je rentrai à pied au couvent, remontant toute la Promenade des Anglais. L'air était léger. Tout était délicieux.

J'arrive au couvent des dominicains. L'évêque de Nice, Mgr Rémond, a déjà appelé et me demande de rappeler. Mgr Rémond a été l'aumônier général des armées françaises : de ce passé militaire, il a gardé le tranchant de la voix; je rappelle l'évêché, c'est l'évêque lui-même qui répond :

— Vous avez pris la parole publiquement à Nice aujourd'hui!

— Oui, Monseigneur! A l'issue de la conférence d'Henri Massis, il y a trente ou quarante minutes.

— De quel droit?

— J'estime, Monseigneur, que j'ai fait la guerre d'une certaine manière qui me donne le droit de parler librement dans mon pays.

— La question n'est pas là!

— Alors je ne vois pas où elle est.

— Je vais vous le dire : le préfet, le ministre de l'Intérieur et la commission d'armistice exigent votre expulsion immédiate du département.

— Alors, Monseigneur, ce n'est pas notre affaire, ni à vous ni à moi. Pourquoi ne pas laisser au préfet le soin de m'envoyer les gendarmes?

L'évêque a raccroché. Le téléphone sonne de nouveau et c'est le prieur qui reçoit l'ordre de me chasser immédiatement. Bien entendu, je partirai : une fois de plus ou de moins...

Je vais chez Darnand. Je ne veux pas qu'il apprenne par d'autres ce qui vient de se produire. Je le rencontre sur son palier. Tout à coup rien n'existe plus pour lui que l'amitié qui nous lie. Nous rentrons chez lui et, tout en vidant une bouteille d'excellent vin blanc, nous parlons jusqu'au milieu de la nuit. De sa part, c'est une longue confidence, appliqué qu'il est à faire le point sur sa vie et sur son destin. La fatalité est sur nous. Rien n'est sûr, sinon qu'il faut que chacun de nous aille du côté où il est porté et qu'aucun de nous ne reviendra en arrière. Nous sommes emportés par deux courants contraires, nos mains se lâchent et, tous les deux, nous savons que c'est un adieu. Aucune éloquence, aucune dramatisation : la vérité de l'homme fort, c'est la pudeur. Je garde de cette soirée le souvenir d'un climat inaltérable, cette même sérénité qui régnera dans un cachot de condamné à mort, quand je retrouverai Darnand cinq ans plus tard. Il faut que la force de caractère soit extrême pour que son fruit naturel soit la sérénité.

— Je vous comprends, me dit-il. A votre âge, je ferais la même chose que vous. (Et il n'a que dix ans de plus que moi.) J'ai passé ma jeunesse à emmerder les préfets et j'éprouve de la honte à me trouver aujourd'hui à leurs côtés. Mais, pour moi, c'est trop tard : j'ai donné ma parole au Maréchal. Je ne la reprendrai pas.

En nous quittant, nous nous embrassons. C'est ainsi que, dans la guerre civile, deux compagnons d'armes deviennent des frères ennemis.

C'est Pétain, et Pétain seul, qui a fixé le destin de Joseph Darnand. La place de cet homme était dans la résistance, il y fût devenu le grand chef de guerre qu'il était naturellement. Cette guerre clandestine, le harcèlement de toutes les autorités conjuguées et en place, était par excellence sa guerre. Le poids de la résistance en eût été terriblement accru. Jamais les communistes n'y eussent pris la place qu'ils y prirent dans la suite. De Gaulle lui-même et Jean Moulin eussent été dans l'obligation de compter avec cette présence guerrière. Pétain, Pétain seul, porte la responsabilité d'avoir enchaîné par un serment cet homme dans un camp qui n'était pas celui de la France. Dans toutes les querelles, qui ne sont pas achevées, sur les imbroglios sanglants de cette époque, je sais bien que je suis le seul à fonder mon inaltérable ressentiment contre Pétain sur le fait qu'il a détourné Darnand de sa vocation qui était la résistance. Je ne m'en consolerai jamais. J'ai échoué dans mon entreprise d'amener Darnand à la résistance. Du moins, cette entreprise, je l'ai tentée, de tout le poids de ma fidélité à ce grand soldat. Malgré son échec, c'est une des fiertés de ma vie.

Il est trop tard dans la nuit pour que j'aille dire au revoir à Mme Agnely. Elle aussi et ses cinq enfants, quand je les reverrai, seront en prison. Mais l'évêque de Nice, lui, n'ira pas en prison : comme les castors, les évêques restent les pieds au sec. Et quelle époque que la nôtre où la veuve et les enfants d'un héros sont reniés par la patrie. Ce jour de mon esclandre à Nice était un samedi, veille de la fête nationale de Jeanne d'Arc, ce qui date cet esclandre dans les tout premiers jours de mai 1941, six semaines avant l'entrée en guerre de la Russie. En ce dimanche de la fête de Jeanne d'Arc, dans une cérémonie présidée par l'évêque et le préfet, les premiers « légionnaires » devaient prêter serment au Maréchal. Dans la situation où se trouvait la France, ce serment était une chose intolérable : il allait acculer tant d'hommes de bonne volonté ou à trahir la patrie, ou à se parjurer.

Bref, ne pouvant la revoir, j'écris une courte lettre à Mme Agnely. Cette lettre se termine par ces mots : « Un évêque n'a pas tous les jours une Jeanne d'Arc à brûler. Monseigneur l'évêque de Nice fait ce qu'il peut. »

L'effet de mon intervention à la conférence d'Henri Massis fut tel que je pouvais le souhaiter, plus grand même que je n'escomptais. La radio de Londres, à l'affût de tout signe révélateur d'une résistance en France, se fit l'écho de ce mince événement : c'est par la radio de Londres que mes amis de Paris, dont Geneviève Favre, en eurent connaissance. La radio n'avait évidemment pas mentionné mon nom mais Geneviève Favre fut sûre qu'il s'agissait de moi. D'autres me traitaient de provocateur et de traître. Je reçus à Saint-Maximin la lettre indignée d'un Monsieur, grand-officier de la Légion d'honneur, qui protestait avec véhémence contre ma scandaleuse attitude. Au vieux monsieur, je répondis par ces quelques mots : « Mon bon vieillard, ce n'est pas vous qui nous supportez! C'est nous qui vous subissons! Je vous bénis! » Et je signai.

Je ne revis plus Darnand jusqu'à sa comparution en Haute Cour, en octobre 1946. Pendant ces cinq ans, le fleuve de notre amitié est devenu souterrain. Une vingtaine d'années après la guerre, Mme Agnely demanda à me voir, elle ne voulait pas mourir, me disait-elle, sans me dire une chose que j'ignorais peut-être, — que j'ignorais de fait totalement, que je ne soupçonnais même pas. L'événement illustre de manière si éclatante ce que furent mes rapports profonds avec Darnand, et de manière plus générale ce qu'est une amitié de soldat à soldat, qu'il vaut bien la peine que j'en note ici l'extrême singularité.

En ce mois de mai 1941, entre Darnand et moi, désormais les choses sont claires. Nous sommes en guerre civile, il est dans un camp, moi dans l'autre. Cette séparation s'est faite publiquement, comme je l'ai souhaité : sans la moindre offense personnelle pour Darnand. Moins d'un an après, autour de Pâques 1942, je suis livré à la Gestapo par un homme que je croyais être de mes amis, et qui l'est sans doute à sa manière. Il croit faire si bien les choses que, pour lui, il n'y a pas le moindre doute que je serai fusillé par les Allemands. Les agents de la Gestapo, qui m'interrogent en se relayant pendant dix-sept heures d'affilée, ne se privent pas de me le dire. Moi-même j'ai fini par le croire et par me faire à cette idée; la mort, pour moi, sera toujours l'échappée belle, et elle m'a toujours plus attiré que repoussé. Je ne me sens d'ailleurs pas grand mérite dans cet affrontement. Bernanos, qui ne supportait pas cette absence de lyrisme devant la mort, me disait : « Vous êtes courageux comme une bête! »

Donc je devais être fusillé. On peut se demander comment les nouvelles se propageaient, mais c'est un fait que j'étais alors dans la prison de Dijon et que la nouvelle parvint jusqu'à Nice de ma prochaine exécution. Je crois me souvenir qu'Ida Bourdet alla voir à ce sujet Mme Agnely. Toujours est-il que celle-ci, le soir même du jour où elle apprit ma situation, prit le train pour Vichy et alla voir Joseph Darnand, qui la recevait toujours avec affection et respect.

— Jo, lui dit-elle, Bruck va être fusillé par les Allemands...

— Cela ne m'étonne pas. Il a choisi son camp. Il en court les risques!

— Tu ne peux pas laisser faire une telle chose!

— Entre Bruck et moi, tout est clair. Nous ne sommes pas du même côté de la barricade. Tant pis pour lui!

— Jo, tu peux empêcher qu'il soit fusillé, car ceux qui vont le tuer sont dans ton camp à toi. Si tu ne fais pas quelque chose, tout ton possible, tout de suite, pour qu'on ne le tue pas, regarde-moi bien, Jo! Je ne te reverrai jamais plus!

Avec cette docilité surprenante que les vrais soldats manifestent envers une femme qu'ils admirent et qui sait ce qu'elle veut (docilité sans laquelle le miracle de Jeanne d'Arc est absolument incompréhensible), le soir même de cette conversation, Darnand prit le train pour Paris, alla voir Otto Abetz, ambassadeur d'Allemagne et pratiquement tout-puissant : « Vous avez dans vos prisons un type qui s'appelle le Père Bruckberger. Il va être fusillé. Eh bien, n'y touchez pas! »

Je répète que j'appris tout cela seulement après la guerre, vingt ans après la guerre. Je ne fus condamné sur le moment qu'à cinq mois de prison. Un jour, je fus amené en présence d'un officier allemand qui parlait très bien le français. Il avait mon dossier entre les mains, qui contenait sans doute la dénonciation de mon « ami ». Il ne dissimula pas sa surprise que ce dossier, « accablant », me disait-il, n'ait abouti qu'à une condamnation aussi dérisoire. Je pouvais faire appel, ajoutait-il, « mais, franchement, je ne vous le conseille pas : l'indulgence n'ira jamais au-delà! » Je suivis, sans le discuter, un avis aussi sage. Mon opinion du moment fut que tout n'avait été que comédie. Pas une minute ne me vint à l'esprit que Darnand était intervenu pour moi.

L'épilogue de cette histoire fait encore mieux comprendre

ce qu'est l'âme d'un soldat. Je ne pensai à remercier ni Darnand ni Mme Agnely, puisque je ne les voyais plus et que j'ignorais qu'ils fussent intervenus en ma faveur, et de manière si décisive. Quatre ans plus tard, quand Darnand fut emprisonné à Fresnes, inculpé de haute trahison, et qu'il attendait son procès, son avocat, Me Charles Ambroise-Colin, le supplia de le laisser convoquer quelques témoins à décharge :

— Je refuse, disait-il, de laisser tout le beau rôle à l'accusation. Vous êtes un des plus glorieux soldats que la France ait eus dans toute son histoire. Il faut que quelqu'un vienne pour le dire...

— Ecoutez, Maître, répondait Darnand, je suis actuellement dans un tel merdier, environné d'une telle haine, que je refuse moi, et absolument, de mettre avec moi l'un quelconque de mes amis dans ce merdier. Je refuse de solliciter ou de faire solliciter mes amis.

— Comment voulez-vous qu'ils viennent si je ne les sollicite pas?

— Alors ne vous tourmentez pas, Maître. Il y en a un qui viendra. Il ne me laissera pas seul. Il sera là.

C'est de moi qu'il parlait, tout en refusant obstinément de dire mon nom. C'est en effet moi qui, au dernier moment, et par un télégramme adressé au Palais de Justice de Paris à la défense de Darnand, me mis à la disposition de cette défense. Or, entre le procès, où je fus en effet le seul à témoigner, et l'exécution, il se passa huit jours qui s'écoulèrent pour Darnand dans le quartier des condamnés à mort. Par une permission exceptionnelle du Garde des Sceaux, qui était par intérim Pierre-Henri Teitgen, chaque matin j'allais dire la messe dans la cellule du condamné, puis je restais de longues heures avec lui, ne le quittant qu'au début de l'après-midi. Bien entendu, nous bavardions beaucoup au hasard de la tête et du cœur.

Le moins qu'on puisse dire de ces conversations dans un cachot, en tiers avec la mort imminente et certaine, est qu'elles résonnent dans un espace qui en prolonge indéfiniment l'écho. Il ne s'agit plus ni d'accusations, ni d'excuses, ni de faux-fuyants, ni de faux-semblants. Or ni de près, ni de loin, ni directement, ni indirectement, Darnand ne fit jamais allusion à son intervention quatre ans plus tôt auprès d'Abetz. Ce qu'il avait fait pour moi lui paraissait alors aller de soi, comme allait de soi que je sois venu pour sa défense et que je sois à ses côtés au moment de l'épreuve suprême. Tel est le compagnonnage des armes qui a en horreur toute ostentation et dont les démarches doivent être à jamais couvertes du voile de la pudeur. C'est ce qui rapproche le plus le soldat du prêtre et qui les différencie tous deux le plus du politique.

Je sais bien que la guerre industrielle n'a plus besoin de soldats : elle n'utilise plus que des ingénieurs. Mais il serait ridicule de parler à son propos de compagnonnage des armes. De même, la civilisation scientifique élimine naturellement le prêtre. Non seulement on préfère le psychiatre au confesseur mais comment soutenir que le Credo de la foi catholique est encore la clef de la connaissance de l'univers. Et certes cette clef n'a jamais prétendu ouvrir les portes de l'univers du mesurable mais seulement les portes d'un autre univers surnaturel. Du moins jusqu'à ces derniers temps, c'est cet autre univers que la science niait, dont elle niait la légitimité et jusqu'à la possibilité.

Dans ce cachot de Fresnes, en octobre 1946, se déroula pendant huit jours la rencontre d'un soldat dont tout l'honneur était d'être un soldat, et d'un prêtre dont tout l'honneur était d'être prêtre. Rencontre aussi étrange, aussi mystérieuse, aussi anachronique que jadis, entre le Nil et l'Euphrate, la rencontre d'Abraham et de Melchisedec, archétypes fabuleux du soldat et du prêtre. Le monde où nous vivions nous rejetait l'un et l'autre dans ce que chacun avait de plus intime et de plus sacré. Nous avions l'un et l'autre conscience du caractère fatal de cette élimination. On verra que le plus malheureux des deux fut sans doute celui qui demeura, pour un temps encore, sur cette rive.

10

Aujourd'hui, je me demande si j'ai vécu la résistance ou si je l'ai rêvée. Je l'ai sûrement vécue, à la condition de dire que la résistance fut, plus encore qu'une réalité, un rêve de somnambules. Dans ce rêve, nous avons fait des choses dont nous étions incapables à l'état de veille. Quand tout cela appartient au passé, l'historien arrive avec son équipe d'arpenteurs pour établir le cadastre de ce qui fut fait et de ce qui ne fut pas fait. On peut bien après coup retracer le cheminement d'un somnambule mais, au moment où il marche au bord du toit, laissez-le faire, ne l'appelez pas, ne l'éveillez pas, il tomberait dans le vide et son cheminement serait terminé.

Pour beaucoup d'entre nous, c'est ce qui arriva : quelqu'un les éveilla un jour en sursaut, et ils tombèrent dans le vide. Le moment de l'arrestation d'un camarade était certes le moment le plus dangereux pour celui qui était emmené, mais aussi le plus dur pour chacun de nous : chacun pour une seconde s'éveillait et apercevait le vide au-dessous de lui. Il ressentait jusqu'à l'épouvante le vertige qu'il cherchait précisément à écarter de lui. Dans la résistance, le courage a consisté à demeurer dans cet état de rêve éveillé, qui nous permettait non seulement de faire des choses dangereuses, mais aussi de ne pas savoir très bien que nous les faisions.

Malgré les contrôles de plus en plus sévères à la ligne de démarcation, j'avais repris l'habitude de me rendre à Paris deux ou trois fois par an. Je passais la ligne en fraude, voilà tout. Un des milieux professionnels qui eut le plus de part à la résistance fut certainement les cheminots de la S.N.C.F. Les ouvriers du rail défiaient jour et nuit l'armée et la police allemandes. J'arrivais à Villefranche-sur-Saône, pendant la nuit on me mettait dans un wagon de marchandises : nous étions habituellement quatre ou cinq dans le même wagon. Le train partait et s'arrêtait près d'une heure en gare de Chalon sur la ligne de démarcation. L'important était de ne faire aucun bruit qui eût révélé notre présence au milieu des caisses et des sacs. Pendant une heure, nous écoutions les bottes et les vociférations allemandes sur le quai. C'est long, une heure, et nul ne peut imaginer combien il est difficile de s'empêcher de tousser ou d'éternuer une seule fois pendant une heure.

Les choses se passaient habituellement très bien. A Dijon, le train arrivait en gare de marchandises. Il faisait encore nuit. Les cheminots nous accueillaient dans un petit bâtiment où il y avait un dortoir pour les veilleurs de nuit. On nous réchauffait avec un très bon café, tout à fait mémorable en ces temps de disette, et au matin nous reprenions un train normal en direction de Paris.

En mars 1942, je me préparais à partir ainsi. Un de mes amis me demanda de l'accompagner. Cet ami était peintre, d'ailleurs un bon peintre. Il y avait dans sa peinture une volonté de dépouillement et une minutie du détail significatif et précis, qui lui venaient du surréalisme dans les eaux duquel il avait navigué. Ce qu'il avait d'honnête était dans sa peinture. Le personnage était déconcertant au milieu d'un halo de séduction et de vague menace. Son passé était des plus obscurs, il passait son temps à brouiller les pistes derrière lui. Grand et costaud comme un lutteur de foire, il avait la faconde et les hâbleries d'un bateleur. Il vivait un peu aux crochets d'une Anglaise appartenant à l'une des familles les plus riches de la City. Le couple était étrange. L'Anglaise avait l'air de n'être pas tout à fait vraie; blonde aux yeux presque violets, elle était constamment dans l'étonnement d'Alice au pays des merveilles. Lui avait le poil noir comme l'aile d'un corbeau, les yeux foncés, vifs et méfiants, le teint basané du Gitan.

Pourquoi voulut-il venir à Paris? Je suppose que, dans sa décision, il y eut une grande part de forfanterie, une volonté de se bluffer lui-même. Tout se passe bien à l'aller. C'est au retour que les choses se compliquent. A Dijon, je vais trouver le cheminot qui arrange mes passages. La filière a été éventée par les Allemands, qui fouillent désormais les wagons de marchandises : un cheminot a été fusillé, plusieurs autres sont en prison. Sur-le-champ, il faut inventer autre chose.

Nous prenons le train pour Montceau-les-Mines, qui se trouve sur la ligne de démarcation, avec l'intention de traverser dans les champs. A la gare de Montceau, nous sommes cueillis par la gendarmerie allemande. C'est un dimanche matin. Nous sommes exactement cinq à être arrêtés, dont un jeune couple belge. Sous l'escorte placide de deux vieux soldats allemands, fusils en bandoulière et tenant leurs vélos par la main, nous sommes conduits à trois ou quatre kilomètres dans la campagne, à un poste allemand qui commande tout un secteur de surveillance de la ligne de démarcation. Nos gardiens n'ont pas l'air tout à fait éveillés.

Le Belge s'approche de moi. « Votre ami a l'air costaud, me dit-il. Qu'il se charge de l'Allemand de tête, moi, je me charge de celui de queue. On les assomme sans leur faire d'autre mal. On leur enlève leurs fusils, on leur reprend nos papiers qui sont tous dans cette sacoche de vélo, là. La ligne de démarcation, c'est ce ruisseau en bordure de la route, sur la droite. Nous passons tous, et nous sommes libres sans le moindre risque. » Je fais la commission. A ma surprise, mon compagnon se dit fatigué : il a mal dormi, il n'est pas en forme; d'ailleurs en plein jour, ce n'est pas raisonnable, il faut attendre une occasion meilleure. Moi qui ai vu cet homme à musculature d'acier soulever des pierres de deux quintaux, je n'en reviens pas. Nous arrivons enfin au poste allemand, une maison isolée sur une colline et on nous enferme au premier étage : en regardant par la fenêtre, nous apercevons dans la cour jouer entre eux trois jeunes chiens policiers superbes.

Qu'est devenu ce couple belge, si désireux de s'enfuir mais qui ne le pouvait pas tout seul? Dès l'arrivée au poste, il fut mis à part, et je ne l'ai plus revu. Si j'avais été formé chez les dominicains américains, j'aurais fait de la gymnastique, du sport, peut-être du judo. Malgré mon passage au corps franc, je ne valais rien pour le corps à corps : on ne m'a jamais demandé que d'avoir une bonne santé, une résistance inépuisable à la fatigue, une extrême solidité des nerfs. Mais je ne me suis vraiment jamais colleté avec un autre homme; je ne l'ai jamais regretté davantage, je le regrette encore car, cette fois-là, j'aurais dû essayer. L'enjeu était si grave, l'entreprise relativement si facile, l'occasion si belle, j'aurais dû faire ce qu'il fallait faire, sans plus m'occuper de mon compagnon qui, d'ailleurs, serait venu au secours des vainqueurs.

Avant la fin de la journée, nous sommes transférés en camion cette fois et sous meilleure garde, à Montceau-les-Mines, dans une école transformée en dépôt de détention. On voit bien pourquoi ce local a été choisi : toutes les fenêtres du rez-de-chaussée sont munies de solides barreaux. Nous trouvons déjà là une centaine de prisonniers, entassés pêle-mêle dans une immense salle commune. Le soir, les femmes sont séparées des hommes et vont coucher à l'étage. L'ensemble est un curieux salmigondis humain; d'ailleurs l'époque est celle des salmigondis les plus surprenants.

Tous ces gens-là ont été cueillis sur la ligne de démarcation. Quelques Juifs, furtifs, rassemblés entre eux, comme si la peur pouvait protéger de la peur, polis à l'excès comme tous les gens qui se sentent de trop et veulent se faire pardonner d'être là : or ce qu'on leur reproche est d'être ce qu'ils sont en tout lieu et chaque jour de leur vie. Deux religieuses ont spontanément, au milieu du brouhaha, reconstitué un petit monastère à elles deux : elles prient, récitent leur chapelet à voix basse, pour ne pas gêner leurs voisins, sans la moindre ostentation, comme si elles n'étaient en présence que de Dieu seul. Quand on leur parlait, elles souriaient, mais il y avait un abîme entre elles et tout ce qui les entourait.

Il y avait des garçons louches qui avaient beaucoup d'argent et qui jouaient entre eux au poker des sommes qui me paraissaient fabuleuses : c'étaient des passeurs dont on se méfiait car on se demandait toujours à leur sujet s'ils n'étaient pas là pour renseigner les Allemands. Un danseur de quelque renom, maquillé, parfumé, avait l'air d'un chat tombé dans la glu : tout ce qu'il voyait autour de lui ne provoquait en lui que dégoût. Deux filles, qui visiblement pratiquaient le plus vieux métier du monde, étaient, avec les religieuses, celles qui s'accommodaient le mieux de l'infortune de notre situation : elles étaient gaies, propres, prévenantes, gentilles pour tout le monde; elles manifestaient envers moi et mon habit un respect non feint.

Et puis le tout-venant, des gens dont on se demandait pourquoi ils étaient même sortis de chez eux : un vieux paysan, qui fumait sa pipe aussi tranquillement que s'il eût été au coin de sa cheminée. Deux gamins de seize ou dix-sept ans, qui n'étaient peut-être que fugueurs, comme j'avais essayé de l'être à leur âge. Chacun avait visiblement ses soucis mais l'ambiance de la prison n'était pas dramatique. Nous n'étions pas sous la garde des Allemands, mais de la police municipale de Montceau-les-Mines, de braves agents de ville, aussi surpris que nous de ce qui arrivait.

Je ne perds pas de vue l'évasion. Bien décidé à en provoquer l'occasion, j'étudie les lieux. La grande salle commune, dans laquelle les hommes vivons jour et nuit, est au rez-de-chaussée. On y accède par une autre salle, plus petite, qui sert de corps de garde. C'est dans ce vestibule que se tiennent les gardiens. La nuit, ils ne sont que deux, parfois il n'y en a qu'un. On me dit que les Allemands ont l'habitude de venir chercher les prisonniers en fin de semaine, j'ai donc plusieurs jours devant moi pour élaborer un plan et le faire réussir. Par chance, j'ai une petite provision d'argent; la première des choses est de se mettre dans les bonnes grâces des gardiens qui ne paraissent pas doués d'un zèle excessif.

Pour mon compagnon et pour moi, je commande nos repas dans un restaurant voisin de la prison et, dans cette région riche et campagnarde, nous mangeons très convenablement. Il y a à cela plus qu'une raison de gourmandise : à chaque repas, je commande trois bouteilles de vin, dont deux pour les gardiens. Ma popularité est aussitôt assurée parmi eux.

Un soir, j'invite tous les gardiens à dîner, pour les remercier de leur gentillesse. Ce dîner ne peut avoir lieu que dans le corps de garde. Je fais moi-même le menu qui relève entièrement du marché noir. Le repas est copieux, précédé d'apéritifs, arrosé de vins, suivi d'alcools. J'ai recommandé sur tous les tons à mon camarade de ne pas trop boire, de se tenir lucide et en bon état, car j'ai bien décidé que nos gardiens eux, seraient saouls et que nous nous évaderions. Le repas se déroule dans l'ambiance que je souhaitais. Les quatre gardiens mangent et boivent tout leur content. Une seule chose ne va pas : dès le début, mon camarade a pris le parti de se saouler, lui aussi. J'ai beau lui jeter des coups de pied dans les tibias, lui faire des yeux furibonds, il boit autant et plus que les autres. La fureur monte en moi avec le désespoir.

Pourtant le sort s'obstine à nous favoriser. Deux gardiens rentrent chez eux avant le couvre-feu; à quatre, la beuverie continue. Le plus vieux des gardiens finit par se coucher. Alors le plus jeune a une mirifique idée d'homme saoul : il veut absolument nous faire connaître sa femme. Et nous voilà tous les trois partis en pleine nuit à travers la ville, ce qui donne une idée du peu de rigueur dont le couvre-feu est appliqué dans cette petite ville. Arrivé chez lui, il réveille sa femme qui nous fait une omelette au rhum arrosé de beaujolais. Mon camarade mange et boit en détournant les yeux, je le regarde comme un cavalier regarde son cheval boiteux.

Tout a une fin, et il est plus de trois heures du matin quand nous reprenons le chemin de notre prison. Le gardien est incapable d'introduire la clef dans la serrure. C'est moi qui ouvre la porte du corps de garde, le gardien se couche et s'endort. J'ouvre encore la porte de la salle commune, où mon ami se couche sur sa paillasse et s'endort. Mon destin est entre mes mains, rien n'est plus facile que de refermer les portes derrière moi et de me retrouver à l'air libre. C'est vrai que je ne sais pas où je suis, où est le nord, le sud, la ligne de démarcation, mais quoi? je serai libre, j'aviserai. Pourquoi ne suis-je pas parti? Pourquoi n'ai-je pas laissé mon camarade à sa cuvée et à son sort? Je crois qu'il me fait pitié. Certes j'ai eu grand tort de m'embarquer avec lui. Je balance un moment, et finalement je décide que je n'ai pas le droit de le jeter par-dessus bord. Je resterai.

Comme prévu, à la fin de la semaine, les Allemands viennent nous chercher et nous amènent à la prison de Chalon. Cela devient sérieux. On me met seul dans une cellule. Le lendemain, mon interrogatoire commence. Dès le lendemain, mon camarade de route est relâché, renvoyé en zone libre. Au petit matin, la porte de mon cachot s'ouvre avec fracas : c'est lui qui a obtenu du gardien la permission de venir me dire adieu. Il m'embrasse et cet hercule se met à pleurer. Il part, je reste. J'ai désormais le temps de réfléchir.

Les Evangiles racontent qu'au moment de livrer son Maître, dans le jardin de Gethsémani, Judas lui donna un baiser. Ils précisent que Judas avait donné ce signe à la troupe qui le suivait, afin que les sbires reconnaissent celui qu'ils cherchaient. Il y eut autre chose. Judas aimait Jésus à sa manière et, en l'embrassant une dernière fois, il disait adieu non seulement au plus beau des enfants des hommes qu'il était en train de trahir, mais aussi à ce que lui, Judas, avait eu de meilleur, à ce qu'il avait vécu de plus grand, à un espoir éblouissant qui, à ce moment fatal, lui brûlait encore le cœur. Le traître ne s'avoue jamais qu'il trahit et rien ne fut plus sincère que le baiser de Judas. Il n'y a pas de trahison complète sans le dernier baiser à celui qu'on aime encore et qu'on livre à l'ennemi. Pour Judas, la suite confirme ce que je dis : il eût pu terminer sa vie dans la tranquillité de son forfait accompli. Or les trente deniers qu'il avait reçus lui brûlèrent les doigts, il ne les garda pas. Il se pendit.

Mon compagnon ne se pendit pas. J'aurais oublié plus facilement s'il n'avait continué de faire le fanfaron. A la libération de la France, il plastronnait en Arles, deux revolvers dans la ceinture, terrorisant tout le monde autour de lui, singulier héros et justicier de la résistance. Curieusement, dans cette époque trouble, il devint riche; et il coule aujourd'hui des jours tranquilles, sinon heureux.

Les Allemands me tiennent, ils ne me lâchent pas. Je suis transféré à la prison de Dijon, réputée une des plus dures de France : on y fusille facilement et on me dit que le premier fusillé a été un garçon de quinze ans qui avait coupé une ligne téléphonique allemande. Quand j'arrive, avec quelques autres, dans la cour centrale de la prison, mon habit dominicain attire l'attention d'un officier allemand, jeune, mince, élégant, qu'on s'étonne de voir dans un décor aussi hideux. Il approche et, dans le français le plus pur, me demande mon nom. Je le lui dis, en le prononçant à l'allemande :

— Votre nom est tout ce qu'il y a de plus viennois?

— Mon père et mon grand-père étaient viennois. Ils ont habité Hernarzel Gürtel.

— Moi aussi, je suis viennois, et il se trouve que j'habite Hernarzel Gürtel. Etes-vous autrichien?

— Mon père l'était. Moi, j'ai opté pour la France. Pendant l'autre guerre, mon père a été mis en prison par les Français. Aujourd'hui, me voici en prison par la grâce des Allemands.

— Pour quoi?

— J'imagine que, dans la famille, nous nous arrangeons pour être toujours du côté des vaincus. Je me demande si ce n'est pas une chance...

— Peut-être! Mais vous voilà ici! Quel dommage!

— C'est la guerre!

— Oui, dit-il avec un sourire triste, c'est la guerre...

Il s'éloigna. Je ne le revis plus jamais.

Ma détention à Dijon commença par ce qu'on appelle « le secret », un secret prolongé et des plus rigoureux. On pensait sans doute réduire ma résistance, et c'est bien le contraire qui arriva. Il est vrai que, pour la plupart, le secret est une épreuve redoutable : rares sont ceux qui supportent d'être seuls avec eux-mêmes et c'est ce qu'on m'avait toujours appris tout au long de ma vie monastique. Je n'avais rien à lire, rien pour écrire, on m'avait enlevé mon bréviaire et même mon chapelet. Par la force des choses, j'étais confiné à l'exercice le plus pur de ma vocation : la contemplation des choses divines toujours et partout accessibles aux hommes de bonne volonté. La figure de ce monde s'était effacée de ma considération. Tout pouvait arriver et rien ne me préoccupait profondément, Dieu était là qui m'assiégeait de toutes parts. Je serais mort bien volontiers et, me semblait-il, de manière insensible, comme la lumière de l'aube se fond en la lumière du jour. Il y avait si peu de choses dont je puisse encore me dépouiller et ce peu de choses, je n'en avais que l'octroi précaire. Ce peu de choses m'apparaissait comme la cordelette, qui retient la montgolfière et l'empêche de prendre le grand large. J'étais dans l'antichambre, non pas de la mort, mais de ce qui est juste au-delà de la mort.

— Pourquoi l'homme a-t-il été créé et mis au monde?

— Pour connaître Dieu, l'aimer, le servir et mériter ainsi d'être admis un jour en sa présence.

Je faisais antichambre à cette Présence.

Quand vous faites antichambre et que vous attendez que l'huissier paraisse et prononce votre nom, tout événement extérieur à cette attente vous indispose. Un nouvel interrogatoire, dont je soupçonnais bien qu'il serait tout différent de ceux qui l'avaient précédé à Chalon, me dérangea sans me distraire. J'avais décidé d'étendre sur toute ma vie et sur toutes mes activités la majesté de mon sacerdoce. J'avouai sans difficulté mes activités que l'on pouvait qualifier de « professionnelles ». Oui, j'étais en rapport avec la maison Gallimard qui allait publier un livre de moi; c'était vrai que je préparais un film qui s'appellerait *Les Anges du péché*. Pour tout le reste, j'étais prêtre et n'étais que prêtre : de mes rencontres, des confidences que je recevais, des conseils que je donnais, je n'avais de comptes à rendre qu'à Dieu.

L'interrogatoire dura dix-sept heures de rang sans désemparer, sans la moindre interruption, du moins en ce qui me concernait, car les agents qui m'interrogeaient se relayaient. C'est une femme qui fut la plus dangereuse : elle me parlait doucement et semblait se mettre de mon côté contre tous les autres. Mon fond auvergnat de méfiance me protégeait et je prenais le même ton qu'elle : « Madame, lui disais-je, comprenez ce qu'est un prêtre et que je ne suis pas un homme comme les autres. Pourquoi voudriez-vous franchir un seuil que je ne permettrai à nul de franchir, serait-il le pape lui-même? »

Je ne fus pas torturé, il n'en fut même pas question. Cela évidemment changeait toute l'ambiance de l'interrogatoire, car je ne sais pas ce que j'aurais fait sous la torture. Mais pendant ces dix-sept heures, revenait sans cesse et sur divers tons le rappel que je serais fusillé et que c'était bien dommage. A ce moment-là, cela m'était égal : ils n'eussent pas dû, pendant tant de jours, me laisser tranquillement me préparer à la mort.

On me remit dans mon cachot et, au bout de huit jours, on me fit part de ma condamnation : cinq mois de prison. Comme je l'ai dit, ce n'est que beaucoup plus tard que j'ai compris le fin mot de l'affaire. Aujourd'hui je m'avise que si, malgré l'intervention de Darnand, j'avais été effectivement fusillé, Darnand ne l'eût jamais pardonné aux Allemands, ne se fût jamais enfoncé dans la collaboration jusqu'à un point de non-retour. Les Allemands m'ont peut-être échangé contre un loyalisme sans faille de la part de Darnand à leur égard. Ce sont eux qui gagnaient au change.

Je garde de la prison de Dijon exactement le même souvenir que je garde du coma qui a suivi ma blessure : j'étais un peu au-delà du monde et il m'est impossible de calculer le temps écoulé. Les hideuses servitudes de la prison, je les vivais sans presque m'en apercevoir. Je les trouvais tolérables parce que de tout mon cœur, de toute mon âme, de tout mon esprit, je ne pensais qu'à Quelqu'un d'autre. Les seuls moments où j'aie eu envie de pleurer, c'était au milieu de la nuit, quand, au loin, j'entendais siffler un train et que je l'imaginais, fonçant dans la nuit, vers la mer et le soleil.

L'univers de la prison a son langage; le mot « transférer » y avait des résonances vagues et menaçantes : on connaissait le point de départ, on ignorait le point d'arrivée de ce transfert, ce pouvait être une autre prison, ce pouvait être le camp de concentration en Allemagne, ce pouvait être aussi le poteau d'exécution. Etre éveillé en sursaut à deux heures du matin n'est jamais agréable; en prison, c'est sinistre. Nous fûmes une quinzaine à être éveillés ainsi pour être « transférés ».

On nous entassa dans une petite salle au rez-de-chaussée. Vers quatre heures, deux camions militaires avec escorte se rangèrent devant la porte de la prison.

Quand nous sortons, comme un troupeau hagard entre les chiens, et malgré le couvre-feu, une cinquantaine de femmes sont là : épouses, mères, sœurs, filles, maîtresses des prisonniers. Comment avaient-elles su que nous devions partir et l'heure à laquelle nous partirions? Elles étaient là, les bras chargés de colis tout faits et ficelés. D'un seul mouvement elles se ruèrent, et le cordon de nos gardiens faillit se rompre. Avec une brutalité incroyable, les soldats les matraquèrent à coups de crosse et, à la hâte, nous enfournèrent littéralement dans les camions. Les femmes nous lancèrent les colis comme des projectiles : ils pleuvaient tout autour de nous. Les camions démarrèrent au milieu des clameurs.

Cette faculté qu'ont les femmes de faire des choses définies d'abord comme impossibles et même imprévisibles m'a toujours ébloui. La guerre et la résistance, notre guerre sans uniforme, fut infiniment plus souple et plus imaginative parce que ce fut aussi une guerre des femmes. Etant donné la prodigieuse disproportion des moyens qui s'affrontaient, notre guerre fut finalement plus efficace que celle de l'armée allemande qui était une guerre exclusivement masculine. La femme est porteuse, protectrice, vouée par nature au projet et à la délivrance : plus que tout autre, cette guerre lui convenait, guerre de patience, d'obstination, de mûrissement nocturne, en vue d'une délivrance.

Dans une guerre, l'homme a habituellement besoin de l'éclat du jour, de l'uniforme, de la solidarité du groupe, puis des décorations. La femme y est secrète, subtile, déliée, élusive. J'ai lu beaucoup de livres sur la résistance : rares sont ceux qui ont rendu pleine justice aux femmes. Pourtant ce sont elles qui ont créé et entretenu le plasma social dans lequel le germe de cette guerre de l'ombre et de la délivrance s'est développé et a fini par pousser jusqu'à la lumière. Mais la consécration de l'histoire fait aussi partie des décorations dont les femmes sont moins friandes que les hommes.

Etre jeté en prison en plein hiver, pendant des semaines ne voir qu'un petit bout du ciel, entendre les trains siffler au loin, et puis tout à coup être plongé dans le printemps qui éclate partout, qui vous saute dessus, vous assaille de toutes parts, pénètre dans votre cœur par effraction soudaine, même si on est surveillé par des soldats casqués et en armes, c'est là une chose qui n'a de comparable qu'en amour le coup de foudre. Je n'oublierai jamais ce coup de gong assourdissant qui retentit tout autour de moi, qui m'ébranle au plus profond de moi. « Qu'ai-je fait de si merveilleux pour mériter le printemps? Qu'ai-je fait pour mériter que le jour se lève encore pour moi? Qu'ai-je fait pour mériter le soleil et les arbres couverts de fleurs; et cette jeune fille en robe claire qui lève la barrière après le passage d'un train et qui, ayant aperçu nos visages derrière l'éclat sombre des fusils, tout à coup de la main nous envoie un baiser? Le monde existe et il est beau! La vie existe et elle est belle! Moi aussi, je suis vivant! Bénédiction sur la joie! » Le printemps est un sacre : chaque année j'en guette le signal et le déroulement de cette liturgie dont je suis le souverain.

Aussi dure qu'ait été la prison de Dijon, Clairvaux me la fait regretter. A Clairvaux, je ne suis plus au secret, c'est la fin de ma solitude et je ressens l'obligation du troupeau comme une agression permanente. Dans le frottement constant à des inconnus, le malaise est lancinant. Comment ne pas parler et comment ne pas soupçonner que celui à qui l'on parle soit un délateur? En fait, et par le mélange où nous sommes, les Allemands peuvent en savoir sur chacun de nous beaucoup plus que par les interrogatoires. Quand il arrive que l'un ou l'autre de mes codétenus se confie à moi, en invoquant d'ailleurs mon honneur de prêtre, l'idée me vient aussitôt que j'ai affaire à un provocateur.

Nous sommes plusieurs centaines de prisonniers dits « politiques », c'est-à-dire à la merci des Allemands. Dans cette multitude, heureusement il y a quelques prêtres : un dominicain de la Province de Paris, le curé d'une paroisse rurale située sur la ligne de démarcation et qui a dû rendre de nombreux services à de pauvres gens traqués, surtout deux séminaristes hollandais qui sont l'insouciance et la gaieté mêmes : soit dans leur langue, soit en français, ils chantent tout le temps.

Le jour de l'Ascension 1942 est sinistre. Il fait très beau et très chaud dans les cours ensoleillées où on se languit. Pour éviter de faire conversation, le plus sûr est de jouer aux cartes; c'est pourquoi, depuis, je les ai en horreur, elles sont à jamais associées dans mon esprit à la captivité et à la peur. Il y a une rapidité inexplicable dans la manière dont les nouvelles se propagent à l'intérieur des prisons. Dès le premier matin, nous avons su qu'un camion allemand, avec soldats casqués et en armes, est arrivé au guichet d'entrée. Nous savons tous la signification de cette expédition : dans la journée, il y aura une ou plusieurs exécutions par fusillade, et les victimes sont sûrement parmi nous. Nous, les politiques, sommes le vivier où l'on va venir pêcher à l'éprouvette les quelques poissons destinés à passer à la poêle. Curieusement, cette menace vague mais fatale m'est plus opprimante que la menace personnelle qui a pesé sur moi pendant des semaines.

L'événement a lieu vers cinq heures de l'après-midi, au moment où chacun commence à se dire que l'orage ne crèvera peut-être pas aujourd'hui. Nos gardiens sont français. L'un d'eux paraît avec une liste et la foule des détenus se rassemble d'instinct autour de lui : c'est l'ange de la mort. Il monte sur un banc et proclame sept noms suivis de leurs matricules : Il ajoute : « Vous êtes transférés! » Alors tout va très vite. Sept garçons se séparent de la masse. L'un d'eux près de moi, très jeune, se retourne vers un camarade, l'embrasse et lui dit : « Tu diras à ma mère que je suis mort dans ma foi communiste. » Nous les regardons suivre le gardien et disparaître : jamais je n'ai entendu silence plus compact.

Pour rejoindre le guichet de la prison où les attendent les Allemands, il faut traverser la cour centrale remplie des détenus de droit commun. A travers les grilles qui séparent les deux cours, nous pouvons voir : ils sont là deux à trois mille hommes en uniforme de bure, parqués comme des bestiaux. Quand les sept condamnés entrent dans cette cour, tous se lèvent et enlèvent leur béret. Soudain, comme une nappe d'essence s'enflamme, une immense clameur retentit : c'est la *Marseillaise,* jaillie de ces milliers de poitrines. Ces exclus, ces damnés de la terre, brigands et meurtriers, jugés et condamnés pour leurs crimes, chantent : la France même, par les plus déchus de ses fils, rend un dernier hommage à ceux qui, dans le soleil déclinant, vont mourir pour elle...

Par l'oreille, nous suivons l'ultime péripétie. Le camion contourne la prison pour se rendre au cimetière, de l'autre côté de notre mur. Le ronflement du camion se rapproche; tout près de nous, derrière ce mur, les sept garçons entonnent de nouveau la *Marseillaise,* mais nos gorges à nous sont nouées. « Aux armes, citoyens! » Ils continuent de chanter jusqu'à la salve, où tout retombe dans le silence.

L'homme est doué d'une faculté de raisonnement qui lui permet de tout justifier, tout et n'importe quoi, ses passions, ses partis-pris, ses intérêts, sa fureur d'avoir raison. Par le raisonnement, on peut toujours justifier le régime de Vichy. Pour moi qui suis un être grossier, je m'en tiens à trois faits qui m'ont percé le cœur : la détresse de la famille Noth pendant un an. Les sept fusillés de Clairvaux, tous communistes, mais tous français, arrêtés et jetés dans ce vivier par le régime de Vichy. Enfin Joseph Darnand, qui poursuivit son cruel destin de sang en pleine obéissance à Philippe Pétain, maréchal de France, à qui il avait prêté serment. Ce serment, il ne le reprit jamais, et il n'en fut jamais relevé.

Parmi les prisonniers politiques condamnés à de courtes peines de prison, l'administration recrutait des volontaires pour couper du bois dans les forêts voisines, afin d'alimenter les voitures gazogènes. Pour retrouver la nature et pour avoir la possibilité de m'évader, je me portai volontaire. Un jour, venant de Paris par le train, arrivèrent à Clairvaux François Parlier, Robert Bresson et leurs épouses. Je leur fis part de mon projet d'évasion : ils m'en détournèrent, arguant que ma peine de prison était courte, qu'elle était déjà plus qu'à la moitié purgée, qu'au mois de septembre je pourrais rentrer à Paris en toute tranquillité et poursuivre la réalisation du film qui était évidemment en panne, puisque je n'étais plus là. Si François et Marianne Parlier n'étaient pas venus me voir, ma vie en était changée. Je me serais évadé et j'aurais vraisemblablement réussi. J'aurais été obligé de passer totalement dans la clandestinité, j'aurais sans doute rejoint Londres et la France Libre. Je n'aurais jamais fait de cinéma. A quoi tient un destin? On ne s'en émerveille jamais assez.

J'allais donc dans mon chantier de forêt, sous la surveillance de douaniers français. Il faisait beau, c'était le plein été. Le travail au grand air a quelque chose de gai. Je me retrouvai au milieu des petites gens de notre peuple, dont la qualité m'a toujours paru supérieure, et de manière criante, à celle de nos élites intellectuelles. Je me souviens d'une discussion, un soir, dans la baraque, entre un agrégé de l'université et un charcutier, qui déclarait : « Il est certain que tu as lu des livres de quoi remplir une cathédrale et, dans toute ma vie, je n'en ai pas lu dix. A quoi çà t'avance? Pour ce qui concerne la vie, tu es bête comme un cochon, et c'est un charcutier qui te le dit. »

Je me suis toujours articulé aisément au milieu populaire; il me semblait être à nouveau dans une section du corps franc. Par instinct, nous étions tous sûrs que parmi nous il n'y avait pas de mouchard, ce qui détendait beaucoup les rapports. Comme il était évident que je n'avais ni la force ni l'adresse physique pour couper autant de bois qu'il nous était imposé d'en couper chaque jour, sans que j'aie rien demandé mes camarades m'aidaient et, à l'inspection du soir, j'ai toujours présenté la quantité requise. On rêve d'anges qui nous aideraient à remplir des tâches insurmontables : à la condition d'aller à la limite de mes forces, ces anges, je les ai toujours rencontrés.

Ce fut l'époque de la guerre où je mangeai le mieux. Ces artisans et paysans étaient naturellement braconniers. Dans ces forêts où le gibier n'avait pas été chassé pendant trois ou quatre ans, chevreuils, sangliers, faisans, lièvres et vulgaires lapins amélioraient constamment un ordinaire parcimonieux. Enfin le jour de ma libération arriva. Ce chantier était sous la responsabilité d'Esso-France. Le directeur régional d'Esso apprit par hasard que j'étais cousin de Georges Wicart qui était un cousin à moi et qui, depuis une dizaine d'années, était à la direction générale d'Esso en France. Le directeur régional vint me chercher en voiture, se confondit en excuses de m'avoir fait travailler dans un chantier. Il m'amena chez lui, où sa femme avait préparé un excellent repas. Je n'étais plus habitué aux alcools. A la fin du repas, j'étais saoul de vin autant que de liberté.

Le lendemain, Paris.

J'habitais chez mes amis Parlier dans l'appartement qu'ils ont encore, avenue Gabriel, en bordure des Champs-Elysées. Je me souviens que, les premiers jours, je passai de longues heures sous les marronniers, à regarder les gens aller et venir. J'étais ému par le spectacle des jeunes filles et des enfants et je sentais à quel point ce spectacle m'avait manqué. L'été finissait dans une lumière de gloire. Au loin, la guerre continuait et s'étendait à toute la planète. La bataille de Stalingrad était gagnée par les Russes. Notre destin se jouait sur la Volga et dans le Pacifique. Mais là, sous mes yeux, chacun allait et venait, chacun avait l'air d'être libre. Des enfants riaient. J'avais changé d'univers.

J'ai dit à quel point le cinéma fut la passion de ma jeunesse. En sortant de prison, je repris avec Bresson le film là où je l'avais laissé, sauf que Bresson était parvenu à intéresser Giraudoux aux dialogues. Giraudoux était grand, mince, d'une élégance extrême, c'est-à-dire vêtu avec une extrême simplicité. Derrière des lunettes qu'il ne quittait jamais, son regard gris était rieur. Sa bouche était bien dessinée, il avait les lèvres de Voltaire, et quelque chose d'évasif et de fugace qui le faisait ressembler à un personnage de Giraudoux. Il faisait tout légèrement et avec bonne humeur. Ses grandes pages d'écriture, sur du somptueux papier que j'enviais par ces temps de misère, étaient toujours sans la moindre rature : je le soupçonnais de les corriger et de les recopier en secret, comme les chats dissimulent leurs œuvres. Ces apparences ont pu lui donner une réputation de frivolité, elles n'étaient que pudeur et coquetterie. Qu'on lise son théâtre! Sous le chatoiement des images, sous la gourmandise des mots, sous l'humour des situations, s'exprime un moraliste lucide, voire impitoyable, dans la meilleure tradition française. Où s'est le mieux exprimée l'inculture de notre époque que dans ces mots : « C'est avec les naïfs qu'on fait les monstres! »?

Chaque matin, vers dix heures, j'arrivais à l'hôtel Beaujolais, aujourd'hui disparu, où Giraudoux avait une chambre donnant sur le Palais-Royal. Je le trouvais au lit mais déjà rasé, sa toilette faite, dans une somptueuse robe de chambre, souriant devant son écritoire posé sur le lit. Cette mise en scène était immuable et n'eût pas toléré de ma part une minute d'avance ou de retard. « Et maintenant, disait-il, que va dire, que va faire, notre petite Anne-Marie? » C'était l'héroïne du film. Et le travail commençait. J'apprenais le métier de dramaturge.

Par-dessus tout, Giraudoux était un poète, au sens où il n'y a de poésie que de l'indirect. Il ne donnait aucun précepte. Il me disait : « L'idée d'une pièce de théâtre se présente d'un coup, souvent pendant la nuit. On la perçoit comme une courbe qui monte, qui atteint un sommet, puis qui redescend. Cela fait la coupe d'un mamelon. Il faut supprimer de cette épure tout le début qui monte, et qui n'offre aucun intérêt, où on risque de perdre du temps. Il faut prendre l'histoire à son sommet et laisser tomber ce qui redescend. De cette première intuition, on ne retient qu'un seul point, le plus haut. A partir de ce point, il faut inventer une histoire qui monte, qui monte, sans jamais s'arrêter ni redescendre, et la faire aboutir à son point d'éclatement total. Toutes les pièces de

Racine donnent l'impression d'avoir été ainsi composées. »

Toute sa vie, il avait raffolé du théâtre : « Deux univers incompatibles qui s'affrontent dans une boîte éclairée et sonore, voilà le théâtre! » « On n'imagine pas, disait-il encore, le nombre de premiers actes tout à fait excellents dans notre littérature. Presque toujours, après le premier acte, la pièce s'essouffle et se poursuit dans la platitude et la banalité. L'auteur n'a pas pu la porter jusqu'au bout, il n'a pas su ou pas voulu crever le plafond, il a eu peur. Ou bien il a été paresseux, ce qui revient au même. Les grands sont ceux qui n'ont pas peur de poursuivre la pièce, de traquer les caractères et les situations comme on traque une bête sauvage, jusqu'à l'hallali et le coup de poignard dans le cœur du monstre qui demande grâce. Il ne faut pas que grâce lui soit accordée. La grâce accordée est pour le confort de l'auteur. Retenez bien cela. En littérature, il faut détester la pitié et l'attendrissement. »

Je ne l'ai jamais oublié, et d'ailleurs maintenant je le sais pour l'avoir vu dix fois, pour avoir tenté de le vivre. En art, la grandeur est l'effet du courage, comme dans la vie. Qu'est-ce qui me différencie de mes compagnons d'études de Saint-Maximin, qui ont fait les mêmes études que moi, qui aujourd'hui pensent comme moi mais ne le disent pas, infiniment plus doués que moi en philosophie et théologie? Un peu de courage, un tout petit peu de courage! Un professeur peut rester dans l'abstrait. En art, on est bien forcé de brûler ses vaisseaux. Le dos au mur et seul, absolument seul contre une nuée, on s'est condamné à vaincre sur place. C'est toujours la même chose : le Royaume n'est que pour les violents.

Après notre travail qui progressait assez vite, Giraudoux se retirait dans sa salle de bains comme un acteur entre en coulisse, et avec une vitesse miraculeuse reparaissait aussitôt complètement habillé, prêt à sortir. Il commandait à son caniche, Puck, de lui porter d'abord le chapeau, puis les gants, et le chien les lui présentait, debout sur son train arrière. Nous sortions tous trois pour déjeuner dans l'un ou l'autre des petits restaurants du quartier de la Bourse. Giraudoux me racontait la petite histoire de ce quartier qui eut sa gloire au moment de la Révolution et du Directoire. Il évoquait cette époque, et nous circulions parmi les « Incoyables », les « Muscadins » et de jeunes femmes aux coiffures compliquées et vêtues de mousseline transparente.

Giraudoux aimait ce quartier de Paris et, dans ce quartier, tout particulièrement l'église de Notre-Dame-des-Victoires, où il allait entendre la messe le dimanche. Comme beaucoup d'hommes de cette génération, il était beaucoup plus religieux qu'il ne voulait le laisser paraître. Il était venu me voir dans mon couvent de Saint-Maximin et m'avait dit plusieurs fois son désir d'être enseveli parmi les moines dans le cimetière du couvent. Mais toute ostentation dans les choses de la foi le révulsait. Il trouvait que Claudel faisait beaucoup trop d'esbroufe avec sa foi : « C'est un gros sacristain, disait-il. Il passe son temps à bousculer les chaises vides. Il manque de respect pour le saint lieu. »

Il souffrait beaucoup de la défaite et de l'humiliation de la France : de Gaulle lui paraissait le seul à la mesure de l'événement. Comme je lui citais ces mots de *Solstice de juin* de Montherlant : « Un prince est à l'aise partout, jusque dans la défaite! » — « Pour qui se prend-il? reprit Giraudoux. Il est tout au plus un bâtard de prince! »

Tout le monde savait que le ménage de Giraudoux était un enfer. Tout le monde savait qu'il était l'homme des aventures galantes, tout le monde savait que Suzanne Giraudoux avait l'humeur et la jalousie d'une tigresse. Giraudoux appartenait au Quai d'Orsay et faisait partie de cette pléiade d'écrivains-diplomates, poulains de Berthelot : Claudel, Morand, quelques autres. Dès après l'armistice, il s'était fait mettre en congé. Mais il connaissait les gens en place et allait très souvent à Vichy; sa mère habitait tout près, à Cusset, je crois.

Il tomba très amoureux de la femme d'un diplomate sud-américain, d'ailleurs coquette et fort belle. Suzanne Giraudoux l'apprend, fait surveiller le couple et, quand elle est sûre de son coup, à quatre heures de l'après-midi, arrive en trombe dans les locaux de l'ambassade sud-américaine. Elle fonce sur l'ambassadeur :

— Monsieur l'Ambassadeur, savez-vous où est votre femme, en ce moment même?

L'AMBASSADEUR. — Je vous avoue, madame, que je n'ai pas l'habitude de surveiller ma femme. Nous avons déjeuné ensemble ici. Puis elle est sortie. Mais en effet, non! Je ne sais pas où elle est...

SUZANNE. — Eh bien! moi, je vais vous le dire. En ce moment, elle est dans tel bar, dans telle rue, et elle y est avec mon mari. Au revoir, Monsieur l'Ambassadeur!

Exit Suzanne. Tête de l'ambassadeur, très embêté. Tête aussi de l'attaché d'ambassade qui a assisté à l'entretien et qui n'est pas fâché de voir son patron en situation ridicule. Que faire?

L'ATTACHÉ. — Je vous assure, Monsieur l'Ambassadeur, que Mme Giraudoux est folle, qu'elle dit n'importe quoi, tout le monde le sait. D'autre part, madame votre épouse est au-dessus de tout soupçon. Mais enfin le renseignement est trop précis. Pour en avoir le cœur net et l'esprit définitivement débarrassé, à votre place, j'irais voir...

L'AMBASSADEUR. — Alors venez avec moi!

Quelques minutes après, les deux hommes entrent dans le bar. Le cœur de l'ambassadeur bat la chamade. Personne dans le bar! Soulagement! Mais il y a une arrière-salle. Les deux hommes y pénètrent et trouvent Giraudoux en compagnie de la femme de l'attaché d'ambassade.

Le tournage du film se déroula dans des conditions impossibles à imaginer aujourd'hui. L'électricité étant rationnée, le tournage se faisait de nuit, de 22 heures à 6 heures du matin. Dans un Paris désert et noir, les studios des Buttes-Chaumont étaient un îlot illuminé très gai. Dans un simulacre de couvent, il y avait soixante-dix actrices, pour la plupart jeunes, qui n'étaient que des religieuses factices, comme il y avait du café factice ou du beurre factice. Ces jeunes femmes avaient toutes leurs soucis, elles ne mangeaient pas tous les jours à leur faim, elles étaient pauvres, empêtrées dans leurs amours et leurs difficultés domestiques; passées les portes des studios, elles recréaient instinctivement l'insouciance et la joie d'un pensionnat de jeunes filles. Je le redis parce qu'un lecteur n'a aucune idée de ce qui fut : je ne quittais pas l'habit dominicain. Au fond, je retrouvais, multipliée par dix pour le nombre, l'espace et le temps, l'ambiance de la famille Ivanoff. La plupart de ces actrices n'étaient sûrement pas des habituées de l'église, toutes manifestèrent envers moi le respect qu'en ce temps-là le peuple avait instinctivement pour le prêtre. Quant à moi, le parterre était trop vaste de ces jeunes filles en fleur pour que je tombe amoureux de l'une d'elles. Comme un nageur fait la planche, je me laissais porter par tant de gentillesse et de frivolité.

Seul Robert Bresson était imperméable. Il construisait dans l'esprit des autres le phantasme de son génie, par une attitude hautaine et agressive qui ne recouvrait que du vide. Sa méthode, pour se mettre en valeur et asseoir son autorité, était, à chaque fois qu'une difficulté technique ou artistique se présentait, de venir trouver Agostini ou moi-même, plus souvent les deux l'un après l'autre, de nous demander la solution, de la repousser aussitôt d'un ton tranchant, puis, revenant au centre du plateau, d'imposer à haute voix la solution même qui lui avait été suggérée et de l'imposer comme si elle eût été le fruit d'un immense effort de méditation personnelle. Ce pauvre jeu ne m'amusait pas, j'en avais même quelque pitié. Mais enfin seul comptait le film : il était commencé, il fallait le finir.

Dès avant le tournage et commençant à connaître mon homme, j'avais menacé de m'en aller, si je n'obtenais de Bresson une lettre (que j'obtins) où il reconnaissait la part d'initiative et d'invention que j'avais dans le film. Le tournage du film terminé, quand il n'eut plus besoin de moi, Bresson remit en cause ma part de collaboration dans un film où il pensait avoir tout fait. Il ne fallut pas moins que l'intervention de Giraudoux pour que j'obtienne le minimum sur le générique : la signature du scénario en premier. Tout se paie. Pour entrer dans le cinéma, il fallait bien que je paie mon écot.

Cette querelle eut son côté burlesque. Emportée par une sainte colère conjugale, une nuit, la femme de Bresson me poursuivit à coups de parapluie à travers les décors. Moi, dominicain et foudre de guerre, qui avais bravé en face un fusil-mitrailleur allemand et risqué la mort plutôt que de me rendre, je fuyais maintenant devant le riflard d'une jeune femme habillée chez Chanel. Que faire d'autre, à moins de lui passer la raclée qu'elle eût méritée, mais dont j'aurais tiré peu de gloire? Les actrices détestaient Bresson. C'est un tourmenteur. J'en ai vu pleurer d'humiliation et de rage. Dans la nuit du 1er avril, tout ce ressentiment éclata dans le plus beau poisson d'avril que je connaisse au cinéma.

Sur le plateau voisin du nôtre, dans les mêmes studios, se tournait un film bien différent des *Anges du péché,* c'était *L'Escalier sans fin* : il s'agissait du grand escalier d'un célèbre music-hall parisien. Comme notre film avait mobilisé toute une bande d'actrices habillées en religieuses, *L'Escalier sans fin* avait recruté la troupe au grand complet des Folies-Bergère, ce qui produisait des rencontres inattendues à la cantine commune. On y voyait des religieuses fumer et boire un pot avec des girls vêtues de quelques paillettes dorées et de quelques plumes d'autruche, perchées sur les hauts tabourets du bar.

Dans le grand décor de notre film, un cloître ensoleillé et rempli de fleurs, nous tournons une séquence qui met en scène les deux héroïnes, Sœur Anne-Marie et Sœur Thérèse, respectivement jouées par Renée Faure et Jany Holt. Thérèse vient de commettre un meurtre. Elles doivent traverser le cloître en diagonale en échangeant ce bref dialogue parfaitement giralducien :

RENÉE FAURE. — Sœur Thérèse, connaissez-vous le langage des fleurs?

JANY HOLT — (sombre et d'une voix caverneuse). — Pour ce que j'ai à leur dire...?

Bresson, l'air las et concentré : « Prêt? — Moteur! — Partez! » Une musique prodigieusement gaie éclate, c'est la voix gouailleuse de Mistinguett : « Paris, c'est une blonde... » — et la troupe des Folies-Bergère fait irruption dans le cloître : toutes ces filles superbes, bras dessus bras dessous, lèvent et tournent la jambe en cadence avec la musique. Stupeur! Fou rire! J'ai cru que Bresson allait étouffer de colère. Le plus significatif de son caractère est qu'il est totalement dépourvu d'humour.

Le film sortit avec un grand succès et obtint le « Grand Prix du Cinéma français », qu'on alla fêter chez Maxim's. Je rencontrai là Rebatet qui, dans *Je suis partout,* avait consacré au film un excellent papier. Telles étaient les situations de l'époque : on se souriait en public, on se redoutait dans l'ombre. Deux ans plus tard, Rebatet fut condamné à mort pour sa collaboration à *Je suis partout.* Mme Rebatet, que j'avais vue très entourée chez Maxim's, courait tout Paris pour faire signer une pétition en faveur de la grâce de son mari. Elle me rejoignit un soir où j'étais à dîner, quai de Bourbon, chez mes amis de Brion; je la reçus dans l'entrée et lui parlai avec douceur. Elle avait le visage défait d'une femme qui ne dort plus. Je signai la feuille qu'elle me présentait.

Giraudoux n'était plus là pour partager le succès du film. En janvier 1944, il était mort à sa manière, discrète. Le surlendemain des obsèques, le prince et la princesse de Polignac me convient à déjeuner dans leur hôtel de Neuilly. J'y rencontre Jean-Louis Vaudoyer et sa femme, le médecin personnel de Giraudoux et enfin Mme Giraudoux elle-même qui trouve dans un veuvage ostentatoire un épanouissement imprévu de sa personnalité : de la tête aux pieds, elle est couverte de noir et a l'air d'un voilier funèbre. Le repas est banal sauf pour un champagne rosé dont je garde encore la gratitude.

Jean-Louis Vaudoyer est un fort bel homme, très grand, habitué à l'exercice de l'autorité; il est alors administrateur de la Comédie-Française. Au café, il hasarde timidement quelques suggestions sur le but de notre réunion. « Il serait bon de fonder immédiatement une association des amis de Giraudoux qui se consacrerait à servir et à préserver l'œuvre du disparu. Giraudoux avait toujours été très négligent en ce qui concerne ses manuscrits qu'il donnait et dispersait aussi libéralement que Louis XIV des pensions. Il serait nécessaire de recueillir le plus de manuscrits possible, de demander aux innombrables correspondants de Giraudoux d'envoyer au moins des copies des lettres reçues, afin d'éviter le plus d'oublis et de pertes. »

A ce moment, Suzanne Giraudoux sort de son recueillement comme un fauve tombe sur sa proie : « La seule chose nécessaire, urgente, qu'il faut faire immédiatement, c'est publier les lettres d'amour que Jean m'a écrites, quand nous étions fiancés! » La consternation tombe sur nous. A partir de là, je ne crois pas que nous ayons échangé dix paroles. Les Vaudoyer et moi, prenons congé des Polignac. J'admire beaucoup la pelisse de Vaudoyer, en zibeline de Sibérie.

Lui, sa femme et moi, pataugeons dans la neige pour rejoindre le prochain métro. C'est l'hiver où Paris s'est mis à ressembler à Moscou. Soudain Vaudoyer s'arrête, me toise attentivement comme s'il me voyait pour la première fois et qu'il se demande si je suis digne de recevoir une telle confidence : « Mon Père, dit-il enfin, et sa voix retentit dans la rue déserte, ce sont les Hindous qui ont raison! »

— ?...

— ILS BRULENT LES VEUVES!

Depuis que je faisais du cinéma, j'obtenais aisément et par l'intermédiaire du « Centre National du Cinéma » des permis officiels pour passer la ligne de démarcation. Je retournais dans mon couvent de Saint-Maximin par le train, sans le moindre problème. Entre-temps les Alliés avaient débarqué en Afrique du Nord, l'espoir avait changé de camp. Claude Bourdet était à la tête du réseau « Combat » et il était tout entier immergé dans la clandestinité. Il était convenu entre lui et moi que, lorsque j'arrivais à Paris, je téléphonais à son père qui m'invitait à déjeuner pour le jour même. Et il me donnait le moyen de rejoindre son fils.

J'ai le plus vif souvenir d'un de ces déjeuners qui eut lieu en janvier 1943. C'était au plus fort de la tension entre le général Giraud à Alger et le général de Gaulle à Londres. Dans la guerre, le poids de l'Amérique était immense, à vrai dire déterminant. Ce poids était tout entier sur le plateau de la balance occupé par Giraud, qui disposait en outre de toute l'armée française d'Afrique et de l'administration française de l'Empire : l'une et l'autre s'étaient ralliées à Giraud.

Par contre, à Londres, de Gaulle était encore plus seul qu'il ne s'y était trouvé en 1940. Churchill laissait tomber cet allié encombrant qui prétendait représenter la France avec toutes les exigences de la souveraineté et de l'indépendance nationales. Même à Londres, tous les Français n'étaient pas de son bord, l'amiral Muzelier n'était que le plus turbulent des dissidents. Parmi les immenses armées alliées qui sillonnaient toutes les mers et se déployaient sur tous les continents, les « Français Libres » ne représentaient qu'une poignée de soldats intrépides dont on pouvait se passer, y compris pour « envahir » la France. Il est bien significatif que ce que nous avons appelé « la libération de la France », les Américains l'ont appelé « invasion of France » : ils jugaient moins en termes de liberté que de force.

Quelles que soient la méfiance et même l'injustice avec lesquelles de Gaulle a toujours traité la résistance intérieure, c'est un fait qu'en ce début de 1943, en elle l'unanimité s'était faite autour de lui : en ce moment crucial pour le destin français, où le sort de notre pays se jouait tout entier entre un ennemi implacable et des alliés douteux, la résistance intérieure adhérait à de Gaulle comme un haillon de drapeau à sa hampe levée.

Edouard Bourdet, l'auteur du *Sexe faible* et de *La Prisonnière,* avait l'apparence calme, modeste, cossue d'un grand bourgeois, l'œil attentif, aux aguets d'un peintre plutôt que d'un écrivain. Quand j'arrive chez lui vers midi, il me voit l'air soucieux et me demande la raison de ma préoccupation. Je la lui dis : de Gaulle mis en quarantaine par les Alliés, Giraud à la botte de l'Amérique, nous sommes menacés de nous retrouver soumis à un régime pétainiste, même après la libération du territoire, et cela, la résistance ne l'acceptera jamais.

— Mais vous, Père Bruck, quel est exactement votre vœu?

— Je souhaite ardemment que toutes les forces françaises, à l'intérieur ou à l'extérieur du territoire national, soient réunies sous un commandement unique et suprême, et ce commandement ne peut être que celui du général de Gaulle.

— C'est donc cela! Rassurez-vous! Avant six mois, il en sera comme vous désirez.

— Mais, monsieur Bourdet, je croyais que vous vous interdisiez de faire de la politique...

— Ce n'est pas en politique que je vous parle, c'est en dramaturge. Quand au premier acte vous mettez en présence l'un de l'autre deux personnages dont l'un a une très grande force de caractère et dont l'autre a une résistance morale moins grande, il est fatal qu'au dernier acte le fort domine et élimine le faible. Soupesez les deux caractères, celui de de Gaulle et celui de Giraud, il est certain que Giraud ne fait pas le poids. J'ignore comment cela se fera mais je sais avec certitude qu'à brève échéance de Gaulle aura éliminé Giraud. Nous approchons du dernier acte.

De ma vie, je n'ai oublié cette application de la loi de gravitation dramatique aux affaires de ce monde. C'est en effet la force du caractère de de Gaulle qui, dans les mois qui suivirent, renversa la pesanteur des événements. Edouard Bourdet voyait plus loin et plus profond dans le déroulement de la guerre que Roosevelt et Churchill qui étaient pourtant aux commandes de la guerre. Dans les conflits politiques et même religieux de notre époque je m'amuse souvent à deviner les applications de cette loi de gravitation. Les résultats sont réconfortants.

Ce jour-là, chez les Bourdet, il y avait Mauriac. Dès les premières politesses échangées, il m'agressa avec sa voix plaintive et blessée, qui faisait d'abord pitié, puis, étant donné ce qu'il disait, finit par me porter sur les nerfs. Cela commença par une longue lamentation sur le choix que j'avais fait de Giraudoux comme dialoguiste du film *Les Anges du péché* :

— Il n'est pas chrétien, Giraudoux!

— Je vous admire, monsieur Mauriac, d'en juger comme si vous sondiez les reins et les cœurs. Du moins il y a une chose que vous n'enlèverez pas à Giraudoux : c'est l'écrivain français qui sait le mieux faire parler les femmes. Or mon film est un film de femmes.

Je ne sais par quel biais la conversation vint sur Bernanos. Nouvelle lamentation de la voix de mélécasse :

— Ah! Bernanos! Il est au Brésil, Bernanos! Il est loin, Bernanos! Mais la guerre finira. Il reviendra, Bernanos! Et vous verrez, ce sera lui, le grand écrivain catholique...

— Mais enfin, monsieur Mauriac, en voyez-vous un autre?

Mes rapports avec Mauriac débutaient mal, ils ne s'améliorèrent pas. Il y avait chez lui une mixture de vanité, de coquetterie et de méchanceté qui me fit toujours oublier ses réels mérites. On se demande comment cet être frêle et femmelin eut si souvent le courage de prendre, sur les grands problèmes de l'époque, les positions les plus contraires à l'engouement de son milieu, celles qui l'exposaient au plus grand risque.

Ceux qui fréquentent aujourd'hui l'énorme maison Gallimard ne peuvent s'imaginer et ne pourront peut-être pas croire qu'elle fut pendant la guerre « le temple de la gentillesse ». C'est Camus qui me la décrivait ainsi dans une lettre. L'atmosphère y était chaude, enthousiaste, laborieuse, désinvolte. L'idole de ce temple, la seule idole, était la littérature. Les grands prêtres étaient encore vivants et on les rencontrait parfois dans le bureau de Gaston : Valéry, Claudel, Gide, Roger Martin du Gard, Jean Schlumberger... Gaston était au centre de tout et y était constamment : le plus matinal, il arrivait au bureau avant tout le monde, il le quittait après tout le monde. Il donnait l'impression d'une disponibilité entière et permanente. Il partageait son vaste bureau avec son frère Raymond.

J'ai vu la scène plusieurs fois. Gaston était un timide et jouait de sa timidité avec une vaste maîtrise. Un jeune auteur crevant de faim arrive chez Gaston avec la ferme résolution de lui demander de l'argent. Sa femme l'a chapitré auparavant :

« Cette fois-ci, tu lui demandes cinq mille francs! » En chemin, il baisse jusqu'à trois mille. Gaston se lève pour le recevoir avec sa coutumière urbanité. On parle de la pluie et du beau temps. Enfin l'auteur, pensant à sa femme et à son loyer, se jette à l'eau et ose prononcer le mot « argent ». Aussitôt Gaston pique un fard monumental, comme une rosière au spectacle le plus obscène. L'auteur rougit lui aussi. Long silence gêné. L'auteur, comme s'il commettait la pire des incongruités, demande finalement deux mille francs. Alors Gaston déclare qu'il n'y connaît rien, que c'est Raymond seul qui s'occupe de « ces choses-là ». Gaston serre la main de son visiteur, qui retourne sa chaise, se met en face de Raymond, qui n'a absolument rien entendu de la conversation précédente. L'auteur recommence son histoire et s'en va avec un chèque de mille francs.

De temps en temps une femme superbe apparaissait. Toute la maison était en émoi : « C'est qui? La femme de quel Gallimard? La maîtresse de qui? » Toutes les portes s'entrouvraient pour voir la déesse redescendre l'escalier.

La vieille Mme Gallimard, la mère de Gaston, de Raymond et de leurs frères, avait été une des femmes les plus élégantes et les plus belles de Paris; elle avait eu la trentaine au tournant du siècle. Son mari, déjà riche, avait constitué la plus éblouissante collection d'impressionnistes du monde : cette collection maintenant dispersée fait aujourd'hui la gloire des grands musées américains. Maintenant près de la mort, la vieille Mme Gallimard revenait à l'éducation religieuse de son enfance et voulut me connaître pour entendre parler de Dieu. A une femme qui a été comblée et qui approche de la mort, que reste-t-il qu'une espérance qui porte au-delà du monde?

Mme Gallimard avait passé quatre-vingts ans. Elle était menue, vive, avec le regard clair d'une petite fille. Elle me parlait de ses fils, « des hommes à femmes », disait-elle. Elle me racontait sur Gaston des histoires qui dataient du temps où il était petit garçon, avec des cheveux bouclés qui tombaient sur un col marin. Je trouvais très drôle qu'on me parlât de Gaston Gallimard avec un col marin. « Un jour, me disait-elle, je l'avais amené avec moi aux courses à Longchamp. Près du pesage, une amie très élégante vint me saluer. Gaston quitta ma main, s'approcha de la dame, lui prit la main, la caressa longuement et murmura plusieurs fois : « Jolie dame! »

Mme Gallimard mourut assez brusquement. J'étais à Saint-Maximin et j'éprouvai le désir d'aller à Paris, mais j'arrivai le lendemain de l'enterrement. Gaston me dit que sa mère m'avait souvent appelé, tout au long de son agonie. Ces choses impressionnaient beaucoup Gaston. Il se demandait quels secrets peuvent bien détenir les prêtres pour que vous ayez besoin d'eux juste au moment où le monde entier vous abandonne.

A ce moment, Michel Gallimard, fils de Raymond, était l'élément jeune, actif et rayonnant de la maison. C'est avec lui que j'étais surtout lié d'amitié. C'était un garçon sensiblement plus jeune que moi, roux de cheveux, aux yeux gris-bleu, mince, nerveux, plutôt petit, étonnamment franc aussi bien envers lui-même qu'envers les autres : il était incapable de mentir et de se mentir, toujours soucieux de voir les choses comme elles sont, d'en saisir les justes proportions. Pendant la guerre, il avait déployé beaucoup de courage et ressenti vivement la peur. Il avait servi dans l'aviation, alors que nos appareils étaient moins rapides que les avions allemands : « Rien n'est plus con, disait-il, que de prendre l'air dans ces conditions. On a forcément le dessous. » Car il avait pris l'air et s'était battu.

Tout de suite après l'armistice, il avait épousé une Anglaise qui avait été tuée, écrasée sous un camion, sur la route de l'Estérel. Le chagrin de Michel fut immense, sauvage : on craignait qu'il ne se suicidât. Il lut par hasard le livre de Bernanos, *Les Grands Cimetières sous la Lune*. Ce livre lui procura quelque apaisement. Il était agnostique, terriblement critique, méfiant de tout surnaturel. Cependant « le sermon de l'incroyant » dans *Les Grands Cimetières* lui donnait une sorte de répit dans son malheur. L'interrogation suspendait son chagrin. « Nous nous demandons ce que vous faites de la grâce de Dieu. Ne devrait-elle pas rayonner de vous? Où diable cachez-vous votre joie? » Michel cherchait la joie.

Il me fit rencontrer Camus avant même la publication de *L'Etranger,* et Mario Prassinos, qui commençait sa carrière de peintre et qui pour le moment crevait de faim. En fait, à ce moment encore incertain de notre avenir, Gaston nous considérait un peu (Michel, Camus, Prassinos et moi) comme les « trois mousquetaires » de son imposante institution : un peu en marge, battant la campagne, à la conquête d'une nouvelle génération. Nous ne nous quittions presque pas. Il y avait aussi de jeunes femmes : Io, la femme de Prassinos, surtout Maria Casarès très liée avec Camus, il y aurait bientôt Janine, qui deviendrait la femme de Michel.

De nous quatre, Michel était le seul à avoir de l'argent et il était extrêmement généreux. Combien de fois nous invitait-il à déjeuner dans un restaurant du quartier, et puis le même soir il nous invitait à dîner? La soirée se terminait chez lui dans son grand appartement sous les toits, dans la rue de l'Université. Le couvre-feu nous surprenait; dans l'impossibilité où nous étions de rejoindre nos différents logis, nous couchions ici et là dans le salon et la grande bibliothèque.

Nous étions jeunes, nous brûlions de tous les feux de notre époque incendiée. De nous quatre, j'étais le seul véritablement croyant mais tous, nous étions fascinés par la mission et le destin de l'homme, par la vie et la mort si difficiles et si faciles. Nous nous aimions mieux que des frères et il n'y eut jamais la moindre querelle entre nous. De loin, et malgré l'atrocité de l'époque, nos longues conversations me laissent une image du bonheur.

Albert Camus était jusque dans son essence l'homme des contrastes violents. Au premier abord, il donnait l'impression d'un boxeur; la maladie l'avait mené aux portes de la mort et il était encore obligé de prendre soin de lui. Ce violent était en même temps un doux et un ironique. Ce laborieux était un nonchalant. Ce métal qui vibrait à tous les coups de notre tumultueuse actualité était naturellement en accord avec toutes les voix qui venaient de la profonde éternité. Ce sensuel obsédé du compagnon féminin avait des retenues et des recueillements monastiques. L'œil noir, le cheveu noir, son sourire était éclatant; il avait habituellement une expression de tendresse et d'indulgence, et une sorte de lassitude calme comme s'il portait depuis toujours sur ses épaules le poids du monde.

Sa pensée oscillait entre la fameuse sentence de Kirilov : « Si Dieu n'existe pas, alors tout est permis » et cette autre question de Dostoïevski : « Si Dieu existe, pourquoi permet-il la mort d'un petit enfant? » J'écoutais, sachant très bien qu'un homme, parti à la chasse de sa propre identité, n'en finit jamais de faire et refaire l'inventaire des interrogations fondamentales qui le font vivre et qui l'empêchent de vivre tranquille. Pourquoi suis-je au monde? — Pourquoi être un peu de temps et ensuite ne plus être? — Pourquoi être libre et ne pouvoir cependant faire n'importe quoi? — Pourquoi être un moment et n'être pas toujours? — Pourquoi ai-je besoin d'un autre? — Pourquoi la vie mais aussi pourquoi la mort dont la seule pensée empoisonne le petit moment de vie dont je dispose? — Pourquoi aimer quelqu'un d'autre destiné à mourir aussi? — Pourquoi m'aimer moi-même et est-ce que j'en vaux la peine?

J'éclatais : « Vous n'en sortirez pas! Toutes ces questions n'ont qu'une réponse, qui ne résout rien rationnellement mais à laquelle nous sommes acculés et qui donne un sens plénier à la vie et à la liberté. Si je suis un moment et que je meure l'instant d'après, c'est que la vie même m'est octroyée et peut m'être à tout moment reprise. La vie est un don et il y a quelqu'un qui donne. Tout est don, tout peut être repris. Pourquoi n'aimerais-je pas ce qui m'est donné? Pourquoi n'aimerais-je pas Celui qui donne? Pourquoi ne m'aimerais-je pas moi-même qui suis don aussi, même si ce don est révocable? Vous qui aimez tellement ce monde et sa beauté, vous ne refusez pas l'émerveillement? Les merveilles aussi sont dons. C'est même d'être données qui leur confère l'éclat de la merveille.

« Mais vous croyez que de reconnaître le don limite votre liberté. La liberté aussi est un don. Dieu limite aussi ma liberté, c'est pourquoi il m'est interdit de faire n'importe quoi, mais cette limite me prouve que ma liberté existe. Il m'est incroyable à moi que Dieu soit l'emmerdeur numéro un, tout simplement parce que nous lui devons d'être ce que nous sommes, et d'être libres. Vous en coûte-t-il tellement d'avoir à dire merci? Vous m'amèneriez à penser qu'on n'entre en philosophie qu'à partir du moment où on est mal élevé. J'ai une vieille amie qui m'affirme que la politesse évite les neuf dixièmes des embêtements de l'existence. Vous me faites croire que la politesse résoudrait neuf sur dix des questions que vous dites insolubles... »

Mme Geneviève Favre, mère de Maritain, me fit appeler. Elle était au lit, lucide, calme, elle regardait venir la mort. Elle n'en éprouvait aucune peur. Elle voulait me parler avant de mourir, me confier ce qu'elle avait à dire à son fils qui était en Amérique mais aussi me donner des consignes, ce qu'elle fit avec une autorité tout à fait singulière comme si elle avait sur moi une juridiction exceptionnelle. Elle me fit promettre de me tenir toujours du côté des pauvres, des faibles, des abandonnés. Et elle ajouta ces recommandations surprenantes que rien, dans nos rapports antérieurs, ne laissait prévoir : « Faites toujours très attention à la Russie et au peuple russe. Un jour de la Russie et de ce peuple, viendra une chose immense et libératrice pour le monde entier. Aimez la Russie. Préparez-vous à recevoir ce qui en elle est gestation et sera délivré! » Elle ne disait pas « les Soviets », mais, comme de Gaulle, la « Russie ».

Plus je vais, plus je crois en effet que la Russie manque au monde occidental. Si, un jour qu'on peut ne pas croire lointain, ce peuple casse l'atroce carcan où son génie est pris au piège, à l'élan du cœur qui portera les peuples occidentaux vers la Russie, on mesurera l'espérance. Je ne crois pas que les nations occidentales puissent se tirer de l'infinie médiocrité où elles sombrent sans que le génie russe ait de nouveau toute liberté de se déployer.

Puis cette protestante, et qui le demeura jusqu'au bout, me demanda de la bénir. Le lendemain, elle mourut. Et se brisa avec elle la vivante mémoire qui me rattachait à Péguy et à Victor Hugo.

Jean Hugo fils de Georges et neveu de « Jeanne-était-au-pain-sec-dans-le-cabinet-noir », habite toujours à Lunel le mas de Fourques, parmi ses moutons, ses paons blancs, parmi les vignes muscat et sous de grands cèdres. C'est une belle vieille maison hantée par un génie tranquille, patient, discret, habile à nouer les fils des destins les plus disparates. Le mas de Fourques était la lointaine maison de campagne du Tout-Paris, le plus cultivé, le plus raffiné, le plus implacable, celui qui crée les engouements, les modes, les excommunications tacites, les consécrations suprêmes, les goûts bizarres et fugitifs, les coteries. Tout-Paris était venu, venait ou viendrait à Fourques. A l'écart, dans son atelier, Jean Hugo peignait des miniatures subtiles et lumineuses, bucoliques, Théocrite de la peinture moderne. Aux heures des repas, il arrivait dans sa maison pour recevoir son monde, géant en costume de velours et en sabots de bois, avec des yeux écarquillés de chat-huant. Il parlait peu. Il écoutait ou pensait à autre chose, ou bien ne pensait à rien, on ne savait pas toujours.

Né et grandi dans le milieu le plus anticlérical de la troisième République, il s'était converti au catholicisme sous l'influence de l'abbé Mugnier et faisait partie des familiers de Maritain. Je profitais des passages dans ma famille à Montpellier pour lui rendre visite. Un jour, à déjeuner, je rencontrai Marie Bell. Au théâtre comme à la ville, dès qu'elle était là, elle remplissait la scène. Reine de la Comédie-Française, son sceptre n'y était contesté que par Madeleine Renaud. Elle y avait ce qu'on appelle « la loge de Rachel », suite de somptueux salons. Elle avait une abondante chevelure auburn qu'elle secouait comme une crinière, un regard habitué à soupeser les êtres, un regard de maquignon avisé. Elle était jeune, gaie, gourmande, avec une manière populaire et gloutonne de prendre la vie comme elle vient. Sa voix surtout et son rire avaient la gaieté des carillons italiens, airain vibrant dans le matin pur.

Bien entendu, je fus médusé, et elle n'était pas femme à

l'ignorer. Elle me fit promettre de venir la voir à Paris, dans son appartement sous les toits du 32 Champs-Elysées : « Je vous ferai très bien manger, au marché noir bien entendu! » et elle riait aux éclats. Etais-je déjà amoureux d'elle? A coup sûr, dans la suite je le devins. Fut-elle amoureuse de moi? Peut-être si je me fie au ressentiment qu'elle manifesta dans la suite à mon égard. Pour le moment, ni l'un ni l'autre n'en étions là.

Elle jouait Cléopâtre dans la pièce de Shakespeare : « O cheval bienheureux qui supporte le poids d'Antoine! » Jean Hugo avait fait les décors. Mais la grande affaire qui se préparait était ce *Soulier de satin* de Claudel que Barrault venait d'adapter et de réduire aux limites d'une représentation de plus de quatre heures. Marie Bell y jouait le grand rôle, Dona Prouhèze. Aujourd'hui, la chose est tout aussi impossible qu'incroyable; à elle seule cette représentation eut un caractère héroïque et fou. Les représentations du *Soulier de satin* scandèrent les derniers mois de l'occupation et furent maintes fois interrompues par les alertes. L'immense salle emplie d'un public fervent était évacuée dans les abris; tandis que Marie Bell, dans un somptueux costume à la Velasquez, recevait quelques amis dans la loge de Rachel où l'on sablait le champagne. Oui, il est incroyable à quel point les peuples vaincus et malheureux ont besoin de grandeur et de beauté, à quel point ils éprouvent la nécessité de se réfugier dans la forteresse étincelante de leur langage.

Quand je fus pour la première fois chez Marie Bell, elle prétexta l'absence de sa cuisinière pour m'amener au restaurant. Va pour le restaurant! « Nous allons à la Tour d'Argent! » dit-elle. Va pour la Tour d'Argent! J'ignorais jusqu'à ce nom qu'aujourd'hui on connaît jusqu'au fin fond du Texas. Nous étions au mois de juin 1943. Marie Bell était habillée avec une pointe d'extravagance qui m'enchantait. La mode défiant la pénurie était aux chapeaux énormes et compliqués, où vingt mètres de tissu se contorsionnaient en tous les sens. Marie Bell en portait un aussi haut que le bonnet à poil d'un horseguard montant la faction devant Buckingham.

Un fiacre découvert nous attend au bord du trottoir. Nous nous y installons, elle dans sa parure éclatante, moi dans mon habit blanc dominicain. Nous traversons au petit trot tout le centre de Paris, la Concorde, les quais, pour la plus grande joie des badauds, dont nous excitons la curiosité autant que le ferait un couple de souverains. Je raconte à Marie Bell des histoires imaginaires et drôles, et son rire s'accroche en guirlandes aux branches des arbres sur les bords de la rivière. Quand nous arrivons à la Tour d'Argent, tout le monde se précipite au-devant de la grande comédienne. Nous montons au restaurant où nous faisons en effet un excellent déjeuner.

La salle est pleine d'hommes d'affaires qui parlent affaires à voix basse comme des dévots dans une église. Quelques officiers supérieurs allemands, soucieux de leur réputation de bonne éducation, guindés et empesés. Il y a nous deux, un peu en retrait. A l'époque, j'étais capable de raconter pendant des heures des histoires saugrenues, que j'inventais au besoin. Marie Bell était capable d'en rire pendant des heures. Nous en sommes aux crêpes flambées, quand un homme jeune, élégant, se lève à l'autre bout du restaurant, vient vers nous et se présente : « Henri de Boisrouvray. A votre avis, madame Bell, est-il possible de rassembler dans un même endroit autant de personnes si profondément ennuyeuses? Ici, on l'a fait. Mais vous, madame Bell, on vous entend rire du fond du restaurant, ça m'a donné mauvaise conscience. J'ai pris congé de mes convives, et je viens rire avec vous. Mon père, ayez l'obligeance de raconter encore une histoire. J'ai fait porter une bouteille de champagne. »

Ce déjeuner « scandaleux » fut immédiatement rapporté aux supérieurs qui m'en firent reproche. S'il n'y avait jamais eu d'autres scandales dans la sainte Eglise, elle se porterait aujourd'hui beaucoup mieux qu'elle ne se porte. Entre Marie Bell et moi, il n'y eut jamais de quoi fouetter un moinillon.

Je ne sais si Marie Bell a la médaille de la Résistance. Il est probable qu'elle s'en fiche. Avec une désinvolture qui est dans son style, elle a pourtant rendu les plus grands services. Quand il fallait cacher un aviateur allié, tombé en parachute, on l'accompagnait chez Marie Bell : elle avait près des Champs-Elysées une garçonnière qui servait de refuge. Dans les révolutions, il y a toujours des comédiennes que les révolutions et le délire collectif des hommes n'intimident pas. J'ai beaucoup pensé à Marie Bell en élaborant le personnage de Rose Ducor dans *Le Dialogue des Carmélites*.

Au hasard des événements, j'ai su la discrète fidélité de cette femme à ses amis tombés dans la détresse. Elle envoyait régulièrement de l'argent à Falconetti, l'actrice qui avait joué Jeanne d'Arc pour Carl Dreyer, qui était seule et malade au Brésil. Après la guerre, au moment où toutes les passions étaient déchaînées contre lui, elle me demanda d'aller voir Céline en prison au Danemark : c'est elle qui eût payé le voyage. J'en demandai la permission, les supérieurs s'y opposèrent. En ce temps-là la plus grande partie de ma vie s'est dépensée à m'entendre répondre *non* à ce que je pouvais proposer. Je veux bien qu'il faille savoir dire *non,* et il n'y a pas d'autorité sans cette possibilité, mais un *non* de l'autorité ne doit jamais être dicté par la timidité et la peur des fantômes. Visiter un homme abandonné, exilé, en prison, n'est-ce pas obéir au précepte évangélique qui identifie le prisonnier au Christ lui-même? On me dira que Céline n'avait pas volé ce qui lui arrivait mais, dans l'Evangile, le Christ ne fait pas la distinction entre celui qui a mérité la prison et celui qui ne l'a pas méritée. Il dit : « J'étais en prison et vous m'avez visité. » Où, dans cette affaire, fut l'esprit de l'Evangile, du côté du supérieur dominicain, ou du côté de la comédienne? Il y en aura des surprises au Jugement dernier!

Dans une époque de grand trouble, quand la violence fait perdre la tête aussi bien aux victimes qu'aux bourreaux, si on veut savoir ce qu'est le non-conformisme, c'est du côté des femmes qu'il faut chercher. A cause de la transcendance de leur vocation, les prêtres aussi devraient être les champions du non-conformisme. Marie Bell m'était une perpétuelle illustration de l'imagination du cœur qui est un autre nom de l'espérance et qui comme elle soulève les montagnes. Tout cela elle l'exprimait dans un axiome absurde, qu'elle prononçait de manière péremptoire, en éclatant de rire : « Et puis, mon cher, il faut ce qu'il faut, mais il faut de l'ordre! »

Tout m'émouvait chez elle : sa voix, son geste, son insolence, sa chevelure aux reflets sombres, ses yeux gais, sa conscience professionnelle. Je l'ai vue, malade à crever et tremblante de fièvre, partir pour l'une ou l'autre de ces représentations épuisantes du *Soulier de satin*. Quand elle entrait en scène, elle avait ravalé sa fièvre, comme elle ravalait les années.

Je crois que je fus pour elle plus qu'un ami. Elle me le disait sans détours : « Vous avez décidé de ne pas avoir de maîtresse, c'est votre affaire, et tant pis pour moi! Tant pis aussi pour vous d'ailleurs! Le jour où vous changerez d'avis, souvenez-vous que j'ai pris un ticket de priorité, comme pour l'autobus! » Et elle riait. De mon côté j'étais jaloux d'elle et le manifestais par des foucades. J'en étais donc amoureux. Finalement je me suis mal conduit envers elle. Je n'ai eu le courage ni de rompre ni d'être tout à fait son amant. Elle m'a sûrement pris pour un imbécile.

Il y a maintenant près de trente ans que je n'ai pas revu Marie Bell. Pour elle comme pour moi, l'avenir est maintenant la vie éternelle, j'aurai grande joie de la retrouver en paradis.

Tous ceux qui en France aimaient notre langue se firent les archéologues de notre culture. Dès 1940, Ida Bourdet m'avait mené voir Gide à Nice. Je ne le connaissais pas et sa littérature m'avait toujours assommé. Il était en train de relire Tacite et nous cita quelques formules qui définissaient bien notre situation nationale. Plus tard, Camus me disait : « C'est pour Racine aussi que nous résistons à l'envahisseur. C'est pour Racine aussi que nos camarades font dérailler les trains militaires allemands! » Je lui répondais : « Ce n'est pas seulement pour Racine que nous résistons, c'est par Racine! » *Alexandre le Grand,* cette pièce de jeunesse, est une tragédie qui tourne entièrement autour des thèmes de la résistance, de la trahison et de la collaboration. Axiane est, dans notre théâtre, une héroïne de la résistance :

..... Il faut, s'il est vrai que l'on m'aime,
Aimer la gloire autant que je l'aime moi-même,
Ne m'expliquer ses vœux que par mille beaux faits,
Et haïr Alexandre autant que je le hais;
Il faut marcher sans crainte au milieu des alarmes;
Il faut combattre, vaincre ou périr sous les armes.
. . . .
venge nos libertés qui respirent encore!

Oui, Racine, Corneille, Pascal, Voltaire, aussi bien que Chateaubriand, Michelet, Hugo, alimentaient la résistance et lui donnaient un sens. Même ce que nous avions appris sur les bancs de l'école résonnait d'une vibration nouvelle. Nous rougissions devant Corneille. Personnellement je relisais Péguy mais aussi *Les Châtiments* de Victor Hugo. J'avais trouvé dans Montesquieu, au sujet des Romains, une notation qui me paraissait mettre en lumière le caractère illusoire de l'armistice : « Quand ils avaient plusieurs ennemis sur les bras, ils accordaient une trêve au plus faible, qui se croyait heureux de l'obtenir, comptant pour beaucoup d'avoir différé sa ruine. » Toute la tradition littéraire française me semblait faite pour nous aider de manière décisive à reprendre nos esprits et à reprendre cœur, dans le cruel désarroi où nous nous sommes trouvés d'abord.

Tout à coup la France se mit à murmurer d'admirables poèmes, que nous découvrions avec autant d'émerveillement que les denrées les plus vitales et les plus précieuses : Eluard, Aragon, Supervielle.

De Gaulle, devenu enfin le chef incontesté de toutes les résistances françaises, intérieures et extérieures, prononçait à Alger, le 30 octobre 1943, un discours qui commençait ainsi : « Lorsqu'un jour l'historien, loin du tumulte où nous sommes plongés, considérera les tragiques événements qui faillirent faire rouler la France dans l'abîme dont l'on ne revient pas, il constatera que la résistance, c'est-à-dire l'espérance nationale, s'est accrochée, sur la pente, à deux môles qui ne cédèrent point. L'un était un tronçon d'épée; l'autre la pensée française. » La pensée et le chant français, celui des poètes.

Dès 1940, Claude Bourdet avait rencontré Malraux pour le mobiliser : « Vous repasserez me voir, quand vous aurez de l'argent et des armes! » lui avait dit ce « conquérant ». De l'argent et des armes, si nous avions dû attendre d'en avoir, la résistance eût commencé bien tard, trop tard, jamais. Pour l'honneur de la France, elle commença immédiatement. Malraux n'en était pas. Nos poètes en furent.

Quand, avec la libération, vint aussi le temps des récompenses, le seul écrivain français qui reçut la Croix de la Libération fut Malraux. Il en est mieux ainsi. Parmi les oiseaux, ceux qui chantent le mieux n'ont pas le plus beau plumage.

Les époques les plus sinistres ne sont jamais tout à fait ce qu'on imagine. Le temps de l'occupation, de 1940 à 1944, ne fut pas sans charmes. On marchait beaucoup à pied, on découvrait Paris. En fait, l'occupation de Paris par les voitures automobiles est aujourd'hui plus étendue et plus opprimante que ne le fut celle de l'armée et de la police allemandes. Malgré cette armée et cette police, nous avions le sentiment que Paris était à nous. Jamais autant qu'à cette époque, nous n'eûmes les loisirs de l'amitié. Nous découvrions une France profonde et savoureuse. Dans le coin de France où il s'est battu, où il a risqué sa vie, et à travers le danger qu'il courait personnellement, tout membre de la résistance a eu la révélation de ce qu'est la patrie.

En ces temps-là, heureux l'homme qui disposait d'une bibliothèque. Les soirées étaient longues, on lisait, on lisait beaucoup. On allait aussi au cinéma, en hiver autant pour se réchauffer que pour voir le film. La bicyclette était reine, la campagne offrait les attraits du paysage, mais aussi ceux du ravitaillement.

L'inconfort de la vie était extrême, universel. On avait froid, on avait faim, on n'avait pas de moyens commodes de déplacement : trains, autobus, métros étaient bondés; on faisait la queue pour tout, on vivait dans une insécurité permanente, à la merci d'une rafle ou d'une dénonciation. Tout était un problème presque insurmontable, aussi bien une paire de lacets et une boîte d'allumettes qu'une douzaine d'œufs ou une carte d'identité, alors obligatoire.

La pénurie et la multiplication des règlements, la gestion et l'administration de la misère finirent par marginaliser peu à peu tout le peuple français et, parallèlement, par rendre le gouvernement légal de plus en plus abstrait, jusqu'à réduire le Maréchal et ses ministres à l'état de fantômes qui prononçaient des paroles irréelles, dans un *no man's land* qui n'existait nulle part.

Dans l'immense malheur de la patrie humiliée et asservie, cette époque nous laisse pourtant l'arrière-goût de grandes vacances. Tout un peuple était en congé de la légalité et de la triste obéissance. Tout un peuple était à l'école buissonnière. Les voitures de la Gestapo, emmenant quelques-uns d'entre nous vers des destinations inconnues et terrifiantes, les salves d'exécution qui éclataient ici et là dans nos petits matins et dont les autorités occupantes nous faisaient part sur de petites affiches avec des noms, dont le plus souvent nous ne savions rien, sinon qu'ils étaient français, tout cela nous avertissait que nos jeux étaient jeux dangereux et pouvaient devenir sanglants. C'est pourtant bien connu, l'école buissonnière est une meilleure école de vie que tous les établissements scolaires organisés et, somme toute, sa nostalgie douce-amère reste délicieuse.

Au fond, après si longtemps, le mouvement instinctif d'envie que l'on perçoit chez tant de garçons et de filles, quand on évoque devant eux ces temps de la résistance, exprime leur déception de n'avoir jamais goûté à l'école buissonnière que nous avons vécue, nous, même si nos buissons furent couverts d'épines et d'églantines rouges.

11

Ce peuple paysan auquel on répétait ce qu'il savait depuis des millénaires, que « seule la terre ne ment pas », en était venu à n'écouter plus que des voix lointaines portées sur des ondes à travers les brouillages, et il n'attendait plus rien que du ciel, de la mer, de la nuit. Comme aux très grands moments de son histoire, la France vivait une mythologie réelle : seul, le miracle était vraisemblable, il errait dans le monde avec des visages inconnus. Il était à Londres, puis à Alger, avec un soldat qui s'appelait de Gaulle, dont le nom était tellement prédestiné qu'à lui seul il symbolisait toutes nos espérances. Dans la lointaine Russie, il s'appelait Timochenko, Joukov; dans le Pacifique, MacArthur. Les Français apprenaient enfin la géographie avec des cartes où ils plantaient de petits drapeaux tricolores sur l'Oural ou le Dniepr, sur les îles du Pacifique ou dans la Méditerranée. Ils commençaient de savoir que, sur le territoire national, des hommes combattaient dans l'ombre, changeaient de noms et de déguisements, surgissaient ici et là dans la nuit, et disparaissaient, laissant derrière eux des voies ferrées et des lignes téléphoniques coupées, des trains de munitions qui explosaient. Le destin de ces combattants anonymes et furtifs s'achevait parfois dans des chambres de torture, aussi secrètes et terribles que les pires oubliettes du Moyen Age.

Tous ceux qui, de près ou de loin, à l'extérieur ou l'intérieur, ont eu quelque responsabilité dans la résistance française, la vraie, celle d'avant le 6 juin 1944, savent qui est Yvon Morandat. S'il y eut une résistance à l'état pur, c'est bien la sienne, il fut le chevalier Bayard de la résistance, constamment sans peur et sans reproche. Pour ce qui concerne le gaullisme, je considère que Morandat est la parfaite antithèse de Malraux. Malraux fut le condottiere et le jésuite du gaullisme, il n'y vint que pour le butin, il ne devint gaulliste que tardivement, comme la victoire elle-même : il ne l'eût jamais été, au grand jamais, si à la fin de Gaulle n'avait pas gagné la partie. Mais Morandat fut gaulliste dès le premier jour : il avait fait partie du corps expéditionnaire de Norvège et se trouvait en Angleterre au moment de l'appel du 18 juin. Son réflexe fut instantané, il rejoignit la poignée d'hommes qui se groupa autour de de Gaulle et qui étaient presque tous, comme lui, des chasseurs alpins. Le 14 juillet 1940, cette minuscule troupe de soldats français défila à Londres devant de Gaulle : ils étaient si peu nombreux qu'on les fit défiler en rond plusieurs fois devant les caméras, pour donner l'illusion du nombre. Morandat avait rejoint de Gaulle pour continuer la guerre et se battre sur n'importe quel champ de bataille.

Maurice Schumann, recensant les hommes au service de la France Libre, apprit que Morandat avait milité dans le syndicalisme catholique : il alla le chercher pour le présenter à de Gaulle. L'idée de Schumann était d'utiliser Morandat pour le faire parler à la radio à l'adresse du monde ouvrier français : une mission sans danger derrière un micro, quand la moitié de la France était aux mains de l'ennemi, aucune autorité au monde, même celle du général, n'était assez puissante pour convaincre Morandat de s'en contenter.

A la réflexion, le général trouva la solution. Ayant mesuré l'inflexibilité de ce petit Savoyard, à l'intelligence avisée et paysanne, au cœur pur, il lui proposa le rôle d'agent de liaison entre la résistance intérieure et Londres. Mission dangereuse s'il en fut, à la hauteur d'une telle vaillance. La nécessité d'une telle mission s'imposait de plus en plus au fil des jours et de part et d'autre, tant pour l'unité du commandement et son information que pour l'unification de toutes les résistances françaises. Avant Jean Moulin et son précurseur pour lui ouvrir les avenues, Morandat fut le premier agent personnel de de Gaulle à être parachuté en France. Ici ou là, à l'improviste, il tombait du ciel, avec une panoplie complète de faux papiers et d'alibis, une mémoire bourrée de noms de personnes et de lieux : il avait l'apparence insignifiante du Français moyen, chez lui aussi bien dans le métro parisien, dans un bistrot de banlieue, dans une étape de routiers en pleine campagne ou à la grand'messe du dimanche dans un village perdu. Il avait toujours l'air rassurant pour tout le monde : même quand on ne l'avait jamais vu, on le croyait originaire du village voisin ou habitant du quartier d'à côté. Je n'ai jamais surpris dans son regard cette lueur fugitive que j'ai toujours vue, à un moment ou à un autre, dans les yeux de tous les chefs de la résistance intérieure, qui par delà tous les sangs-froids décelait subitement la bête traquée. Il n'intriguait personne, il n'étonnait personne, il n'inquiétait personne, il faisait partie du décor où il se trouvait, sans que personne se posât la moindre question à son sujet. Impossible d'imaginer agent plus secret, fondu dans la banalité. Sauf de Gaulle et quelques autres qui l'ont profondément aimé, tout le monde s'y trompera jusqu'au bout, ou plutôt se laissera prendre à cette apparence ordinaire qui couvrait un caractère tout à fait exceptionnel, une nature entièrement hors du commun : le commun, c'était les autres.

Plutôt petit, Morandat était un montagnard trapu et râblé. Infatigable, d'une race habituée aux longues marches sur les sentiers écartés et ardus, s'accommodant de tous les inconforts et des gîtes improvisés, il avait l'œil vif et méfiant derrière ses lunettes, et pourtant tranquille. Il avait toutes les assurances et les hardiesses du chamois. Rien ne l'intimidait mais, dans son comportement, je n'ai jamais vu d'insolence gratuite. Ce qu'il avait à faire, il le faisait de son mieux, avec une application et une précision qu'aucune circonstance ne trouvait en défaut. Lent pour donner son amitié, il ne la reprenait jamais. Je ne crois pas qu'il ait jamais été trahi : il savait à qui il se confiait.

A l'époque, il avait mon nom dans son fichier mental et cherchait à me rencontrer. C'est à Londres qu'on lui avait demandé d'entrer en contact avec moi : j'imagine, mais je ne l'ai jamais su avec certitude, que j'étais « fiché » à Londres comme sympathisant depuis mon esclandre public à Nice à la conférence d'Henri Massis en mai 1941. Morandat avait pour mission de m'amener à Londres pour y parler à la radio; j'étais attendu, tout serait facile, je m'envolerais par une nuit sans lune. Il rencontra chez moi les mêmes résistances que Schumann avait trouvées chez lui. Je ne voulus pas partir, je ne consentais pas à échanger la vie que je menais pour une autre sans périls. Mais ma raison profonde était ailleurs. Fils d'Autrichien, je me dis que je manquerais d'autorité pour, à partir de Londres, parler de la patrie si j'en quittais le territoire occupé. Cent pour cent français, je n'aurais peut-être pas eu les mêmes réticences.

Chaque fois que Morandat paraissait, je pensais à ces mots de Rimbaud, qu'il m'arrive de répéter, tant ils sont chargés d'espoir dans notre monde obscur : « Ce Monsieur ne sait pas ce qu'il fait, il est un Ange. » Tout à coup, aussi simplement qu'un enfant passe du sommeil au jeu, Morandat paraissait à Paris : il était là, modeste, discret, chaleureux, rassurant, aussi dépourvu de romantisme qu'on peut l'être, preuve aussi que l'univers au loin existait et que d'autres se battaient aussi avec nous dans la même bataille. Morandat personnifie pour moi la résistance intérieure et extérieure aussi pleinement que, dans l'autre guerre, Guynemer a personnifié l'aviation de chasse. La guerre de résistance, notre guerre, fut une guerre sans falbalas, le secret lui était aussi consubstantiel qu'à d'autres guerres le panache. Nous savions Morandat ardemment recherché par toutes les polices allemandes. Tout à coup, il disparaissait sans crier gare, il était allé rendre compte à Londres, enlevé par un petit avion sur une piste de fortune.

Comme Darnand, à qui il m'a fait souvent penser, Morandat

n'avait pas d'instruction et n'avait pas dépassé le certificat d'études. Il était sûrement plus intelligent et son sens moral était plus aiguisé. Comme Darnand, il était fils de la paysannerie savoyarde. Comme Darnand, il était le dévouement et la fidélité mêmes. L'un est devenu compagnon de la Libération, ministre de la Ve République, ses obsèques furent entourées d'honneurs; l'autre aussi fut ministre d'un maréchal de France, et il est mort fusillé pour haute trahison. Pour moi, la guerre, dans ce qu'elle eut d'augural et de fatal, ma guerre, fut marquée et s'est déroulée entre ces deux bornes milliaires qui ouvrent et ferment les deux mille jours de cette période cruelle de ma vie. Ils sont de part et d'autre comme les deux dragons énigmatiques, ailés, figés dans la pierre, qui gardent la porte étroite des mystérieux palais assyriens. Au soir de ma vie, où la mémoire me ramène de force vers ce repaire de reptiles et de scorpions que fut le temps de cette guerre, je les retrouve à la porte, immobiles et muets, maintenant tous deux saisis par la mort.

Pour ceux qui n'ont pas vécu cette époque ou qui n'ont aucune expérience d'une clandestinité contestataire, l'état d'alarme permanente et de mobilisation sans relâche où nous avons vécu reste à peu près incompréhensible. Un jour que j'étais dans mon couvent de Saint-Maximin, j'attendais la visite d'un délégué du C.N.E.R. (Comité national des écrivains de la résistance). Il s'agissait de Guignebert, que je n'avais jamais vu. Le matin, on m'avait donné un coup de téléphone de Marseille, me disant qu'on serait le soir même à Saint-Maximin par le dernier car : on aurait tel journal à la main. D'ailleurs, dans un si petit pays, l'étranger est facile à identifier : quand le car s'est vidé, il est celui qui reste pour compte et qui ne sait pas où aller.

J'étais lié avec un gendarme de Saint-Maximin qui s'était pris de dévouement pour moi, il s'appelait Bergamasco. En fin de matinée, il vient me porter un étrange avertissement :

« Partez! me dit-il, partez à pied comme à la promenade et sans éveiller l'attention. Nous venons de recevoir l'ordre de vous surveiller, de vous retenir au besoin, en tous les cas de ne pas vous laisser partir. Habituellement ce genre de précautions prélude à une arrestation par la Gestapo. Partez! Partez tout de suite et n'importe où, mais partez! » Je fus plongé dans la perplexité. Guignebert n'avait-il pas été arrêté? Un agent de la Gestapo, empruntant tous les signes convenus, n'allait-il pas prendre sa place pour s'insinuer dans ma confiance? Que faire? Il fallait peser le pour et le contre de tout. L'avertissement de Bergamasco ne donnait pas une certitude, il n'évoquait qu'une probabilité. L'arrestation de Guignebert n'était qu'une hypothèse issue des fièvres de mon imagination et de ma peur. Si celui qui arriverait ce soir était vraiment Guignebert et non un autre, et qu'il ne me trouve pas là, il serait vraiment trop déçu, il ne saurait que faire : je n'avais pas le droit de le laisser tomber sur de seules éventualités. Je ne partis pas. Tels étaient les cas de conscience qui se posaient constamment à nous et mettaient notre sangfroid à l'épreuve.

A l'arrivée du car, il faisait déjà nuit. Je n'eus pas de peine à reconnaître mon hôte, mais était-ce celui que j'attendais? Je l'emmenai au couvent pour prendre une collation et occuper une cellule pour la nuit. Je garde de Guignebert le souvenir d'un grand type aux yeux clairs, au visage loyal : je l'examinais et me disais qu'il ne serait pas autre s'il était un agent de la Gestapo et non pas Guignebert. Je pris un parti qui ne pouvait pas le froisser et qui me fixerait sur sa véritable identité. Au cours de ce premier entretien, pendant qu'il dévorait la tambouille conventuelle, je mis la conversation sur la littérature, le surréalisme en particulier. Je me disais qu'un agent de la Gestapo, à moins d'être un super-as spécialiste de notre culture, perdrait vite pied en ce domaine. L'expérience fut vite concluante. Je commençais un poème, Guignebert le continuait. J'en vins à parler de son père, le professeur Guignebert, auteur de livres corrosifs contre la conception catholique des origines chrétiennes. J'observai qu'il avait fallu les bouleversements de cette guerre pour que nous nous trouvions tous les deux face à face dans cette petite salle à manger monacale. Cette fois-ci les réactions de mon interlocuteur furent si nettes, si immédiates, si personnelles, que mon doute fut entièrement dissipé. Je lui en fis part et nous en rîmes ensemble. J'avais bien fait de ne pas partir, mais j'avais eu chaud.

Dans la résistance intérieure, chacun était dans la situation d'un évadé. Il se sentait recherché, poursuivi, sa vie était une traque ininterrompue. Nous nous savions environnés de pièges. A tout instant, l'un ou l'autre pouvait se refermer sur nous. Chacun savait ce que signifiait le piège qui se referme sur sa proie : l'arrestation, les interrogatoires, peut-être la torture, la mort lente ou violente. Nous n'étions compréhensibles qu'à nous-mêmes. Dans l'immense conflit mondial, notre guerre a eu une coloration tout à fait singulière. Sauf parmi les agents secrets, comment un Américain, un Anglais nous eussent-ils compris? Comment un Français Libre nous eût-il compris? Comment de Gaulle lui même nous eût-il compris? Ils ne le pouvaient pas. Quand un prisonnier de guerre s'évade, il reste protégé par les lois de la guerre; nous n'avions pas ce bouclier. Mesrine en cavale ne court pas les risques que nous courions : un « quartier de haute surveillance » n'est pas un camp de concentration.

Nous ne fûmes pas compris, c'est vrai? Qu'importe! Ce que nous avons fait, l'avons-nous fait pour être compris? Nous l'avons fait parce que nous devions le faire. La récompense vint pour les survivants avec la libération du territoire. D'autres sont morts sans avoir vu cette libération. Nous, les vivants, avons eu de la chance, c'est tout.

Le 6 juin 1944, « le jour le plus long », a été raconté dans tous ses détails et nous en connaissons même l'envers du décor. J'étais à Saint-Maximin. Je crois bien que c'est mon gendarme, Bergamasco, qui, vers 7 heures du matin, après ma messe, vint au couvent pour m'annoncer le débarquement en Normandie. La France entière fut parcourue d'un long frémissement silencieux. Le premier coup venait de sonner du midi de sa libération.

Quand on ne me connaît que de l'extérieur, on me prend pour un impulsif. Pourtant, dans les circonstances graves, je suis lent à me décider mais je ne reviens pas en arrière. Je fis réflexion que la plupart des amis que j'avais dans la résistance se trouvaient à Paris, que mon devoir était d'être auprès d'eux en ces heures décisives, qu'en outre nul ne pouvait prévoir ce qui se passerait dans la capitale, quel sort lui serait fait, une prompte libération ou un long siège cruel. A ce moment, il me semblait inconcevable que les Allemands abandonnent Paris sans combat. De toutes manières, ma place à moi était à Paris. J'allai voir le Prieur du couvent qui me tint à peu près le langage que m'avait tenu une fois Bergamasco : « Partez! Partez donc au plus vite! Vous êtes un danger pour nous tous! Moi, je suis responsable de la communauté. Allez où vous voudrez, mais partez, et le plus loin possible » Je fus enchanté, et partis pour Paris sans demander mon reste.

Je sus depuis que, le lendemain de mon départ, le commandant Jacques Weygand vint pour me voir à Saint-Maximin : il venait me demander la filière pour entrer dans un maquis. Trop tard! Il était le fils du général, il avait une quarantaine d'années et je l'avais connu dans l'entourage de la princesse Ghika à Cannes. En conversation, nous nous étions heurtés assez vivement car il était maladivement anti-gaulliste et affichait le plus profond mépris pour les maquis. C'était en 1943 : « Je vous offre, lui dis-je, de prendre le commandement d'un de ces maquis. Il y aura du moins un maquis, le vôtre, commandé par quelqu'un qui n'est pas un bandit! » Il refusa avec indignation. Mais la raison qu'il me donna me laisse encore stupéfait : « Je ne veux pas, dit-il, compromettre la carrière de mon père! » Le général avait alors soixante-seize ans, il était de plus prisonnier en Allemagne, le moins qu'on pût dire est qu'il avait déjà sa « carrière » derrière lui.

Après le débarquement allié sur la Côte d'Azur, le commandant Weygand en fut réduit à servir d'agent de liaison à l'armée américaine : liaison on ne sait avec qui, car le commandement français refusa de le recevoir.

Toutes les voies de communication en France étaient bombardées par l'aviation alliée ou attaquées par le maquis : la désorganisation était à son comble. Le train mit trois jours pour aller de Marseille à Paris, par les itinéraires les plus imprévus. Je partageais mon wagon-lit avec un inconnu qui n'osait pas me parler. Il mourait de peur. Le matin, des peaux sèches lui tombaient de tout le corps et la moquette était couverte de squames. Cependant il me confia une enveloppe fermée, à faire parvenir à sa femme, au cas où il n'arriverait pas jusqu'à Paris. A la ligne de démarcation, où les contrôles allemands subsistaient, les Allemands examinèrent longtemps ses papiers et finirent par l'emmener. Je ne l'ai plus revu.

Par toute la France, on sentait une bête tapie dans l'ombre, prête à fondre sur n'importe qui, n'importe quand, n'importe où, comme un animal de proie dans la jungle, c'était le maquis dont le nom commençait de rayonner de pouvoirs magiques. Peut-être que le mot qui caractérise le mieux notre résistance intérieure est-il qu'elle a été un combat artisanal contre l'énorme machinerie industrielle de l'occupation allemande. D'où le rayonnement qu'elle eut sur les esprits, cette tournure qu'elle avait prise d'un combat du petit David, la fronde à la main, contre le géant Goliath, encombré dans son armure et ses puissants instruments de guerre. Les grandes armées anglo-saxonnes, c'était encore Goliath, un Goliath plus gigantesque encore : à Goliath, Goliath et demi! Nous, nous étions David; notre force et notre efficacité provenaient de notre disproportion dérisoire avec le géant, de notre rapidité de mouvement, de notre ubiquité, de notre vagabondage insaisissable. Nous coulions comme un sable fin entre les doigts du géant qui ne retenait de nous que des poussières. Après avoir conquis le continent européen jusqu'aux confins de l'Asie et presque tout le littoral méditerranéen, l'armée allemande se trouvait comme un Gulliver endormi, lié à terre par la multitude de ses cheveux.

Affamé, assoiffé, exténué par le long voyage, j'arrivai à Paris. Mon cœur battait en retrouvant la Ville. De loin, on se fait toujours une idée de Paris et, quand on le retrouve, il est toujours différent de ce qu'on imaginait. Je fus stupéfié par son calme. Paris ne bougeait pas et, selon toutes les apparences n'en avait aucune envie. Paris ne pensait qu'à la bouffe de plus en plus difficile, aux transports, au travail quotidien, à une survie de plus en plus médiocre. Les cinémas étaient pleins. Paris prenait un air de vacances et d'absence : ce qu'on appelle « les beaux quartiers », le 8ᵉ, le 16ᵉ, Neuilly, étaient vides, comme au mois de juillet 1940. Mais Paris n'est jamais mieux lui-même que lorsque ses beaux quartiers sont vides, comme si les résidents de ces quartiers n'étaient à l'immense ville qu'une marge flottante de gitans dorés qui s'égaillent dès que le danger approche. Ne reste à Paris que son tuf ancien et populaire. Marie Bell était là : du sommet de ses balcons, elle dominait des Champs-Elysées déserts. Un après-midi, je descendais l'avenue tout seul à bicyclette et regardai en l'air : elle me héla au passage, m'envoya des baisers de la main et j'entendis derrière moi son rire retentir dans cette solitude de pierres.

J'avais retrouvé Morandat. Nous errions tous deux, d'appartements en appartements. J'admirais ses précautions, sa précision de furet dans un taillis. J'avais quelque peine à retrouver les passages d'accès à ses tanières toujours provisoires. Les immeubles qu'il habitait avaient deux ou trois entrées, et il ne sortait jamais par où il était entré. Le mobilier était sommaire. Nous couchions par terre sur des matelas. Comme les ascenseurs ne marchaient pas, nous transportions nos bicyclettes sur l'épaule jusque dans nos refuges et ne nous en séparions jamais. Malgré cela, on m'en a volé trois en un mois, que Morandat remplaçait immédiatement, sans que je sache comment. Il semblait disposer de pouvoirs occultes indéfinis. Un jour, il me demanda de camoufler un paquet de chèques fabuleux : c'était le trésor de guerre de la résistance. Mon ami Parlier les dispersa dans le Voltaire de sa bibliothèque, à des pages convenues.

Quand je m'éveillais, le matin, Morandat était habituellement parti vers des rendez-vous dont il ne disait jamais rien. Je savais seulement que la résistance avait constitué un gouvernement clandestin qui saisissait un à un tous les fils du destin français et qui doublait le gouvernement d'Alger. Dans ce gouvernement clandestin, Morandat occupait la place d'Emmanuel d'Astier de la Vigerie, celle du ministre de l'Intérieur. Ce gouvernement clandestin était le contraire d'un gouvernement fantôme et abstrait, c'est lui qui fit abattre Philippe Henriot. C'était le gouvernement de Vichy qui de jour en jour devenait plus fantomatique.

Ces deux gouvernements se superposaient et parfois se rencontraient comme en rêve. A ce moment-là, nous nous étions séparés, Morandat et moi, et j'habitais rue Washington, dans un appartement pour moi somptueux, abandonné par son propriétaire, dont la femme, l'une des plus belles de Paris, habitait l'appartement en duplex au-dessous du mien. Ce fut pour moi la période la plus confortable de la résistance, bien que nous n'eussions plus que de l'eau froide et que les heures d'électricité se fissent de plus en plus rares. Mais l'été était beau, chaud, comme les grands étés de guerre. François Hugo, le demi-frère de Jean, habitait tout près, presque à l'angle de la rue du Faubourg-Saint-Honoré et du carrefour Haussmann, sous les toits.

Pétain a été enlevé par les Allemands et emmené en Allemagne. Son gouvernement fantôme a décidé de le suivre. Un jour, François Hugo reçoit la visite de Paul Marion, ministre de l'Information à Vichy, venu lui faire ses adieux. Je fais part à Morandat de cette visite et nous nous demandons si, de la part de Marion, elle n'a pas la signification d'un ultime désir de changer de camp. Au moment décisif de la longue bataille, un déserteur bien placé peut avoir son utilité.

Morandat en réfère à Parodi, délégué du général de Gaulle, poste créé et occupé jadis par Jean Moulin. Il est décidé qu'on tendra la perche à Marion. Tout à son honneur, il refuse cette perche : « Je ne quitte pas le bateau au moment où il coule! » et il part pour Sigmaringen pour suivre le destin de ce gouvernement dont Céline a raconté l'étrange protocole dans *D'un château l'autre*.

Proust donne de la mémoire un sentiment continu dont le tissu serait sans couture. A chacun sa mémoire. La mienne est discontinue, habit d'Arlequin dont manqueraient la plupart des pièces. Je dois me résigner à ce que des pans entiers de ma vie soient engloutis : n'en surnage qu'un archipel d'îles flottantes. François Hugo est l'être le plus fantaisiste que j'aie jamais rencontré, faisant d'ailleurs de la beauté avec tout ce qu'il touche. Il avait toujours en train un projet mirobolant qui devait l'enrichir infailliblement. Ce jour-là, il donnait un cocktail de haute couture, et je ne pense pas qu'il y ait eu à ce moment dans Paris quelqu'un capable de rivaliser avec lui pour réunir autant de talents, de beautés et d'élégances. C'est là que je fis la connaissance de Christian Dior et de Marcel Herrand qui ne connaissaient pas encore les feux de la gloire.

Le souvenir que je garde de cette réunion est étrange. A part le maître de maison et moi-même, tous les hommes sont pédérastes, groupés autour de deux éphèbes, d'ailleurs fort beaux et très conscients d'être les tyrans des désirs. Le maître de maison est forcément très occupé par les menus événements de sa réception qu'il veut parfaite. Alors je suis le seul à m'occuper d'un troupeau de jeunes femmes (actrices, mannequins, journalistes de mode) maquillées, parfumées, créatrices d'illusion, qui sont là parce que le goût du jour ou leur métier leur impose d'être là et qui, comme les fleurs, semblent n'avoir d'autre destin que d'être belles, de sentir bon, l'espace d'une journée ensoleillée. Je me dis qu'une société, où les femmes ne sont plus courtisées par les hommes, mérite de crever. Personne ne se battra jamais pour Sodome et Gomorrhe, et ce n'est sûrement pas pour sauver une telle société que la résistance a reçu dans l'ombre tant de coups atroces. Je vis le même contraste qu'à Venise, au temps de sa gloire, quand des fêtes se donnaient à deux pas des cachots humides et du « pont des soupirs ».

Morandat veut me présenter à Parodi. La rencontre a lieu au cours d'un dîner, avec divers membres du gouvernement clandestin, dans un bistrot sûr, au boulevard du Port-Royal. Il y a une arrière-salle où nous nous tenons, avec une sortie par la rue de derrière. Dans une troisième salle, les secrétaires captent la radio de Londres et décryptent les messages : de temps en temps l'une ou l'autre paraît pour remettre un billet à Parodi. La République en vagabondage est plus belle qu'elle ne le fut jamais, installée dans ses palais. Avec Parodi il y a sa sœur Jacqueline, Robert Lacoste, qui me fait très grande impression, Paul Bastid qui fut député du Cantal. D'autres. Enfin, en retard, arrive Morandat, tout essoufflé : il explique brièvement qu'une de ses secrétaires a disparu, qu'il a peur qu'elle n'ait été arrêtée; alors, par prudence, il a relevé toutes les boîtes aux lettres dont elle avait connaissance et c'est pour cela qu'il est en retard; des pieds à la tête, sous ses vêtements, il est tapissé de papiers et de messages. Enfin le voici, les traits tirés, habillé vaille que vaille, un peu gonflé par son chargement clandestin, avec son regard attentif derrière les verres et en même temps comme retourné à l'intérieur de lui-même. Il s'attable et se met à dévorer. J'éprouve une affection sans bornes pour cet homme tranquille.

Avant le couvre-feu, nous nous débandons. La nuit est chaude, sans réverbères et sans lune, il fait aussi noir que dans un four. Morandat et moi, enfourchons nos vélos et dévalons côte à côte le boulevard de Montparnasse, en route pour Neuilly où nous avons un logement aussi provisoire que tous les autres. Nous allons vite et n'échangeons pas une parole. Nos lumières de vélos sont elles-mêmes camouflées, nous devons avoir l'air de deux vers luisants qui glissent rapidement dans un Paris endormi et silencieux. Claude Bernanos me raconta un jour que, galopant à la nuit tombante sous les grands eucalyptus brésiliens, un python qui pendait d'un arbre l'enlaça, la ceintura et la désarçonna le temps d'un éclair. C'est exactement à quoi ressemble le guet-apens dans lequel nous tombons. En toute surprise, je suis happé de mon vélo et soulevé par une force infaillible. Une poigne me maintient les avant-bras derrière le dos, des mains me tâtent sur tout le corps. A la lueur des lampes de poche, je perçois le miroitement métallique des lourds colliers de la gendarmerie allemande. Ce n'est donc pas la Gestapo et nous avons encore une chance d'en sortir. Si seulement Morandat n'avait pas sur lui tous ces terribles documents, une grande partie des secrets de la résistance. Un attentat vient d'être commis dans le quartier où un officier allemand a été tué : la gendarmerie recherche toute personne porteuse d'un revolver.

L'étrangeté de mon habit dominicain déroute les sbires. Ils sentent dans mes poches des objets longs et durs qu'ils prennent pour des armes. Ce sont mes pipes. On m'entraîne sous le porche d'une porte, tout près du métro Duroc, et là on me déshabille entièrement pour fouiller minutieusement mes vêtements. Cela dure bien vingt minutes. Je sais que je ne risque rien et ne pense qu'à Morandat qu'on tâte de bas en haut. Il n'a que des papiers, il n'intéresse absolument pas les gendarmes. « Vous poufez fous en aller! » lui dit-on. Et lui, avec un sang-froid qui m'accable : « Le Père est mon ami, nous sommes ensemble. Je l'attendrai! » Moi qui sais ce qu'il risque, je l'enverrais à tous les diables. Enfin la fouille est terminée, on me commande de me rhabiller et on nous renvoie tous les deux. Nous continuons notre route en silence. Parvenus sur l'esplanade des Invalides, noire et déserte, d'un commun mouvement nous nous arrêtons pour nous asseoir sur le bord du trottoir et chacun de son côté se met à sangloter. Nous avons bien failli ne pas la voir, la libération de Paris.

Bien plus tard, évoquant ce souvenir, je dis à Morandat :

— Dans la situation où tu étais, quand on t'a dit de partir, il fallait que tu partes et que tu me laisses!

— Penses-tu? me répondit-il. J'avais cru discerner plus loin un second barrage. J'ai pensé qu'un départ trop hâtif éveillerait les soupçons. Crois-moi, il valait mieux pour moi rester et t'attendre!

Cet homme qui était la vaillance même était tout aussi pudique : je ne suis pas tout à fait sûr qu'il m'ait dit là la vérité.

Pour ce qui concerne la libération de Paris, je noterai seulement ce qui m'est arrivé à moi, et qui exprime particulièrement l'incohérence de ces journées où nous sommes passés de la servitude à la liberté. Tous les poèmes de la Bible qui se rapportent à la sortie d'Egypte, au passage à pied sec de la mer Rouge par le peuple élu, à l'engloutissement de l'armée de Pharaon dans les flots qui se referment sur elle, me reviennent à la mémoire quand je pense à cette brève époque de ma vie. Après une longue et épouvantable servitude, la délivrance a toujours un air de miracle. On ne mérite jamais la liberté, c'est toujours un don du ciel.

Après un piétinement qui nous parut éternel, la guerre avait chaussé ses bottes de sept lieues. Patton et ses chars avait percé le front à Avranches; au rythme de la guerre-éclair, la Bretagne était délivrée et les chars américains avançaient entre Seine et Loire. De Paris à la mer, tous les ponts avaient sauté. Dans Paris, nous assistions au repli précipité de l'armée allemande qui venait jusque-là pour traverser la Seine et se regrouper dans l'est. Ce n'était pas encore la déroute mais c'était la retraite, dont chacun sentait bien qu'elle préludait à la plus grande défaite militaire de l'histoire.

Un matin, je reçois un coup de téléphone d'une jeune femme que je connais bien, une fille énergique, gaie, qui porte un vieux nom de France. Elle veut me voir, c'est urgent. Elle m'explique sa petite affaire, comme elle déballerait un fromage un peu avancé. Pendant l'occupation, elle a connu un officier allemand qui occupe un poste important dans l'état-major de la Luftwaffe. Son service a reçu l'ordre de quitter Paris. Lui a décidé de rester. Actuellement il se cache :

— Chez vous?

— Non! chez une autre femme... Il est ce qu'il est, mais j'ai promis de l'aider. Il a décidé de se rendre...

— Il déserte?

— Si vous voulez, oui, il déserte... (moue de dégoût). Je n'aurais jamais cru cela de lui... Il a peur des Français et ne veut pas se rendre aux FFI qui lui paraissent peu maîtres de leurs nerfs. Il voudrait se rendre, mais à vous personnellement. Vous êtes prêtre, il a confiance. Mais vous devez lui donner votre parole que vous ne le livrerez qu'aux Anglais ou aux Américains. Il a gardé avec lui des documents importants...

— En somme, il trahit son pays...?

— Oui, je suppose que c'est cela, trahir... Mais j'ai promis de l'aider. (Nouvelle moue de dégoût extrême.)

Entendu! qu'ils viennent tous deux demain après-midi, seize heures, chez François Hugo. Le lendemain à seize heures exactement, coup de sonnette chez François Hugo qui va ouvrir. Ils sont là. Lui, en civil, grand type, bel homme, distingué, blond, parle un français impeccable : « Je voudrais voir le Père Bruckberger! »

FRANÇOIS HUGO. — Le Père Bruckberger? Il est ici. Mais il est aumônier de la résistance. Il est officier français, vous êtes officier allemand. Nos deux pays sont en guerre, je pense que vous ne l'ignorez pas...

LUI. — J'ai rendez-vous avec le Père Bruckberger!

FR. HUGO. — Venez-vous ici pour vous rendre?

LUI. — Je viens pour voir le Père Bruckberger.

FR. HUGO. — Vous le verrez si vous vous rendez.

LUI. — Soit! Je me rends!

FR. HUGO. — Avez-vous une arme?

LUI. — Oui.

FR. HUGO. — Donnez-la moi! (L'autre sort de sous son veston un revolver que François Hugo empoche.) Mais dites-moi, vous êtes officier, vous avez sûrement une voiture?

Lui. — Elle est en bas, garée le long du trottoir. C'est une Simca.

Fr. Hugo. — Donnez-moi les clefs et les papiers. Prise de guerre! (Ce fut ma première voiture.) Entrez et suivez-moi, je vous prie.

La jeune femme s'en va. Je suis sûr que ces deux-là ne se reverront jamais plus. Reste à régler un problème pratique de taille, la détention du prisonnier dans un Paris encore occupé par les Allemands. J'ai donné ma parole de ne pas le livrer à des Français. François Hugo vient loger rue Washington et abandonne son appartement personnel au prisonnier qui a bien trop peur pour s'évader. Où irait-il?

Gaby, dix-huit ans, gentil mais un peu tout-fou et tête en l'air, est au service de François Hugo. Il est impossible de lui dire que le nouveau venu est allemand. Gaby a un compte de famille à régler avec les Allemands et il est tout à fait capable d'appeler les FFI pour régler ce compte avec celui-là. Nous décidons donc de dire à Gaby qu'il s'agit d'un officier anglais parachuté. D'ailleurs mon prisonnier parle l'anglais aussi bien que le français : François Hugo et lui ne se parlent que dans la langue de Churchill. Gaby est enchanté. Sa réaction à notre supercherie est à la fois inattendue et coûteuse : pénétré de l'importance de son hôte, il ne sait que faire pour lui être agréable, il est pour lui aux petits soins. D'habitude un peu négligé, mon Gaby se met en veste blanche et gants blancs pour le service; en un temps de pénurie extrême, il se met en quatre pour que le prisonnier mange ce qu'il y a de mieux et il lui sert à discrétion le champagne de François Hugo, à qui il tarde que les Américains arrivent.

Tout à coup Paris s'ébranle. Le 19 août, la police parisienne se met en grève et arbore le drapeau tricolore sur sa préfecture. Nous autres Français sommes si négligents de nos emblèmes que nous ne pouvons imaginer aujourd'hui quel coup profond au cœur fut pour tous l'apparition du drapeau tricolore dans le ciel de Paris. L'Hôtel de Ville suit le mouvement. Instantanément, l'insurrection se propage au quartier des Halles, au Marais, à tout le centre de Paris sur les deux rives et aux portes de Paris, au nord, à l'est et au sud. L'expression de cette contestation populaire est que les drapeaux français paraissent partout : jamais nul n'aurait cru que se gardait ou se fabriquait en cachette tant de bleu, tant de blanc, tant de rouge. Jamais nous n'aurions imaginé les FFI si nombreux qui arborent un brassard, tricolore lui aussi. Le gouvernement clandestin lui-même est surpris, mais quoi, depuis le début, nous savions bien que notre refus était celui de la France qui enfin se retrouve elle-même. Le gouvernement clandestin se met aussitôt à la tâche d'assurer la coordination de commandement et l'intendance de l'insurrection. Ce n'est pas chose facile, surtout l'intendance : on manque de tout, en premier lieu d'armes, de munitions, de vivres. On improvise magasins, parcs-autos, infirmeries de secours, cantines. Les hôpitaux regorgent de blessés.

Les journées sont si chaudes que les rues semblent bourdonner de soleil. Ce soir-là, le second de l'insurrection, je rentre tard pour dormir rue Washington. De l'Hôtel de Ville où j'ai passé la journée, au lieu d'emprunter la rue de Rivoli où patrouillent les chars allemands, je traverse le quartier des Halles, tout entier aux mains des insurgés. Je roule tranquillement à bicyclette, humant les odeurs de la nuit. Je vois s'avancer une lumière : c'est une lampe-torche dans la main d'un homme qui précède un étrange cortège. En effet derrière l'homme, à la carrure immense, quatre hommes portent un cercueil sur une civière. Ils sont suivis par une femme toute seule, vêtue de noir. Je descends de vélo et emboîte le pas à l'homme à la torche : « C'est un ami à moi, me dit-il. Il est mort il y a déjà trois jours. Toutes les entreprises des pompes funèbres sont en grève, on ne sait plus comment enterrer les gens et celui-ci commence de puer. Alors on le porte aux frigorifiques des Halles. » Nous entrons dans les ascenseurs : je dis une prière et bénis le cercueil avant qu'il ne descende dans le ventre glacial de Paris.

J'arrive au carrefour Haussmann et mon regard est attiré par une lueur immense et bleue comme si un soleil couchant éclairait l'Arc de Triomphe : c'est un char allemand qui brûle silencieusement à deux pas du Soldat Inconnu. Le génie de nos anciennes victoires surgit de son sommeil.

Le lendemain matin, je raconte au nouveau préfet de Paris l'anecdote des funérailles dans les frigorifiques des Halles. Il est évident que, quelle que soit la situation militaire ou politique, dans une grande ville comme Paris, les gens continuent de mourir, il en meurt même un peu plus que d'habitude. « Ecoutez, me dit-il, je vous donne tous pouvoirs. Ce n'est pas agréable, mais c'est une chose nécessaire et qui ne peut attendre, Père Bruck, faites-la! Organisez-vous comme vous voudrez, comme vous pourrez, je couvrirai toutes les décisions que vous prendrez, je vous donnerai tous les moyens dont je dispose, y compris les moyens de police. Mais débarrassez-nous des morts! » L'axiome de Marie Bell me revient en mémoire : « Il faut ce qu'il faut, mais il faut de l'ordre! » et aussi ce précepte du Coran : « Il y a trois choses que tu dois faire avant le coucher du soleil : marier tes filles, payer tes dettes, enterrer tes morts. » C'est ainsi que, dans cette période pleine de fureur, je suis devenu le grand croque-mort de Paris.

Le peuple français est toujours impressionné par les atours et les attributs de l'autorité. Il me faut un bureau, un huissier, une secrétaire. En face de l'Hôtel de Ville, il y a la direction générale de la Santé publique, je prends possession du bureau du directeur. On me dit que c'est le bureau et le mobilier de Fouquier-Tinville, quand il dominait le comité de Salut Public. Je ne l'ai pas vérifié mais le bureau est très beau. Quant à l'huissier, le jeune pompier au casque de cuivre qui désormais conduit ma voiture me servira d'introducteur. Le préfet me donne une secrétaire pour le téléphone.

Dans ce moment où tout se passe à l'envers de toute logique, le téléphone n'a jamais mieux marché, nécessaire d'ailleurs aussi bien aux Allemands qu'à nous. Ma secrétaire est débrouillarde : par les commissariats de police, elle découvre les adresses privées de tous les directeurs de pompes funèbres de Paris, elle les convoque pour l'après-midi de ce jour. La réunion a lieu dans mon bureau, on fait l'appel, ils y sont tous, il n'en manque pas un. Je leur tiens un langage très simple : « Messieurs, il est évident que Paris doit être débarrassé de ses morts, c'est votre métier : faites-le! Une grève des pompes funèbres en ce moment est absolument inadmissible et nous ne la tolérerons pas un jour de plus. Votre travail reprendra demain matin, je vous en tiens tous personnellement responsables. Si demain matin le service public que vous devez assurer n'a pas repris, à midi vous serez en prison, de cela je vous donne ma parole. Et vous resterez en prison tant que le travail n'aura pas repris, et sans doute un peu au-delà! » Les fenêtres sont grandes ouvertes. Pendant que je parle, une fois de plus, les chars allemands attaquent l'Hôtel de Ville qui riposte; de temps en temps une balle perdue s'aplatit contre le mur au-dessus de nos têtes. Le vacarme de la bataille et ces cigales violentes qui font irruption dans le bureau inquiètent visiblement mes visiteurs et donnent du poids à mon propos : quand on se bat dans les rues, nul n'est en sûreté nulle part, même dans sa propre maison.

Bien entendu, je ne profère pas que des menaces, il faut aider et organiser les choses. On n'utilisera pas des corbillards, mais des camions; on collectera les morts par quartiers; il n'y aura pas de cortèges funèbres, pas de cérémonies dans les églises; je demanderai qu'un prêtre bénisse les cercueils au cimetière. Tous les morts seront enterrés au seul cimetière de Pantin où il y a toute la place. Le seul point difficile du trajet est la porte de Pantin où l'on se bat. Je donnerai des laissez-passer avec le cachet de la préfecture de Paris, on pavoisera les camions avec des drapeaux de la Croix-Rouge : « Je ne peux pas et je ne veux pas vous donner d'escorte armée, ce serait un moyen infaillible de nous faire attaquer d'un côté ou de l'autre, et peut-être des deux côtés. Mais tout le monde respecte les morts. De notre part, il n'y faut qu'un peu de courage. Demain, j'accompagnerai personnellement le premier cortège jusqu'au cimetière. Je prendrai le cortège à onze heures, boulevard Jean-Jaurès, à la hauteur du « Bœuf Couronné ». Nous traverserons les barricades et les postes allemands. Si dans la suite vous avez besoin de quoi que ce soit, téléphonez-moi, j'accourrai. Messieurs, je vous remercie infiniment de votre bonne volonté et je vous félicite de votre courage! »

Le lendemain, je suis sur le marchepied du premier camion. On se bat en effet à la porte de Pantin, un soldat allemand est tué à deux pas de moi. Je suis en habit dominicain et je brandis un drapeau à croix rouge. Le convoi passe, la partie est gagnée. Quand on a une fois traversé un barrage, on peut continuer de le traverser, surtout si c'est à heures fixes, où francs-tireurs et Allemands sont désormais habitués à le voir arriver.

Tout cela ne suffit pas. Les morgues sont pleines. Je donne l'ordre d'enterrer les morts dans les jardins publics et au besoin dans les pelouses des hôpitaux. Tout rentrera dans l'ordre plus tard, quand on aura le temps. Je veille à ce que des registres soient tenus avec soin pour que dans la suite on puisse savoir qui est qui. Au cours de ce mois d'août torride, le pire a été évité et Paris n'a jamais eu cette odeur de cadavre qui m'avait saisi à la gorge en juillet 1940 autour de la cathédrale d'Amiens.

Ce sont évidemment des funérailles expéditives et collectives. Je tiens pourtant à faire une exception pour les garçons qui se font tuer sur les barricades. Ils auront des obsèques groupées à Notre-Dame-des-Victoires. J'ai fait tendre les voûtes de tricolore et chaque matin je vais célébrer la messe et bénir les cercueils. En ces jours, l'église Notre-Dame-des-Victoires est devenue le cœur flamboyant de Paris. A ces funérailles de garçons inconnus, qui mouraient souvent sous de faux noms, il n'y avait personne. Leur sacrifice sans gloire humaine était accueilli par la seule mère de Dieu, inséré par elle dans le tissu des anciennes victoires françaises.

Paris ne fut pas Varsovie, cela nous ne pouvions pas le savoir à l'avance. Paris ne fut ni brûlé ni détruit. La bataille qui, pendant sept jours se livra à l'intérieur des murs, si elle fit pas mal de blessés et de morts, ne fit à la Ville que de légers dégâts. Suivant les choses de près, comme je le faisais par Morandat, je crois que dans la suite le général von Choltitz gonfla sa propre importance, laissant supposer qu'il avait délibérément épargné la capitale. En réalité, très vite, le commandement allemand avait perdu la possibilité de causer de graves dommages. La résistance avait déminé les ponts. La garnison allemande était principalement une troupe de territoriaux, peu soucieuse de se battre. L'avance américaine entre Seine et Loire, puis la rapidité de Leclerc fonçant d'Alençon sur Rambouillet, puis de Rambouillet sur Paris, ne laissèrent pas le temps à une contre-attaque de chars allemands de pénétrer dans la capitale. Un ami de Versailles m'appelait au téléphone : « Mon Père, écoutez bien dans l'appareil : on entend le canon! » La bataille extérieure se rapprochait de la nôtre; quand les deux se seraient rejointes, ce serait la délivrance.

Chaque matin, quand j'avais célébré la messe à Notre-Dame-des-Victoires, je passais rue Saint-Augustin où Morandat avait ouvert des bureaux. Ce matin-là, je n'y trouve ni Morandat ni Claire, sa secrétaire. On me dit qu'ils sont allés occuper le ministère de l'Intérieur. Ils ont promis de téléphoner. Les plus grandes choses ont été accomplies par des hommes qui se moquaient de la disproportion entre leurs moyens et les fins qu'ils se proposaient. Tel était Morandat, faisant ses coups à l'improviste et dans le secret. Le téléphone reste muet. Je commence à m'inquiéter et je téléphone au ministère, cabinet du ministre. Miracle! c'est la voix de Claire, mais altérée par l'inquiétude :

— Je ne peux pas vous parler longtemps...

— Où est Yvon?

— Il prend un bain dans la salle de bains du ministre!

— Claire, que se passe-t-il? Vous avez l'air inquiète...

— Les SS sont dans l'escalier.

— Voulez-vous que je vienne?

— Si vous le pouvez, oh! oui!

Je me demande encore ce que j'aurais bien pu faire si les choses avaient mal tourné. Mais, une fois de plus, il faut aller là où je ne voudrais pas aller. J'enfourche un vélo et, par la rue Saint-Honoré, me dirige vers le ministère de l'Intérieur. Arrivé à la hauteur de chez Hermès, et avec un immense soulagement, je rencontre Morandat et Claire sur leurs vélos, qui rentrent de leur expédition et me font signe de rebrousser chemin et de revenir avec eux.

La prise de possession du ministère s'est faite de la manière la plus naturelle. Morandat et Claire arrivent, déposent leurs vélos au poste de garde. Morandat : « Je suis le nouveau ministre de l'Intérieur du général de Gaulle; rassemblez la garde et présentez-moi les armes! » Obéissance instantanée des gardes mobiles. Morandat et Claire se font accompagner à l'appartement du ministre : les choses sont telles que Laval les a laissées trois semaines plus tôt; Morandat se baigne et se rase. Il vient de terminer sa toilette quand du bruit dans l'immeuble alerte Claire; elle se penche sur la cage d'escalier et aperçoit les uniformes noirs des SS allemands. Qui a bien pu les alerter? Question qui restera sans réponse, à moins qu'ils ne soient là que par hasard. En tous les cas, ils sont là.

Claire cache sous les coussins des fauteuils les revolvers dont Morandat et elle se sont munis; vu la disproportion des forces, il vaut mieux essayer de s'en tirer sans casse. Quand les SS entrent dans le bureau du ministre, Morandat fonce bille en tête et les jette proprement à la porte. Il invoque la convention d'armistice et l'inviolabilité des palais de la République. Je doute que les SS aient compris cette diatribe, mais son ton, ils le comprennent très bien et n'imaginent pas une minute que quelqu'un qui leur parle ainsi ne soit pas dans son droit. Ils se regroupent, leur chef s'excuse, salue et ils s'en vont. Morandat juge plus prudent d'attendre encore un peu pour une occupation définitive des lieux. Claire ramasse les deux revolvers, ils descendent sans hâte; le poste français leur rend encore les honneurs. Morandat rappelle sévèrement au chef de poste qu'il doit s'opposer à toute ingérence des troupes d'occupation. Le résultat positif de l'opération est que Morandat a pris un bon bain et qu'il est de très bonne humeur.

Pour ceux qui la vécurent, et même à très longue distance, la libération de Paris provoque encore cet émerveillement qu'on éprouve quand on voit sur l'écran la germination, la croissance, la formation et l'éclosion d'une fleur, filmées dans la contraction de quelques minutes, tandis qu'elles s'étendent réellement sur des mois. On eut le sentiment explosif qu'on vivait en quelques jours, en quelques heures, des événements qui mettent normalement des années à se produire. Il avait fallu que le monde entier fût en guerre, que les Russes aient contre-attaqué de l'Oural à l'Oder, que les Américains aient renversé à leur profit l'immense bataille du Pacifique, que la Méditerranée fût plus qu'à moitié reconquise, pour que Paris pût enfin être libéré. Malgré la lenteur et l'atrocité des cheminements antérieurs, il y eut dans l'événement tant de facilité et tant de bonheur, que nous éprouvâmes la joie d'un poème parfait ou ce comble d'aise d'une symphonie à son dernier mouvement qui laisse toute une assistance au bord des larmes. Tout cela au milieu de la nuit, comme dans *Nativité* peinte par Georges de La Tour.

Depuis 8 heures du soir, nous attendons dans les salons de la préfecture de Police. Il y a les membres du gouvernement clandestin : beaucoup d'amis, connus jusqu'alors sous de faux noms; quelques inconnus. Pour la première fois, je rencontre Jacques Chaban-Delmas, en uniforme, avec cet air cordial et alerte qu'il a encore. Décor et figuration semblent descendus des cintres, comme au théâtre. Je me demande si tout cela est vrai. Hitler en personne entrerait, je n'en serais pas étonné. Il dirait : « Je me suis trompé, je viens vous rendre la France. J'ai cru la prendre, je ne l'ai pas possédée : vous m'êtes insaisissables. Vous êtes libres. Maintenant laissez-moi! Je vais mourir! » Et nous le laisserions partir comme au réveil on laisse glisser loin de soi un affreux cauchemar.

Les hautes fenêtres sont ouvertes sur la nuit. Dans la rue, la musique des gardiens de la paix est rangée en carré avec ses cuivres brillants et des uniformes neufs. On attend quoi? Le destin. Tout autour, la foule parisienne est massée; elle sait d'instinct qu'il lui faut être là, qu'elle ne doit pas manquer ce qui va arriver. Une nuit entre les nuits, la foule d'Orléans a dû attendre ainsi Jeanne d'Arc. J'ai peut-être vécu la résistance, je l'ai peut-être rêvée, après plus de trente ans je ne sais plus. Mais la libération de Paris, je suis sûr de l'avoir rêvée. Tout arrivait comme arrivent les choses dans les rêves.

Dans la nuit du 24 au 25 août, en la fête de saint Louis roi de France, aux alentours de minuit, la première colonne de cinq ou six chars de la division Leclerc arrive. Elle a foncé sur Paris, n'a rencontré aucun obstacle, la voici à l'Hôtel de Ville et à la préfecture de Police. Dans les salons de la préfecture, nous voyons entrer deux soldats noirs de poussière, exténués, tandis que, dans la rue, la musique joue *la Marseillaise* et la *Marche Lorraine*. C'est le capitaine Dronne, commandant de la colonne, et un simple soldat. Dans leur aspect, tout est surprenant. Vaguement, dans nos mémoires, nous attendions les poilus de Verdun, avec le casque de l'époque, l'uniforme bleu horizon, les bandes molletières. La nouvelle armée française est sous l'uniforme américain dont nous découvrons la simplicité. Mais ces deux soldats sont bien français, français jusqu'à la caricature, au point qu'on les croirait inventés par Dubout : Dronne sûr de lui, énorme, ventre en avant; son adjoint, minuscule, écrasé sous son casque, c'est un gamin. De fatigue, il s'effondre dans un fauteuil. Je m'approche de lui :

— Tu es français?

— Bien sûr!

— Où es-tu né?

— En Turquie!

Je sens qu'il va falloir nous habituer à l'absurde.

Les événements les plus désirés n'ont jamais le visage avec lequel on les imaginait à l'avance. Je ne pensais pas que Paris puisse changer de mains sans que soient coupés téléphone, électricité, radio. Le téléphone n'a jamais cessé de fonctionner. En ce moment même, les salons de la préfecture sont inondés de lumière. Quant à la radio, d'allemande elle est devenue libre et française sans interrompre ses émissions. Dans les salons de la préfecture, c'est Guignebert, mon visiteur de Saint-Maximin, qui tient le micro et parle à la France.

Une idée me vient. La libération de Paris est commencée, il faut faire sonner toutes les cloches de la capitale. Je l'explique à Guignebert et lui demande de lancer un appel à la population et de le renouveler de quart d'heure en quart d'heure. Comme un écho, nous commençons d'entendre tous les clochers de Paris annoncer l'aube prochaine de la délivrance. Tout près de nous, le grand bourdon de Notre-Dame qui ne sonne qu'aux grands jours s'ébranle lui aussi : ses coups sourds et prolongés scandent lourdement tous les carillons de la ville. A Rio de Janeiro, Bernanos les écoute.

Mgr Beaussart, archevêque-auxiliaire de Paris, habite contre la cathédrale, dans le petit hôtel en faux gothique construit par Viollet-le-Duc, et qui exaspérait Malraux. Lui aussi entend le bourdon de Notre-Dame. Flanqué du curé de la paroisse, il vient faire allégeance aux nouvelles autorités. J'ignore pourquoi les dignitaires ecclésiastiques ont la réputation de lenteur, de prudence et d'habileté diplomatiques. Aux grands moments, je les ai toujours trouvés affolés, précipités, étourdis. C'est bien le cas cette nuit-là, la démarche de Mgr Beaussart est très mal venue. Quand il entre dans le grand salon, l'accueil est de glace, toutes les conversations cessent, tout le monde s'écarte. L'archevêque sent le vent du boulet, reconnaît mon habit dominicain, vient droit vers moi et me tend la main. Pour marquer les distances, je mets un genou en terre et baise l'anneau pastoral. J'accompagne les visiteurs jusqu'au bureau voisin où je les laisse avec Parodi.

Je suis immédiatement entouré et tous partagent mon avis. Le cardinal-archevêque de Paris s'est trop officiellement compromis avec le maréchal Pétain et le gouvernement de Vichy (tout dernièrement encore lors des funérailles « nationales » de Philippe Henriot, présidées à Notre-Dame par le cardinal et en présence des autorités militaires allemandes), il n'est pas question que le même personnage reçoive à Notre-Dame le général de Gaulle et le gouvernement de la France libérée.

Parodi sort un moment de son bureau et je lui fais part de cette détermination exprimée par tous nos camarades, qui tous d'ailleurs ont insisté pour bien marquer qu'il ne s'agissait pas d'une hostilité de principe vis à vis de l'Eglise catholique, mais d'une opposition de fait à des personnes qui se sont affichées publiquement dans « l'autre camp ». Parodi rentre dans son bureau puis, dans le même silence, raccompagne les deux ecclésiastiques jusqu'à la porte. Le ralliement a échoué. Comme tous les ralliements de l'Eglise de France : trop hâtif, trop inconditionnel pour être honnête.

On m'a attribué un rôle prépondérant dans cette opposition au cardinal-archevêque de Paris, cela fait même partie de ma légende. Je dis ici ce qu'il en est. Tous mes camarades de la résistance furent profondément d'accord avec moi sur l'attitude qui fut adoptée. Je n'aurais pas été là, cette attitude eût été la même. Je n'eus aucune part par exemple dans la décision de mettre le cardinal « aux arrêts » dans son hôtel de la rue Barbet-de-Jouy, et ce n'est pas moi, c'est Clozon qui est allé lui faire part de cette décision. Cela dit, j'avais une certaine influence, c'est vrai, et dans cette affaire je ne renierai jamais ma solidarité pleine et entière avec mes camarades de la résistance. Par la suite, j'ai payé très cher cette solidarité de ce moment-là. Les gens d'Eglise ont la vengeance tenace. Je ne regrette rien. En ce monde, tout se paie, même et surtout ce qui ne rapporte rien, l'honneur.

Dans la matinée du 25, arrivée du général Leclerc, qui établit son poste de commandement à la gare Montparnasse, d'où il organise l'attaque des derniers points de résistance allemands et où il signe l'armistice qui consacre la reddition de la garnison allemande et la libération totale de la capitale.

Enfin nous voyons arriver à la préfecture de Police le général von Choltitz, tête nue, sans armes et sans ceinturon, accompagné d'officiers français, dont l'un porte sur le bras la bannière à croix gammée, qui a flotté pendant plus de quatre ans aux balcons de l'hôtel Meurice, résidence du général commandant le « Gross Paris ». Tout cela se passe dans le plus strict cérémonial militaire avec les sonneries réglementaires. Rien ne donne l'impression de victoire comme la restauration d'un cérémonial national certain.

Leclerc est un homme petit, le feu dans les yeux. Dans ce grand salon, c'est la première rencontre de la France libre avec la résistance intérieure. Je n'ai pas l'impression que, de sa part à lui, elle ait été chaleureuse. Nous crions tous : « Vive Leclerc! » On lui tend le micro, il dit simplement : « Et vive de Gaulle! Et surtout vive la France! » Il a sur la joue un énorme macaron de rouge à lèvres, en un temps où les lèvres des femmes avaient la couleur vermillon et laissaient des traces sur le visage d'un homme. C'est le baiser glouton de Paris sur la face de son libérateur. Je concentre sur lui mes regards : il a l'air de s'ennuyer prodigieusement parmi des « pékins ». Il n'a pas vécu notre cauchemar, nous ne comptons pas dans la poursuite qui l'a mené du Tchad au Fezzan, à Paris et qui le conduira jusqu'à Strasbourg et à Berchtesgaden.

Je tiens de Giraudoux qu'au théâtre un moyen très efficace de focaliser l'attention sur un personnage et son entrée en scène est de parler de lui longtemps à l'avance, et même de ne parler que de lui avant qu'il ne paraisse. Il a lui-même utilisé ce procédé dans *La Guerre de Troie...* : au cours de tout le premier acte, il n'est question que d'Hélène et on ne la voit qu'au second acte.

Non par son propre dessein, mais par les vicissitudes de l'histoire, il s'est trouvé que, pendant quatre ans les Français ont beaucoup entendu parler de de Gaulle et même, à la fin, ils n'entendaient parler que de lui, sans l'avoir vu jamais, en l'écoutant parfois, de très loin, d'au-delà de la mer, à travers les brouillages. Après une telle attente si longue, à la fin si avide, on pouvait compter sur de Gaulle pour qu'il ne râtat pas son entrée. Je pense qu'il y avait médité lui-même longtemps à l'avance, bien décidé qu'il était à dominer toujours l'événement et les hommes, à ne rien laisser au hasard, à ne pas se laisser éclipser dans son rôle qu'il considérait le premier.

Je pense encore que, dans l'époque moderne, il n'y a pas eu d'homme politique qui ait su autant que lui étoffer son propre personnage de tout le mystère que lui conféraient une si longue absence et sa distance par rapport aux événements intérieurs français. Bien avant de quitter Alger, il avait décidé d'imposer à tous — particulièrement à la résistance intérieure — sa volonté à lui, ce qui l'amènerait fatalement à commencer par dire *non,* et par le répéter plusieurs fois sur des points cruciaux. Il en fut ainsi. Il fallait que tous sachent que désormais il était là et qu'il était le premier. Il s'agissait pour lui de conquérir Paris mais à aucun prix il ne voulait être gagné de vitesse et être conquis par lui. Aucun de nous, même les plus chargés d'ambition et de responsabilités, n'était à la hauteur d'une détermination aussi roide.

Des gens qui arrivaient de Londres et qui étaient censés le connaître, on entendait sur lui les pires sottises. Je me souviens très bien de cet officier de la France libre qui me disait : « Demain, de Gaulle descendra les Champs-Elysées au bras de la France, mais c'est Wavrin qui couchera avec elle. » Hormis ceux qui ont été mêlés aux événements, qui aujourd'hui sait qui était le colonel de Wavrin? Nous ne connaissions pas de Gaulle, nous ne le connaissions absolument pas. Il était pour nous un symbole chargé de notre ferveur. Nous ne savions pas qu'il était sans doute la meilleure tête politique et le stratège le plus lucide de son temps. Arrivant à Paris, de Gaulle jouait une partie à la fois nationale et internationale, qu'il était bien décidé à gagner haut la main, devant le peuple français, devant l'histoire, et surtout en face de nos alliés anglo-saxons, qui visiblement ne connaissaient rien à la réalité française :

Paris allait la leur enseigner à sa manière dans un déferlement d'enthousiasme. De Gaulle attendait de Paris ce que le dauphin Charles avait attendu du sacre de Reims, quand il y fut conduit par Jeanne d'Arc : l'investiture officielle de la légitimité française, qu'il revendiquait âprement, envers et contre tous, et depuis quatre ans.

Dans la matinée du 25 août, Maurice Schumann était arrivé avec des consignes très précises. Je dis les choses comme elles se sont passées *pour moi*. Depuis l'événement de la nuit précédente concernant Mgr Beaussart, je prévoyais un éclat entre le nouveau gouvernement et l'archevêché de Paris, je ne voyais pas la possibilité de n'être pas mêlé à cet esclandre. Je n'en éprouvais aucun plaisir. Quand Schumann expliqua que de Gaulle voulait un défilé allant de l'Etoile à Notre-Dame, je suggérais que Notre-Dame-des-Victoires ferait aussi bien l'affaire que la cathédrale, d'autant plus que Notre-Dame-des-Victoires était le sanctuaire où se célébraient encore les funérailles des garçons tombés pour la libération de Paris. J'étais un naïf, et la volonté de de Gaulle était impérative. Il voulait l'Arc de Triomphe, le Tombeau du Soldat Inconnu, monument élevé aux sacrifices et aux gloires de l'armée française. Il voulait tout autant Notre-Dame, cœur sacré de l'antique Cité. Il savait qu'il n'y a pas de consécration suprême en France hors de la gloire militaire et de la tradition nationale.

Quand de Gaulle entre dans le salon de la préfecture, nous avons beau savoir qu'il est très grand, il nous paraît démesuré, mince et sanglé dans son uniforme. Il s'arrête devant chacun de nous qui lui sommes présentés par Parodi. Je suis frappé par la tête rejetée en arrière, les paupières tombantes et une sorte de lourdeur militaire. Il me regarde avec attention et avec cette nuance de respect que j'ai toujours observée chez lui et qui s'adresse au prêtre que je suis. Ce visage au nez proéminent, cette allure maladroite, je les ai déjà vus quelque part : ce n'est que bien plus tard que Roger Schropff me fera observer qu'il semblait ce jour-là sortir de la tapisserie de Bayeux.

Nous le suivons tous à l'Hôtel de Ville, où il fait son fameux discours saccadé : « ... Paris humilié, Paris outragé, mais Paris libéré, libéré par son peuple, avec le concours des armées de la France, avec l'appui et le concours de la France tout entière. » Pas un mot des armées américaine et anglaise qui sont bien pour quelque chose dans cette libération de Paris. Mais le gouvernement de Gaulle n'est pas encore officiellement reconnu par nos alliés anglo-saxons, pourquoi de Gaulle reconnaîtrait-il leur concours, aussi décisif qu'il ait été? Et puis il faut rendre aux Français la fierté d'être français...

Je suis là avec Morandat, Claire et François Hugo. Au sortir de l'Hôtel de Ville, un inconnu me donne un message : « Votre ami, le capitaine Michaëlis, est à Paris. Il est descendu au Scribe. » Cecil Michaëlis est anglais; avant la guerre il vivait une grande partie de l'année à Aix-en-Provence sur les hauteurs. Je l'ai connu dans le sillage de Bernanos. Il est jeune, au teint mat, aux traits fins, aux yeux noirs. Il a l'élégance et la beauté nonchalante que l'on voit aux hommes dans certains tableaux anglais du siècle dernier. Il occupe ses loisirs en peignant, et sa peinture lui ressemble, attirée par le camaïeu. Il est surtout riche. Il m'a dit un jour avec un sourire plein de tristesse et de désinvolture, comme on avouerait une liaison honteuse : « Je suis tellement riche qu'il faudrait que le monde entier se ruine pour que je me ruine. » Mais c'est surtout son attitude envers sa propre fortune qui est singulière : il la porte comme un châtiment, avec des caprices d'austérité, des entêtements de pénitence, une rigidité de régent de collège qu'il impose autour de lui. Bernanos le fascine comme la pauvreté franciscaine fascinera toujours les enchaînés de l'argent. Je n'ai jamais connu un riche ayant aussi mauvaise conscience de l'être. Cela faisait beaucoup rigoler Bernanos : « Le pauvre, il faut le comprendre, il est si riche! »

Donc, en ce jour de la libération de Paris, Michaëlis est au Scribe. Il fait partie du service de renseignements anglo-américains qui ont suivi la division Leclerc (*psychological section*) et qui ont établi leur quartier général au Scribe. François Hugo et moi enfourchons nos vélos et nous dirigeons vers le Scribe. Embrassades : aujourd'hui tout le monde embrasse tout le monde; ce matin j'ai même embrassé Maurice Schumann, c'est dire l'enthousiasme qui nous tient hors de nous. Nous mettons nos vélos dans une Jeep et nous emmenons Michaëlis avec nous rue Washington, nous l'agrégeons à notre bande qui, dans ce Paris fou de la libération, est certainement la plus loufoque : avec des femmes parmi les plus belles et les plus élégantes, nous faisons sensation. Un officier anglais, un dominicain, Morandat quand il a le temps, François Hugo dont la fantaisie rayonne de bonne humeur et d'extravagance, nous allons d'un endroit à l'autre. Les vélos sont abandonnés. J'ai la Simca de mon Allemand, conduite par le jeune pompier à casque d'or; Michaëlis a une Jeep, mais tout à coup il se rappelle qu'il a abandonné à cent cinquante kilomètres de Paris une Rolls Royce, une Rolls superbe avec le légendaire bouchon de radiateur copié sur la Victoire de Samothrace. On va la chercher. Entre-temps Michaëlis nous a débarrassés de mon prisonnier allemand.

Dans cette farandole, seules les femmes savent très bien ce qu'elles font, comme des chèvres traversent le torrent en sautant de rocher en rocher. Le temps qu'ils divorcent tous les deux, ma belle hôtesse du dessous à la rue Washington et Cecil Michaëlis convoleront.

Le 26 août est la grande journée. Paris, le vrai Paris, le Paris populaire est à quinze heures sur les Champs-Elysées quand de Gaulle est à l'Arc de Triomphe. Moi, je suis à Notre-Dame. Quand j'y arrive, tout le haut clergé parisien y est déjà réuni à la sacristie autour de Mgr Beaussart. Tout est tellement à l'envers que, lorsque je parais, je suis personnellement considéré comme responsable de la garde à vue qui retient chez lui le cardinal Suhard. Je déclare clairement et à haute voix à Mgr Beaussart que, s'il croit ma présence indésirable, je suis prêt à quitter Paris sur-le-champ et à rentrer dans mon couvent de Saint-Maximin, sans même attendre que le général de Gaulle mette les pieds dans la cathédrale. « Gardez-vous en bien, me dit l'archevêque auxiliaire, nous sommes débordés par les événements et nous avons besoin de vous! » La conversation s'arrête là. Un clerc en surplis arrive en criant : « Un attentat dans la cathédrale! » En effet, on entend la fusillade crépiter de partout, et je me précipite.

Il n'y a pas eu de réception officielle sur le parvis. De Gaulle, les généraux de la France libre, le gouvernement hier encore clandestin ont pénétré en troupeau dans la basilique comme dans un moulin. De Gaulle est arrivé jusqu'au sanctuaire et, voyant vide le trône archiépiscopal, s'y installe le plus naturellement du monde. Et il s'y tient debout. Parodi est à sa droite, un immense franciscain est à sa gauche, je ne sais vraiment pas d'où il sort. Le désordre le plus complet règne dans l'église. Seuls sont impassibles et debout, tout près du chœur, les chefs de la résistance et de la France libre. La fusillade continue et la foule est couchée par terre çà et là sous les chaises. Elle est d'ailleurs clairsemée car les « officiels » sont arrivés en voiture et le peuple n'a pas eu le temps de venir des Champs-Elysées. Dans une chapelle latérale, une religieuse entourée d'enfants leur fait chanter : « Sauvez, sauvez la France, au nom du Sacré-Cœur... » Ces voix enfantines parmi les rafales de mitraillette évoquent un chœur d'anges qui, au milieu du chaos, proclamerait la gloire de Dieu au plus haut des cieux et la paix sur la terre pour les hommes de bonne volonté. La première surprise passée, je crois bien que seul ce chant d'enfants a mis l'assistance debout.

En l'absence de tout clergé, hormis le franciscain et moi, il faut pourtant faire quelque chose. Dans toute la cathédrale, l'électricité est coupée, par qui? L'orgue est muet, pourquoi? Derrière l'autel la chorale attend, elle attend quoi? Le grand franciscain a exactement l'idée qu'il faut au moment où il faut. D'une voix de stentor, il entonne le *Magnificat,* que l'assemblée continue à pleine voix, même le général de Gaulle.

Ainsi, il n'y eut pas le *Te Deum* traditionnel prévu. En ce jour de délivrance, c'est le cantique d'action de grâces de la Vierge Marie elle-même, qui retentit sous les voûtes d'un sanctuaire qui lui est dédié. Par les hasards de cette époque où tout arrivait à l'improviste et par une rencontre fortuite qui n'est peut-être pas sans signification, au lieu d'un prince de l'Eglise et du haut clergé parisien, ce sont un fils de saint François d'Assise et un fils de saint Dominique qui ont accueilli en ce lieu et ce jour-là le général de Gaulle et le nouveau gouvernement d'une France libérée :

Fecit potentiam in brachio suo,
Dispersit superbos mente cordis sui.

« A bout de bras, Il a déployé sa puissance,
Les superbes, il les a dispersés, et il a éventé les projets de leurs cœurs. »

Cet épisode de Notre-Dame est toujours demeuré obscur, même dans les récits et mémoires des témoins. Dès le lendemain, l'interprétation officielle fut qu'il ne s'était rien passé, que les FFI présents dans la cathédrale s'étaient excités gratuitement et avaient tiré en l'air sans raison, comme des cavaliers arabes dans une fantasia. Cette version officielle correspondait à un dessein de de Gaulle : pour que son gouvernement fût reconnu par les alliés anglo-saxons, il importait que l'accueil de Paris à sa personne fût dans un enthousiasme sans bavures et que nul ne pût arguer de la plus mince opposition. La fusillade de Notre-Dame, qui se généralisa d'ailleurs aussitôt dans tout Paris et au même moment comme par mot d'ordre, contrariait cette consigne d'optimisme. C'est la consigne qui l'emporta aussitôt sur les faits.

J'ai quelques précisions à apporter. Plus tard, dans sa prison, alors que nous parlions tous deux très librement et dans la sérénité de sa mort imminente, j'évoquai devant Darnand ces événements : « Oui, me dit-il. J'avais laissé derrière moi dans Paris quelques groupes d'hommes déterminés, bien décidés à perturber l'accueil fait à de Gaulle, et si possible à le tuer. »

Quelques jours après la cérémonie de Notre-Dame, le général Kœnig, alors gouverneur militaire de Paris, me confia qu'on était obligé de changer les serrures des principaux monuments de Paris, y compris Notre-Dame : « Les Allemands ou leurs collaborateurs ont emporté avec eux les doubles de toutes les clefs. Ils peuvent y pénétrer de nuit à leur gré et fantaisie. » Or le 25, dans la soirée, la police parisienne avait soigneusement fouillé la basilique et les portes en avaient été fermées. Malgré ces précautions, il est probable qu'à la fin de la nuit des hommes pénétrèrent dans l'église, coupèrent les fils électriques, fermèrent de l'intérieur l'escalier d'accès à l'orgue et au triforium.

Le soir même du 26 août, après cette cérémonie agitée, le nouveau préfet de Police, Luizet, me confia qu'on avait arrêté sept hommes dissimulés dans le triforium et armés de mitraillettes. Dans la suite, il refusa de me confirmer ce propos et il évita ce sujet dans nos conversations.

Quand le gouvernement quitta la cathédrale, après le *Magnificat,* de Gaulle était en tête, flanqué de Parodi et de Le Trocquer. Je marchais immédiatement derrière lui pour le raccompagner à sa voiture. La fusillade faisait rage et venait d'en haut. A une cinquantaine de mètres de la sortie, une traînée de feu frôla la tête de de Gaulle. Je sais reconnaître une giclée de mitraillette : la rafale alla s'écraser sur notre droite contre un pilier.

Enfin le 27 août au matin, Mgr Beaussart procéda dans la basilique à la cérémonie liturgique dite « de réconciliation », prévue quand le sang a été criminellement versé dans une église : tout culte y est interdit tant que cette cérémonie n'a pas eu lieu. Ce ne fut sûrement pas sans raison que cette « réconciliation » fut célébrée. D'ailleurs j'avais vu de mes yeux un homme ensanglanté qu'on portait à la sacristie, et Michaëlis, qui était près de l'Hôtel-Dieu, vit bien d'autres blessés qu'on y transportait.

Il est clair que le motif officiellement invoqué pour empêcher le cardinal de venir accueillir le général (« Eminence, le gouvernement ne peut pas répondre de votre sécurité »), ce motif se trouvait justifié avec éclat. Si le cardinal eût été assassiné, la position du gouvernement en eût été singulièrement compliquée : il n'avait pas besoin de ce surcroît de soucis.

La libération de Paris fut la plus grande et la plus belle folie que j'aie vécue. Puis il a bien fallu revenir à la vie quotidienne. Dieu! que la France libérée avait été belle dans nos rêves à l'heure allemande!

12

Pour réparer les insomnies des jours précédents, notre bande alla se reposer quelques jours à Barbizon, en bordure de la forêt de Fontainebleau. Dans l'hôtellerie, il n'y avait avec nous que Fernandel, mais Fernandel environné de toute sa famille : sa femme et les parents de sa femme, ses propres parents, son fils, sa fille, le petit chien. Aux repas, il présidait sa table comme un patriarche et, comme Louis XIV, il était seul à parler. Chaque matin sur la pelouse, au soleil, devant tout son monde assis en cercle autour de lui, il lisait solennellement l'éditorial de *Combat,* qui était sans conteste le journal le plus prestigieux du moment. Sur les lèvres de Fernandel, avec sa dentition et sa tête de cheval, son accent inimitable, son bon sourire, la prose austère de Camus prenait l'allure d'un sermon du curé de Cucugnan.

Le propre des fêtes est la brièveté, elles donnent le change, elles adviennent par illusion. La réalité arrive comme un reflux. A distance, ce reflux me laisse dans la bouche un goût de saumure et de boue.

Mme M.-S. était une égérie de la résistance. Belle et grande femme, elle portait toujours sur sa haute poitrine le ruban de la Légion d'honneur, qu'elle avait méritée pour sa conduite pendant la guerre de 14-18. Elle était riche et sa table était peut-être la meilleure de Paris, en ces temps de disette extrême. Elle était la marraine très généreuse de cette guerre de l'ombre et des fantômes. J'étais très lié avec elle; à plusieurs reprises, elle était venue me voir à Saint-Maximin car, pendant toute la guerre, privilège inouï, cette femme extraordinaire avait voiture et chauffeur.

Quelques jours après la libération de Paris, alors que je célébrais la messe à Notre-Dame-des-Victoires, je l'aperçois agenouillée dans la chapelle, abîmée et comme prostrée dans la prière. Après la messe, elle me rejoint à la sacristie et me fait cette confidence :

— J'ai trois neveux dont je ne vous ai jamais parlé car j'en avais honte, ils appartiennent tous trois à la Milice. Pendant toute l'occupation, je ne les voyais pas et j'étais bien décidée à les abandonner à leur sort. Mais ils viennent de solliciter ma protection. Ils se cachent. Je n'ai pas le cœur de les laisser tomber.

— Mais il ne faut pas les laisser tomber!

Ce fut vite réglé. Le recrutement de la division Leclerc s'en chargea et ils furent récupérés par l'armée française. La conclusion de cette histoire ne paraîtra étrange qu'à ceux qui ne connaissent pas la nature humaine : je n'ai plus revu Mme M.-S., elle ne m'a plus jamais invité. Je fus dorénavant pour elle comme si je n'avais jamais existé.

D'autres situations furent plus compliquées. J'avais un ami, peintre et d'origine alsacienne, qui avait épousé une Anglaise. Ils avaient deux fils et une fille. La fille était danseuse. Des deux fils, l'aîné fit la guerre dans les Forces Françaises Libres et il était en ce moment à Paris, lieutenant de fusiliers marins. Etait-ce l'influence du sang germanique, le père était devenu candidement nazi : pour lui, ce n'était pas le Maréchal qui comptait, c'était Hitler. Sous son influence, le second fils, un gamin, s'était engagé dans les Waffen SS. Il avait fait la guerre, très courageusement, sur le front russe. Une permission l'avait ramené à Paris, où la libération l'avait surpris. Sa mère le cachait en banlieue dans une petite villa isolée mais cette situation ne pouvait être que provisoire. Elle vint me trouver :

— Mais, madame, si quelqu'un peut protéger votre plus jeune fils, c'est bien son frère aîné, officier de la France libre...

— Justement il ne veut pas entendre parler de son frère.

En fait, je crois bien que les deux frères se haïssent mutuellement. Je n'ose même pas les mettre en présence l'un de l'autre : ils seraient tout à fait capables de s'entretuer.

— Ils en sont donc là?

— Sans aucun doute, et je crains le pire.

— Envoyez-moi l'officier de la France libre.

Je vois arriver un grand gaillard superbe, ce qu'on fait de mieux comme Français, avec cet air de gaieté insolente que nos soldats portent sur le visage quand ils sont dans le bonheur de l'action.

— Alors, tu veux tuer ton frère?...

— En tous les cas, qu'il aille au diable, et qu'il ne se trouve pas sur mon chemin.

— Ecoute! Quand il s'est engagé dans les SS, il avait quel âge, seize, dix-sept ans? Tu sais très bien quelle influence il a subie, celle de ton père. Si tu veux te transformer en justicier, un conseil : commence par tuer ton père... Cela, tu ne le feras pas? Très bien! Alors aide-moi à sauver ton frère, je ne peux pas et je ne veux pas le faire sans toi. Il a toute la vie devant lui et tu sais très bien les dangers qu'il court en ce moment; les gens sont devenus enragés. Si on le trouve, il sera massacré comme on tue une mouche. Ça, je l'empêcherai, et tu vas m'y aider...

Longue méditation silencieuse que je me garde d'interrompre.

— Que dois-je faire?

— Procure-toi une Jeep de service! Tu m'accompagneras à l'endroit où est ton frère. Je lui parlerai, seul. Puis vous vous réconcilierez. Puis nous le mènerons au bureau de recrutement de la Légion étrangère, où il s'engagera sous un faux nom et pour cinq ans.

— Il ne voudra jamais, c'est un fanatique!

— Nous verrons bien! En tous les cas, tu viens en uniforme : c'est essentiel à la sûreté de l'opération.

La porte et les volets de la villa sont clos. Je suis moi-même en habit dominicain, comme toujours, et seul je traverse le jardinet et frappe à la porte qui s'ouvre. Le garçon blond, en civil, a l'air aussi allemand que son frère a l'air français :

— Alors vous venez pour que je me repente, que je regrette ce que j'ai fait, que j'en demande pardon? Je ne me repens pas! Je ne regrette rien! Je ne demande rien!

— Soit! J'ai simplement une proposition à te faire. Tu l'acceptes ou tu la refuses, tu en décideras seul, absolument seul. Ou bien tu restes où tu es et avant huit jours tu es refait, découvert, écharpé comme une bête. Les choses en sont là en France. Ou bien tu t'engages pour cinq ans dans la Légion étrangère qui ne te demande pas de renier ton passé, qui ne te demande rien : c'est sa loi. Alors tu continues une carrière de soldat, qui a l'air de te plaire. Tu y trouveras d'ailleurs beaucoup d'anciens copains allemands. La Légion est accueillante aux soldats vaincus... Je vais te laisser réfléchir tout seul pendant vingt minutes. Au bout de vingt minutes, je reviendrai et tu me diras ce que tu auras décidé.

Sur le pas de la porte, je me retourne :

— A propos, c'est ton frère qui m'a conduit ici. Il est là, en uniforme français de fusilier marin. Si tu choisis la Légion, j'exige que tu te réconcilies avec lui, peut-être pas tout à fait encore comme deux frères, tout au moins comme deux soldats. Ça au moins, tu peux le comprendre : sur ce plan-là vous n'avez pas à rougir l'un de l'autre. A tout à l'heure!

Le fusilier marin et moi, faisons un tour dans la forêt voisine. Nous n'échangeons pas un seul mot. Vingt minutes après, retour et stop devant la villa. J'y rentre, encore seul. A la lumière qui filtre des volets, le garçon est si pâle : je jurerais que, pendant les vingt minutes où nous l'avons laissé, il a voulu se tuer.

— C'est la Légion! dit-il.

Je vais chercher le frère, aussi crispé que lui :

— Serrez-vous la main!

Ils le font et échangent des regards inflexibles qui me terrifient.

— Maintenant, prends ton baluchon! Et en route pour Paris!

Une heure après, la Légion avait un autre engagé volontaire. Plus tard, l'ancien SS perdrait un bras à la guerre d'Indochine, d'où il rentrerait avec la médaille militaire française. L'un et l'autre garçon, je ne les ai plus revus.

Le déchaînement populaire est hideux. L'image que j'en garde est hideuse. A trente ans de distance, elle me soulève encore le cœur : des femmes tondues, la croix gammée peinte au goudron sur le crâne, exposées nues aux crachats et à la dérision de la populace! Des gens sans défense arrêtés de la manière la plus arbitraire, sans mandat, par des garçons qui jouaient aux petits soldats avec de vraies armes et qui se sentaient forts de la terreur qu'ils inspiraient. Parallèlement à la fête farfelue dans laquelle j'étais embarqué, je passais mon temps à empêcher que des gens soient arrêtés ou à les sortir de prison.

La plupart des tâches qui ont rempli ma vie, celles du moins dont je n'ai pas à rougir, je ne les ai pas recherchées : comme le chagrin de Baudelaire, elles sont montées en croupe pour galoper avec moi. De la libération de Paris à mon départ de France au printemps 1948, par la force des choses et par les nécessités impérieuses de la miséricorde, comme j'avais été le grand croque-mort de Paris, je suis devenu le grand intercesseur de France. Que d'autres eussent rempli mieux que moi ce rôle d'intercession! Pourtant je me rends bien compte que les événements m'avaient disposé à ce rôle et que j'eusse été le dernier des lâches à m'y dérober.

L'arrestation de mon père en 1914, la solitude de ma mère me faisaient comprendre la part de fatalité qu'il y a dans le malheur des hommes quand il est provoqué par de grandes convulsions collectives. Pour ce qui concernait cette dernière guerre, que j'avais vécue si intensément dans mon âge d'homme, mon amitié avec Darnand et mon admiration pour lui dont j'avais eu tant de peine à me déprendre m'aidaient à percevoir que les choses n'étaient pas simples et comment certains Français avaient pu s'égarer et rester de bonne foi.

Mes amitiés et mes activités dans la résistance m'ouvraient les portes de ceux qui détenaient le pouvoir et me mettaient tout au moins à égalité de services rendus avec les enragés, qui arguaient de leurs hauts faits dans la résistance pour hurler avec les loups et qui trouvaient qu'on n'emprisonnait jamais assez, qu'on ne massacrait jamais assez. Le reste était question de courage.

Le fait est que le sentiment de solitude et de petit nombre qui nous avait si souvent accablés pendant l'occupation avait fait place à un immense étonnement : jamais nous ne nous serions crus si nombreux dans la résistance. Les résistants surgissaient de partout, couverts d'exploits plus incontrôlables les uns que les autres. Le parti communiste, — qui dans la dernière partie de la guerre avait fourni à la résistance des troupes entraînées, efficaces et prêtes au sacrifice, — entendait bien se tailler la part du lion dans la victoire, le butin et la répression. Il siégeait et hurlait à la mort dans toutes les cours de justice. Il exerçait un affreux chantage et une surenchère dans laquelle les démocrates-chrétiens se laissèrent entraîner. Au cours de cette époque sinistre, le ministère de la Justice fut constamment détenu par un démocrate-chrétien qui avait toujours peur de ne pas en faire assez. Les gens étaient condamnés avant d'être jugés, ou plutôt la sentence était portée d'avance, la comparution devant un tribunal n'était plus qu'une parodie de justice, une cérémonie vide et sacrilège.

Je ne m'attribue aucun mérite particulier dans l'attitude que j'ai eue, dès les premiers jours, dès la libération de Paris. J'étouffais de rage que la résistance se laissât noyer dans le nombre de nouveaux venus et ne soit pas capable de surmonter sa victoire, de la modérer dans la justice. Cela, j'ai le droit de l'écrire aujourd'hui car, dès septembre 1944, je publiai chez Gallimard et sous le titre *Si grande peine,* mon journal de guerre. J'avais demandé aux supérieurs la permission de le publier normalement : bien entendu la permission m'en fut refusée, on se demande bien pourquoi sinon qu'à mon sujet les supérieurs ont toujours eu peur de leur ombre. Alors je le fis imprimer à quelques centaines d'exemplaires pour mes amis. Dans la conclusion j'insérai une lettre publique au Garde des Sceaux où je dénonçais déjà les excès insoutenables de l'épuration. Je crois être le premier à l'avoir fait en France.

Les convictions, même philosophiques — qui devraient être les plus déliées des circonstances concrètes —, sont en fait tributaires de l'expérience de chacun. Les « nouveaux philosophes » sont jeunes, leurs expériences de la vie ne sont pas les miennes. L'Etat leur apparaît comme une structure d'asservissement de l'individu : l'un d'eux a été jusqu'à écrire que l'Etat est une organisation « génocide ». Mon tempérament m'inclinait aussi vers l'anarchie en politique; mais, après la libération, j'ai vu de près ce qu'est l'impuissance de l'Etat; c'est alors que l'individu est sans défense et que l'homme se laisse aller à ce qu'il est naturellement pour l'homme : un loup.

En fait, l'Etat est un instrument neutre et sans moralité propre comme tous les instruments : tout dépend de ce qu'on en fait. Certes, si de moyen et d'instrument il devient fin dernière, s'il confisque à son profit toutes les finalités de l'être humain, alors il est monstrueux et il est l'outil idéal de l'asservissement de l'homme : il est devenu totalitaire. Mais je sais aussi, parce que cela aussi je l'ai vu, que, pour les hommes vivant en société, il n'y a pas de liberté et de justice possibles sans un Etat pour garantir les libertés et pour exercer la justice. Pour la défense de l'homme contre l'homme, et quelles que soient ses imperfections, on n'a rien trouvé de mieux que l'Etat, dont « la main de justice » est le premier attribut.

Par chance, dans ce pays démantibulé par quatre ans d'occupation et de guerre civile, par l'abdication constante d'un gouvernement asservi à l'ennemi, de Gaulle avait le sens de l'Etat. Dès le départ, il ne cessa de l'affirmer envers et contre tout, envers et contre tous, y compris les Alliés. Lacoste me racontait qu'au cours d'un conseil, un ministre se plaignait qu'un général américain venait sans cesse lui exprimer de nouvelles exigences qui contrariaient fortement une tâche déjà difficile par la pénurie de tout où la France se trouvait. De Gaulle dit simplement : « Mettez-le donc à la porte! Il ne se passera rien! » Ainsi fut fait, et il ne se passa rien. Dans les périodes d'anarchie, l'Etat correspond à un vœu si naturel et si profond, que la simple affirmation qu'il existe contribue à rassurer tout le monde.

Mais, dans les mois qui suivirent la libération, il n'y eut pas de domaine où l'impuissance de l'Etat se fît sentir plus que dans l'exercice de la justice. Chacun se croyait en droit de l'exercer directement, sans appel et à son profit. Il est arrivé qu'on emprisonnât même des envoyés du général de Gaulle. Au sud de la Loire et dans cette partie du pays où il n'y avait pas de passages d'armées, c'était le chaos. Ceux qu'on appelait « les commissaires de la République » tentaient de faire sentir le pouvoir central jusqu'à la périphérie de la France; mais ils avaient les plus grandes difficultés à connaître même ce qui se passait dans les régions qui leur étaient confiées.

Des cours de justice s'étaient partout constituées et, malgré les excès de ces juridictions d'exception, elles représentèrent pourtant un progrès. La fureur populaire était telle partout contre ceux qui avaient collaboré avec les Allemands ou simplement avec le gouvernement de Vichy, qu'ils étaient exposés partout au lynchage. D'ailleurs on n'y regardait pas de près et souvent les motifs les plus bas et les vengeances personnelles se dissimulaient sous une indignation de couleur patriotique. J'avais une impression de déjà vu et me retrouvais en 1914 quand mes petits camarades m'appelaient « boche » et cassaient nos carreaux alors que nous faisions la prière du soir. Mais enfin, avoir un avocat, passer devant des juges, si partisans fussent-ils, représentait un progrès certain, une possibilité d'être protégé. J'ai pourtant de bien mauvais souvenirs de ces cours de justice. Mais quoi! quand la fureur populaire est déchaînée, l'exercice de la justice n'est qu'un compromis avec les passions humaines qui sont essentiellement injustes. En ce sens, c'est une sorte de miracle que parfois la justice soit juste : ce n'est pas pour rien que la popularité de saint Louis sous son chêne a traversé les siècles.

Cependant de Gaulle parvint à se réserver le droit de grâce :

c'est-à-dire que, dans les cas les plus graves qui entraînèrent la peine de mort, l'exécution de cette peine était soumise à son instance suprême. Encore ne le fut-elle pas toujours. Ici et là, pendant les premières semaines après la libération, on exécuta sur-le-champ des sentences de cours improvisées et impitoyables. Je le dis parce que c'est vrai, les régions où de tels abus furent les plus nombreux et les plus graves, les plus criants, furent les régions mêmes qui s'étaient singularisées par leur mollesse dans la résistance à l'ennemi et où la popularité de Pétain avait été la plus grande et quasi unanime. La lâcheté essaie de se justifier dans la cruauté.

Il m'est impossible de tout raconter.

Un fait suffira pour expliquer l'état révolutionnaire, et proprement de terreur, où la France se trouvait plongée. J'apprends un jour que Mme Agnely, la veuve de mon commandant de corps franc, se trouve emprisonnée à Menton, avec ses cinq enfants. Depuis mai 1941, je ne l'ai plus revue. Je vais à Menton et j'obtiens la permission d'une visite; j'apprends sa lamentable odyssée. A la mort de son mari, tué au champ d'honneur dans les circonstances que j'ai dites, ses enfants étaient encore très jeunes. Mais enfin ils portaient un nom couvert de gloire et la municipalité de Nice avait donné ce nom à l'une des rues de la ville.

C'est tout naturellement que Mme Agnely et ses enfants demeurèrent sous la protection de Darnand. Quand la Milice fut fondée, Mme Agnely s'occupa de son service social : ce n'était pas une tâche de combat, ce n'était pas une tâche politique, c'était une tâche de femme, une tâche maternelle, nécessaire en toutes circonstances pour tout homme, quand le malheur le fait redevenir un enfant.

Vint le moment où Darnand et la Milice durent suivre Pétain en Allemagne. Mme Agnely ne voulait pas partir, Darnand lui représenta que, dans l'état de surexcitation des passions, elle et ses enfants seraient exposés aux pires dangers, ce qui était l'évidence même. Mme Agnely partit donc, emmenant ses enfants, et, au moment de la défaite allemande, elle se retrouva en Italie. Cette femme courageuse résolut d'affronter son destin en face et de se remettre à la justice de son pays. Elle rentra en France où je la retrouvais en prison. A ce moment-là, je ne savais rien de ce qu'elle avait fait pour moi au moment de mon arrestation en 1942. Elle n'en souffla mot.

Comparution devant la cour de justice de Nice. Je suis là comme témoin pour la défense. Ce jour-là, je suis vraiment heureux d'avoir quelques titres de résistance, ce qui me donne du poids en face de juges issus eux-mêmes de la résistance. A vrai dire, je ne doutais pas de l'acquittement. Je parle de Félix Agnely et du corps franc, du fait d'armes de Forbach en février 1940, j'affirme avec force que cette femme dans le box des accusés a droit à notre respect et à notre gratitude de Français, qu'elle n'a fait qu'être fidèle à l'amitié qui la liait au prestigieux soldat, compagnon de son mari, qu'elle n'avait commis aucun acte qui fût indigne de la mémoire de son mari, tué par les Allemands et mort pour la France, avant notre honte et nos querelles.

Je redoute pourtant l'avocat général que je ne connais absolument pas. A ma grande surprise, il s'incline devant mon témoignage, s'y rallie et refuse de requérir la moindre peine contre une femme et des enfants qui portent un nom aussi pur et glorieux que celui d'Agnely. Cette fois, la joie me gonfle le cœur. Le verdict est prononcé : Mme Agnely est condamnée à l'indignité nationale avec tout ce que cela comporte, y compris la suppression de sa pension de veuve de guerre. Cette fois, je comprends que cette femme et ses cinq enfants sont condamnés à vivre ce que ma mère et ses cinq enfants avons vécu à partir de 1914. Décidément, à de certains moments, la France a le génie de se comporter en marâtre.

Ce drame de la justice a un épilogue bien révélateur des mœurs de l'époque. Quelque six mois plus tard, je me trouve à Aix, attendant un ami au café des Deux Garçons. Je vois venir vers moi un monsieur que je reconnais vaguement sans l'identifier tout à fait : « Je vois, mon Père, que vous ne me remettez pas. Je suis l'avocat général de Nice, qui eut à requérir contre Mme Agnely. Ce verdict et quelques autres m'ont tellement répugné que je me suis fait nommer en correctionnelle à Aix-en-Provence. Au moins là, je sais que, lorsque j'ai un inculpé devant moi, il y a quelque chance qu'il n'ait pas la conscience tout à fait nette. Mais avant de quitter Nice, je me suis offert une revanche. Peut-être vous souvenez-vous de cette femme dans le jury, particulièrement acharnée contre Mme Agnely? Je suis convaincu que c'est elle qui a emporté la condamnation. Elle avait beaucoup de prestige au sein du jury. Elle y siégeait en tant que déléguée du parti communiste qui en avait fait une héroïne parce que son mari a été fusillé par les Allemands. « Veuve d'un martyr de la résistance! » Vous voyez le canevas à tous les développements patriotiques. Or, j'ai découvert que c'était cette femme elle-même qui avait dénoncé son mari à la Gestapo pour s'en débarrasser. Elle est maintenant en prison, attendant son tour d'être jugée. Son inculpation a même été mon dernier acte d'avocat général à la cour de justice de Nice ».

Beaucoup d'autres avaient suivi Darnand jusque dans son aventure politique et militaire. Parmi eux, beaucoup de mes anciens camarades du corps franc qui avaient occupé des postes de commandement dans la Milice. Ils se souvenaient dc moi; de leurs prisons, ils m'écrivaient des lettres, sollicitaient mon aide. Je ne l'ai jamais refusée. J'allais sur place, j'y restais le temps qu'il fallait, je faisais une visite au procureur de la République, m'informais des charges qui pesaient sur mon camarade. Il m'est arrivé d'en être horrifié. Comment des garçons que j'avais bien connus, qui m'avaient paru à l'époque des garçons courageux certes, mais polis, gentils, gais, parfois même un peu enfants, avaient-ils pu se laisser entraîner jusqu'à torturer et martyriser des femmes et des enfants? Je me souviens d'un dossier à Limoges, si lourd, qu'ayant fait ce voyage je n'eus pas le courage d'aller voir mon camarade en prison et qu'en rentrant à mon hôtel je vomis dans les toilettes. Je rentraî à Paris et demandai une audience à de Gaulle. Ce que je lui dis peut se résumer à ceci :

— J'ai vu le dossier de ce garçon comme vous le verrez vous-même : il est effroyable. C'est un de ces cas où la condamnation à mort est pleinement justifiée : pas la moindre circonstance atténuante. Je n'ose même pas vous demander la grâce. La seule chose que je viens vous dire est que ce garçon s'est battu héroïquement en février 40 à Forbach alors que toute l'armée française restait l'arme au râtelier. Avec Robert Adriant, il a été le plus jeune médaillé militaire de France. Les deux plus jeunes médaillés militaires, décorés côte à côte, ont continué la guerre dans des camps opposés, puisque Adriant était dans la résistance.

Le général accorda la grâce. A Limoges, le ressentiment était tel qu'on redoutait une émeute si les gens apprenaient cette grâce. Avant même qu'elle fût officielle, on dut faire transférer le prisonnier de nuit dans un maison d'arrêt de la capitale. Graduellement l'amnistie intervint et mon ancien camarade fut libéré. Chaque année, il m'écrivait à Noël pour me remercier : en fait de tous ceux que j'ai fait grâcier, je crois que c'est le seul qui m'ait écrit. Puis un jour, après 1958, il m'écrivit une lettre injurieuse pour le général. Je pris la peine de lui rappeler que sans de Gaulle il ne serait plus là et notre correspondance s'arrêta net. Il est mort depuis. Dieu ait son âme.

Je puis dire que, pendant ces années, je suis allé de cour de justice en cour de justice, je suis incapable de dire le nombre de mes interventions auprès de toutes les instances de ce pays. A de Gaulle, j'ai demandé une douzaine de grâces de condamnés à mort : il ne m'en a refusé aucune. La grâce de Darnand n'a jamais été sollicitée : lui-même avait interdit de le faire, même à ses avocats.

J'avais un ami architecte, alors pauvre mais de grand talent, un alchimiste des formes. Aujourd'hui il est relativement célèbre et riche. Son père, antiquaire à Fontainebleau, avait dénoncé à la Gestapo sept ou huit juifs, comme par hasard tous antiquaires : envoyés dans des camps de concentration, la plupart n'en revinrent pas. De nouveau, j'allai voir de Gaulle :

— Mon général, ce n'est pas pour cet homme que j'interviens, mais pour son fils qui a un grand talent. Si le père est exécuté, je crains qu'il ne s'en relève pas, que son avenir et celui de sa famille soit anéanti...

L'homme fut grâcié.

C'est peu de dire que celui dont j'avais cru qu'il était un ami ne m'eut aucune gratitude. Il me joua des tours si pendables que j'ai été obligé de rompre avec lui et que je ne le revois plus. Je pense qu'il n'a pas eu les reins assez solides pour supporter le poids de sa dette envers moi; il m'a exprès causé du tort pour se donner le change et pour n'avoir pas à s'acquitter, alors que je ne lui demandais rien. C'est un proverbe qu'il ne faut pas attendre de gratitude. C'est un proverbe faux : il faut parfois s'attendre au pire et s'en garder.

En toutes ces affaires, je crois avoir agi sans aucun motif d'intérêt personnel. Je suis prêtre, ministre de la miséricorde et il était de mon devoir d'agir comme je l'ai fait. Les informations que je rassemblais, les visites en prison que de telles démarches exigeaient de moi me coûtaient des voyages pénibles, m'infligeaient un tourment incessant, exaspéraient ma sensibilité et m'accablaient l'âme. Il est épuisant de côtoyer l'horreur. Je ne rencontrais aucun appui, ni même aucune sympathie chez mes frères dominicains. A Saint-Maximin, on affectait de croire que tous ces voyages m'amusaient. Il valait mieux me taire. Je faisais pourtant tout ce qu'il fallait faire, j'allais constamment au-delà de mes forces et de mes réserves, je n'attendais de tout cela rien d'autre que la certitude que tout ce que j'avais fait ne représentait qu'une goutte d'eau par rapport à l'océan des règlements de comptes qui submergeait notre pays. Je me sentais très seul.

Les évêques français s'étaient en général trop compromis avec Vichy pour avoir quelque autorité, sauf Salièges qui était d'ailleurs le seul à parler haut et clair. Les autres ne mouftaient pas et n'avaient aucune envie d'attirer sur eux l'attention. La vague de fond de la colère populaire était trop puissante pour qu'une voix isolée pût se faire entendre. Comme si souvent en France, la plupart des intellectuels hurlaient avec les loups. Nous sommes la patrie d'origine des scolastiques où toutes les inquisitions et toutes les terreurs trouvent leur justification.

Il me semblait que la place de Bernanos était parmi nous, que nous avions plus que jamais besoin de sa lucidité et de son verbe. Et puis, j'avais hâte de le revoir, je m'ennuyais de lui. Dès la fin de la guerre, je fis une démarche auprès du général de Gaulle, qui l'accueillit favorablement. Il aimait Bernanos et lui savait gré de ses positions avant et pendant la guerre, d'avoir si bien défini « le cas de conscience français ». Il admirait son génie verbal et le courage de son âme. L'amiral Ortoli, chef du cabinet militaire, reçut l'ordre d'organiser le retour de Bernanos. Il fut décidé que le gouvernement m'enverrait au Brésil pour voir Bernanos et décider avec lui de ce qu'il convenait de faire pour le ramener en France, lui et sa famille. De la part du général, l'amiral Ortoli écrivit dans ce sens à mon supérieur provincial de Toulouse. La réponse fut *non*.

Je m'étais fait une fête d'aller au Brésil et de retrouver Bernanos dans un pays qui enchantait depuis toujours mon imagination. Comme le voyage au Danemark, le voyage au Brésil tombait à l'eau. Le mouvement du cœur d'une grande actrice avait paru fort négligeable, l'intérêt spirituel de la France paraissait tout aussi secondaire et on ne se gênait pas pour envoyer promener le général de Gaulle. J'obéis cependant et, comme toujours, sans rechigner. Je savais que l'obéissance doit être joyeuse et que Dieu aime ceux qui donnent et abandonnent en riant.

Pourtant ces réponses toujours négatives, toujours sans la moindre explication, ne laissaient pas que de me poser des questions. Il me devenait de plus en plus clair que, dans l'Ordre tel qu'il était, je n'étais que toléré tel que j'étais : mon activité était considérée comme marginale, voire suspecte, alors que j'étais écrasé par des tâches de miséricorde qui ne me paraissaient pas indignes de la grande vocation dominicaine. Je ne pouvais croire que l'Ordre qui avait produit Fra Angelico fût aussi hermétiquement fermé à tout ce courant artistique dans lequel j'étais baigné. A force de me demander si je ne m'étais pas trompé d'époque, je finissais par me demander si je ne m'étais pas trompé de famille religieuse. Chaque fois que je partais en voyage pour aller à Paris solliciter une grâce, ou pour aller ailleurs témoigner devant une cour de justice ou visiter un prisonnier, j'arrachais avec peine la permission. Le moins que je puisse dire est que je ne me sentais soutenu dans aucune de mes démarches. On trouvait que Paris était beaucoup trop loin de Saint-Maximin, qu'allais-je parler du Danemark ou du Brésil. On avait vite oublié que, quelques mois plus tôt, on ne m'avait jamais jugé trop loin.

Cela me paraissait un signe fatal, que mes actions ne fussent jamais appréciées sur leur objet déterminant, mais toujours sur des considérations externes et secondaires d'opportunité. Il est certain que, dans les circonstances exceptionnelles où se trouvait la France, dans la situation exceptionnelle où je me trouvais moi-même, ce n'était pas à moi de faire un choix parmi ceux qui, dans la plus extrême détresse, m'appelaient à leur secours.

Certes je commençais à me connaître assez pour savoir que je suis insupportable et pour sentir que mes supérieurs avaient quelque peine à me supporter. Mais, dans son histoire, l'Ordre de saint Dominique ne m'était jamais apparu comme le refuge des « enfants sages ». Les « enfants terribles » ont abondé en son sein et il s'en est toujours merveilleusement accommodé. Or le sentiment devenait vif et pesant en moi que j'y étais de trop. Il y avait comme une conspiration autour de moi de considérer mes occupations comme honteuses, indignes de l'Ordre, dont il valait mieux ne pas parler. Cela me devenait intolérable au point que j'envisageai sérieusement d'entrer à la Grande Chartreuse, de m'y perdre dans le silence, l'oubli, l'adoration de Dieu. A plusieurs reprises, je fus à deux doigts de le faire. Cependant quelque chose m'avertissait que ce serait une désertion. Ma passion pour les saints de l'Ordre était telle qu'il fut au-dessus de mes forces de quitter leur famille. On peut se faire de nouveaux amis, on ne change pas de famille.

Je ne crois pourtant pas qu'il y eût à mon endroit une opposition voulue et systématique. J'étais comme un lapin de garenne au milieu de lapins de choux. Cette situation m'était depuis toujours coutumière. L'inquiétant, véritablement inquiétant, est que, dans un Ordre, où ils furent innombrables, on supportât de moins en moins les originaux.

Que je n'aie pu aller au Brésil chercher Bernanos, fut dommageable. Son retour se fit mal. Il voyait la France de si loin qu'il la comprit mal et que les retrouvailles entre lui et son malheureux pays furent pleines de malentendus.

Depuis la défaite, en 1940, je n'avais aucune nouvelle de Bernanos et n'avais pas le moyen d'en avoir, sauf pour un seul fait. J'avais écrit mon journal de guerre *(Si grande peine)* du moment où j'avais été mobilisé en 1939 jusqu'à mon évasion et à mon retour à Montpellier chez ma mère. J'en envoyai une copie par l'intermédiaire de mon ami Carcassonne qui avait l'occasion de faire escale hors de France. Bernanos fut très ému par ce texte et, par la même voie, me demanda de le faire traduire et publier au Brésil. Cela lui paraissait important pour donner une certaine image de la France, dans un pays où la propagande allemande sévissait avec violence. J'en demandai l'autorisation à mes supérieurs. La réponse fut *non,* on se demande pourquoi; ce texte ne mettait en danger ni la foi ni les mœurs, et j'étais seul à courir le risque de sa publication. Je fis part de ce refus à Bernanos, il en fut consterné et s'y conforma.

Bernanos rentre en France en juillet 1945, sept ans après l'avoir quittée. La France n'est plus ce qu'elle était. Bernanos a changé, sa famille a changé. Ses deux fils aînés, Yves et Michel, ont été dans la France Libre. Chantal, l'aînée, est mariée au Brésil et elle y est restée. Yves revient, marié à une Brésilienne à qui il a fait un enfant. Claude est devenue une grande fille, très belle, courageuse, franche comme une épée nue : de toute la famille, c'est elle qui fait penser à Jeanne d'Arc. De tous, c'est elle qui me fait la plus grande impression de fidélité à elle-même, d'inflexibilité, de loyauté devant la vie telle qu'elle est. Jeanne, la mère, toujours grande et droite, avec sept ans de plus : elle aussi a changé, et elle l'accepte mal, très mal.

Bernanos se cherche et il cherche la France. Son affection pour moi est toujours aussi alerte, mais il me cherche, car moi aussi j'ai changé. Je suis terriblement attentif à lui; j'aime cet homme plus que je n'ai jamais aimé homme en ce monde, je l'admire. L'amour entre les êtres est encore une machine à se déchirer mutuellement. Bernanos m'en veut d'être devenu autre : au fond, il m'en veut d'avoir continué de vivre en son absence.

Son grand tourment est de ne pas retrouver la France. Telle qu'elle est devenue, la France l'irrite, l'exaspère. Il a vécu la guerre de trop loin, nous de trop près, pour qu'il comprenne ce qui s'est passé ici. Mieux que nous, il a pu évaluer les volumes et les proportions des forces en présence. Dans le déchaînement mondial des monstres, la place de la France lui paraît mesquine, irréelle. Il est d'autre part très sensible au style wagnérien de l'effondrement de l'Allemagne, à l'héroïsme militaire d'un peuple qui s'est battu sur toutes les mers, de l'Oural à l'Atlantique et jusqu'aux rives de Carthage. En comparaison, les efforts de la résistance française lui paraissent dérisoires, la fierté de la résistance en France lui fait l'effet d'une rodomontade :

— Alors quoi? lui dis-je, que fallait-il faire? Nous n'avions rien dans les mains, rien! Fallait-il seulement subir? Nous déculotter devant l'ennemi pour qu'il nous bottât plus commodément le cul?

— Ayez au moins la pudeur de ne pas vous comparer aux héros du ghetto de Varsovie...

— Qui se compare à qui? Nous avons fait ce que nous avons pu, c'est tout! C'est peut-être dommage pour vous que vous n'ayez pas retrouvé Paris en cendres, ce n'est pas à vous de nous le reprocher! Nous avons eu de la chance, nous ne crachons pas sur la chance, je ne connais pas un seul vrai soldat qui ait jamais craché sur la chance. Vous aussi, d'ailleurs, avez eu de la chance! Vous aussi avez fait ce que vous avez pu, du mieux que vous l'avez pu. Qui vous reproche de n'avoir pas été là? Personne, absolument personne, sauf vous-même, hélas! A cela, il n'y a pas de remède.

— Vous aurez le droit de me parler comme vous le faites lorsque vous aurez écrit *La Nouvelle Histoire de Mouchette* ou *La Joie.*

— A cela, je n'ai rien à répondre. C'est un excellent alibi.

Ses yeux flambaient d'une flamme noire. Il avait si affreusement mal à la France qu'on eût dit parfois qu'il la haïssait. J'avais touché le point sensible. Bernanos ne s'est jamais pardonné de n'avoir pas été là : « J'aurais pu, j'aurais dû, mots effroyables! » Il s'en faisait un instrument de torture sur lui-même, ce qui le rendait malheureux et autour de lui tous ceux qui l'aimaient.

Sa faculté de ne pas voir ce qu'il avait décidé de ne pas voir, de ne pas entendre ce qu'il avait décidé qu'il n'entendrait pas, tenait du prodige. Pour aller d'Avallon, où il était chez nos amis Manificat, à Sisteron où je lui avais trouvé une maison à la campagne pour y loger avec sa nombreuse famille, nous sommes passés par la route Napoléon; nous avons traversé des villages entièrement brûlés et détruits par les Allemands et qui étaient toujours en ruines : je jure qu'il ne les a pas vus. A Avallon, je lui avais amené Claude Bourdet rentré quelques mois plus tôt de Buchenwald, il avait encore l'air d'un spectre. Bourdet resta toute la journée. Toute la journée, Bernanos parla sans que nul ne pût placer un mot : pas une seule question à Bourdet, non seulement sur la résistance dont il avait été l'un des chefs, mais pas une question non plus sur la Gestapo et la vie dans les camps de concentration. Bourdet repartit pour Paris comme il était venu. Il avait fait cet effort extrême pour entendre pendant six heures l'éloge d'un Brésil mythique et paradisiaque.

En réalité, Bernanos avait les nerfs à fleur de peau, il me faisait pitié. Je sentais tellement bien qu'il était submergé par l'angoisse et qu'il ne s'en tirait que par un monologue indéfini où il tentait de remplir avec des mots le vide intérieur qui le fascinait.

Cependant, comme toujours dans la famille Bernanos, les problèmes matériels surgissaient de partout et avaient la particularité d'être insolubles. Sur ce plan, on attendait de moi des miracles : à la réflexion, je crois qu'il m'est arrivé d'en faire, d'humbles petits miracles en ces temps de pénurie, et qui passaient inaperçus des bénéficiaires toujours plus exigeants. C'est ainsi que, quand le ministère de l'Industrie parvint à remettre en route les usines Citroën, la deuxième 11 CV sortie de la chaîne fut pour Bernanos, qui fut servi avant le ministre lui-même, Robert Lacoste. Trois mois plus tard, rentrant de danser avec Claude un samedi soir, Michel rata un tournant : les deux enfants sortirent indemnes de l'accident mais la voiture était détruite. Elle fut remplacée. Jeanne se persuada qu'elle ne pouvait plus conduire; il fallut un chauffeur. On délégua un soldat du contingent qu'on eut tout lieu de détester dans la suite, tant il se comporta mal. Je faisais les choses, heureux quand elles arrivaient en leur temps comme par enchantement.

Ce fut pour moi l'époque de la moto. La voiture de mon aviateur allemand avait fait son temps. Des camarades de la résistance me firent cadeau d'une superbe *Indiana* dont je préférais ne pas scruter la provenance, de peur d'aboutir à la Military Police américaine. Dieu! quelle sensation, dans la traversée de la Camargue, quand je tournais la poignée d'accélération, que de sentir la roule filer sous moi, de voir les cyprès en vision marginale s'enfuir comme un film emballé. Quand j'arrivais chez Bernanos, il caressait l'engin avec tendresse. Il ne résista pas à l'envie d'en acheter un et c'est en moto qu'il ira d'Hammamet à Gabès où l'attendait l'Ange de l'agonie, au bord du désert, comme l'Ange attendait Jacob pour combattre avec lui.

Avant de partir pour la Tunisie, Bernanos avait été invité à participer à la semaine européenne de conférences à Genève. Nous sommes tous deux descendus à l'hôtel des Bergues. J'avais connu l'actrice américaine Madeleine Carrol, alors en pleine gloire, et qui avait épousé un camarade de résistance. Son mari et elle vinrent nous chercher, Bernanos et moi, un dimanche matin, pour nous amener d'abord déjeuner à Neuchâtel et ensuite à la frontière de Bâle où nous attendait un colonel français chargé de nous convoyer à Baden-Baden où nous étions invités par le général Kœnig, alors gouverneur militaire de la zone française en Allemagne.

Madeleine Carrol et son mari arrivèrent à l'hôtel dans la voiture la plus somptueuse et la plus extraordinaire que j'aie jamais vue : c'était une voiture décapotable, toute blanche, aussi longue qu'un wagon, une voiture de parade construite spécialement pour Hitler par les usines Zeppelin. Le général Patton en avait fait cadeau à Madeleine Carrol en reconnaissance des services qu'elle avait rendus dans la Croix-Rouge américaine.

Toujours en habit dominicain, je prends place devant, à côté du mari de Madeleine, qui conduit. Sur la banquette arrière, Bernanos prophétise entre deux jolies femmes : Madeleine Carrol et la jeune comtesse Géraud de Brion qui se trouve là. Par une belle journée ensoleillée, à travers la Suisse verte, prospère et neutre, nous allons d'une frontière à l'autre, au grand ébahissement des populations neutres, endimanchées, prospères.

Depuis le premier jour de la libération de Paris jusqu'à sa mort, je suis resté très lié avec le général Kœnig. A travers nos deux conditions de vie si différentes, nous nous sentions proches par nos origines germaniques, par une fraternité d'armes, par une conception de la vie essentiellement apolitique, par un code de l'honneur dont les règles inviolables n'ont jamais été écrites dans aucune charte, plus impérieuses et plus vivantes que tous les pactes paraphés. Il était grand, blond, aux yeux clairs, avec un sourire narquois qui dissimulait une profonde tendresse. C'était surtout un pudique qui ne se mettait jamais sur le théâtre. Un jour que, par politesse, je lui demande :

— Comment va Mme Kœnig?

— Mal!

— Qu'a-t-elle?

— On le saura à l'autopsie!

Et la page était tournée.

Le général nous reçoit somptueusement à Baden, dans sa résidence qui domine la ville. Ancien officier de la Légion étrangère, il a mis sa coquetterie à composer sa garde personnelle uniquement de légionnaires, tous allemands.

Si je suis venu en Allemagne, c'est principalement pour retrouver la trace de mon ami Walter Warnach. J'ai de lui deux adresses, l'une à Cologne, l'autre dans un hameau dans la campagne environnante. Kœnig me donne une voiture à cocarde, un chauffeur militaire et tous les laissez-passer nécessaires à travers les différentes zones alliées. Et je descends toute la vallée du Rhin jusqu'à Cologne. La guerre a frappé en aveugle, indistinctement et sans le moindre fléchissement de pitié. De Karlsruhe jusqu'à Essen, ce n'est qu'un immense champ de ruines où erre une population hagarde, famélique, à la recherche de n'importe quel moyen de subsistance; une fille vend son corps pour une cartouche de cigarettes américaines, un garçon est toujours à l'affût de pillage. La misère a fait une société sans classes mais ausi sans fraternité, sans honneur, car il n'y a plus pour personne le minimum vital au maintien de l'honneur élémentaire. Tout a été écrabouillé, les maisons, les usines, les édifices publics, les églises, tout : à chaque pas, je retrouve cette odeur de cadavre qui m'avait tellement écœuré à Amiens en juillet 1940, mais ici la guerre est finie depuis plus d'un an.

Seules, les armées alliées sont organisées pour vivre; à Cologne je suis l'hôte d'un mess d'officiers anglais. Inutile de chercher même l'emplacement de la rue où habitait mon ami. Si lui et sa famille se trouvaient là, ils sont encore ensevelis sous les décombres. Je vais donc dans le hameau en pleine campagne : il est intact, propre, gai, avec un air de jouet abandonné par des enfants au milieu des arbres et des fleurs. On m'indique la maison du Doktor Warnach, je heurte à la porte et c'est mon ami lui-même qui vient m'ouvrir. C'est Orphée au retour des enfers. Il a la tête bandée, son merveilleux visage grave et attentif a la pâleur de la mort. Nous tombons dans les bras l'un de l'autre.

Dans l'énorme chaos qui a mis l'Europe sens dessus dessous, cet homme d'honneur a fait une guerre qui lui ressemble. Mobilisé dès le début comme officier et pour n'avoir pas à se battre contre des Français, il s'est débrouillé pour s'embusquer dans les services culturels de l'armée. Puis, dès le mois de juin 1941, il se porte volontaire pour l'immense bataille contre la Russie. De 1941 à 1945, il participe en première ligne, comme officier d'infanterie, au siège de Leningrad, puis, à travers la Lituanie, la Pologne, la Prusse orientale, à la longue retraite qui le mènera en avril 1945 jusqu'à Berlin. Par un paradoxe de l'honneur militaire, cet homme que j'ai toujours connu antinazi, qui éprouvait pour Hitler une vive et constante répulsion, sera l'un des derniers soldats allemands à défendre héroïquement le bunker de la Chancellerie contre les Russes. Le jour même où Hitler se suicide, il est blessé grièvement à la tête, évacué sur un hôpital. Dans la nuit, on annonce que les Russes approchent : tous les blessés qui peuvent encore marcher se lèvent et, presque nus, s'enfuient sur les chemins à la rencontre des troupes américaines. Il sera recueilli par elles, soigné et, dès qu'il est sur pied, renvoyé dans ses foyers. Je le retrouve, vivant de peu, avec sa femme et ses jeunes enfants, survivant et témoin de l'apocalypse annonciatrice de la fin d'un monde.

Retour à Genève avec Bernanos : à l'hôtel on me remet un télégramme : un vieil ami à moi a tenté de se suicider, les médecins luttent pour le maintenir en vie, sa femme fait appel à moi. J'annonce à Bernanos que je pars immédiatement pour Paris. Il me fait une scène épouvantable, m'accuse de l'abandonner, de manifester à son égard la pire des ingratitudes. Je me laisse aller à lui dire : « Vous êtes comme le Bon Dieu : tant qu'on ne lui a pas tout donné, on n'a rien donné! » Ce propos ne fait que l'irriter davantage. Il serait simple, croit-on, de lui montrer le télégramme et de lui dire le vrai motif de mon départ : il comprendrait et s'excuserait. Mais je suis tel que, lorsque les accusations pleuvent sur moi, surtout si elles sont injustes, plutôt que de me disculper, je me ferais hacher en morceaux. Bernanos n'a jamais su le vrai motif pour lequel je l'ai quitté à Genève.

Telle était devenue notre amitié : traversée d'orages. Bernanos ne supportait plus rien. Nous vivions en outre dans le climat de la guerre froide entre Staline et l'Occident : on n'eût pas été tellement étonné de trouver un matin les chars russes dans Paris. Je le voyais bien, Bernanos avait peur : de nouveau il ne pensait qu'à fiche le camp. Ce n'est pas drôle, la vie d'un extra-lucide, appellation dont on affuble aujourd'hui les prophètes.

Depuis *Les Anges du péché,* j'avais une espèce de célébrité dans le cinéma français. On m'invitait aux premières. J'y allais dans mon habit dominicain. Il y a toujours dans Paris une jeune personne qui brûle de paraître en de telles manifestations, plus pour y être vue que pour y être. J'étais toujours sollicité par l'une ou par l'autre, je ne résistais pas à l'envie de faire ce plaisir, et aussi d'être accompagné par une femme élégante et jolie. C'était de l'étourderie. Aujourd'hui, je me rends bien compte à quel point mon comportement amusait les uns, scandalisait les autres. Sans compter tous les commérages et toutes les jalousies qu'il provoquait. Un jour, une amie m'agresse tout de go :

— Savez-vous ce qu'on dit de vous, dans Paris? Que vous êtes Raspoutine...

— Savez-vous ce qu'on dit de vous? Que vous êtes la plus méchante langue de Paris...

On découvrait avec délices les films anglo-saxons dont on avait été privé pendant si longtemps. Un soir, je suis invité à un cocktail en l'honneur de Ray Milland. Avec mon habit blanc, j'étais particulièrement photogénique. On me happe, on me propulse devant Ray Milland qui me serre la main. Flashes. Le lendemain, un grand journal du soir publie en première page une photo superbe avec la légende : « Ne pouvant serrer les mains de tous ses admirateurs, Ray Milland serre la main du barman. » J'écris au journal un mot de protestation. Le lendemain, le journal republie la même photo à la même place avec la légende : « Sous les traits du barman, nos lecteurs auront sûrement reconnu le Père Bruckberger. » Ce jour-là, je pris la résolution de ne plus envoyer de rectificatif aux journaux.

Je comprends maintenant que tout ce brouhaha parisien autour de moi n'était pas du meilleur aloi. Les dominicains de Paris étaient exaspérés. Cela n'arrangeait pas mes affaires avec l'Ordre où l'on préférait me juger sur des apparences déconcertantes plutôt que sur mes activités et leur sens.

Depuis longtemps, j'avais un projet de film, qui devait devenir *Le Dialogue des Carmélites*. Tout est parti d'un admirable petit livre écrit par Gertrud von Lefort. Maritain l'avait fait traduire et l'avait publié dès avant la guerre en 1937, dans sa collection « Les Iles ». Il m'en avait envoyé un exemplaire. Le livre n'avait eu aucun succès, mais je l'avais lu et il m'avait ébloui. Tous les éléments de la grande tragédie classique étaient là : le conflit irréductible de deux univers, de deux mystiques inconciliables, le Carmel et la Révolution; ce conflit se consommait dans un holocauste volontaire. Je me souviens que je portai ce livre à Bernanos et qu'il me le rapporta à Saint-Maximin, le 2 février 1938, en la fête de la Purification, dite la Chandeleur, où il vint entendre ma messe dans la crypte de sainte Marie-Madeleine. Lui aussi fut ébloui.

Pendant la guerre, je fis la connaissance d'un ami de François Hugo, Gaspard de Cugnac. C'était un homme fin, dont l'amitié était indéfectible, un aristocrate de grande classe.

Il avait une maison de production cinématographique et voulut faire avec moi le film à partir du livre de Gertrud von Lefort. Il avait même l'actrice pour jouer le rôle de Blanche, c'était Paulette Elambert. Dès l'hiver 1946, nous allâmes ensemble à Zurich pour rencontrer la vieille Gertrud von Lefort, réfugiée en Suisse, et elle lui vendit les droits. Je signai à mon tour un contrat avec Gaspard de Cugnac : ce contrat me confiait la réalisation du film de A jusqu'à Z, c'est-à-dire scénario, dialogue, adaptation, mise en scène avec faculté de me faire assister à chaque étape de mon travail par toute personne de mon choix. C'est en vertu de ce contrat que, pour le scénario, l'adaptation et la mise en scène, je choisis de me faire assister par Philippe Agostini. Pour le dialogue, j'hésitai.

En 1943, j'avais fait lire le récit de Gertrud von Lefort à Camus, lors d'une visite que je lui fis au Chambon. Il en conçut la même admiration que moi au point que, plus tard, je pensai à lui pour le dialogue : « J'aimerais beaucoup, me dit-il. Mais je n'ai pas la foi. Je ne suis pas Montherlant pour oser faire parler à mes personnages un langage que je ne sens pas profondément. Attendez le retour de Bernanos. C'est lui qui peut le mieux servir votre film. »

On eût dit que je pressentais les difficultés sans nombre qui surgiraient pour moi à l'occasion de ce film, non du fait même de Bernanos qui était mort mais de la part de ceux qui firent main basse sur sa succession et qui menèrent toute l'affaire avec une mauvaise foi sans réticences. Bref, je choisis Bernanos et j'eus la plus grande peine à le faire admettre par le producteur qui, à un certain moment, eût préféré Pierre Véry. Mais je m'obstinai et imposai Bernanos : on eût dit que je pressentais aussi la grandeur et l'accent de cette œuvre qui fut la dernière de Bernanos et qu'il acheva avec la vie.

Il fit tout son travail sur le seul scénario que j'avais écrit avec Agostini et auquel il fut strictement fidèle. Il est vrai que je suivais de près son travail : j'allai deux fois faire des séjours de plusieurs jours à Hammamet et travailler avec lui comme j'avais travaillé avec Giraudoux. Il était beaucoup plus lent que Giraudoux et son texte beaucoup trop long pour le cinéma. Le producteur se désespérait. Je défendais Bernanos et son texte, sans dire à Bernanos toutes les difficultés qui surgissaient à son sujet et qui l'eussent découragé. Je voulais qu'il achevât. Je voyais bien tout ce que ce texte charriait de beauté tragique. Qu'il fût trop long, qu'importait? Je couperais, j'adapterais. C'était du très grand Bernanos. Il était entré à l'intérieur du personnage de Blanche de la Force, fille du génie de Gertrud von Lefort et que son propre génie avait épousée. Il en ressentait toute l'angoisse et la peur de la mort inéluctable qui approchait à grands pas pour elle comme pour lui.

A Hammamet, je fus encore le témoin de scènes familiales qui devenaient de plus en plus grinçantes et qui harassaient l'âme du pauvre Bernanos. Il habitait une belle villa au bord de cette mer que sainte Monique et saint Augustin avaient contemplée. Il me demanda de bénir la maison et je retrouvai avec admiration cette piété tendre, spontanée, enfantine qui animait toute la famille. Sauf que Jeanne, cette fois, refusa net de participer à la cérémonie et s'enferma dans sa chambre. Je fis cependant la bénédiction de toute la maison à l'intérieur et à l'extérieur, suivi par Bernanos et les enfants en procession. Nous en étions aux litanies des saints, que nous récitions, à genoux, dans le jardin, sous les palmiers. Jeanne parut, roide sur le seuil, elle tendit son bras vers moi : « Cessez cette comédie, mon Père. Cette maison est la maison du Diable et vous le savez bien! » Les litanies continuèrent comme si de rien n'était. Je pensais à la charge de Reichschoffen et aux litanies de mon ordination.

Le soir, Jeanne refusa de venir dîner. Bernanos tenta en vain de se faire ouvrir la porte de sa chambre. Après le dîner, les enfants jouent aux cartes et se disputent comme à l'habitude. Bernanos m'envoie pour que j'essaie de ramener Jeanne. Je n'ai pas plus de succès que lui et reviens à la salle commune. « Belote! — Rebelote! — Tu as triché! — Et toi, tu crois que je ne t'ai pas vu? » Soudain la porte de Jeanne s'ouvre avec fracas; par la cloison vitrée qui sépare la salle commune du bureau de Bernanos, nous apercevons

Jeanne entrer dans le bureau, épingler au mur une grande feuille de papier couverte d'une écriture véhémente et rentrer solennellement dans sa chambre pour s'y enfermer encore à double tour. Silence prolongé. Bernanos, la tête dans ses mains. Puis il relève la tête : « Mon petit Bruck, soyez gentil! Allez chercher ce papier. Oh! il n'y a pas de surprise, je sais ce que c'est. Ce sont ses dernières volontés, et c'est plein de fautes d'orthographe. »

Telle fut l'ambiance où Bernanos a travaillé jusqu'au bout. Heureusement le lecteur ne soupçonne rien de ce que l'écrivain est obligé de refouler à l'arrière-plan, s'il veut poursuivre son œuvre.

Jeanne ne se calmait que dans les réceptions où elle pouvait déployer tous ses charmes à l'ombre de son grand homme. Je me souviens d'un caïd local qui menait grand train et qui venait souvent voir Bernanos, tant il s'était pris pour lui d'une affection fraternelle. Bernanos l'aimait beaucoup et s'alarmait réellement de le voir musulman, croupir dans les ténèbres et l'ombre de la mort. A chaque rencontre et de manière inlassable, il tentait de le convertir au catholicisme. Au moment de se séparer, ils s'embrassaient dans une large accolade, et Bernanos terminait sa harangue par cette formule, toujours la même, dite avec la conviction de sa voix grave : « Quitte donc cette religion du chamelier polygame qui ne pense qu'à baiser, et embrasse notre sainte religion! »

J'accompagnai toute la famille d'Hammamet à Gabès, c'est moi qui conduisais la voiture. Bernanos était à motocyclette. Le général Dio, qui gouvernait le Sud tunisien, m'avait promis de me faire ramener à Tunis par un camion militaire pour reprendre l'avion sur la France. C'est à Gabès que je reçus le télégramme m'annonçant que Bassompierre était condamné à mort : il me fallait partir tout de suite pour tenter d'obtenir la grâce présidentielle. Le lendemain avant l'aube, un camion militaire vient me chercher; je m'habille et rassemble mes affaires en hâte. Puis je frappe à la porte de Bernanos pour l'avertir que je m'en vais. Six semaines après, il était mort et moi, j'avais quitté la France. Etranges adieux que nous nous fîmes, dans un petit hôtel du Sud tunisien, sans nous revoir, à travers une porte.

Ce fut le moment de ma vie où je déployai le plus d'activités diverses. Outre la préparation du film que je poursuivais, j'avais fondé et dirigeai une revue littéraire de doctrine et de culture, publiée chez Gallimard, mais dont j'assumais seul toutes les responsabilités, y compris administrative et financière. Je n'ai jamais mené plus haut et sur une aussi vaste étendue l'ambition de ma vocation dominicaine. A trente ans de distance, j'éprouve, toujours aussi vives dans mon cœur, la fierté d'avoir livré cette bataille et l'amertume de l'avoir perdue.

C'était beaucoup trop pour un seul homme. De même que je n'ai jamais su me débrouiller avec l'argent, je n'ai jamais su proportionner mes entreprises à mes possibilités réelles. Ma mère me disait que j'avais les yeux plus gros que le ventre. Cela ne donne pas que des résultats négatifs. Une fois embarqué dans les obligations que je me suis créées, je suis bien obligé de faire face. Le personnage antique de l'Aurige, debout sur le char, qui dirige à bouts de guides quatre chevaux lancés à fond de train sur le stade, le sang-froid de cet homme, son visage impassible et concentré, m'ont toujours fasciné. A distance, ce qui m'épate, n'est pas que la revue ait finalement échoué, c'est qu'elle ait tenu le coup si longtemps, même si sa carrière fut brève. Finalement elle n'a pas échoué par épuisement de mes forces mais parce que j'ai succombé sous des coups qui m'ont été portés sur d'autres champs de bataille que celui de la revue.

J'étais entré dans un Ordre voué à la vérité mais aussi à la prédication de cette vérité, c'est-à-dire à son expression. S'il y a un mode d'expression propre au christianisme, c'est bien l'incarnation. Dieu est Dieu mais, pour se rendre accessible et sauver, il s'est incarné, il nous touche littéralement et nous le touchons littéralement dans le Christ, le plus beau des enfants des hommes, mais aussi un homme supplicié, tué, ressuscité. La beauté m'a toujours paru inséparable de la vérité, le signe sensible de sa présence, sa grâce propre. Au temps où, dans l'Ordre, on bâtissait « Les Jacobins » de Toulouse ou la basilique de Saint-Maximin, il est évident que les dominicains avaient le sens de la beauté. Même dans les textes austères de *La Somme théologique* de Thomas d'Aquin, je trouvais cette manière d'ordonnance militaire que Péguy a aimée, une force et une rigueur dans l'expression, une absence totale d'effet, une application à l'exactitude qui m'enchantent et que je ne retrouve à ce degré que dans Paul Valéry. Mais, dans le monde moderne, l'Ordre dominicain a été contaminé, en morale par le jésuitisme qui a conquis l'esprit de toute l'Eglise romaine, et dans la prédication par le style Saint-Sulpice : cette défaillance me paraissait le signe sensible d'un fléchissement plus profond qui affecte même l'attachement dû à la vérité et la mission essentielle de l'Ordre. Peut-être suis-je un peu injuste mais il me semble qu'on ne peut pas aimer complètement la vérité, l'aimer de tout son cœur, de toutes ses forces, et jusqu'au martyre si nécessaire, si on ne sait pas reconnaître ce qui est beau et ce qui ne l'est pas.

Telle est la préoccupation profonde d'où a jailli *Le Cheval de Troie*. J'y mettais au premier plan une exigence de qualité littéraire, c'est-à-dire de beauté dans l'expression. Dans les quelque huit cents pages qui constituent la collection complète de la revue, je ne crois pas qu'on puisse en trouver beaucoup qui soient indignes d'un tel idéal.

Le but profond de la revue était quand même doctrinal, le titre même était révélateur de mon propos : une machine de guerre. Sous les apparences d'un jouet, il fallait enrober une force de frappe capable de prendre la ville d'assaut. Quelle ville? — Ce monde moderne qui, depuis trois cents ans, s'est construit pierre à pierre, sans Dieu, contre Dieu, et qui, pour parler concrètement a rêvé l'extermination et l'élimination du catholicisme. Il y a quelque chose de surprenant dans cette offensive acharnée contre le catholicisme, elle est essentiellement liée à la destruction de toute métaphysique, de toute ontologie, il fallait stériliser ce qui est son terrain propre, la nature même des choses. Pour arracher le chêne, il fallait empoisonner jusqu'en ses profondeurs la terre où il est enraciné.

C'est au moment où il a commencé la conquête de la nature, où l'empire de la nature lui est devenu accessible, que l'homme a cessé d'avoir pour elle ce minimum de respect indispensable à sa contemplation désintéressée, cette contemplation qui lui ouvrait d'autres échappées sur d'autres étendues au-delà du mesurable et de l'observable. Cet empire de la nature, ambition de l'homme de science depuis la Renaissance et Descartes, est devenu une prison : l'homme se sépare de Dieu et s'enferme dans cet empire qui est le sien. Il se sépare de la nature aussi bien : il la domestique, il l'utilise, il l'exploite, il ne la connaît pas. Il ignore fatalement « le pacte originel de Dieu avec l'univers », Or, en dehors de ce pacte, rien n'existe, et c'est ce pacte qui confère à tout ce qui existe la beauté.

Ma tentative était disproportionnée aux moyens dont je disposais, et elle était prématurée. Certes j'avais Bernanos qui a donné au *Cheval de Troie* des textes d'une incroyable modernité et que je ne relis pas aujourd'hui sans un frémissement d'admiration, mais il allait mourir. J'aurais eu besoin de Simone Weil, que j'avais rencontrée en 1940, et elle était morte. J'aurais eu besoin de Maurice Clavel, tel qu'il est aujourd'hui, des « nouveaux philosophes » qui mènent dans la joie une contre-offensive victorieuse contre les scolastiques modernes. J'aurais eu besoin de Jean Madiran, le seul de nos écrivains qui maintienne parmi nous la voix grave, nécessaire, obsédante de Péguy, j'aurais eu besoin de Louis Salleron et je le connaissais à peine. Nous étions d'ailleurs tous plus ou moins enfumés par les passions de l'époque. Le scientisme le plus borné et le plus absurde gardait encore un prestige qu'il a aujourd'hui perdu. On était encore loin d'imaginer un groupe de savants comme « la Gnose de Princeton ».

Bernanos ne cessait de me répéter : « Je vous assure, mon vieux, ce qui manque à la France, c'est un groupe de jeunes tel qu'en rassemblait *L'Action française* à ses débuts, vers 1912. Vous n'avez aucune idée comme c'était bien, à quel point c'était nous qui étions la jeunesse, la désinvolture, la liberté de pensée et d'allure, l'espérance de la nation. Ces salauds nous ont flanqués dans la guerre pour nous exterminer, ils y sont parvenus. La génération décimée en 1914-1918 était la plus belle, la plus vigoureuse, la plus insolente que la France ait connue depuis la jeunesse contemporaine d'Henri IV. Il nous faut fonder une nouvelle *Action française.* » Nous projetions d'écrire ensemble un manifeste pour rassembler ce qui restait d'espoirs vivaces dans la jeunesse de notre pays, matraquée par la guerre civile, abrutie par la captivité, corrompue par le marché noir. Rêves vains! Rêves enfuis! « J'aurais pu! J'aurais dû! Mots effroyables! »

L'Eglise de France commençait sa dérive inexorable vers les absurdes scolastiques modernes. Elle ne croyait plus en la vertu, créatrice de civilisation, du catholicisme, elle ne croyait plus qu'il pût redevenir une lumière, une source de renouveau, la seule source du seul renouveau possible. Elle espérait au contraire lui donner une nouvelle vigueur en le greffant sur les idéologies à la mode : existentialisme, marxisme, freudisme. Tout ce que nous voyons s'épanouir aujourd'hui dans la décomposition du catholicisme français était déjà à l'œuvre. Et ceux qui étaient les animateurs secrets de cette entreprise de mort flairèrent dans *Le Cheval de Troie* un ennemi irréconciliable. L'Ordre dominicain lui-même, jusque dans son enseignement théologique, était contaminé par un historicisme stérilisant, et c'est peu de dire qu'il ne me soutint pas. Mes collègues de la *Revue thomiste*, qui à bien des égards étaient mes maîtres, manquaient d'envergure et d'audace, ils avaient peur des courants d'air. Le Concile allait achever de les frapper, sur les grandes interrogations de l'époque, d'un mutisme obstiné.

Comme dans toutes les grandes circonstances de ma vie, j'étais seul en face d'une entreprise qui me paraissait gigantesque et qui l'était en effet. Cette solitude et cette disproportion n'ont jamais empêché un saint de faire ce qu'il avait à faire : « Thérèse et trois ducats, ce n'est rien. Thérèse, trois ducats et Dieu, c'est tout! » disait Thérèse d'Avila. Seulement voilà, je n'étais pas, je ne serais jamais un saint, bien qu'il n'y ait jamais eu au monde d'espérance qui me tînt plus au cœur que celle-là. N'en parlons plus! Ou plutôt j'en reparlerai tout à l'heure pour dire ce qu'il en était vraiment de ma vie.

L'entreprise fut du moins ébauchée. Quand le premier numéro du *Cheval de Troie* parut, je l'envoyai bien entendu à de Gaulle qui me fit appeler à l'hôtel Lapérouse, où il descendait quand il venait à Paris. Il me reçut avec sa courtoisie habituelle, toujours teintée de respect pour le sacerdoce. Mais, cette fois, il y avait une jovialité toute nouvelle dans la célèbre voix solennelle et gouailleuse : « Eh bien! vous voilà, mon Père! Au moins vous, vous ne mettez pas votre drapeau dans la poche! » C'est dans la même conversation qu'il me dit : « Tout ce qui est suprême dans le monde combat avec nous. » Ce *nous* me remplit de fierté.

Comment se fait-il que cette revue dont la vie fut si brève — huit numéros en moins d'un an 1947-1948 — ait laissé un souvenir et que les bibliophiles en recherchent aujourd'hui les exemplaires? Deux sortes de concours ne me firent pas défaut, ils me furent même prodigués sans réserve et sans calcul : celui des écrivains et celui de quelques femmes élégantes, si efficaces dans Paris pour créer les engouements et les modes. Les écrivains et les jolies femmes, ah! la belle alliance qui se renouvelle toujours aux meilleurs moments de notre littérature et jusque dans la prison d'André Chénier.

Il n'y a qu'à feuilleter la collection de la revue pour relever les noms de quelques-uns de ses collaborateurs : en premier lieu, Bernanos et Maritain, puis Cendrars, Supervielle, Marcel Aymé, Jouhandeau, Jules Roy, Malraux... Camus ne me donna que la traduction, admirable, de deux poèmes espagnols que je n'ai lus que là. Chez Gallimard, son bureau était à côté du mien, il partageait mes soucis et je lui demandais conseil. Quant à Jean Paulhan, il avait comme toujours une attitude ambiguë et je me méfiais de lui. Il m'envoya un jour un court billet couvert de son écriture construite comme un mécano pour me recommander chaudement un texte d'une platitude incroyable et qui suait la pédérastie. Je lui renvoyai le texte avec un billet non moins bref exprimant ma déception de l'exceptionnelle médiocrité littéraire du texte recommandé : il n'y revint plus. Je crois qu'il avait voulu essayer sur moi un prestige qui m'a toujours paru prodigieusement surfait et que je rends responsable du tarissement et de la sécheresse prolongée de notre littérature pendant un quart de siècle. Cette taupe avait rongé toutes les racines.

La revue bénéficiait du dévouement de quelques jeunes femmes qui paraissaient souvent chez Gallimard, excitant la curiosité de toute la maison dont les portes s'entrouvraient sur leur passage. Parfums et chuchotements. Queneau les appelait tantôt les Bruckbergères, tantôt les Bruckbrebis. Il en fit même un quatrain qu'on chantonnait dans les couloirs :

C'était une bruckbergère
Un deux trois Un deux trois
C'était une bruckbergère
Avec son p'tit cheval de Troie (bis).

En ce temps-là, chez Gallimard, on s'amusait beaucoup.

Je travaillais comme un dingue. Je voyageais beaucoup. Je voyais beaucoup dc monde. J'étais invité partout. J'étais devenu un moine mondain : j'en ai pris la réputation qui ne m'a plus jamais quitté, malgré ma retraite de quinze mois au Sahara, cinq années vécues dans un couvent isolé aux bords du Mississipi, trois ans en Grèce et mon séjour à l'écart en Suisse depuis seize ans. Il n'y a rien à faire contre les légendes, il faut vivre avec et s'en accommoder quand on a la chance d'être un type à légende. Il n'y a pas le moindre doute que j'en sois un.

En 1952, j'étais aux Etats-Unis et je fus invité par le gouvernement français pour faire partie d'une délégation qui représenterait la France aux cérémonies officielles qui devaient commémorer le cent-cinquantième anniversaire de la cession de la Louisiane à la toute jeune république américaine. En téléphonant mon nom au consul général de France à la Nouvelle-Orléans, le fonctionnaire de l'ambassade de France à Washington ajouta ce commentaire : « Savez-vous qui est le Père Bruckberger? Je vous en aurai assez dit quand je vous aurai expliqué que ce dominicain a occupé pendant les cinq ans de guerre, une suite fastueuse au Ritz à Paris. » L'étonnant est qu'à l'époque je n'avais jamais mis les pieds au Ritz. Quand je pense aux logements de hasard que j'ai partagés à Paris avec Claude Bourdet et Morandat, à leur dénuement et à leur inconfort, je sais que la légende se complaît dans les contrastes les plus inattendus.

Cependant la légende a toujours un fondement dont on est à la fois victime et complice : il ne faut pas renier sa propre légende, pas plus qu'il ne faut renier ses rêves et ses châteaux en Espagne, on risque de s'y renier soi-même. Personnellement, en fait, je supporte très bien ma légende, j'ai même fini par l'aimer comme une vieille camarade avec laquelle j'aurais jadis, dans un autre monde, dans une autre vie, fait les quatre cents et quelques autres coups.

J'ai eu une période incontestablement mondaine. Qu'on n'attende pas de moi que je dise du mal de ce « monde » que j'ai traversé comme un funambule. Je m'y suis beaucoup plu. Ce n'est pas un monde damné d'avance. Il est frivole, c'est vrai, mais il n'a pas l'exclusivité de la frivolité. De tous les milieux que j'ai traversés, les hautes sphères ecclésiastiques garderont toujours le pompon d'une frivolité compacte et sans entrailles. Dans ce qu'on appelle « le monde », je me suis fait des amitiés qui se sont révélées fidèles dans le malheur; j'y ai vu des exemples de courage et même d'héroïsme que je n'ai pas rencontrés ailleurs, du moins dans ce style, drapés qu'ils étaient dans les plis d'une pudeur qui est l'élégance de l'âme. J'y ai rencontré aussi, comme dans tous les milieux, des êtres médiocres mais on les aperçoit moins qu'ailleurs : leur politesse formelle et la banalité de leur comportement font qu'on ne les voit pas.

J'ai connu la princesse Ghika à Cannes pendant la guerre. Elle était américaine et avait épousé l'un des trois princes Ghika, dont l'un devait épouser Liane de Pougy et l'autre devenir l'un des prêtres catholiques les plus étonnants de ce siècle, le prince Wladimir Ghika : il avait une belle barbe blanche et des yeux pâles; il n'était pas tout à fait vraisemblable, beau, lumineux, fragile, comme une apparition échappée d'un vitrail. Je crois qu'il est mort après la guerre, en Roumanie où il était volontairement retourné, et en prison communiste, confesseur de la foi et d'une charité sans rivages.

Hazel Ghika était la veuve du prince Jean Ghika, bien différente, mais tout à fait digne de cette ancienne famille royale où elle était entrée. Je n'ai jamais connu princesse aussi princesse que cette princesse d'adoption : elle en avait la grâce, la délicatesse de sentiment, elle y ajoutait le charme d'une race nouvelle qui n'a absolument rien de bourgeois. Petite, blonde avec des yeux bleus, elle avait gardé un léger accent et la vivacité intrépide de ces femmes américaines qui, aux côtés d'hommes beaux et frustes, avaient conquis les grands espaces. Je l'ai connue gaulliste, avec une espérance sans fléchissement dans le destin français, comme seules, en cette époque sinistre, les femmes étrangères qui aimaient notre pays surent l'avoir. Elle n'avait pas encore soixante ans et elle me paraissait une vieille dame; et à chaque instant sa vivacité démentait une telle impression. Je l'aimais beaucoup et je crois qu'elle avait pour moi l'affection qu'elle eût donnée à un fils qu'elle n'avait pas eu. Sa fille unique vivait loin d'elle en Amérique; elle n'en parlait jamais.

Quand j'allais à Cannes, je descendais chez elle. Elle avait de nombreux amis de son monde et elle m'amenait dîner ici ou là avec elle. Ou bien nous passions la veillée ensemble à bavarder. Dans son fauteuil, elle fermait les yeux en m'écoutant. Je lui parlais doucement, exactement comme on parle à une petite fille à qui on raconte de belles histoires qui finissent toujours bien. Je suis sûr qu'à ces moments-là elle revenait à ces paysages de son enfance, à ces ciels immenses du nouveau monde qu'elle ne voulait plus revoir pour ne pas en rompre le charme dans son souvenir. Tout à coup, elle rouvrait ses beaux yeux clairs, me regardait pensivement et tout à coup souriait, comme dans la foule du débarcardère on retrouve un ami après un long voyage.

C'est elle qui me disait, avec une insistance surprenante, qui a fini par faire sur moi une très forte impression : « Quand on sait être courtois et exactement poli, on s'évite les neuf dixièmes des difficultés de l'existence. » Je n'ai pas toujours suivi ce conseil mais j'en ai toujours observé l'efficacité : aujourd'hui encore il me tire de bien des mauvais pas. A la fin de l'occupation, la princesse Ghika fut arrêtée par la Gestapo, pour faits de résistance. Seul, le débarquement allié sur les côtes de Provence assura sa libération. Elle fut décorée dans la suite de la médaille de la résistance et de la Légion d'honneur. C'est le général Kœnig qui nous remit les insignes de la Légion d'honneur à elle et à moi, dans son propre jardin de Primavera à la Bocca. Seule, sa petite-fille, Elisabeth Ghika-Weiller, assistait à cette remise de décoration qui eut lieu à deux jours de mon départ de France et de mon embarquement pour l'Afrique. Toutes deux vinrent m'accompagner à Marseille et, du haut du pont du bateau qui gagnait le large, je vis s'effacer la frêle silhouette de cette vaillante princesse. Je la voyais pour la dernière fois.

En premières noces, sa fille avait épousé le commandant Paul-Louis Weiller, et c'est tout naturellement que je fis la connaissance de ce juif alsacien, qui est l'un des hommes les plus courageux que j'aie jamais rencontrés (moi qui en ai rencontré beaucoup), avec cette fièvre patriotique qui ne se dément jamais, qui n'est plus de mode aujourd'hui mais qui a toujours été l'un des sentiments qui m'ont le plus fortement ému chez un homme. La plus grande partie de la guerre 14-18, il l'avait faite dans l'aviation d'observation, moins spectaculaire que l'aviation de chasse, mais tout aussi dangereuse et sans doute plus utile, qui rapportait au commandement de précieuses observations recueillies en rase-motte par photos. Son avion revenait, criblé de balles de mitrailleuses : avec cette coquetterie envers la mort qu'ont toujours eue les vrais soldats, il cernait de rouge à lèvres les trous meurtriers sur le fuselage et dans la carlingue. Il y a là un érotisme raffiné qui dépasse toute littérature.

Quand on voit les photos de l'époque de l'aviation de guerre à ses débuts et de ses as : Guynemer, Fonck, Weiller, ils sont beaux comme des dieux grecs, minces dans leurs uniformes, avec ce regard d'oiseau de proie sûr de son coup, et à la fois avec cette fragilité qui appartient à la race humaine et que les dieux parfois ont enviée. Blessé plusieurs fois, couvert de citations et de palmes, Paul-Louis Weiller devint chef d'escadrille et même, sous les ordres directs du général en chef, Foch, il devint le plus jeune chef de corps de toutes les armées en présence. L'aviation fut la plus grande passion de sa vie : après la guerre, c'est dans la construction aéronautique qu'il s'engagea et construisit sa fortune.

On connaît mal la plupart des êtres qu'on rencontre; Paul-Louis est de ceux qui donnent le change. On le croit préoccupé de bagatelles; ce n'est que par hasard que j'ai connu un épisode de sa vie dont je suis bien placé pour apprécier la vaillance et que je raconte ici parce qu'il touche à notre histoire dans une époque récente toute obscurcie par la honte et la démission des caractères.

Dans les premiers jours de juin 1940, Paul-Louis voit que Paris va tomber aux mains de l'ennemi. Il élabore pour les siens un plan de fuite. Sa mère vit encore et il la supplie de partir avec lui mais, avec la dignité et l'obstination de ces vieilles juives qui se veulent chez elles en France, la vieille dame refuse de partir et terminera ses jours dans un four crématoire. Dans le même avion qu'il pilote lui-même, Paul-Louis met sa première et sa deuxième femme, leurs deux enfants, les amène au Portugal où il les embarque pour l'Amérique. Jusque-là, pour Paul-Louis, rien que de normal puisque, dans le désastre du pays, il a les moyens de mettre les siens à l'abri. C'est là que l'histoire devient tout à fait singulière.

Ayant embarqué femmes et enfants, Paul-Louis reprend son avion et revient se poser en France pour partager le destin de sa patrie. Il se soucie peu qu'il est juif. Il sait qu'il est français. A son arrivée, la police de Vichy le cueille et le met dans la même prison que Mandel, Reynaud et les ministres de la troisième République tenus responsables de la guerre. Cette prison n'est pas dorée. Le premier moment de surprise et d'abattement passé — et ce moment dure tout de même quelques mois —, Paul-Louis prépare patiemment son évasion, à sa manière, secrète, précise, minutieuse, sans rien laisser au hasard que cette marge irréductible qui fait l'honneur d'une telle entreprise, et qui s'appelle le risque.

Il s'est fait des intelligences à l'intérieur et à l'extérieur de la prison : vers minuit, il doit quitter sa cellule, les portes s'ouvriront devant lui, une voiture l'attendra au dehors. En prison, il s'est lié d'amitié avec Reynaud et Mandel : au dernier moment il leur propose de profiter de l'occasion et de se joindre à lui. Refus net : « Vous êtes fou! dit Mandel. Tout est trop bien organisé, tout est trop facile! C'est un piège! J'ai été ministre de l'Intérieur, le coup est classique : quand on veut se débarrasser d'un prisonnier encombrant, on lui donne la possibilité de s'évader puis on le tue pendant qu'il s'évade. On fait un communiqué de regret et l'affaire est close. »

Paul-Louis s'en va, seul. Tout se déroule comme prévu, il rejoint la voiture à l'extérieur de la prison. L'homme en prison, s'il parvient à s'évader, et dès qu'il a avalé la première bouffée d'air libre, n'a plus qu'une idée en tête : prendre le large, s'enfuir le plus rapidement possible, le plus loin possible, se mettre hors de portée de l'ennemi. Paul-Louis avale à pleins poumons cette première bouffée d'air libre. Que va-t-il faire? La voiture est là qui en quelques heures peut le conduire à la frontière suisse, espagnole. Il pense à Mandel, il pense à Reynaud. Comme ils ont eu tort de ne pas le suivre : eux aussi, en ce milieu de la nuit, seraient comme lui, libres, libres!

Alors Paul-Louis renverse tous ses plans et, dans un défi superbe à la chance, qui n'a pas coutume de repasser deux fois, il donne des ordres pour que tout recommence la nuit suivante, aux mêmes heures, aux mêmes endroits, avec les mêmes complicités, dans les mêmes conditions, comme si dans ce château de cartes qu'est une évasion il pouvait être sûr que le lendemain aucune ne manquerait. Il a fait la preuve que son plan n'est pas piégé, il revient sur ses pas, délibérément, librement, tranquillement, laisse se verrouiller derrière lui les portes qu'il avait une fois franchies. Il communique de nouveau avec Mandel et Reynaud, les conjure de faire la nuit prochaine avec lui ce que lui-même vient de faire cette nuit. Eux aussi seront libres, libres! Encore une fois, ils se dégonflent et refusent. Alors la nuit suivante, Paul-Louis s'évade seul, on ne le rattrapera plus. Mais, par l'amitié et pour l'amitié, il a accompli un exploit peut-être unique en son genre, en tout cas je n'en connais pas l'équivalent. Et Mandel a laissé passer sa dernière chance. Paul-Louis m'a raconté ce fait tout à fait incidemment, alors que nous parlions de Mandel. Il n'avait pas du tout l'air de se douter que c'était lui que je regardais avec admiration.

Vacances chez Paul-Louis Weiller, à la Reine-Jeanne : un enchantement. Maison superbe dans une pinède de pins parasols en bordure de mer; les invités, triés sur le volet : femmes belles et spirituelles, hommes intelligents et bien élevés. Je n'y ai jamais rencontré un de ces êtres louches, à la fortune douteuse, qui parviennent à se glisser jusque dans le grand monde de la politique ou de la haute finance. Paul-Louis architecte de la vie sociale, comme tout artiste, est strict dans ses choix et ne laisse rien au hasard.

C'est à la Reine-Jeanne que j'ai rencontré Greta Garbo, au cours de l'été 1947. Depuis une dizaine d'années, elle avait cessé de tourner mais, dans l'imagination populaire, elle restait « la Divine ». En public elle se cachait toujours sous un déguisement ridicule de lunettes noires et de chapeaux archaïques qui lui donnaient l'air d'une clocharde. Mais, à la Reine-Jeanne, elle était elle-même, sans peur et sans restrictions, avec un rire clair, un regard d'autant plus mystérieux pour moi qu'à l'époque je ne connaissais pas l'anglais : je ne saisissais de cette voix que son bruit de source. C'était un petit personnage ambigu, d'une modernité d'allure surprenante, à la poitrine plate, aux allures de garçon, en short ou pantalon, avec des maillots de corps débardeurs ou d'amples pull-overs de marin, où son corps gracile flottait vaguement. Je tombais en extase devant l'élégance de tout son corps dont l'immobilité même avait le charme conquérant d'une Victoire de Samothrace prête à prendre son vol. Je n'ai jamais rien vu de plus beau au monde que ce visage construit de l'intérieur par la rencontre de lignes miraculeuses et qui, comme tout chef-d'œuvre de l'art, semble emprisonner un génie en acte. Quand j'ai entendu l'anglais, j'ai revu Greta Garbo, chez elle, à New York : Dieu! qu'elle était intelligente quand je ne connaissais pas l'anglais.

Il y a d'elle cependant un mot étonnant sur Paul-Louis Weiller : elle l'appelait « Paul-Louis XIV ».

Méditerranée! Lac des sortilèges! Pendant plusieurs années et pour un mois d'été, Michel Gallimard, passionné de bateau, louait une villa à Cannes. J'y allai passer quelques jours et y retrouvai Michel avec Janine qu'il avait épousée, Prassinos et Io, Albert Camus et Maria Casarès. Une année, Marcel Duhamel, créateur et directeur de la « Série Noire », nous avait rejoints avec une jeune femme dont je n'aurais aucun souvenir si, chaque matin, elle n'arrivait sur la terrasse prendre le petit déjeuner au saut du lit et entièrement nue. J'en étais sidéré, je ne pouvais me retenir de guetter son arrivée et d'admirer les lumières et les ombres de ce corps parfait dans le matin jeune. Je m'étonnais moi-même de n'en être pas davantage troublé : elle avait dans son maintien l'ingénuité d'un jeune chat. Visiblement elle était encore endormie et c'est la gourmandise qui l'éveillait peu à peu : je la revois, mangeant ses tartines beurrées couvertes de miel avec une telle satisfaction que ses petits seins frémissaient de bonheur. Elle avait la suprême distinction de ne pas parler, je ne me souviens pas d'avoir entendu le son de sa voix : cela aidait beaucoup à l'accepter telle qu'elle était. Je pense qu'on l'eût beaucoup étonnée si on lui avait dit que son comportement était choquant. Aussi bien aucun d'entre nous ne le lui dit-il jamais. Chacun de nos petits déjeuners était enchanté par cette présence muette et mythologique sur les bords de la mer admirable. On ne saura jamais le mystère des êtres qu'on côtoie.

J'ai encore dans mes archives une photo où je descends avec Michèle Morgan le perron du Carlton à Cannes. J'étais venu la prendre pour déjeuner chez la princesse Ghika. Elle était alors dans toute la gloire de sa jeunesse qui rayonnait de tranquillité. Je pense que c'était au cours du premier Festival du Cinéma où l'on présenta *La Symphonie pastorale* de Delannoy et *La Belle et la Bête* de Cocteau. Le lendemain de la présentation de ce dernier film, je rencontrai Cocteau qui m'entraîna pour une promenade sur la Croisette. Sous ses paradoxes, son élégance un peu maniérée de marquise du XVIIIe siècle, il avait la vulnérabilité d'un vrai poète. Il en avait aussi les angoisses. Il me demanda comment je trouvais son film. Je n'ai jamais su être flatteur :

— Comment? lui dis-je. Vous passez les vingt premières minutes de votre film à créer une ambiance magique où tout peut arriver et où n'importe quoi arrive en effet. Votre château est véritablement enchanté : quand enfin on découvre la Bête, on y croit, on croit à l'intensité de sa présence, on croit qu'elle puisse parler, on croit que la Belle puisse l'aimer et qu'elle l'aime en effet. D'ores et déjà, vous avez réglé tous les problèmes artistiques de votre film, et ils étaient des plus ardus, mais vous les avez résolus complètement, et cela est admirable. La Bête a même dans les mains un miroir magique où elle peut tout voir à distance.

« A partir de ce moment, quand la Belle quitte le château, il fallait la suivre à l'intérieur du miroir tenu par la main de la Bête, la regarder vivre au loin et continuer votre film dans ce miroir, en même temps qu'on pouvait voir la Bête dévorée de jalousie et de langueur d'amour.

« Mais, au lieu de cela, pour suivre la Belle, vous quittez le château et son ambiance magique que vous ne retrouverez jamais plus. Vous avez rompu le charme que vous aviez eu le bonheur de créer. Vous saccagez votre film. Sans parler de la fin, où vous avez voulu vous faire plaisir à vous en transformant la Bête en beau jeune homme : on n'y croit pas une seconde. Le vrai dénouement de votre film, le seul, est le même que celui de *Roméo et Juliette :* l'holocauste de ces deux proies d'un amour impossible. »

Cocteau défendit son film pour la forme mais, quelques jours plus tard, dans *Carrefour,* il avouait l'avoir raté. Sur le moment et pour faire diversion, il me raconta l'histoire suivante :

— Il y avait une fois, je ne sais plus dans quel pays lointain, un saint, un très grand saint par la charité. Il meurt. Il arrive à la porte du paradis. Le portier lui dit : « Tu as une place de choix auprès de Dieu. Mais, pour que tu saches à quoi tu as échappé, tu vas d'abord visiter l'enfer. » A la porte de l'enfer, le saint trouve un ange qui lui met de la cire dans les oreilles, lui recommande de fermer les yeux, le prend par la main : « Ce que tu verrais ou entendrais est trop horrible, ton cœur n'y résisterait pas! » Puis ils descendent tous deux de cercle en cercle jusqu'au fond de l'enfer. A ce moment, un cri strident traverse la cire et perce le tympan du saint qui ouvre les yeux. Le spectacle qu'il voit est le supplice le plus affreux qu'on puisse imaginer. (Cocteau en faisait une description aussi minutieuse qu'une dentelle.) Le saint résiste à l'ange qui essaie de l'entraîner dehors.

— Quand donc le supplice de cet homme finira-t-il?

— Jamais!

— Puis-je faire quelque chose pour le soulager?

— Rien!

— Je veux faire quelque chose pour lui.

— La seule chose que tu pourrais faire, je ne te la conseille pas.

— Quelle est-elle?

— Prendre la place de cet homme...

Le saint hésite et finalement prend la place du damné. A ce moment même, l'enfer entier disparaît et s'évanouit comme un songe.

Je regarde Cocteau et ne sais quelle malice me pousse : « C'est bien commode pour vous, eh! Cocteau? » Son regard chavire dans une détresse si enfantine que j'ai encore honte d'avoir fait une telle réponse à une histoire si merveilleuse. Il ne m'en a jamais voulu. C'était un être sans défense qui gardait au fond de lui la nostalgie de toutes les innocences et de toutes les rédemptions. Il écrivait un jour au Père Carré qui s'était blessé à la main : « Que cette main guérisse pour me bénir! »

Au moment où j'écris ces pages, toute cette époque de ma vie remonte dans ma mémoire, comme remonterait à la surface de la mer une ville jadis engloutie par un tremblement de terre. Oui, je reconnais cette ville, ses parcs dépouillés, ses maisons, ses rues, ses places, ses clochers, ses avenues, mais tout est effondré, ruine sur ruine. En quelques mois tout s'écroula dans un immense fracas intérieur; je m'étonnais seulement que ce fracas ne fût pas perçu à l'extérieur et que l'apparence du monde environnant restât la même. Seul, je crois, Bernanos perçut les dangers qui me menaçaient : il sentait tout à distance pour ceux qu'il aimait. Mais cette grande présence secourable, elle aussi, allait être engloutie par la mort.

J'éprouve aujourd'hui de la honte à me remémorer cette période de ma vie, où je vivais l'incohérence d'un rêve, dont je fus subitement éveillé par un cataclysme qui partagea ma vie en deux, comme un chêne du faîte aux racines est fendu par la foudre.

Je tombai amoureux pour la première fois de manière éperdue. Ce n'était plus seulement l'extase et le ravissement, mais un égarement, une obsession, une voracité ardente qui me consumait de désirs. A la vérité, c'est la première fois que j'aimais avec un emportement où je ne me reconnaissais plus. Cette jeune fille est maintenant et depuis longtemps mariée, ses enfants sont de grands jeunes gens. Je ne l'ai revue qu'une fois récemment aux hasards d'une réception : je fus frappé de stupeur de la revoir là, devant moi, j'écoutais à l'intérieur de moi l'écho long de sa seule présence.

Par une singulière disposition de mon destin, cet ébranlement fondamental de mon âme et de ma conscience se situe entre deux matinées littéralement tragiques : par les amalgames de l'événement et de la mémoire, cet amour est un donjon lumineux dont les douves sont pleines de sang. Je l'ai vécu dans toute sa frénésie, proche de l'aliénation, entre l'exécution de Joseph Darnand en octobre 1946 et l'exécution de Bassompierre en mai 1948, ce qui marque cette décisive époque de ma vie d'une fantastique horreur. Au seuil du paradis terrestre et pour m'en interdire l'entrée, l'Ange n'a pas à la main une épée de feu mais un glaive dégoulinant de sang.

J'ai vu Darnand au combat, je sais l'audace avec laquelle il s'est toujours exposé. Dans sa cellule de prisonnier, il m'a raconté que, lors des derniers combats qu'il a livrés en Italie (abandonné par Pétain rentré en France, lâché par Laval qui tentait de rejoindre l'Espagne, laissé sur place par les Allemands qui se repliaient vers leurs frontières, assailli de toutes parts par les partisans italiens et les premiers éléments de l'armée anglaise), il ne se battait plus que pour l'honneur de se battre, avec l'espoir d'être tué en soldat, les armes à la main. Il n'eut pas cette chance et, toutes ressources et munitions épuisées, il capitula aux mains des Anglais qui lui rendirent les honneurs militaires et le remirent aux autorités françaises. Juste avant de mourir, il eut l'humilité de me dire que tout était mieux ainsi : « Et dire que j'aurais pu mourir au combat, comme ça, sans aucun regard sur ma conscience, sans une prière à Dieu... Bruck, je suis heureux! » Une telle confidence, en un tel moment, pénétra profondément dans mon âme, et je crois que c'est là que j'appris où est le bonheur.

Un matin, au ministère de la Justice, on me dit que l'exécution est fixée au lendemain. J'arrive à Fresnes dans la cellule de Darnand pour y célébrer la messe, comme je le fais chaque jour depuis le procès et la condamnation. A mon visage, Darnand devine « C'est pour demain? » J'incline la tête : « Bruck, c'est mieux ainsi, le plus tôt, c'est le mieux! » A partir de ce moment, je sais que comme jadis quand il prenait la tête de la patrouille et même s'il semble les subir, c'est lui qui commande aux événements. Ce que je dis là est vrai, : je l'ai vu de mes yeux. Quelle que soit l'horreur d'une situation, il y a une volonté transcendante dont les hommes ne sont que les instruments. C'est en épousant cette volonté suprême qu'un chrétien digne de ce nom domine le théâtre où il est et ce qui s'y passe. Puissance et douceur de la pitié de Dieu : c'est entre ses mains seules que la créature exténuée vient rendre son dernier soupir.

Je reste toute la journée auprès de Darnand dont la sérénité et parfois la gaieté m'impressionnent. Vers seize heures, toute la prison est en émoi. Une voiture de la présidence du Conseil est à la porte, le général de Gaulle demande à me parler immédiatement. Je promets à Darnand de revenir lui donner le résultat de cette visite : « Non! dit-il. Après avoir vu de Gaulle, allez dîner et vous coucher. Vous devez vous lever très tôt demain matin... Cependant on ne sait jamais : si de Gaulle vous proposait ma grâce, refusez-la! Je ne veux plus de la prison. La seule chose que j'accepterais, c'est un commandement en Indochine! » Il ne s'agit pour Darnand ni de grâce ni de commandement où que ce soit, il s'agit de mourir, mais de Gaulle a un message à lui transmettre et il le fait par moi. Je ne crois pas qu'il ait agi ainsi avec un autre condamné à mort : « Dites-lui que, de soldat à soldat, il a mon estime. Dites-lui que, lui mort, je m'occuperai de ses hommes. A part ceux qui se sont rendus personnellement coupables de crimes de droit commun, les autres, je les tirerai de prison, je les enverrai en Indochine ou dans les territoires d'outre-mer. La France a besoin de tous ses fils. Dites-lui qu'il peut mourir rassuré. »

Qui est sûr de quoi? Quelques mois après, de Gaulle quittait le gouvernement. L'épuration continuait d'approfondir au flanc de la France sa plaie purulente. Darnand a été fusillé un matin d'octobre 1946, au fort de Châtillon, près de Paris. Quand la salve lui emporta le cœur, son visage exprima non la douleur, mais un immense étonnement, enfantin. C'est moi qui lui ai fermé les yeux, qui l'ai enseveli. Puis, avec son avocat, j'ai accompagné la dépouille funèbre au cimetière de Thiais-Parisien où j'ai béni la tombe dans « le carré des fusillés ». Je me souviens que quelques groupes de résistants fanatiques se relayaient pour garder ce carré et pour empêcher les femmes de venir fleurir les tombes.

Je n'en fis pas la réflexion sur le coup. Mais plus tard, en Amérique, je soutenais dans une discussion l'authenticité du texte évangélique. Quelqu'un me fit la réflexion que le récit de Matthieu est invraisemblable, selon lequel une garde fut assignée en faction devant le tombeau du Christ : « On ne garde pas les cadavres! » Eh bien, si! Je l'ai vu. La haine peut avoir un tel acharnement posthume. Et, comme dans l'Evangile, j'ai vu aussi l'acharnement de la piété des femmes autour des tombeaux.

Le lendemain, dans *La Bataille,* Bernanos publia un article que je cite ici un peu longuement parce que, depuis trente ans, je n'ai pas voulu écrire au sujet de Bernanos, laissant le champ libre à ceux qui se sont emparés de sa mémoire. Maintenant c'est fini. J'en ai ma claque de lire sur la grande amitié de ma vie et sur Bernanos lui-même les calomnies les plus outrageantes. Voici : « Le procès de Joseph Darnand a été rondement mené. Mais le lendemain la presse l'a mené plus rondement encore. A peine les journaux ont-ils fait mention de l'unique témoignage entendu, celui de mon cher ami, le dominicain Bruckberger. J'ignore ce qu'a dit Bruckberger, je le devine, je suis sûr qu'il n'a pas été compris. Ce jeune moine prédestiné, à l'intelligence si sensible et si lucide, à la volonté militaire, au cœur d'enfant et de poète, face à face avec son ancien chef du fameux corps franc, c'était là certainement un spectacle hors de la portée des pauvres diables venus dans cette salle pour voir ou pour juger, et qu'on aurait pu mettre indifféremment, tour à tour, sur les bancs du public ou sur les sièges du tribunal... A l'heure où paraîtront ces lignes, Joseph Darnand aura payé sa dette. Payé sa dette, mais à qui? On voudrait que ce ne fût qu'à la France, à la France seule, rien qu'à la France. On voudrait que toutes ces mains qui se tendent pour recevoir le juste prix du sang versé fussent dignes de le recevoir au nom de la France. Mais il est peu de ces mains qui soient pures. A bas les pattes! »

Le défenseur de Joseph Darnand fut Me Charles-Ambroise Colin. Il n'avait pas encore cinquante ans, il n'avait jamais rencontré Darnand auparavant. Celui-ci d'ailleurs refusait de choisir un avocat : « Je ne veux compromettre personne dans mon cas! » D'ailleurs personne ne se présentait. Autour de celui qui avait été un des plus glorieux soldats de la France, c'était le désert. Le bâtonnier dut commettre un avocat d'office. Ce fut Mᵉ Colin :

— J'accepte, mais à une condition.

— Laquelle?

— Que je ne sois pas commis d'office. Je veux que Darnand m'accepte librement. De mon côté, je suis volontaire. La défense est toujours un devoir. Cette fois-ci, c'est aussi un honneur.

Passions et ressentiments étaient tels autour de la milice et de son chef qu'il y fallait beaucoup de courage. Pour Mᵉ Colin, entre lui et Darnand, il y avait une autre complicité, celle du feu. Ils avaient sensiblement le même âge. A la fin de l'autre guerre, comme Darnand, Colin avait devancé l'appel et s'était engagé. Fils de grande bourgeoisie, fils unique, un peu enfant gâté, Colin était passé directement du lycée au champ de bataille. Il était rentré de la guerre avec la médaille militaire. Pour quel fait d'armes l'avait-il obtenu? Je n'en sais rien. Il n'avait pas la mentalité « ancien combattant » : à moi qui fus un ami très intime, il ne raconta jamais ses exploits, très semblable en cela à Paul-Louis Weiller.

Comme Bernanos, il fut très influencé par *l'Action française,* qui eut vraiment à sa disposition une jeunesse d'élite, et qui n'en a rien fait : c'est sans doute le reproche le plus terrible qu'on puisse lui adresser. Lui et moi, venions donc d'horizons très lointains et il fallut le procès Darnand pour faire de nous des amis. Cette amitié fut totale et sincère des deux parts. Colin avait perdu la foi, s'il l'avait jamais eue. Il avait une telle maîtrise de la conversation que c'est un sujet que nous n'avons jamais abordé. Je me le reproche aujourd'hui. Nous étions d'accord sur un certain code de l'honneur. Son intelligence faisait penser à celle de Valéry : analytique et soucieuse de ne rien avancer dont elle ne fût assurée. Célibataire endurci, il s'était follement épris d'une femme qu'il épousa à la veille de la guerre, en 1939, et qui, jusqu'à la fin, fut son seul souci profond, la seule passion de cet homme qui mettait partout ailleurs un point d'honneur à se méfier de la passion. Il n'avait vraiment d'autres joies et d'autres chagrins que ceux qui affectaient sa femme. Dans ma vie, maintenant longue, je n'ai jamais vu couple mieux assorti et plus uni. Je goûtais l'harmonie de ce couple comme on goûte une toile qu'on aime et dont on ne se lasse pas.

Quand il est mort, il y a maintenant deux ans, il a laissé le début d'un livre : *Archéologie de moi-même.* Ce titre le dépeint tout entier. Cet esprit lucide, honnête, était animé d'une ambition démesurée et sans doute vaine. Nous sommes construits sur pilotis et la fouille de soi-même doit nous mener vite au mystère infini et mouvant. Une telle aventure archéologique reste forcément inachevée.

A l'époque où je les ai connus, Me Colin et sa femme étaient l'un des couples les plus beaux, les plus élégants, les plus raffinés de Paris. Quand on les croisait sur le boulevard Saint-Germain ou qu'ils entraient dans un salon, l'impression qu'ils causaient était la surprise : on n'y croyait pas tout à fait. Ils se suffisaient tellement l'un à l'autre, ils se complétaient tellement l'un l'autre, qu'on restait bouche bée comme devant un beau poème. J'ai trouvé la même perfection dans leur petite maison de pêcheurs à la pointe de Barfleur, dans leur appartement de la rue de Lille ou dans celui du boulevard Saint-Germain. C'est la seule maison de Paris où je me sois senti toujours chez moi, arrivant sans prévenir, restant jusqu'à des heures impossibles. Chez eux, ma fatigue se déliait, mon angoisse s'apaisait, sans que j'aie jamais à en venir aux confidences. Je sais très peu de choses de l'un et de l'autre; ils ne posaient pas de questions. Quand j'arrivais, la plupart du temps à l'improviste, je ne sais par quel miracle, ils étaient toujours disponibles : c'est une amitié qui passe le rêve. Je n'ai jamais entendu la langue française prononcée avec tant de distinction et de musicalité que par madame Colin.

J'avais grandement besoin d'un tel hâvre de répit et de grâce, empêtré que j'étais dans les mille soucis de ma revue et dans les affres d'une passion qui me dévorait jour et nuit. Je m'aperçois que je n'ai même pas décrit la jeune fille que j'aimais avec un tel emportement : une telle négligence est signe du vertige où j'étais plongé. A l'époque, elle avait vingt-trois ans, brune, le teint mat, elle avait la beauté et la solidité des femmes danubiennes avec l'efficacité alerte de l'Américaine qui ne s'embarrasse de rien, une grande part de sang juif. En fait les femmes juives ont rempli ma vie et ont déclenché chez moi des passions pétries d'interrogation et d'inquiétude, dont j'ai sans doute besoin pour vivre. Il y a chez la femme juive un sens de l'absolu et du transcendant, une virtuosité dialectique, une insatisfaction fondamentale auxquelles j'ai besoin de m'affronter. Je ne conçois pas l'amour s'il ne culmine dans un défi qu'il faut relever, et dont on n'aura jamais raison.

Elle était une mixture savoureuse de tout ce que j'aimais ou aimerais en ce monde : le Danube, la France, Israël, l'Amérique. Elle m'était parente à l'intime et pourtant la plus exotique. Elle avait de belles mains fines et longues, des dents régulières sous des lèvres sensuelles, des yeux noirs qui riaient en me voyant, sans jamais la moindre moquerie mais avec une tendresse gaie. J'aurais presque pu être son père, et elle rayonnait une maternité antique et majestueuse, qui délivrait en moi ce qu'il y a d'enfance. Au fond, je n'ai jamais aimé qu'un seul type de femme, que j'ai un jour trouvé miraculeusement exprimé dans le marbre des Corés de l'Acropole d'Athènes : la femme droite et féconde, dépositaire du sacré et du secret de la vie.

Ce coup-ci, il me fallait aller jusqu'au bout, choisir totalement et sans retour. Je relève dans Valéry, que j'eusse cru inaccessible à de tels tourments, ces lignes qui décrivent parfaitement l'état dans lequel je me trouvais : « Jours critiques. Jours plus que des jours. Jours avec leurs nuits, comme leurs femelles plus féroces, ainsi que tigresses et louves. Toutes leurs heures mordent. Jours critiques. Quel ennemi plus terrible que soi-même? Se haïr, se déchirer, se mortifier sans répit. » J'étais cela, proie saisie et déchiquetée toute vive.

Oui, le choix devenait inéluctable. Et cependant je préférais prolonger indéfiniment mon tourment plutôt que de choisir effectivement. Je détestais à l'avance ce choix où j'étais acculé. Le sort de cette jeune femme était entre mes mains, le mien aussi, et je les soupesais l'un et l'autre sur les fallacieuses balances du bonheur. Je savais au fond de moi que, quelle que soit la décision que je prendrais, rien ne m'empêcherait de la mener jusqu'au terme ultime de sa réalisation.

Il me fallut pourtant un autre coup de gong du destin pour me réveiller et me sortir de cette lâcheté d'indécision où je pataugeais. Ce coup de gong fut la condamnation à mort et l'exécution de Bassompierre.

J'avais connu Jean Bassompierre dans l'entourage de Darnand, en août 1940 à Nice. C'était un garçon de mon âge, brillant officier de chasseurs alpins. Malgré ses efforts, il n'avait pu rejoindre le corps franc Agnely-Darnand. Il avait fait la guerre sur les Alpes contre les Italiens, qui d'ailleurs n'avaient pu avancer d'un pas sur le sol français. Profondément chrétien, il était sans doute le plus pur d'entre nous. La loyauté lui était la chose la plus naturelle, et il ne fut jamais question pour lui d'abandonner Darnand. Il fut donc un de ses lieutenants dans la fondation du S.O.L. puis de la Milice. A ce moment-là, je ne voyais plus ni Darnand ni aucun des siens.

Que se passa-t-il? Je l'ignore, mais Bassompierre fut l'un des premiers à s'engager dans la « Légion des Volontaires Français » contre la Russie. Peut-être eut-il le pressentiment que la Milice serait fatalement entraînée dans la guerre civile entre Français et préféra-t-il aller se battre contre un régime exécré et méprisable qui niait toutes les réalités qui lui étaient sacrées? Il ne fut donc mêlé à aucun des actes de guerre entre la Milice et le maquis ou la résistance. Son procès, où il fut défendu par Me Colin, démontra à l'évidence qu'on ne pouvait rien lui reprocher de ce qui avait souvent déshonoré l'action des Miliciens : délations, arrestations, tortures, exécutions sommaires. Des résistants indiscutables vinrent témoigner en faveur de Bassompierre. Il n'était rentré en France qu'au printemps 1944 et c'est grâce à lui que la mutinerie de la Santé ne tourna pas au massacre par les Allemands des prisonniers politiques. Nous n'avions à lui reprocher que d'avoir été dans l'autre camp, qui était maintenant le camp des vaincus. Si de Gaulle eût encore été au gouvernement, je n'eusse pas eu la moindre inquiétude. Mais le président de la République était Vincent Auriol, que je ne connaissais pas.

Pendant des jours, je fis son siège, faisant une fois antichambre pendant quatre heures à l'Elysée dans l'espoir d'être reçu. Là-dessus eut lieu à Paris une malencontreuse manifestation pour la réhabilitation de Pétain. Le Conseil supérieur de la magistrature publia un communiqué qui nous alarma grandement Me Colin et moi : la menace était exprimée qu'on tiendrait Bassompierre pour le bouc émissaire responsable d'un regain de pétainisme en France. Je voulus démasquer cette imposture et enlever tout prétexte, même fallacieux, au refus de la grâce. Alors tout se précipita. J'écrivis dans *L'Intransigeant* un article bref, qui était une charge à fond contre le vieux Maréchal, déjà jugé et grâcié, et qui lui, ne risquait plus rien, mais qui restait responsable du sort de ceux qui lui avaient prêté un serment dont ils n'avaient jamais été relevés. Ce jour-là, j'eus l'intuition que je suis un pamphlétaire. Ma prose concentrée et virulente fit scandale.

Peine perdue. Le lendemain, Bassompierre fut exécuté. Comme pour Darnand, avec Me Colin j'assistai à l'exécution. Je pense que, dans mon cœur, il se fit un amalgame proprement apocalyptique entre ces deux exécutions distantes de quelques mois. Les mots de Joseph Darnand me revinrent à la mémoire, comme une flamme se réveille sous la cendre : « Dire que j'aurais pu mourir sans un regard sur ma conscience, sans une prière à Dieu. Je suis heureux! » A mon tour, je décidai de jeter un regard sur ma conscience et de prendre assez de recul pour prier Dieu : je sus que cette décision était irréversible, qu'il me fallait vivre dans l'état où Darnand était mort.

Les événements d'ailleurs m'aidèrent grandement vers la catastrophe. Je laissai faire car ils allaient tous dans le sens de ma décision intérieure. Toujours dans *L'Intransigeant,* je mis en cause la personne du président de la République, les communistes qui, dans la coulisse, avaient exigé le sang de l'innocent, les démocrates-chrétiens détenteurs du ministère de la Justice, et bien entendu les pétainistes. En un si court laps de temps et en trois articles retentissants, il m'était difficile de me mettre plus de monde à dos. Tout ce que j'ai fait là, je le referais. L'exécution de Bassompierre reste pour moi un crime aussi inexpiable que celle du duc d'Enghien. C'est un des moments de ma vie sur lesquels je puis aujourd'hui encore jeter mon regard sans rougir. J'ai fait tout ce que je devais faire.

Toutes les portes se fermèrent devant moi. L'A.F.P. publia un communiqué des dominicains de Paris (que je lus dans *Le Monde*) qui désavouait hautement mes prises de position dans l'affaire Bassompierre et qui se rangeaient allègrement du côté des bourreaux. Je lus ce communiqué avec une indifférence absolue. Je n'étais pas sur la même longueur d'onde que les rédacteurs de cette prose qui suait l'opportunisme. Le Provincial de Toulouse vint voir Gaston Gallimard et lui demander d'arrêter *Le Cheval de Troie*. Je laissai faire. J'étais seul. Je me voulais seul. Rien ni personne ne pouvait me consoler de ce que j'avais déjà sacrifié dans mon cœur.

Le souvenir de cette aïeule dont me parlait ma tante Angèle me hantait. En pleine nuit, le feu avait pris à sa ferme, à une époque où il n'y avait aucune assurance. Elle avait fait sortir le bétail et les domestiques, avait quitté la maison la dernière, avait fermé la porte de l'extérieur à double tour, mis la clef dans la poche de son tablier. Puis elle s'était assise sur un banc en face de sa maison, sans une larme, sans une parole, elle regardait les flammes grandir, elle écoutait le formidable gémissement du toit qui s'effondrait dans le brasier. Moi aussi, avec une sorte d'indifférence terrible, je regardais se consumer et se réduire en cendres tout ce qui était ma vie en ce monde, soucieux seulement que rien n'échappât à la destruction.

Il n'y a pas de vertu chrétienne qui soit aujourd'hui plus décriée que la chasteté, elle l'est jusqu'au ridicule, elle l'est jusqu'à l'intérieur du clergé catholique. Pas plus que d'aucune autre vertu, je ne me poserai en exemple de celle-là : je me sens le ventre plein de péchés. Mais rien, ni personne, ni mes propres défaillances ne me forceront à renier dans mon cœur et sur mes lèvres la majesté de cette vertu singulière. Aux origines du christianisme et dans une société qui ressemblait à la nôtre par son laxisme, sa corruption et son cynisme, c'est le témoignage de la chasteté jusqu'au martyre, surtout de la part de jeunes filles, qui a frappé les païens de stupeur, qui a posé à la conscience des meilleurs d'entre eux la question de l'excellence de notre religion. Demain les mêmes causes produiront les mêmes effets. J'aime les antiennes de « Laudes » de l'office de sainte Agnès :

« Agnès, introduite de force dans une maison de turpitude, y trouva un ange armé de pied en cap.

— J'ai avec moi un gardien de mon corps, c'est l'ange du Seigneur!

— Je suis la fiancée de Celui au service de qui sont les Anges : le soleil et la lune sont en extase devant lui!

— Je vous bénis, Père de mon Seigneur Jésus-Christ. Par votre Fils, le feu s'est éteint à mon côté.

— Réjouissez-vous avec moi et félicitez-moi : avec tous ceux-ci j'ai obtenu un trône de lumière. »

« La bienheureuse Agnès se tenait debout au milieu des flammes, elle étendit les mains et pria le Seigneur : « Père tout-puissant qu'il faut adorer, à qui il faut rendre un culte, qu'il faut redouter, je vous bénis et je glorifie votre nom pour l'éternité. »

J'ai lu avec attention ce que les Pères de l'Eglise ont écrit de la chasteté, auxquels cette vertu parut particulièrement représentative de l'héroïcité de la vie chrétienne. Mais le plus beau traité sur la chasteté ne fait pas un homme chaste pas plus qu'un excellent règlement militaire ne fait un soldat courageux. Chacun doit se chercher ses motifs et sa manière d'être ou de devenir chaste, comme chacun finit par découvrir sa manière à lui d'être courageux. Il n'y a pas dans le ciel deux étoiles qui aient exactement le même éclat.

Par-delà tous les traités dont je ne contestais pas la véracité, par-delà tous les serments que j'avais faits et que j'ai le plus grand mal à tenir, il me fallait une raison déterminante pour moi de sacrifier décidément l'amour qui me ravageait le cœur et les entrailles. Le moment était venu de choisir et je n'envisageais plus que la possession totale ou le renoncement total : c'est-à-dire la fuite et l'absence. Il m'était désormais impossible d'accorder la présence de cette jeune fille avec le renoncement. Je décidai de lâcher prise et de partir. Où? Il importait peu, pourvu que je sois inaccessible. Au Sahara! J'irais au Sahara.

La raison profonde de ce renoncement et de ce départ, pour moi, il n'y en eut qu'une, une seule, que toutes les autres raisons ne faisaient que masquer. Il m'était demandé d'affirmer la réalité des choses invisibles avec encore plus de force que si je les voyais, que si je les touchais. Ce que j'ai fait, je l'ai fait cruellement, lucidement, librement, devant un seul témoin que je n'ai jamais vu, mon Ange, celui qui me garde de moi-même et du mal, et qui parfois n'y parvient pas.

Dieu aime ceux qui donnent en riant. Cette fois, je ne riais plus, plus du tout. J'étais lâche et je passais mes nuits à pleurer à gros sanglots.

Toutes mes cicatrices saignaient encore mais je ne voulais plus le savoir. Dix ans après l'embarquement de Bernanos pour l'Amérique du Sud, et dans ce même port de Marseille, moi aussi, en juin 1948, je prenais la mer. Qu'on lâche les amarres! toutes les amarres! Que l'ancre soit levée! Qu'on ramène la passerelle! Qu'on appareille! Qu'on prenne enfin la mer et qu'on gagne le large! Quand Notre-Dame-de-la-Garde disparut à mes yeux, je retournai mon visage vers la mer vide, où chaque embarcation se fraie son propre chemin et laisse derrière elle un sillage vite effacé par les flots.

Depuis Ulysse et les Phéniciens, cette mer a beau avoir porté d'innombrables flottes, elle est toujours vierge, chaque chemin sur elle est un commencement, chaque embarquement est le premier. Ainsi en est-il du destin des hommes. L'aventure était devant moi.

J'allais vivre! Enfin j'allais vivre! Où? Comment? Je l'ignorais autant qu'un nouveau-né, avec son premier cri hors du ventre maternel, ignore quelle sera son existence, mais il vit. La seule certitude que j'avais est qu'on ne revient pas au sein maternel. Je m'étais arraché à tout ce que j'avais vécu et connu jusque-là. J'étais projeté en avant dans une grande expiration de l'âme. Devant moi, le soleil et la mer, la découverte du monde, une vie nouvelle, la vie.

J'étais à mon mitan. Je venais d'avoir quarante et un ans.

Juillet 1978

Imprimé en France par FIRMIN-DIDOT S.A.
Dépôt légal : 4e trimestre 1978
N° d'édition : 8956 — N° d'impression : 3125

12 times à 1pt.